산업사회의 이해

노동세계의 탐구

산업사회의 이해

노동세계의 탐구

| 비판사회학회 엮음 |

한울
아카데미

머리말

　오늘날 우리는 자본주의 사회에서 '일하며 살아가기'가 얼마나 힘든지 절감하고 있다. 젊은이들은 안정된 삶을 얻기 위해 끝없는 입시전쟁과 스펙경쟁에 내몰리고 있고, 열악한 임금과 고용불안을 안고 살아가는 비정규직 노동자가 전체 노동자의 절반을 넘고 있다. 정규직 노동자들도 구조조정의 압박에 시달리고 있고, 노후는 불안하다. 성실한 노동을 통해 빈곤을 벗어나고 중산층으로 올라설 수 있다는 기대는 약화되고 있으며, 양극화는 심화되고 있다. 아무리 스펙을 쌓아도 절반이 넘는 젊은이는 비정규직 일자리로 내몰릴 수밖에 없는 것이 현실이다. 이것은 우리 사회가 산업화를 통해 기대하고 지향했던 삶의 모습은 아니었다.

　우리는 직업을 갖고 노동을 하는 것이 단순한 생계수단일 뿐만 아니라, 사회적 존재로서 자아를 실현하고 자신의 정체성을 확립해가는 과정이라는 것을 알고 있다. 또한 노동은 동물과 구분되는 인간의 본질이며, 산업사회는 그 이전의 어떤 사회보다 사회적 부가 증대한 사회라는 것도 알고 있다. 물질적으로 풍요로운 사회에서 개인의 노동은 인간존재의 안전과 행복, 정체성을 위한 전제조건이다. 그런데 무엇인가 크게 잘못되어 있다. 적절한 직장을 얻어 성실하게 노동하며 살아가려는 평범한 개인들의 소망이 번번이 좌절되는 이유는 무엇일까? 나름대로 열심히 공부하고 일했는데도 고용이 불안하고 빈곤에서 벗어나지 못하는 것은 왜일까? 경제는 성장하고 수출은 늘어나는데, 내 삶은 왜 이리 팍팍한가? 그리고 살맛나는 세상이 되기 위해서는 무엇이 어떻게 바뀌어야 하는가? 이런 상식적이고 정당한 질문에 답하는 일은 결코 쉽지 않다.

　『산업사회의 이해』는 자본주의 사회, 특히 신자유주의 경쟁사회를 살아가는 우리 사회 구성원들의 삶과 노동세계를 비판적인 시각에서 이해하고 설명하려는 시도이다. 비판사회학의 시각에 기대어 이 당연하고도 어려운 난제를 독자와 함께 고민하고자 하는 바람이 이 책을 만든 이유이다. 대부분의 사회학과에서 산업사회학을 강의하면서 겪는 어려움 중의 하나는 적절한 교재가 없다는 점이다. 이미 출간되어 있는 산업사회학 교재가 두어 개 있기는 하지만, 발간된 지 오래되어 1990년대 중반 이후 산업사회학의 학문적 발전이나 노동세계의 급속한 변화를 따라잡기에는 역부족이다. IMF 경제위기 이후 우리 사회의 노동세계, 일하는 사람들의 일상은 그 모습이 크게 바뀌었다. 노동의 현장은 정보통신기술에 의해 획기적으로 바뀌었고, 노동시장은 이전과 비교할 수 없을 정도로 복잡해졌으며, 노사관계의 양상이나 노동자들의 의식과 생각도 많이 달라졌다. 이러한 변화는 결국 산업사회로부터 탈산업사회로의 변화, 자본주의의 구조변동을 반영하는 것이고, 이러한 변화를 이해하고 설명할 수 있는 체계적이면서도 구체적인 길잡이가 더욱 절실해졌다.

이 때문에 산업사회학을 전공하는 학자들 사이에서는 그간의 노동세계 변화나 학문적 발전을 반영할 수 있는 산업사회학 교재에 대한 요구가 많았고, 교재 발간을 위한 논의가 일찍부터 시작되었다. 노동과정, 노동시장, 노사관계, 노동자의 생활세계 등 산업사회학이 담아야 할 내용의 방대함과 노동세계를 둘러싼 학술적·실천적 쟁점의 다양성으로 인해, 교재의 골격을 잡는 단계에서부터 산업노동사회학을 전공하는 다수의 회원들이 참여했다. 1993년 산업사회연구회 시절에 출간된 『산업사회학 강의』이후 약 20년이 지났으므로 새로운 교재가 나오는 시점이 늦어도 많이 늦었다. 새로운 교재를 기획하여 준비, 출간하는 데에만 5년이 넘게 걸릴 정도로 난산이었다. 많은 연구자들이 참여했기 때문에 전반적인 기획의도에 따라 내용을 조정하는 데도 시간이 걸렸고, 개별 연구자들의 사정으로 인해 일정이 늦어지기도 했다. 일정이 늦어짐에 따라 이미 진행된 일부 내용을 다시 보완해야 했고, 또 초고를 수정하는 과정이 반복되었다. 그러나 그 긴 기간은 나름대로 치열한 고민과 연구, 그리고 암중모색의 시간이기도 했다.

책의 출간이 늦어지면서 책의 기획도 약간씩 변화되었고, 장별로 중복을 피하기 위해 내용의 조정도 불가피했다. 초기 기획단계에서부터 이병훈 교수는 전반적인 체계와 집필자 섭외 등을 도맡았으며, 이후 진행과정에서 노중기 교수가 책임을 지고 작업진행을 독려했다. 최인이 교수는 사실상 연구의 조정자로서 연락과 조율을 도맡아 수고해주었다. 지지부진하던 작업과정에 조효래 교수가 참여하면서 편집 작업이 좀 더 속도감 있게 마무리될 수 있었다. 개별 필자들의 원고에 대해서는 2명 이상의 필진들이 돌아가면서 검독하고 다시 수정하는 과정을 반복했다. 공제욱 교수, 조형제 교수, 은수미 박사, 지주형 교수는 개별 원고들을 꼼꼼하게 읽고 수정하는 번거로움을 마다하지 않았다. 지면을 빌려 필자들의 노고에 감사드린다. 더불어 독자들의 날카로운 질정을 부탁드린다. 비판사회학회와 집필자들은 급속하게 변화하는 노동자의 삶을 반영하여 내용을 지속적으로 수정·보완할 것임을 약속드린다.

각 장의 초고 집필은 이병훈(서론, 8장), 김준(1장), 이문호(2장), 신원철(3장), 이승협(4장), 남춘호(5장), 김성훈(6장), 장지연(7장), 최인이(9장), 은수미(10장), 이주희(11장), 노중기·조효래(12장), 박해광(13장), 신경아(14장), 조형제(15장), 신광영(16장)이 맡았다. 편집 진행과정의 번거로운 일을 맡아 수고하신 분들께 특별히 감사드리며 지원을 아끼지 않은 학회 회장단에도 감사드린다. 마지막으로 오랫동안 기다리며 지원하고 격려해주신 도서출판 한울의 관계자 분들께도 심심한 감사의 말씀을 전한다.

2012년 2월
비판사회학회 『산업사회의 이해』 편집위원회

차례

제1부 노동과정: 작업장과 사무실에서의 각축

서론
산업사회학, 노동의 세계 탐구하기

산업사회학이란 무엇인가

오늘날 우리 사회는 이미 산업화의 단계를 넘어서 서비스경제와 지식 정보산업이 주도하는 탈산업화의 국면에 들어서 있다고 한다. 그래서 사회학 전공수업의 하나로 산업사회학을 공부한다는 것이 학생들에게는 낯설거나 뜬금없이 느껴질 수도 있을 것이다. 산업사회학(Industrial Sociology)이라는 '고풍스런' 명칭 탓에 이 강의에서 다루려는 공부내용에 대한 학생들의 괜한 오해를 풀어주기 위해서라도 '산업사회학이 무엇인지'를 명확하게 정의하는 것이 필요할 듯하다.

국내외 연구자들은 산업사회학에 대해 나름대로 다양한 정의를 제시해 오고 있다. 산업사회학에 대해 독일의 저명한 사회학자인 다렌돌프(Ralf Darendorf)는 "산업적 상품생산과정을 구성하는 사회적 행위에 관한 연구 분야"로, 그리고 미국 사회학자인 무어(Wilbert Moore)는 산업사회의 생산 양식과 생활방식을 탐구하는 사회학의 세부전공이라고 원론적으로 정의했다. 한편, 헤어콤머와 비어바움(Herkommer and Bierbaum) 등의 서구 연구자들은 산업사회학에 대해 구체적으로, 산업사회에서 등장하여 유지되고 있는 산업노동, 노사관계, 노동과정과 작업체제, 직업경력·이동, 노동자들의 생활실태 및 의식, 그리고 노동문제의 사회적 관련성 등을 탐구하는 전공분야로 지칭하기도 한다. 국내 연구자로서 심윤종 교수는 산업사회학을 "산업부문의 생산과정에서 형성되는 인간관계, 경제주체들의 행위·의식 그리고 산업화의 배경조건 및 사회적 영향을 다루는" 학문 영역으로 일컫고 있다.

이처럼 산업사회학에 대해 제시되어온 여러 개념적 정의를 종합해보면, 산업사회학을 "산업사회의 확립 이후 형성·지속해오고 있는 노동세계에 관한 사회학적인 탐구"로 집약해볼 수 있다. 18세기 중엽 영국에서 전개된 산업혁명을 계기로 처음으로 모습을 드러낸 산업사회는 그 이전의 농경사회와는 근본적으로 성격을 달리했다. 좀 더 구체적으로 살펴보면, 오랜 인류역사에 걸쳐 유지되어온 농경사회에서는 토지를 대상으로 하는 농업 중심의 생산활동을 통해 자급자족적인 생계유지가 이루어져 왔다면, 산업사회에서는 시장에 내다팔아 이윤을 얻기 위해 재화를 만들어내는 공업 위주의 생산활동이 지배하는 경제체제로 전환했다. 모든 생산활동에 인간의 노동력 투입이 필수적으로 요구된다고 할 때, 농경사회에서는 그 노동력의 투입이 신분적 예속에 의해 통제되었다면, 산업사회의 생산활동은 노동력이 하나의 상품으로 자본가와 노동자 사이에 자유롭게 거래되는 시장교환의 원리가 지배하는 특성을 띠고 있다. 다시 말해, 산업사회의 노동세계는 기본적으로 자본과 노동의 교환관계에 기반을 둔 자본주의적 생산활동으로 집약해볼 수 있는 것이다.

산업사회의 노동세계가 형성되는 과정은 역사적으로 생산방식의 근본적인 성격 변화와 더불어 국민국가체제의 구축, 자본주의적 시장질서의 확립, 주거생활의 도시화, 이익중심의 사회관계 및 대중적 생활문화의 확산, 관료적 기업조직의 태동, 그리고 가족 내 성별 분업구조의 제도화 등과 같이 전근대사회로부터의 탈피를 의미하는 근대화(modernization)를 구현하는 거대한 사회변동을 촉발·동반했다. 또한, 산업사회의 자본주의적 노동세계는 영국의 산업혁명 이후 지난 250여 년 동안 여러 차례의 산업화 물결과 시장지배적인 고용관행의 확산에 힘입어 범지구적 차원으로 널리 퍼져 지금은 보편적인 사회구조로 자리 잡고 있다고 해도 과언이 아닐 것이다. 역사적으로 살펴보면, 19세기와 20세기 전반에 걸쳐 서구국가들 및 일본에 의해 선진국 주도의 산업화가 추진되었으며, 1945년 제2차

세계대전의 종결과 더불어 식민지 지위에서 벗어난 많은 개발도상국들이 후발 산업화의 물결에 동참했다. 1980년대 말 이후에는 소련 등 동구권의 몰락에 의해 기존 사회주의권 국가들의 시장경제로의 이행과 더불어 자본주의적 고용관행이 전면적으로 도입된 것에 이어, 중국과 인도 등의 거인국가들이 뒤늦게 산업화에 나서면서 세계의 굴뚝경제를 주도해오고 있기도 한다.

우리나라의 경우에는 일본제국주의의 식민지 병합에 의해 제한적인 자본주의적 산업화가 진행되다가 해방 후, 특히 1960년대에 들어와 박정희 정권의 경제성장정책이 본격적으로 추진되면서 이른바 '압축적 산업화(compressed industrialization)'가 이뤄졌다. 이처럼, 지난 수세기 동안 산업화의 물결이 전 지구를 휩쓸면서 나라마다 산업화의 경로에 따라 그 사회의 노동체제가 갖는 특성에는 적잖은 다양성의 편차를 보이기는 하지만, 기본적으로 자본주의적 고용관계가 지배하는 산업사회로의 이행이 보편적으로 진행되어온 것으로 이해될 수 있다. 물론, 지난 1960년대를 지나면서 서구 선진국들을 중심으로는 서비스경제의 확대와 디지털혁명의 전개에 의해 서비스업과 지식정보산업의 생산부가가치와 고용비중이 제조업을 크게 능가하는 이른바 탈산업화(de-industrializtion)가 진행되었으며, 우리나라에서도 1990년대에 들어 비슷하게 서비스부문의 팽창과 지식정보산업의 급성장을 경험하고 있다. 따라서 산업사회학에서 산업사회의 노동세계를 탐구한다고 할 때 그 관심사가 과거의 산업화 시대에 대한 역사적인 고찰이나 제조업부문의 고용관계에 관한 검토에 그치는 것으로 이해해서는 곤란하며, 오늘날 우리 사회의 경제활동을 주도하고 있는 서비스경제나 지식정보부문에 변함없이 관철되고 있는 자본주의적 고용관계를 이해할 수 있는 분석틀을 제시하고 있다는 점을 유념해두어야 할 것이다.

산업화를 통해 확립된 자본주의적 노동세계가 근대적인 사회체제로의 거대변동을 이끌었던 만큼, 산업사회로의 이행은 고전 사회학자들의 주된 연구주제로 다뤄졌다. 산업사회의 노동세계가 작동하는 구조적 원리를 심층적으로 파헤쳐 이론화하는 탁월한 업적을 이룬 고전 사회학자로는 단연 마르크스(Karl Marx)를 꼽을 수 있다. 마르크스는 그의 역작『자본론』을 통해 산업생산의 노동과정에서 자본주의 경제체제하에 형성·유지되는 착취구조에 대한 이론적 분석을 명쾌하게 제시하고 있다. 한편, 뒤르켐(Emile Durkheim)은 그의『분업론』에서 산업사회로의 이행과 관련하여 노동분업이 크게 발달·확산됨에 따라 유기적인 연대에 기반을 둔 사회적 관계구조로 재편될 것이라는 중요한 이론적 명제를 밝히기도 했다. 베버(Max Weber)는 직접 노동문제를 다룬 것은 아니지만, 근대적인 사회조직에 관료제적인 합리성(bureaucratic rationality)이 등장·지배할 것으로 내다본 그의 통찰은 이후 산업부문의 생산조직들에서 나타나는 지배방식에 대한 유용한 이론적 자원을 제공해주었다.

이처럼, 마르크스를 비롯한 고전 사회학자들이 유럽에서 등장한 산업사회의 자본주의적 노동세계에 대해 학문적 탐구의 단초를 제공했다면, 20세기에 들어 미국을 중심으로 산업화를 통해 변모하는 사회적 현상들에 대한 이론적 고찰이 활발하게 전개되어 산업사회학의 학문적 기틀이 마련되었다. 특히, 산업사회의 등장과 자본주의적 노동세계의 발전을 통해 변화하거나 새롭게 대두되는 생산활동의 조직방식, 노동주체의 특성, 노동-자본의 노사관계, 산업화에 따른 사회 갈등과 파생문제 등에 대한 사회학적 관심이 모아지면서 다양한 연구 성과들이 집적되기에 이르렀다. 그 결과, 1940년대 말 미국에서는 사회학의 전공분야의 하나로서 산업사회학이 대학의 교육과정에 본격적으로 자리 잡게 되었다. 1950년대 이후 최근에 이르기까지 산업사회학은 노동경제학·산업심리학·산업공학 및 경영학·여성학·문화연구 등과 같은 다른 학문영역에서 축적되어온 연구 성과를 흡수하여 노동세계에 대한 탐구의 폭을 넓혀왔을 뿐 아니라, 마르크스주의·신고전학파·제도주의학파 등의 다양한 이론적 자원과 분석틀을 접목시켜 그 탐구의 깊이를 더욱 심화해왔다.

우리나라의 경우에는 해방 이후 설립된 사회학과에서 전공강좌의 하나로서 산업사회학이 일찍이 개설되었으나, 뒤늦은 산업화와 권위주의적인 정권의 노동탄압정책으로 인해 노동세계에 대한 학구적 관심이 그리 모아지지 못했다. 그런데 1987년 민주화에 이어 폭발적으로 표출된 노동자 대투쟁을 계기로 우리 사회의 노동문제에 대한 연구관심이 크게 확대되면서 그 이후부터 최근에 이르기까지 산업사회학은 가장 활발한 연구활동이 이뤄지고 있는 사회학 전공분야의 하나로 손꼽히고 있다.

산업사회학을 공부하는 이유는 무엇인가

그러면 우리는 자본주의의 노동세계를 탐구하는 산업사회학을 왜 공부하려고 하는가? 이 물음은 달리 표현하면, 산업사회학이 대학 공부에서 왜 중요한지를 밝히려는 것으로 그 답을 크게 두 가지로 나누어 살펴볼 수 있을 것이다. 첫 번째의 이유로는 사회학의 세부 전공분야로서 산업사회학이 갖는 학구적인 의의를 살피고자 하며, 두 번째의 이유로는 산업사회학을 수강하려는 학생들의 입장에서 그 필요성을 따져보기로 하자.

우리가 살아가는 사회는 노동 없이는 하루도 유지될 수 없다. 노동을 사회적으로 유용한 가치를 생산하는 인간들의 활동이라고 정의한다면, 노동을 통해서만이 우리들의 생존을 위해 필요한 물질적 조건을 만들어 낼 수 있다. 다시 말해, 노동이 인간 사회가 존속·번영하기 위한 핵심적인 필요조건이라는 점은 누구도 부인할 수 없을 것이다. 그런 만큼, 우리 인류의 역사를 다름 아닌 노동의 역사라 일컬어도 그리 틀린 말은 아니다. 물론, 인류역사에 걸쳐서 노동이 어떻게 수행되며, 또한 어떻게 그 생산성 과물이 분배-소비되는지는 발전단계마다, 그리고 그 특정 단계에 놓여 있는 여러 사회마다 다양한 방식으로 꾸려져 왔다. 노동을 통한 생산-분배-소비의 방식은 시대와 사회에 따라 그 작동하는 겉모습에서 상당한 차이를 보이기는 하지만, 그 사회의 구조적 본질을 이해하는 데에 핵심적인 실마리를 제공하고 있다. 왜냐하면, 노동이 수행되는 생산활동에는 그 사회의 생태적 여건과 기술발전 그리고 분업관계가 투영되어 있으며, 노동의 산출물에 대한 분배와 소비의 방식은 그 사회의 권력관계와 지배구조, 제도적인 규범과 문화적 관습 등에 기반하고 있기 때문이다. 좀 더 부연하면, 노동세계의 탐구를 통해 우리는 특정 사회의 여러 본질적인 특성을 이해해볼 수 있는 것이다.

노동세계를 들여다보면, 첫째, 그 사회의 구성원들을 조직하고 있는 수평적 분업관계와 위계적 지배구조를 밝혀내고, 둘째, 노동과정이나 생산물의 분배를 규율하며 사회적 안정성을 보장하는 제도적 질서의 실체를 파악하며, 셋째, 노동의 생산과 분배를 둘러싼 사회 구성원들 사이의 이해관계 갈등과 집단적 대립 그리고 전략행위들을 판독하고, 넷째, 일상적인 노동활동을 채우고 있는 구성원들의 사회적 관계와 주체성 그리고 문화적 지향 등을 생성·변동시키는 원리를 살펴보며, 다섯째, 사회의 환경 변화가 노동의 수행조건을 매개하여 그 구성원들의 삶에 미치는 영향을 헤아려 볼 수 있을 것이다.

따라서 산업사회학이라는, 산업사회의 등장과 더불어 태동하여 오늘날에 이르기까지 변화·발전해온 자본주의적 노동세계의 공부는 최근 우리 사회에 대두되는 현실 문제들의 이면에 작동하는 구조적인 메커니즘을 이해할 수 있는 사회학적인 탐구의 중요한 실마리를 제공해준다. 왜 우리 사회는 최근 들어 사회적 불평등과 소득양극화가 심화되고 있는지? 왜 우리 경제에는 고용 없는 성장(jobless growth)이 고착화되어 일자리 문제가 갈수록 심각해지고 있는지? 왜 우리 사회에는 경제 수준의 선진화에도 불구하고 국민들이 체감하는 행복지수는 떨어지고 범죄와 자살 등의 사회적 일탈현상이 날로 늘어나고 있는지? 또한, 왜 우리 사회의 젊은 사람들은 결혼 및 출산을 기피하고 있으며, 이혼 증가에 따른 가족해체가 확대되고 있는지? 왜 우리나라에서는 다양한 사회갈등이 지속되고 있는지? 왜 우리나라에 많은 이주민이 찾아들어 다문화사회로의 변화를 보이고 있는 것인지 등의 문제가 그것이다. 물론, 우리 사회가 당면하는 이 같은 문제들의 이면에는 다양한 요인들이 복합적으로 작용하고 있을 것이다. 하지만 비정규직의 증가와 차별 확대, 대기업·중소기업 간의 심화되는 고용조건 격차, 근로빈곤층의 증가, 여성의 취업 증가, 기업들에 의한 성과중심 노무관리 관행의 도입, 그리고 정부의 신자유주의적 고용유연화정책 등과 같이 우리의 노동세계에 관철되고 있는 변화흐름이 다양한 사회문제들을 낳은 핵심적인 배후 요인으로 작용하고 있는 것으로 이해할 수 있다. 요컨대, 산업사회학의 공부는 우리 삶의 물질적인 토대를 창출-재생산하고 있는 노동세계의 현실을 탐구함으로써 한국 사회에 발생하는 불평등·빈곤문제·갈등·일탈행동·가족해체 등과 같은 많은 문제현상들의 근저에 작동하는 구조적인 메커니즘을 심층적으로 판독하는 사회학적인 통찰력을 길러줄 것으로 기대된다.

학생들 대부분이 학비를 얻기 위해 이미 아르바이트의 노동체험을 하고 있거나, 더욱 중요하게는 대학 졸업 후 자신의 적성과 실력을 발휘하기 위해 희망하는 일을 찾아 나설 것이라는 점에서 그들에게 산업사회학의 공부를 권하는 또 다른 이유를 찾아볼 수 있다. 대학 진학 이전까지 입시교육에만 매달리는 우리의 교육 현실에서 학생들은 자신이 졸업 후 진출하여 몸담고 일하게 될 노동세계에 대한 명확한 현실인식이나 장래 구상을 갖지 못한 경우가 적잖다. 그런 만큼, 학생들이 산업사회학의 공부를 통해 자본주의의 노동세계에 대해, 그리고 우리나라의 노동현실에 대해 체계적으로 살펴보게 될 때, 그들이 자리 잡을 취업의 현장에서 부딪칠 현실여건과 문제상황에 대한 과학적인 인식을 갖춤으로써 개인적으로 자신의 노동생활을 좀 더 바라는 방향으로 선택하고 대비하는 데에 도움이 될 것이며, 넓게는 우리 사회의 구조적 문제를 낳고 있는 노동문제들의 개선과 해결을 위한 문제의식을 길러줄 것이다.

구체적인 예를 통해 살펴보자. 지난 1998년의 외환위기를 겪으면서 우리 사회에서 '평생직장시대'가 끝나고 '평생직업시대'로 전환했다고 한다. 이같이 노동시장에서의 취업관행이 근본적으로 바뀌고 있다는 우리 노동세계의 구조적인 변화흐름을 분명하게 이해하게 될 때, 학생들은 그들의 취업전략에서 당장 좋은 직장의 구직도 중요하지만 그들의 생애직업경력을 어떻게 꾸려갈지에 대한 장기적인 구상과 계획을 마련하는 것이 더욱 중요하다는 점을 인식하고 이에 대비할 수 있을 것이다. 또한, 학생들은 노동시장의 구조변동을 통해 그들 자신뿐 아니라 일하는 사람들 모두가 항상적으로 고용불안과 실직 위협에 시달릴 수 있다는 문제의식을 갖게 됨으로써 노동생활의 안정성을 확보하기 위한 국가정책 마련이나 제도적 개선의 필요성에 공감하고 우리 노동세계의 올바른 개혁방향을 위한 사회적 움직임에 동참할 수 있을 것이다. 이렇듯, 우리 학생들이 산업사회학의 공부를 통해 노동세계 현실에 대한 명확한 인식을 갖춤으로써 그들이 졸업 후 사회진출을 구상함에서나 사회구조의 문제의식을 형성하는 데에 실제적인 도움을 받을 것이다.

산업사회학을 통해 무엇을 공부하는가

그러면 산업사회학을 통해 구체적으로 무엇을 공부하려 하는지를 살펴보기로 하자. 오늘날 일하는 사람들이 생산하고 그 생산성과가 분배되는 노동세계가 산업사회학에서 탐구하려는 연구대상이라 할 때, 그 노동세계는 크게 ① 노동시장, ② 노사관계, ③ 노동과정, ④ 노동운동, ⑤ 노동자 생활태도 등의 연구범주들로 구분되어 다뤄지고 있다.

첫 번째의 연구범주인 노동시장(labor market)은 기본적으로 자본주의적 산업화를 통해 등장·확립한 사회적 현상이자 분석개념으로 노동력이라는 상품이 구매자(사용자)와 판매자(노동자) 사이에서 어떻게 거래되는지를 살펴본다. 노동시장에 대한 세부적인 연구주제로는 취업·전직·실업 등의 일자리 이동, 일의 보상조건으로서 임금과 노동복지, 노동자들 사이에 존재하는 차별 실태와 그 발생 메커니즘, 그리고 노동시장의 분절구조 등이 주요하게 다뤄진다.

두 번째 연구범주인 노사관계(industrial relations)는 노동력의 상품거래에 참여하는 자본-노동 또는 사용자-노동자의 상호관계를 살펴보는 연구범주이다. 노사관계는 통상 노동자집단, 특히 노동조합과 사용자 사이에 노동력 판매-구매의 거래조건을 둘러싼 협상·갈등을 주된 연구대상으로 삼는다. 또한, 노사관계에 대한 연구는 기업 또는 작업장에서 노동자들과 경영자 또는 관리자 사이에 벌어지는 협상과 각축을 다루는 미시적인 수준에서부터 산업이나 지역 차원에서 노동조합과 사용자단체 사이의 교섭과 갈등을 다루는 중범위 수준, 더 나아가서는 국가 수준에서 노동조합 대표와 사용자 대표 그리고 정부가 노동 관련 정책이나 제도의 도입·시행을 둘러싸고 전개하는 정치적인 상호작용을 다루는 거시적인 수준에 이르기까지 다양한 수준을 포괄하고 있기도 하다.

세 번째 연구범주인 노동과정(labor process)은 자본주의적 생산조직이 어떻게 관리·통제되는지를 주로 다루고 있다. 구체적으로, 노동과정에 대해서는 상품생산에 투입되는 인간적 요소(노동력)와 기술적 요소(생산대상과 생산수단 등)가 어떻게 결합·유지되는지(생산체제), 생산과정의 분업체계 속에서 노동자들의 직무와 권한이 어떻게 수평적·수직적으로 배치-부여되는지(작업조직), 생산 효율성을 높이기 위해 어떻게 노동자들을 통제하는지(노동통제), 그리고 생산활동에 참여하는 노동자들의 근무시간이 어떻게 편성·운영되는지 등이 주요 공부거리로 포함된다.

네 번째 연구범주로서 노동운동(labor movement)에 대해서는 산업화에 따른 자본주의적 고용관계의 확립과 더불어 자생적으로 등장한 노동자들의 다양한 집단활동, 특히 노동조합 활동을 중심으로 살펴본다. 오늘날 대부분의 나라에서는 자본주의적 시장경제체제하에서 노동자들의 약자 지위를 인정하여 그들에게 자주적인 결사체로서 노동조합을 결성하는 단결권을 비롯하여 단체교섭-단체행동을 합법적인 노동권으로 보장하고 있으며, 그 결과 노동조합들이 노동자들의 권익을 보호·개선하기 위해 다양한 활동을 전개해오고 있다. 따라서 노동조합 또는 노동자들의 조직활동들이 직·간접적으로 일하는 사람들의 노동조건을 개선하거나 변화시키는 데에 적잖은 영향을 미치는 만큼, 노동운동을 산업사회학의 주요 공부주제로 삼게 되는 것이다. 노동운동에 대해서는 노동조합들이 사용자 및 정부에 대해 어떠한 방식으로 교섭과 집단행동을 벌이는지, 어떠한 운동노선을 표방·실천하고 있는지, 어떠한 체계로 조합원들을 조직·동원하고 있는지, 그리고 최근에는 당면하는 외부의 도전에 대해 어떠한 대응전략을 보이는지 등을 중심으로 검토한다.

다섯 번째로 노동자 생활태도에 대해서는 크게 객관적인 생활조건과 주관적인 태도의식으로 나누어 살펴볼 수 있다. 전자의 연구주제는 우리 사회의 일하는 사람들이 소득·복지·주거 등에서 어떠한 수준의 생활여건을 누리고 있는지에 대해서 뿐 아니라, 그들이 일터를 벗어나 어떻게 여가와 소비의 생활을 보내고 있는지 등을 다룬다. 후자의 연구주제에서는 노동자들이 갖고 있는 주체적 의식성향이나 인식태도를 주로 검토하는데, 구체적으로는 그들 자신이 수행하는 일에 대한 직무태도, 계층의식이나 계급적 정체성, 그리고 정치태도 성향과 인식틀 및 사회적 가치관 등을 살펴본다. 이러한 탐구를 통해 우리 사회에서 일하는 사람들의 삶의 조건과 태도성향에서 어떠한 편차가 존재하는지, 그리고 이러한 생활태도에 작용하는 배후 요인들은 무엇인지 밝혀볼 수 있을 것이다.

산업사회학을 통해 노동세계를 제대로 탐구하기 위해서는 세 가지의 접근관점을 강조해둘 필요가 있다. 첫째, 우리 노동세계를 구성하는 다섯 가지의 연구범주가 독자적으로 존재하기보다는 서로 영향을 주고받으며 전체 노동체제의 일부로서 작동·기능하고 있다는 점에 유념하여 총체성(totality)의 관점에서 각각의 연구주제를 상호 연관 지어 인식하고 분석하는 것이 바람직하다. 둘째, 우리 노동세계는 역사적인 형성과 변용의 과정을 거쳐 현재의 상태에 이르게 된 것임을 감안할 때 오늘의 모습이 만들어진 역사적인 배경을 이해할 때 그 문제현상의 발생 원인을 정확하게 파악·대처할 수 있다는 점에서 역사성(historicity)의 관점을 아무리 강조해도 지나치지 않을 것이다. 마지막으로는, 작업장, 기업, 산업이나 지역, 그리고 국가마다 노동세계의 구성범주별로 드러나는 특징들은 매우 다양할 것인만큼, 연구대상의 구체적인 다양성을 충실하게 살피려는 경험적인 연구관점으로 접근하는 한편, 다양한 연구대상의 구체적인 현상들에 관통하는 일반적인 법칙성을 찾아내려는 이론적 추상화의 노력이 함께 결합되어야 할 것이다. 다시 말해, 노동세계의 구체와 추상, 그리고 경험과 이론을 끊임없이 상승시켜나가려는 산업사회학의 연구관점을 놓치지 말아야 할 것이다.

제1부

노동과정

작업장과 사무실에서의 각축

01

산업화 이후 노동의 역사

주요 용어
노동의 역사, 자본주의, 산업혁명, 노동자계급, 부르주아

　인간의 역사는 노동의 역사이기도 하다. 인간이 생산을 위한 도구를 사용하여 땀 흘려 일하기 시작한 데서 문명이 시작되었고, 역사가 시작되었기 때문이다.

　따라서 넓은 의미의 노동의 역사는 인류의 역사를 포괄하는 것이어야 하지만, 이 장에서 우리는 산업화 시대의 노동의 역사만을 다룬다. 이 책의 여러 장이 다루는 대상이 산업화 시대의 노동으로 한정되기 때문이다. 그럼에도 이 장을 통해 지난 수세기 동안 인류가 이룬 놀라운 물질적 번영과 민주주의, 그리고 사회적·문화적 제도들의 변화가 노동과 긴밀하게 연결되어 있다는 사실을 이해할 수 있는 단초를 발견할 수 있을 것이다.

1. 왜 노동의 역사에 관심을 갖는가?

우리는 왜 노동의 역사에 관심을 갖는가? 그 이유는 우선 어떤 대상을 연구할 때 역사적 접근이 갖는 일반적 장점 때문이다. 첫째, 역사에 대한 지식은 우리 눈앞의 대상을 절대화하고, 고정화하려는 경향을 막아준다. 역사를 이해함으로써 우리는 지금 우리 눈앞에 보이는 현상을 상대적 관점에서, 달리 표현하자면 일정한 거리를 두고 바라볼 수 있게 된다. 예를 들어보자. '8시간 노동제', 즉 하루의 정규 노동시간을 8시간으로 하는 제도를 우리는 당연하게 받아들이는 경향이 있다. 자본주의 초창기인 19세기 초에 하루 노동시간은 14~16시간에 달했고, 8시간 노동제가 100여 년에 걸친 노동자들의 피땀 어린 투쟁의 산물이라는 것을 아는 사람은 드물다. 우리가 8시간 노동제의 역사를 이해한다면, 노동시간을 더 단축하는 방안에 대해서도 훨씬 열린 시각에서 생각해볼 수 있을 것이다.

둘째, 역사에 대한 지식은 어떤 현상이나 제도, 구조의 근원을 탐구할 수 있게 해준다. 다시 한 번 예를 들어보자. 노동조합은 19세기 중반 유럽, 특히 영국에서 처음 태어났다. 당시 유럽의 노동자들은 그들에게 익숙한 역사적 전통이었던 길드나 공제조합을 비롯한 여러 가지 상호부조 조직의 형태를 발전시켜 노동조합을 만들었다. 따라서 18세기 초부터 19세기 초까지의 노동사에 대한 이해 없이 오늘날 노동조합의 구조와 그 한계를 제대로 이해하기는 어렵다. 또 노동운동의 역사를 연구해보면, 노동조합은 가장 성공적인 조직형태이기는 하지만 노동운동의 여러 조직형태 가운데 하나에 불과하다는 것을 알 수 있다. 노동사에 대한 이해는 미래의 노동운동이 오늘날의 노동조합의 흔적을 간직하고 있되, 많이 다른 형태의 조직을 중심으로 발전할 수도 있을 것이라는 전망을 자연스럽게 받아들일 수 있게 해준다.

노동사를 공부하는 것은 이처럼 일반적인 역사공부의 유용성에 빗대어 설명할 수도 있지만, 그 자체로도 많은 의미를 지니고 있다.

첫째로 노동사는 근대 이후의 역사를 민중사의 관점에서 볼 수 있게 해

1886년 헤이마켓 사건의 발발

하루의 노동시간을 8시간으로 제한하자는 이른바 '8시간 노동제'의 창시자는 19세기 초 영국의 사회주의자이자 사회개혁 운동가인 로버트 오웬(Robert Owen)이다. 그는 1810년 10시간 노동제를 제창하고, 그가 설립한 이상적 공동체인 뉴라나크(New Lanark)에 이 제도를 적용했다. 1817년 그는 8시간 노동, 8시간 재충전, 8시간 휴식(Eight hours labour, Eight hours recreation, Eight hours rest)이라는 생각에 기초하여 8시간 노동제를 주창했다. 이후 최초의 사회주의자 국제조직이라 할 수 있는 국제노동자협회(International Workingmen's Association, 일명 제1인터내셔널)는 1866년 제네바에서 열린 제1차 대회에서 8시간 노동제를 법정기준 노동시간으로 정할 것을 요구했다. 그 뒤 8시간 노동제는 이 제도가 범세계적으로 확립된 20세기 중반까지 세계 노동운동 및 사회주의운동의 첫 번째 요구사항이었다.

헤이마켓 사건은 8시간 노동제 투쟁의 과정에서 발생한 비극의 하나였다. 1886년 5월 1일 미국 전역에서 8시간 노동제를 요구하는 총파업이 시작되었는데, 5월 3일 시카고에서 경찰이 파업노동자들에게 폭력을 행사한 사건이 발

준다. 잘 알고 있듯이 근대 이후의 사회는 산업사회라고 부를 수 있는데, 이 산업사회의 핵심적인 생산담당자가 바로 노동자다. 물론 모든 산업사회에서 노동자계층이 민중 가운데 가장 큰 숫자를 차지하는 것은 아니다. 산업화의 초기단계에서는 여전히 농민이 민중 가운데 다수를 차지하는 경우가 많다. 그럼에도 노동자계층을 민중의 가장 주요한 구성부분이라고 부르는 것은 일반적으로 노동자계층이 가장 큰 정치적·사회적 영향력을 발휘해왔기 때문이다. 노동자계층이 상대적으로 적은 숫자에도 불구하고 더 큰 영향력을 갖는 이유는 그들이 도시에 살며, 공장이나 주거지역 중심으로 집중되는 경향이 있고, 노동조합으로 인해서 다른 어떤 계층보다 잘 조직되는 성향이 있기 때문이다. 또한 노동자 정당이나 정치운동을 통해 정치적 목소리와 조직을 가지게 된다는 것도 중요한 요인이다.

따라서 노동자의 역사는 민중사에서 매우 중요한 비중을 차지한다. 일반적으로 역사는 왕조의 교체나 정치적·경제적·외교적·군사적 사건들을 중심으로 서술되는 경향이 있으며, 그런 의미에서 대부분의 역사서술은 지배층 혹은 소수 엘리트 중심의 역사서술이라고 할 수 있다. 반면에 노

동의 역사는 다수 노동자의 삶과 고통, 그리고 투쟁의 역사에 대한 서술이며, 지배층 또는 소수 엘리트의 그늘에 가려 보이지 않던 사람들을 드러내고, 들리지 않던 목소리를 들리게 하는 역할을 한다. 즉, 역사서술을 좀 더 민주화하는 의미가 있는 것이다.

둘째로 노동사는 역사의 폭을 확장시키는 의미가 있다. 앞서 지적했듯이 전통적인 의미의 역사는 정치적·경제적·외교적·군사적 사건 중심의 역사서술의 경향을 지니고 있는데, 노동사는 노동자들의 삶과 투쟁의 역사를 다룸으로써 '사회적인 것'에 관심을 기울인다. 노동사는 사회사의 중요한 한 부분을 차지하며 역사서술에 포함될 대상을 확장시킨다.

셋째로 노동사는 다양한 역사적 관심과 상호작용을 하면서 역사에 대한 이해의 폭을 넓히고 깊이를 더한다. 노동사와 접점을 이루며 서로 영향을 주고받는 분야들은 헤아릴 수 없이 많다. 예를 들면, 정치사(혁명사를 포함한), 경제사, 산업사, 기술사, 문화사, 젠더의 역사(여성사와 남성사를 모두 포함한), 도시사, 이민사 등이 대표적이다. 이러한 다양한 분야에 대한 역사적 관심과 사회과학적 관심은 노동사의 탄생 초기부터 서로 영향을 주고받으며 발전해왔으며, 최근으로 올수록 그 상호작용의 빈도와 깊이는 더해지고 있다.

요약하면 노동사를 통해서 우리는 노동, 노동자, 노동문제, 노동운동을 좀 더 역사적으로, 따라서 깊이 있게 이해할 수 있으며, 역사를 민중의 역사로서 이해하는 관점을 배울 수 있고, 역사 자체에 대한 이해의 폭과 깊이를 더욱 확장할 수 있는 것이다.

2. 세계 노동사

자본주의의 맹아와 임금노동의 탄생

넓은 의미에서 말할 때 노동은 인류와 그 역사를 같이한다. 노동을 통해서 인류는 문명을 창조했고 비로소 유인원의 세계와 결별했기 때문이

생했다. 5월 4일 이에 항의하는 집회가 헤이마켓에서 열리던 중 이를 감시하던 경찰대열에서 폭탄이 폭발했고, 이후 경찰과 노동자 사이에 총격전이 벌어졌다. 이 사건으로 4명의 노동자가 죽고 수명의 경찰관이 부상당했다. 당국은 노동자 대표 8명을 기소했고, 그중 4명이 사형을 당했다. 미국노동총동맹(AFL)은 이 사건을 기념하여 1890년 5월 1일 8시간 노동제를 요구하는 총파업을 계획했으며, 제2인터내셔널이 이 계획에 호응하여 범세계적으로 총파업을 조직함으로써 오늘날 우리가 아는 노동절(즉, May Day)이 탄생했다.

다. 그런 점에서 가장 넓은 의미의 노동사의 시작점은 신화시대로 거슬러 올라간다고 할 수 있다. 그러나 오늘날 대부분의 노동사 연구는 서구 유럽의 경우 14세기 전후, 그리고 그 밖의 지역에 대해서는 18세기 또는 19세기 전후까지 거슬러 올라가는 것이 보통이다. 바로 이 시기들은 각 지역에서 자본주의의 싹(맹아)이 트던 시기이다. 즉, 좁은 의미에서 노동사 연구의 대상은 자본주의적 임금노동 — 그 맹아적 형태까지 포함한 — 의 역사인 것이다.

자본주의의 맹아가 가장 일찍 싹텄던 유럽에서는 상공업이 발달하기 시작한 일부 도시를 중심으로 특허권을 갖는 상업길드나 수공업길드가 나타나기 시작했으며, 14세기를 전후해서는 상공업의 발달을 배경으로 여러 중세도시에 다양한 상업길드와 수공업길드들이 자리를 잡게 되었다. 이 가운데 수공업길드는 자본주의적 임노동관계의 맹아라고 할 수 있다. 수공업길드는 독립수공업자인 장인(master)들로 구성되어 있었는데, 한 사람의 장인은 2~3명의 직인(journeyman)과, 여러 명의 도제(apprentice)들을 거느리고 있었다. 대부분의 도제는 무급으로 일하거나 소액의 보수를 받았을 뿐인데, 그 이유는 그들의 노동이 임금을 목적으로 한 것이 아니라 기술의 습득을 목적으로 한 것이었기 때문이다. 반면에 직인은 도제로서의 수련기간을 거친 자로서 일정한 임금을 받았지만, 그들 역시 장인이 되어 길드의 정식 구성원이 되는 것을 목표로 했다. 요컨대 중세의 직인이나 도제는 그들의 장인에 대한 관계에서 순수한 고용관계가 아니라 스승과 제자 관계나 다름없었고, 자유로이 직장을 이동할 수도 없었다. 직인이나 도제가 계약을 파기하거나 임의로 장인을 떠나면 유죄가 선고되었다. 예를 들어, 벤저민 프랭클린(Benjamin Franklin)은 인쇄공이었던 형 밑에서 도제생활을 하다가, 1723년 그것을 벗어나기 위해 형의 허락 없이 빠져나옴으로써 한동안 도망자 신세가 되어야 했다는 일화가 있고, 또 도제가 도망치다 붙잡히면 매질을 가하고 심할 경우 노예로 삼기도 했다는 중세의 관행은 이러한 도제의 신분적 속박을 잘 보여준다. 이처럼 도제는 사회적·규범적 속박 속에 있었다는 점에서 근대적 임금노동자와는 현저한 차이를 보인다.

임노동의 또 다른 맹아적 형태는 이보다 약간 늦게 농촌지역에서 나타났다. 17세기를 전후하여 유럽의 농촌지역에서 나타난 선대제(Putting-out system) 공업에 고용된 농민들이 그들이었다. 도시의 상인(주로 면직·모직·마직 등 직물 상인)들은 도시 길드의 특권적·폐쇄적·독점적 생산제한과 상대적으로 비싼 노임을 피하기 위해 인근 농촌지역 농민들에게 재료를 공급해주고 직조를 시키는 새로운 방식을 개발했다. 이렇게 시작된 농촌의 선대제 공업은 토지가 없거나 부족하던 영세농민들의 호응을 얻으며 빠르게 퍼져나가 18세기 중엽에는 도시의 직물길드를 위협할 수준으로까지 성장했다. 도시의 길드들은 자신들의 경쟁자인 농촌공업을 금지해야 할 악으로 규정하고, 왕권을 빌어 농촌공업을 금지시키려고 시도했으나 결국 실패하고 말았다. 그러나 이들 농민 직조공들은 여전히 농업에 종사하면서 농한기를 이용하거나 가족의 일부 – 주로 여성 – 가 가내노동의 형태로 일했다는 점에서 근대적 의미의 임노동자는 아니었다.

산업혁명

근대적 의미의 임노동자는 유럽에서 18세기 후반에서 19세기 중반까지의 시기에 해당하는 산업혁명기에 탄생했다. 이러한 임노동자가 탄생한 곳은 근대적 의미의 공장인 매뉴팩처(manufacture)였다. 매뉴팩처는 주로 농촌지역의 선대제 공업으로부터 발전했다. 그 이유는 여전히 도시에는 길드제의 영향이 남아 있어 기술혁신과 값싼 노동력의 이용이 어려웠기 때문이다. 근대적 매뉴팩처로의 전환은 발명에 의한 새로운 기술의 적용과 자연의 제약을 받지 않는 동력의 사용을 계기로 폭발적으로 생산력을 증대시켰으며, 새로운 기계의 사용과 분업을 통해 숙련을 파괴함으로써 미숙련공을 대량으로 사용할 수 있는 길을 열어주었다. 또한 산업혁명을 계기로 급속히 발전한 새로운 동력과 기관은 교통수단의 획기적인 발달을 가져와 마침내 세계를 하나의 시장으로 연결시켰고, 시장과 자본주의의 침투는 그 사회들을 근본적으로 변화시켰다. 18세기 말엽 영국에서 시

1830년대 영국의 면직물 매뉴팩처의 모습

작된 산업혁명은 19세기에는 구미의 대부분 국가의 산업혁명으로 이어졌다. 그리하여 산업혁명은 단순히 산업과 경제, 그리고 생산의 방식만을 혁명적으로 바꾼 것이 아니라 정치적·사회적인 측면에서도 거대한 변화를 몰고 왔다.

노동자계급의 형성

산업혁명이 가져온 가장 큰 변화 가운데 하나가 노동자계급의 출현이다. 임금노동자들은 토지나 가축, 기계와 같은 생산수단을 갖지 못하고 오로지 임금노동만을 통해서 생계를 유지할 수 있었다는 점에서 농민이나 수공업자와 구분되었다. 한편 임금노동자들은 적어도 형식상으로는 자본가와 자유롭고 대등한 노동계약을 맺을 수 있었다는 점에서 신분·직종·토지의 굴레에 묶여 있던 노예·농노·직인과는 구분되었다('이중의 의미에서 자유로운 노동자'). 이러한 임금노동자들은 다양한 계급과 계층으로부터 충원되었다. 수공업에 종사하던 장인과 직인들이 선대제 상인의 손아귀에 장악되면서 점점 몰락하여 노동자로 전락했다. 상업적 농업이 발전하면서 귀족에 의한 토지 강탈, 농민층의 내부 분화 등에 의해 몰락한 자영농이나 소작농들이 노동자가 되기도 했다.

산업혁명에 의한 급속한 산업발전은 지리적으로 불균등하게 이루어졌다. 처음에 산업화는 수력이나 석탄 등과 같은 에너지를 이용하기 좋은 곳, 양모·면화·철 등과 같은 원료를 구하기 쉬운 곳을 중심으로 분산적으로 시작되었지만, 이윽고 점점 집중화하는 현상이 발생했다. 그 결과 이전에는 보기 어렵던 대규모 산업도시, 광산도시, 항구도시들이 여기저기에 생겨났다. 이렇게 급속히 발달한 도시는 자본과 노동력을 더욱 빠르게 빨아들이는 힘을 발휘했고 그 결과 이러한 산업도시, 광산도시, 항구도시를 중심으로 대규모 노동자 집단주거지들이 생겨났다.

급속히 팽창한 근대도시의 거주환경은 상상을 초월할 정도로 열악했다. 인구가 너무 빨리 증가했기 때문에 집들은 항상 모자랐고, 그나마 있는 주택들도 너무 급하게 지어져 허술하기 짝이 없었다. 짐승우리나 닭장을 방불케 하는 좁은 합숙소나 지하실에서 여러 가구가 함께 사는 일도 흔하디흔할 정도였다. 노동자 주거지역의 이러한 '비천함', '더러움', '건강에 해로운 환경', 아이들을 타락시키는 '부도덕', 실업·가난·위생·질병 상태는 당대의 양심적인 사람들에게 엄청난 충격을 주었고, 다양한 사회개혁론이 나오는 계기가 되었다.

그러나 무엇보다도 이러한 상황은 노동자 자신들의 의식과 행동을 변화시켰다. 임금노동자들은 처음에는 자본주의적 생산체제가 강요하는 근대적 시간규율과 노동리듬에 적응하기 어려워했다. 그들은 공장에 들어와서도 과거 농민이나 자유로운 수공업자의 시간개념과 노동리듬의 흔적을 유지하려고 했다. 따라서 자본가들은 노동자들을 공장의 시간표에 맞추어 훈육하기 위해 갖은 강압수단을 사용해야 했다. 자본과 노동 사이에 가장 치열한 투쟁의 대상이 된 것은 노동시간의 길이였다. 산업혁명기의 노동시간, 특히 여성이나 아동이 주로 일했던 근로환경이 열악한 저임금 작업장(sweat shop)의 노동시간은 하루 12~16시간에 달했다. 노동자들은 과도한 노동시간이 노동자들의 건강을 좀먹을 뿐 아니라 궁극적으로는 임금을 하락시켜 자신들의 생계를 더욱 어렵게 하는 문제의 근원이라고

19세기 중반 영국의 전형적인 슬럼의 모습

생각하여 산업혁명기 초기부터 노동시간 단축을 치열하게 요구했다.

노동자들은 또한 자신들의 낮은 임금과 긴 노동시간, 열악한 노동환경의 원인이 노동자들 사이의 경쟁과 이를 이용한 자본가의 착취에 있다고 생각하고 이를 극복하기 위해 다양한 노력을 기울였다. 초기에 노동자들은 자신들의 불행의 원인이 괴물과 같은 생산성으로 노동자들의 일자리를 빼앗는 기계에 있다고 생각하고, 러다이트 운동(Luddite movement)처럼 기계를 파괴하는 폭동적 투쟁을 벌이기도 했다. 그러나 노동자들은 점차로 좀 더 지속적이고 조직적인 활동을 발전시켜나갔다. 그들은 협동조합이나 공제조합 같은 상호부조 조직을 만들어 위기나 위험에 공동으로 대처하고자 했으며, 노동력 공급을 통제하고 자본가와 공동으로 교섭하기 위해 노동조합을 만들었다. 또 그들은 다양한 정치적 모임들도 만들어 자신들의 목소리를 정책결정과 입법에 반영하기 위해 노력하기도 했는데,

그 선구가 된 것이 바로 영국의 차티스트 운동(Chartist movement)이었다. 노동자들은 이러한 집단적 노력과 투쟁의 과정에서 점차로 자신들을 공동의 정치적·경제적·사회적 이해관계를 가지는 하나의 커다란 사회집단(계급)으로 인식하기 시작했다.

풍요로운 노동자: 계급의 종언?

계급형성기를 지나면서 노동자계급은 근대 자본주의 사회의 가장 강력한 정치적·사회적 세력의 하나가 되었다. 노동계급이 형성된 대부분의 나라에서 주요한 산업부문에 노동조합이 결성되었고, 이들은 치열한 투쟁을 거쳐 노동자들을 대표하여 교섭하고 투쟁할 권리를 쟁취했다. 또한 노동자들의 정치적·경제적·사회적 이익을 옹호하고 대변할 뿐 아니라 노동자들이 이상적으로 생각하는 사회를 형성하기 위한 근본적인 개혁 또는 혁명을 도모하는 다양한 정당과 정치세력, 사상적 분파들이 생겨나 영향력을 확대해갔다. 그 가운데 가장 큰 영향을 미친 것이 자본주의 사회를 일거에 혁파하고 사회주의 사회로 이행할 것을 꿈꾸는 혁명적 사회주의와 점진적 개혁·개량을 통해 사회주의로 이행할 것을 주장하는 개혁적(개량적) 사회주의였다.

20세기로 접어들면서 선진산업국에서 노동계급의 정치적·경제적·사회적 힘은 놀라울 만큼 성장했다. 그들은 노동조합을 통해서 임금과 근로조건을 크게 향상시켰으며, 노동자 정당을 통한 정치참여, 러시아 혁명과 같은 혁명적 투쟁, 노사정 3자협약과 같은 '사회적 대화'를 통해 정치적·사회적 힘과 발언권을 비약적으로 높였다. 20세기 전반기에 대부분의 나라에서 노동자들은 투표권을 획득했으며, 20세기 후반기에는 많은 나라에서 노동자 정당이 집권정당의 지위를 차지했다. 그리하여 20세기 중·후반에는 선거와 국유화, 사회적 개혁을 통해 사회주의로 이행할 수 있다는 전망이 힘을 얻기도 했다. 1950년경부터 1960년대 말까지 선진자본주의 국가들은 전후 황금기를 누렸으며, 이에 힘입어 노동자계급도 그 어느 때보다도 풍요롭고 안정된 생활을 누릴 수 있었다.

이러한 풍요로움과 안정으로 인해 노동자들의 계급의식이나 투쟁도 점차로 무디어져 갔다. 노동조합이나 노동운동의 궁극적인 목적이 조합원들의 임금을 올리고 근로조건을 개선하는 데 있다고 보는 '도구주의적' 태도가 확산되었다. 같은 맥락에서 사회개혁이나 다른 계급집단이 겪고 있는 문제에 대해서는 냉담한 태도를 보이거나 더 나아가 이민자나 좌파운동에 대해 공격적인 성향을 보이는 보수적 경향도 늘어났다. 이러한 현상을 두고 일부 사회학자들은 노동자들이 풍요와 생활수준의 향상으로 인해 부르주아화되었으며(embourgoisement), 그리하여 마침내 계급이 종언을 고하기에 이르렀다고 주장했다. 다른 학자들은 외형적 풍요로움 속에서 노동자들이 개인주의화되거나 가족을 최우선시하는 태도를 가지게 된 것은 사실이지만, 부르주아화된 것은 아니며 여전히 자본에 대해서는 대립적인 태도와 경계심을 품고 있다고 진단했다.

그 이후로도 서구 자본주의 국가에서 노동운동의 약화 현상은 점진적으로 계속되고 있다. 이러한 변화는 서구 자본주의 경제의 서비스화가 가속화되면서 전통적으로 노동운동의 주력을 이루는 생산직 노동자들의 수가 감소한 것과 깊은 관련이 있다. 그러나 서구 국가들에서 노동운동이 약화되고 노동계급이 해체되어가는 것처럼 보이는 바로 그 순간에, 과거 식민지·종속국이었다가 뒤늦게 자본주의적 발전을 시작한 지역에서는 새롭게 노동운동의 불길이 솟아오르는 모습을 보이고 있다는 점에서 노동운동과 노동계급의 종언을 말하기는 아직 이르다고 할 것이다.

가족, 여성, 아동

선대제 시절 전통의 연장선상에서 산업혁명 초기 공장노동자들은 주로 가족 단위로 일했다. 가장인 남성노동자의 부인이나 자녀가 보조적 노동자로서 함께 일하는 경우가 드물지 않았던 것이다. 그러나 산업화가 본격화되면서 가족노동의 관행은 점차로 변화했다. 기계화의 영향으로 노동에서 육체적 근력이 차지하는 비중이 낮아지면서, 여성이나 아동은 보조적 노동자라기보다는 성인 남성노동자를 값싸게 대체할 수 있는 인력으

공장에서의 아동노동

로 떠올랐다. 가난한 노동자 가구는 가구주 1인의 수입으로는 생계를 유지할 수 없어, 가능한 한 많은 가족을 일터로 내보내지 않을 수 없었고, 이는 농촌을 떠나 도시로 이주한 농민의 가족도 마찬가지였다. 또한 도시 인근의 농촌 가구도 식구를 줄이고 화폐수입을 늘리기 위해 미성년 자녀를 도시의 노동시장에 내보내는 일도 많았다.

　그러나 여성과 아동의 노동시장 참가는 결과적으로 노동시장에서 노동자들의 교섭력을 더욱 약화시키게 되었다. 이에 남성노동자 중심으로 조직되어 있던 여러 노동조합들은 여성과 아동의 노동시장 참가에 대해 매우 부정적인 입장을 갖게 되었다. 남성노동자들과 노동조합은 여성과 아동이 있어야 할 곳은 가정이며 이를 보장하기 위해서는 남성노동자 1인만으로도 생계를 책임질 수 있는 '가족임금'을 보장해야 한다고 주장했다. 노동조합이 개량적 사회개혁가들과 손잡고 발전시켜나간 가족임금론은 부르주아의 이상적 가족모델(생계부양자인 남편과 가정주부, 그리고 학교교육을 받는 자녀로 구성된)을 따른 것이었다. 이러한 가족임금에 대한 주장은 여성과 아동에 대한 보호주의적 겉모습에도 불구하고 때로는 그들을 노동시장에서 차별하고 배제하는 것을 정당화하는 데 사용되기도 했다.

　이러한 사고방식은 가족이 살아가는 데 필요한 자원을 조달하고, 가족구성원을 보호하고, 가족에 대해 가장으로서의 책임을 다하는 것을 이상적인 남성의 역할로 보는 것을 의미한다. 그리고 그것은 다른 한편으로는 여성과 아동을 남성가장의 보호를 받아야 하는 연약한 존재로 규정하는 가부장제적 관념에 뿌리박고 있었다. 그리고 이러한 관념은 새로이 지배계급으로 떠오른 부르주아계급이 자신들을 이상화하며 만들어낸 것이기도 했다. 노동자계급의 상층만이 아니라 노동자계급의 다수가 그러한 사상을 자신들의 윤리관, 노동운동의 이론적 근거의 일부로 받아들였다. 그 결과 부부와 자녀로 구성되는 핵가족이 '고귀한', '존경할 만한', '전통적' 가족으로 여겨졌다. 이러한 가족형태는 노동자계급 가족을 중심으로 보면, 영국을 비롯한 서구 산업사회에서는 제1차 세계대전을 전후로 확립되었으며 1950년대에 그 절정에 이르렀다. 그러나 이러한 가족형태는 1970년대 이후 선진산업국가의 장기 불황과 그에 따른 고용안정성의 약화, 여성의 사회적 진출의 확대, 페미니즘의 도전 속에서 급속한 해체의 과정을 겪고 있다.

콩을 까는 어린 노동자들(1909년 미국 볼티모어)

이주노동

인류의 역사, 노동의 역사만큼 긴 것이 노동력 이주의 역사이다. 그러나 산업혁명기 이후 근현대사회의 노동력 이주는 인류역사상 이제까지 볼 수 없을 만큼 대규모로 이루어졌다. 노동력 이주가 이처럼 폭발적으로 늘어난 데는 여러 가지 원인이 있다. 그 하나는 이제까지와는 비교할 수 없을 정도로 신속하고 대량으로 노동력을 이주시켜줄 수 있는 교통수단이 발달했다는 점이다. 또 다른 원인으로는 이른바 '신대륙'의 발견과 '구대륙'에서의 인구 압력이 상호작용을 했다는 점이다. 제국주의에 의한 식민지 지배도 구대륙에서 신대륙, 그리고 신대륙에서 구대륙으로의 쌍방향적 인구이동을 낳았다. 생산력의 엄청난 발전을 배경으로 나타난 두 차례의 세계대전 등 잦은 국지적·국제적 분쟁과 갈등 등도 인구이동을 촉진한 요인이다. 그러나 무엇보다 중요한 원인은 자본주의의 불균등한 발전으로 인해 지역 간의 경제적 격차가 벌어졌다는 데 있었다.

수많은 사람들이 기아와 빈곤에서 탈출하기 위해, 새로운 땅에서 성공의 꿈을 이루기 위해 이주를 선택했지만, 대부분의 경우 그들은 신세계의 최하층 노동자가 될 수밖에 없었다. 자신들도 이민자인 기존의 하층 노동자들은 새로운 이민자들이 자신들의 일자리를 빼앗고 임금을 낮춘다고 생각하여 적대적인 태도를 취하기 일쑤였다. 이민의 물결에 민족적·인종적 색채가 배어 있을 경우 이민자들 사이의 질시와 갈등은 더욱 심각했고,

특히 피부색이 다를 경우 배제와 적대감은 극단화되었다. 대체로 가장 늦게 도착한 이민자 집단이 최하층 노동자 집단을 형성했지만, 20세기 중반까지도 이른바 '유색인종'은 이민자 집단 내에서 변하지 않는 최하층 집단으로 고정화되었다. 그리고 그러한 차별은 피부색이 짙을수록 더욱 심화되었다. 예를 들어 미국의 경우를 보면, 남북전쟁 직후 대륙횡단 철도를 건설하면서 노동력이 부족해지자 중국인 노동력을 대량으로 불러들였지만, 골드러시에 따라 중국인 이민이 급증하자 두려움을 느껴 1882년 중국인 이민을 금지하는 법률을 제정했다.

이주가 매우 다양한 형태로 이루어졌다는 점도 주목해야 한다. 아프리카에서 아메리카 대륙으로의 대규모 노예무역은 자본주의 발전 이전 시기부터 시작되어 19세기 중·후반까지 지속되었다. 또 영국은 그들의 식민지에서 공장이나 플랜테이션을 감독하는 중간관리자층으로 인도인을 적극적으로 활용했다. 이러한 다양한 이주 형태는 여러 식민지와 신대륙에서 다양한 인종구성과 그에 따른 정치적·사회적·문화적 갈등을 낳았다.

인종 간 이주노동의 차별

연대미상의 위 그림은 아시아계 이민은 봉쇄하고, 백인 이민만 허용하는 캐나다 브리티시컬럼비아 주의 이민정책을 보여주는 것이다. 문 앞의 여성은 브리티시컬럼비아 주 정부 당국을 상징한다. 브리티시컬럼비아 주는 1880년대부터 어업, 벌목업 등을 중심으로 급속히 발전하기 시작했다. 이에 따라 필요한 노동력이 유럽, 중국, 일본으로부터 급속히 밀려들어왔다. 이러한 급속한 노동력 유입은 인종 간의 긴장과 갈등을 낳았다. 백인들은 아시아로부터의 이민을 억제하기 위해 인두세를 부과했고, 아시아계 이민자를 공격하는 폭동이 1887년과 1907년 밴쿠버를 휩쓸기도 했다. 1923년에 이르면 중국인 이민은 상인과 투자자를 제외하고는 사실상 완전히 금지되었다.

다양한 노동형태

자본주의 사회에서 노동의 주된 형태는 임금노동이지만, 전형적인 임금노동만이 아니라 다양한 노동(계약)의 형태가 존재했고, 지금도 존재하고 있다. 그 원인은 우선 자본주의가 전 자본주의적 관계들도 포섭하며, 특정한 조건 아래에서 가장 근대적인 공장에서조차 봉건적 권위체계가 생존하기도 한다는 사실에서 찾을 수 있다. 특히 자본주의로의 이행과정에서 시민혁명에 기초한 개인의 해방과 자유의 성취가 충분히 이루어지지 못한 사회에서는(특히 근대로의 진입을 식민지·반식민지·종속국의 위치에서 경험한 대다수의 사회에서는) 일상생활과 조직 속에 개인주의나 부르주아적 평등 관념이 뿌리내릴 틈이 없었다. 그리고 그 공간은 여전히 권위주의와 폭력, 차별과 배제의 논리가 지배하고 있다. 바로 이러한 조건이 다양한 노동형태를 낳는 주요한 원인의 하나이다.

초기 자본주의 시대에 가장 흔하게 존재했던 노동형태는 노동자의 생산량에 따라 임금을 지급하는 개수임금제였다. 이러한 노동형태는 노동자의 근면과 태만에 대해 관리·감독할 필요성을 줄여준다는 점에서 자본가가 매우 선호했다. 노동자들도 낮은 임금 속에서 가족을 부양하기 위해서는 한 푼이라도 더 벌 수 있는 개수임금제를 거부하지 않았다. 그리하여 개수임금제는 매우 광범위한 산업 분야로 확산되었고, 지금도 광산업·섬유업·봉제업 등 많은 산업부문에 남아 있다.

다음으로는 계약의 형태를 띠지만 사실상은 노동자가 채무에 묶여 있는 강제노역과 다름없는 노동형태도 자본주의 발전의 초기 단계에는 광범위하게 존재했다. 이러한 고용형태는 특히 부모가 어린 자녀를 사실상 팔아넘기는 형태로 시작되는 경우가 많았으며, 우리나라·중국·일본에서 제2차 세계대전 시기까지 광범위하게 존재했고, 현재도 서남아시아 등 아동노동이 만연한 지역에서 널리 발견되고 있다.

임금노동자와 독립자영노동자 사이의 구분이 어려운 고용형태도 초기 자본주의 시절부터 현재에 이르기까지 그 구체적인 모습을 달리하며 지속되고 있다. 초기 자본주의 시절에는 몰락한 장인·직인 출신의 노동자들이 여러 산업부문에서 도급·하청 등의 형태로 일하는 경우가 많았다. 조선산업, 광산업, 건설업과 같이 특정한 작업공정을 전문적으로 맡는 일련의 노동자 집단이 순차적으로 투입되는 작업현장이 주로 이들의 일터가 되었다. 이러한 형태의 도급·하청이 오래된 전통적 작업조직, 관행에 기초하여 지속되고 있는 형태라고 한다면, 최근에 만연하고 있는 사내하도급, 파견노동, 파트타임 등은 자본가들이 새로이 발전시킨 노동력의 '유연한 활용방식'이라고 할 수 있을 것이다.

이러한 '유연한' 노동력 활용방식은 자본 간 경쟁이 치열해지고, 노동운

중국인 이민 금지

연대미상의 위 그림은 중국인 노동자를 본국으로 추방해야 한다는 선동적 내용을 담고 있다. 그림 중앙 아랫부분에 태평양이 그려져 있으며, 그 건너 왼쪽에 중국이 보이고, 오른쪽은 캘리포니아 주다. 눈여겨 볼 것은 이 그림이 캘리포니아 주 제11 상원선거구(현재의 실리콘밸리 인근)에서 노동자당(Workingman's Party)이라는 노동자조직의 이름으로 발행된 모금용 티켓으로서, 그림에서 중국인 노동자를 발로 차 내쫓는 것도 이 노동자당으로 묘사되어 있는 것이다. 노동자당은 1870년대에 캘리포니아에서 활동한 노동자조직으로 그들의 주된 투쟁 목표는 중국인 이민 금지였다.

국제분업과 제3세계 아동노동 착취에 대한 풍자화

동이 약화되어 일부 대기업이나 공공부문의 정규직 노동자만 노동조합으로 조직화되는 노동운동의 국지화 현상과 더불어 더욱 심해지고 있다.

노동의 세계적 연계

오늘날 세계적으로 인기를 끌고 있는 아이폰은 그야말로 국제적으로 생산된다. 아시아개발은행연구원(ADBI)의 한 연구에 의하면, 아이폰 생산 과정에서 각국의 기업에 발생하는 비용은 일본이 34%로 가장 큰 부분을 차지하며, 다음으로 독일 17%, 한국 13%, 중국 3.6% 순이며 그 밖에 27%는 다른 국가에서 발생한다. 즉, 아이폰은 미국 캘리포니아에서 고안되고, 독일·일본·한국의 고부가가치 부품들이 탑재되지만, 정작 이 제품을 생산하는 중국의 폭스콘 공장(이 공장은 대만계 자본이 소유하고 있다)의 노동자들에게 돌아가는 몫은 극히 미미하다는 것이다. 어떻든 이러한 사실을 통해서 우리가 알게 되는 것은 오늘날 상품생산과 유통의 국제분업은 우리의 상상을 훨씬 뛰어넘을 정도로 진전되어 있다는 사실이다.

자본주의적 생산의 국제화는 자본주의의 고도화와 더불어 진행되었다. 원료와 상품의 국제적 이동이 대규모로 이루어지기 시작한 19세기에 이르러 출현한 이른바 '국제적 분업'은 오늘날은 너무나 일상적이고 보편적인 상황이 되었다. 이러한 현상은 1950년대까지만 해도 '국민경제'의 울타리에 의해 부분적으로 차단되고 있었다. 그러나 1960년대 자본주의 황금기가 저물어가던 시기에 노동력 부족과 고임금, 환경 규제강화 등으로 경쟁력 약화에 직면한 선진국의 노동집약적 산업이 대거 노동력이 값싼 개발도상국으로 이전되기 시작했다. 선진국에서 빠져나온 노동집약적 산업들이 처음에 향한 곳은 한국, 대만, 싱가포르, 홍콩, 멕시코, 브라질 등 동아시아와 중남미 개발도상국들이었다. 이들 가운데 가장 성공적이었던 나라는 이른바 아시아의 '네 마리 용(four dragons)', 즉 한국, 대만, 싱가포르, 홍콩이었다. 이들은 억압적 정치체제·노동체제와 근면하고 학습능력이 뛰어난 노동력을 활용하여 이러한 국제분업구조의 변화에 성공적으로 편승함으로써 1980년대에는 신흥공업국(Newly Industrializing Economies: NIEs)으로 발돋움했고, 1990년대 중반 이후에는 차례로 선진국의 문턱에 이르게 되었다. 1990년대 이후 국제분업구조에서는 중국, 인도, 러시아, 인도네시아 등이 새로운 생산기지로 떠오르기 시작했고, 이전의 NIEs는 서비스경제화하는 한편 고부가가치 제품을 생산하는 지역으로 변화해가고 있다.

이러한 과정에서 노동은 인류역사상 그 어느 때보다도 서로 긴밀하게 국제적으로 연계되어 있다. 따라서 어느 한 나라, 한 지역의 관점에서는 노동문제나 노동운동을 충분히 설명할 수 없게 되었다. 그럼에도 19세기 말에서 20세기 초를 풍미했던 노동운동의 국제적 연대의식은 갈수록 약해져 오늘날에는 그 흔적마저 찾기 어려워졌다. 오히려 오늘날에는 국제분업의 범세계적 확장이 노동자들 사이의 저임금 경쟁, 출혈 경쟁을 더욱 부추기는 경향마저 발생하고 있다. 현상적으로 개발도상국 노동자의 고한노동(苦汗勞動, sweat labor)에 의해 생산되어 선진국 시장에 범람하고 있는 값싼 상품들이 선진국 노동자 임금의 실질가치 저하를 보전해주는 양상이 지속되고 있기 때문이다. 또 달리 말하자면 선진 탈산업사회에서 논의되는 '노동의 종말'은 자본이 찾아낸 더 임금이 싸고, 더 노동시간이 길고, 자본에게 더 많은 자유가 허용되는 새로운 프론티어들과 긴밀히 연결되어 있기 때문이다.

3. 한국 노동사

우리나라는 제2차 세계대전 이후 본격적인 공업화 단계에 들어섰다는 점에서 이른바 '후기 후발산업화'를 이룬 나라에 속한다. 뒤늦은 산업화는 대체로 선진자본주의 국가들의 산업화 경험을 압축적으로 되풀이하는 경향이 있다. 그러나 뒤늦게 산업화하는 나라들이 앞서간 나라들의 발자취를 그대로 따라가는 것은 아니다. 그 이유는 선진국의 산업화와 후진국의 산업화가 서로 다른 조건과 역사적 배경 속에서 이루어지며, 후진국의 경우 선진국의 산업화 경험에서 많은 것을 취사선택하려는 경향이 있기 때문이다.

노동사에서도 우리나라와 같은 후발산업화를 이룬 나라들은 큰 틀에서는 선진국의 경험을 압축적으로 되풀이하면서도, 나름대로의 역사적 배경과 주체들의 선택에 따라 독특한 역사적 경로를 밟게 된다. 따라서 노동의 역사는 결코 단일하지 않고 나라마다 매우 특징적인 점들이 있게 된다.

근대적 임금노동의 맹아와 출현

우리나라에서 근대적 임금노동이 대규모로 출현한 것은 공장제 공업이 본격적으로 등장한 1920년대이지만, 그 맹아적·원시적 형태는 이미 조선 후기, 특히 17세기 이후 상품화폐경제가 발전하고 농민층의 분화가 가속화되면서부터 나타나기 시작했다. 고용노동의 맹아적 형태는 국가가 예속적인 부역노동 징발 대신 고립제(雇立制)·모립제(募立制)▼ 등의 형태로 고용노동을 구매하기 시작한 것과, 농업·상업·수공업·광업 등 여러 분야에서 노동력이 필요한 업주들이 고용노동을 사용하기 시작했던 것에서 찾을 수 있다. 이 노동자들은 주로 몰락한 농민층에서 공급되었으며, 이러한 고용노동의 형태는 화고(和雇)라고 불렸다. 화고는 노동력을 판매하는 고인(雇人)·고공(雇工)이 고주(雇主)를 선택할 수 있었다는 점에서 신분적 예속관계를 벗어난 경제적 고용-피고용 관계로의 이행을 보여주는 것이었다. 이러한 화고관계에서는 고인·고공이 고가(雇價)를 더 받기 위해 고주와 다투는 쟁고(爭雇)도 빈번히 발생했다(강만길 외, 2004: 50~66).

조선 후기의 심화된 사회모순 속에서 몰락한 농민층으로부터 충원된 이들 고공이나 초군(땔나무 노동자), 광군(광산노동자), 유랑노동자 등은 미륵신앙과 같은 민중신앙과 다양한 형태의 민중결사 방식을 통해 작당(作

▼ 고립이란 아전, 노비, 군역 등의 신역(身役)에 일정기간 동안 복무하도록 하는 대신에 금전적 대가를 제공하는 것을 가리키며, 모립이란 궁궐·성곽·도로·제방·능묘 등의 공사에 금전적 대가를 제공하고 고용하는 것을 가리킨다. 양자 모두 국가에 대한 예속적 노동이라는 한계를 갖지만, 일종의 계약에 기초하여 노동력과 화폐가 교환되는 고용관계였다는 점에 의의가 있다.

黨)함으로써 폭발적 잠재력을 키워갔다. 그리고 이러한 불만과 폭발력은 19세기에 이르러 홍경래의 난 등 수차례의 대규모 민란과 농민항쟁 등을 통해 표출되었다(강만길 외, 2004: 66~79).

그러나 조선시대에 등장한 임금노동은 어디까지나 근대적 임금노동의 씨앗에 불과했고, 근대적 의미의 임금노동이 소규모로나마 등장한 것은 개항기였다. 개항에 따라 물밀듯이 들어온 외세와 자본은 빠른 속도로 조선을 상품화폐경제에 편입시켰다. 이 과정에서 가장 먼저 근대적 의미의 임금노동이 출현한 곳은 외세 및 상품화폐경제와 가장 먼저 접촉한 부두였다. 이후 임금노동 형태는 외세의 자원 착취와 결부되면서 광부, 운송 노동자, 철도건설 노동자 등으로 확대되어갔다. 이에 따라 부두와 광산, 철도부설 사업장 등을 중심으로 저임금노동과 민족적 차별, 수탈에 항거하는 우발적 투쟁들이 나타나곤 했지만 아직 노동자계급 의식이 형성되었다고 말하기는 어렵다. 그러나 노동자들은 전국 각지에서 1919년 3·1운동에 광범위하게 참여함으로써 민족운동의 한 주체로 자신들을 드러내기 시작했다.

식민지공업화와 노동

식민지 조선의 공업화는 1919년 조선회사령의 철폐와 더불어 본격화되었다. 1920년대에는 소비재산업과 경공업을 중심으로 산업화가 전개되었지만, 1930년대부터는 만주와 중국을 침략하고 마침내 태평양전쟁을 일으킨 일제의 조선 병참기지화 정책에 의해 중화학공업 부문에서도 괄목할 만한 발전이 있었다.

이러한 공업화에 따라 식민지 조선에서 임금노동자층이 빠르게 늘어났다. 1919년 5만 명을 밑돌던 공장노동자 수가 1930년에는 약 10만 명에 이르렀고, 1940년에는 약 23만 명까지 증가했다. 광산과 토건, 부두 등의 분야에서도 노동자들이 꾸준히 늘어, 공장·광산·토건 세 부분만으로도 1940년에는 노동자 수가 80만 명을 넘어서게 되었다(김경일, 2004: 45).

노동자들은 주로 1910년대에 실시된 토지조사사업과 1920년대 이후 진행된 산미증식계획 등의 결과 대량으로 발생한 몰락한 소작농 가족으로부터 공급되었다. 고율의 소작료와 부채를 견디다 못한 농민들을 농촌을 떠나 도시로 몰려들거나, 토지와 일자리를 찾아 만주나 일본으로 이주했다.▼ 만주로 이주한 사람들은 주로 농업에 종사했지만, 일본으로 이주한 사람들은 일본 노동시장의 최하층으로 편입되어 토건·탄광산업 현장에서 일하거나 짐꾼 등 날품팔이로 생계를 이어갔다. 국내의 도시로 이주한 사람들도 공장처럼 안정된 일자리가 절대적으로 부족했기 때문에 도시빈곤층으로 퇴적되어 날품팔이로 연명하거나, 광산·공사장·부두 등에서 일했다. 공장노동자들 가운데서는 여성노동자나 유년노동자의 비중이 높았으며, 광산·토건·부두 노동자들은 대부분 장년의 남성노동자들이었다.

일제강점기 공장노동자들은 하루 평균 10시간이 넘는 장시간 노동, 저임금, 열악한 노동조건은 물론 민족적 차별에 따른 여러 가지 고통에 시달려야 했다. 특히 식민지 조선에는 노동보호입법이 존재하지 않았기 때문에 노동기준이라는 것도 존재하지 않았다. 따라서 부모가 모집인에게 자식을 팔아 채무노예적 상태에서 사실상 감금노동이나 다름없는 상태를 강요당하는 경우도 적지 않았다. 방직공장 같은 근대적 공장에서조차 3년 이상의 장기적 의무노동계약, 고용주에 의한 일방적 계약조건의 강제, 강제저금제도, 벌금제 등과 같은 전근대적이고 구속적인 노동통제방식이 만연했다(강이수, 1992).

식민지 조선의 노동자들은 1920년대 초부터 노동조합을 결성하거나 혹은 자연발생적 파업을 통해 이러한 상황을 개선하기 위해 노력했다. 그러나 일제하에서 노동자들의 단결권은 법률적으로 인정·보호받지 못했을 뿐 아니라, 일제식민지 당국의 혹독한 탄압에 직면해야 했다. 노동자들의 투쟁은 1929년 원산총파업 등에서 절정에 올랐으나, 1930년대에 들어서서는 만주침략 등 전쟁준비를 강화하던 일제의 군국주의적 통제로 인해 합법적인 공간에서 투쟁할 수 있는 길을 모두 빼앗기고 말았다. 따라서 1930년대 이후 식민지 조선의 노동운동은 혁명적·적색·비합법 노동조합 운동이 주류를 이루다가 그나마 1930년대 중반 이후로는 그 명맥이 거의

▼ 예를 들어 1935~1940년 기간에 해외로 이주한 인구는 무려 90만 명에 달했다고 한다(김경일, 2004: 41). 한 연구에 의하면 일제강점기의 요고용인구(증가인구수 − 종속인구수) 가운데 약 40%는 국외로 이주했고, 15%는 국내에서 취업했으며, 나머지 45%는 잠재실업자로 농촌에 퇴적되었다고 한다(김철, 1965, 김경일, 2004: 41에서 재인용).

끊기고 만다.

일제는 1937년 중일전쟁 발발 이후 조선에 대한 수탈을 더욱 강화했다. 그 일환으로 일제는 징용이라는 이름으로 노동력을 대대적으로 강제동원했다. 이렇게 강제동원된 노동자들은 국내외의 공장, 광산, 군사시설 건설현장에서 강제노동에 시달려야 했다. 일제는 전쟁을 위한 노동통제와 동원강화를 위해 민간 사업장에서조차 노동자들을 군대식으로 편성하고, '노자협조', '황국근로', '산업보국(産業報國)' 등 군국주의적 노동윤리와 이념을 주입하기 위해 노력했다. 이러한 일제의 노동통제 방식과 장치들은 이후에도 장기간 잔존하면서 한국 산업현장 주체들의 의식과 관행에 큰 영향을 미쳤다.

해방·분단·전쟁과 노동

일제 36년간의 식민지배로부터의 해방은 조선 민중에게 엄청난 환희였지만, 현실은 매우 고통스러웠다. 해방은 식민모국 일본과의 국제분업구조의 단절을 의미했다. 원료 공급에서 최종생산물의 판매에 이르기까지 일본에 깊게 종속되어 있었고, 최고경영진부터 말단 관리자까지 일본인 일색이었던 식민지 산업은 해방과 더불어 일본과의 연결고리가 끊어지고, 일본인들이 모두 귀국하자 힘없이 무너지고 말았다. 한 통계에 의하면 1939년에 비해 1946년의 산업생산액은 무려 70%나 감소되었다. 산업생산의 위축, 막대한 수의 귀국자·월남자 등으로 인해 대량실업 상태와 경제적 혼란은 불가피했다.

해방 직후 노동자들의 운동은 일제와 일본자본이 물러나면서 마비상태에 빠진 생산시설을 접수·복구하는 자주관리운동으로 시작했다. 자주관리운동이 미군정의 강력한 반대에 부딪치자 노동자들은 신속히 노동조합을 결성하고 조선노동조합전국평의회(전평)로 결집하여 정치적·경제적 투쟁을 전개했다. 전평은 조선공산당과 긴밀한 관련을 맺고 있는 혁명적·사회주의적 지향을 가진 노동조합이었다. 전평은 노동자들의 절박한 경제적 요구에 힘입어 노동운동의 주도권을 장악했지만, 날로 격화되어가던 미소냉전 상황과 좌우대립 상황 속에서 불가피하게 미군정 당국 및 우익세력과 강력히 충돌하게 되었다. 전평은 1946년 9월 총파업, 1947년 3월 총파업을 주도하여 강한 조직력을 보여주었지만 미군정과 우익세력의 거센 탄압을 초래했다. 우익세력은 대한독립촉성노동총동맹(대한노총)을 조직하여 전평 타도에 앞장세웠다. 1948년 남북한에 각각 단독정권이 수립된 이후 전평은 거의 완전히 세력을 상실하고, 대한노총이 노동운동을 독점적으로 지배하게 되었다.

　1950년 발발하여 3년간 지속된 한국전쟁도 한국 노동사에 큰 흔적을 남겼다. 전쟁은 거의 전 국토를 초토화시켰으며, 수백만 명의 목숨을 앗아갔다. 산업생산은 크게 후퇴했고, 수많은 피난민이 도시로 몰려들어 북적였지만, 일자리는 거의 없었다. 살인적인 인플레이션도 민중의 삶을 압박했다. 한국전쟁은 한국 사회의 신분구조에도 큰 변동을 초래했다. 한국전쟁 이전부터 실시되었던 농지개혁과 더불어 한국전쟁은 반봉건적 지주세력을 거의 일소함으로써 근대적 계층구조의 기반을 닦는 데 일조했다. 1953년에는 「근로기준법」·「노동조합법」·「노동쟁의조정법」·「노동위원회법」 등이 제정되었다. 이 법들은 당시의 치열한 이념경쟁과 건국 시기의 이상주의를 반영하여 매우 이상적인 수준에서 마련되었다. 이 법들이 규정하는 것과 현실 사이의 격차가 워낙 컸기 때문에 이 법들은 이후 오랫동안 지켜지지 않고, 또 무수히 '개악'되는 수난을 겪었다.

　전쟁이 끝난 뒤 산업재건은 제분·제당·방직 등 소비재 산업이 이끌었다. 따라서 1950년대 노동자들의 주력은 소비재 산업에 고용된 여성노동자들과 철도, 전력, 전매 등 국영기업 부문 및 부두, 광산 등에 고용된 남성노동자들로 구성되어 있었다. 전평을 타도하고 노동운동의 독점권을 장악한 대한노총은 당시 자유당 정권과 긴밀히 유착되어 있었고, 노동자들을 위해 활동하는 노동자들의 자주적 조직이라기보다는 상층 간부들의 출세의 수단이 되어 있었다. 그런 가운데서도 1950년대에 아래로부터의 노동자들의 자발적 생존권 투쟁의 싹이 텄다는 사실은 주목할 만하다. 피난수도 부산에서 발생한 1951년 조선방직 쟁의, 1952년 부두노동자 쟁의를 필두로 1950년대 대구의 섬유산업을 중심으로 일어난 기층 노동운동의 불씨는 4·19 시기 노동운동의 폭발을 예고하는 것이었다.

4·19 시기에 노조 상층부에서는 기존 대한노총의 정치권력과의 유착, 부패, 파벌투쟁에 대한 비판이 치열하게 전개되어 그 결과 한국노동조합총연맹(한국노련)이 창립됨으로써 노동운동 정상조직의 자주성 확립의 가능성을 보여주었다. 또한 기층 노동자들의 생존권 요구가 터져 나오고 어용노조 간부 다수가 축출되는 등 노동조합 내부 민주주의의 싹도 모습을 드러냈다. 그뿐만 아니라 교사, 은행원 등 화이트칼라 노동조합이 출현함으로써 노동운동의 폭이 넓어지기도 했다. 그러나 이러한 노동운동의 대두는 불과 1년 만에 5·16 군사쿠데타에 의해 민주정권이 붕괴되고 다시 권위주의 체제가 도래함으로써 수포로 돌아가고 말았다.

산업화와 노동자계급의 형성

5·16으로 권력을 장악한 군부세력은 취약한 정당성의 기반을 절대빈곤으로부터의 탈출, 경제발전에서 찾았으며, 이를 위해 자본과 동맹을 맺었다. 이에 따라 산업화가 가속화되었지만, 이에 비례하여 노동에 대한 억압의 강도도 높아갔다. 군부세력은 노동관계법을 개정하고, 노동조합을 변형적 산별노동조합 체제로 재편함으로써 노동운동에 대한 통제력을 확보했다.

산업화는 양적인 측면에서 대성공을 거두었다. 이에 따라 노동자계급의 숫자도 급격히 증가했다. 1960년 100여만 명에 불과하던 노동자계급의 숫자는 1980년에는 약 450만 명에 이르게 되었다. 노동자들은 농촌을 떠나온 이농민과 도시 비공식 부문에 광범위하게 존재하던 빈민층의 자녀세대로부터 충원되었다. 1970년대까지 산업화 과정에서 임노동자의 대다수는 젊은 층이었으며, 특히 여성의 비중이 높았다. 임금 수준과 노동조건은 산업화에 따라 노동력 수요가 증대됨에 따라 점차로 개선되어가기는 했지만, 1970년대까지 한국의 노동을 특징지은 것은 '저임금·장시간 노동'이었다. 「근로기준법」과 산업안전보건에 대한 각종 법률이 있었지

1970년대 초 봉제공장의 모습

만, 1970년 자기 몸을 불태운 전태일의 마지막 외침이 "「근로기준법」을 지켜라"였듯이 법은 지켜지지 않는 경우가 더 많았다.

이러한 열악한 근로조건에 맞서는 노동자들의 투쟁이 1960년대 말부터 점차로 거세어져 1970년대에는 민주노조운동이라는 큰 흐름을 형성했다. 원풍모방, 동일방직, 해태제과 등 당시 민주노조운동의 흐름은 기독교 산업선교 등 교회의 사회 참여에 힘입은 여성노동자들이 주도했다. 그러나 국가의 억압적 통제와 노조 파괴, 유령노조, 어용노조를 앞세운 자본의 노동통제 앞에서 노동운동의 발전은 번번이 가로막히고 말았다. 이러한 상황을 더욱 악화시킨 것은 당시 조직노동을 독점하고 있던 한국노총이 철저히 국가와 자본에 장악되고, 유착되어 있었다는 점이다. 해소될 길이 없던 노동자들의 분노는 때로 폭발적이고 폭력적인 쟁의 형태로 나타나기도 했다. 1971년 파월노동자 KAL빌딩 방화사건, 1974년 현대조선 노동자 폭동사건, 1980년 사북 사태 등은 폭동적 형태로 나타난 대표적인 노동자 저항 사건들이었다.

민주화 이후의 노동

30여 년의 산업화 과정 동안 억눌렸던 노동자들의 분노와 인간다운 삶에 대한 요구는 1987년 민주화와 더불어 폭발적으로 분출했다. 노동자들은 1987년부터 1989년 사이에 수천 건의 파업을 통해 자본을 몰아붙였고, 노동조합을 민주화했다. 이에 따라 작업장 내의 힘 관계와 노사관계가 그 이전 시기와 비교하여 근본적으로 변화했다. 이에 권위주의 시절에 국가의 억압적 노동정책에 힘입어 노동통제에서 거의 무임승차를 해왔던 자본은 큰 충격 속에서 1990년대 초부터 합리화, 신경영전략 등을 통해 작업현장에서의 주도권을 재탈환하기 위해 치열한 모색을 시작했다.

민주화 이후 10여 년이 경과하면서 노사관계에는 커다란 변화가 생겼다. 노동운동이 시민권을 획득하고 그 발언권을 점차 강화해갔지만, 이와 동시에 노동운동이 분화되는 양상도 점차 뚜렷해져 갔다. 자본은 생산과 투자를 더욱 국제화하고, 비정규직 및 사내하청 확대 등을 통해 노동시장의 유연화를 더욱 공세적으로 강화해갔지만, 노동운동은 이에 적절히 대응하지 못했다. 그 결과 2000년대에 들어오면서 노동자계층은 10% 남짓한 대기업의 조직된 노동자들과 그 밖의 계층으로 양분되는 양상을 보이고 있다. 중소기업, 하청기업의 노동자들과 비정규직, 간접고용 노동자들, 특수고용형태 근로자 등 노동자들은 끝없이 세분화되고 파편화되는 양상을 보이고 있다.

이야깃거리

1. 조부모님, 부모님 세대의 살아온 이야기를 들어보자. 무슨 일을, 어떻게 하셨는지, 지나온 삶을 어떻게 생각하시는지 조용히 귀 기울여 들어보자. 가능하면 녹음을 해보고, 풀어서 글로도 옮겨보자. 그리고 이 장이나 다른 장에서 배운 이론들을 적용하여 그 이야기를 해석해보자.

2. 우리나라에 노동자 '계급'이 존재하는지 생각해보자('계급'이란 공통된 경험의 결과 자신들이 다른 '계급'과 서로 다를 뿐 아니라 대립되는 이해관계를 가지고 있다고 분명하게 인식하고, 그러한 인식에 따라 행동하거나 행동할 가능성이 높은 사람들로 이루어진 큰 집단을 가리킨다).

3. 만약 노동자 '계급'이 존재한다면, 그것은 언제 생겼을까? 그리고 한국 노동자계급의 특징은 무엇일까?

4. 만약 노동자 '계급'이 존재하지 않는다면, 그것은 왜일까? 노동자계급이 형성되었다가 소멸된 것일까, 아니면 아예 형성되지도 못한 것일까?

5. 우리나라 노동자들의 경험을 다른 나라 노동자들의 경험과 구별 짓는 뚜렷한 특징이 있다면, 그것은 무엇일까? 우리나라보다 산업화를 빨리 시작한 나라의 노동자나 산업화를 늦게 시작한 나라의 노동자와 비교하여 생각해보자.

읽을거리

『**한국 노동계급의 형성**』. **구해근. 2001. 창비.**

이 책은 1960년대 이후 한국의 공업노동자들이 노동자로서의 권리의식과 집단적 정체성을 획득하여 계급으로서 형성되고 또한 형성되는 데 실패하는 과정을 분석하고 있다. 이 책은 한국 노동자들의 역사, 노동운동사, 그리고 계급형성사 등의 다양한 측면에서 읽을 수 있다.

『**한국노동운동사, 1~6**』. **강만길 외. 2004. 지식마당.**

이 책은 조선 후기 이후 한국에서 노동자계급의 형성과정과 노동운동의 역사를 가장 폭넓게 다룬 연구서들이다. 비교적 최신의 연구 성과까지 포괄하고 있다는 점과 방대한 내용을 포함하고 있다는 점이 장점이다.

『**1960~1970년대 한국의 산업화와 노동자 정체성**』. **이종구 외. 2004. 한울아카데미.**

이 책은 노동운동이나 노동운동 지도자, 노동조합, 투쟁 등에 초점을 맞추던 과거의 노동운동사, 노동사 서술의 한계를 벗어나기 위해, 평범한 노동자들의 경험과 일상생활에 초점을 맞추는 새로운 노동사 연구의 이론과 관점을 적용하여 1960~1970년대 한국 노동자들의 의식과 정체성을 분석한 연구서이다. 이 연구진은 '노동사연구총서'라는 이름 아래 최근까지 총 6권의 노동자계급의 형성과 문화, 의식, 일상생활에 대한 연구서적을 펴냈다.

『**여공 1970, 그녀들의 반역사**』. **김원. 2005. 이매진.**

이 책은 1970년대 여공들의 삶의 역사를 치밀하게 분석할 뿐 아니라, '여공'을 둘러싼 사회적 담론을 분석함으로써 남성중심적 노동 담론과 노동운동 담론에 대한 비판까지 시도하고 있다. 이를 통해 저자는 한국 노동계급 형성에서 계급과 젠더의 관계를 새로운 시각에서 드러내 보인다.

02

노동과정의 이론

주요 용어
노동과정, 사회적 과정, 분업, (탈)숙련, 노동소외, 노동의 인간화, (탈)테일러주의, (탈)포드주의, 인간관계론, 노동통제, 기술결정론, 분극화, 신생산개념, 시스템합리화론, 감정노동

이 장은 노동과정에 대한 사회학적인 이해를 높이는 데 목적이 있다. 노동과정은 단지 생산을 위한 기술적 과정이 아니라 여러 사람 또는 집단이 모여 같이 일하는 사회적 과정이다. 때문에 우리는 그 안에서 일어나는 각종 이해관계의 충돌과 갈등에 관심을 가져야 한다. 이 장에서는 노동과정을 둘러싼 주요한 이론적 쟁점 및 한국의 노동과정을 살펴볼 것이다. 이를 통해 우리는 노동과정의 역사적 변화와 문제점들에 좀 더 구체적으로 접근할 수 있을 것이다. 마지막으로 현재 나타나는 새로운 모순적 현상들을 짚어보면서 우리의 향후과제가 무엇인지 성찰해보기로 한다. 여기서 무엇보다 중요한 것은 이론과 경험 및 실천의 결합이다. 이론적 관점은 항상 경험적 연구를 통해 학문적으로 검증받아야 하며, 이것은 다시 실천의 영역에서 그 타당성이 인정되어야 한다. 우리가 바라는 노동과정의 개선은 바로 이러한 이론-경험-실천의 상호 피드백 과정을 통해서만 가능하다는 것을 인식하고, 지금까지의 논쟁들 속에서 이 과정이 어떻게 발전되어왔는지 주의를 기울일 필요가 있다.

1. 노동과정이란 무엇인가?

노동과정의 중요성

'노동은 신성하다', '노동은 고귀하다'라는 말은 흔히 듣지만 우리는 대체로 일하기를 좋아하는 것 같지는 않다. 왜 그럴까? 인간은 본래 일을 싫어하는 동물인가? 만약 그렇다면 정말 불행한 일이다. 우리의 삶은 결국고역인 셈이기 때문이다. 게다가 인간이 일하기를 싫어한다면 직장에서의통제와 감시는 어쩌면 당연한 것인지도 모르며, 많은 사람들이 요구하는노동의 자율성은 현실과는 맞지 않는 허무한 주장처럼 들릴지도 모른다.

그러나 다행스럽게도 우리는 주위에서 즐겁게 일하는 사람들도 많이보게 된다. 따라서 인간은 본래 일하기 싫어한다고 일반적으로 말하기는어려울 것 같다. 그렇다면 무엇이 문제인가? 왜 어떤 사람은 즐겁게 일하고 어떤 사람은 일하기를 싫어할까?

노동과정이 중요한 이유가 바로 여기에 있다. 우리가 일을 하기 좋아하느냐 아니냐는 인간 본성의 문제가 아니라 어떠한 조직에서 어떻게 일하느냐에 달려 있다. 만약 우리가 일을 고역으로 여긴다면 이는 노동과정이비인간적이기 때문이며, 따라서 즐겁게 일할 수 있도록 노동과정의 개선이 필요하다는 것을 의미한다.

노동과정의 요소

노동과정은 산업사회의 태동과 더불어 많은 관심을 받아왔다. '비판적산업사회학'의 효시라 할 수 있는 마르크스(K. Marx)의 『자본론』 1권은 노동과정을 주요 분석대상으로 삼는다. 이후 노동과정은 사회학의 주요 연구대상 중의 하나로 부각되었다. 그렇다면 과연 노동과정이란 무엇인가?

노동과정은 크게 세 가지 요소로 구성된다. 필요한 물자를 얻으려고 하는 의식적이고 계획적인 인간의 활동(노동)과 이 활동에 의해 변화되고 만들어지는 재료와 물자(노동대상) 및 이 과정에서 사용되는 자연적 또는 기술적 도구(노동수단)가 그것이다. 이렇게 볼 때 우리는 노동과정을 노동과 노동대상 및 노동수단이 결합하여 인간이 필요한 물자를 생산하는 과정이라고 정의할 수 있을 것이다.

이러한 노동과정은 언제 어디서나 같은 형태로 나타나지 않는다. 시대와 사회, 산업 및 직무에 따라 독특한 양상을 보여준다. 예컨대, 농경사회에서는 농부의 일이, 근대사회에서는 산업노동이, 정보사회에서는 지식노동이 그 사회를 특징짓는 노동의 형태일 것이다. 이에 따라 노동대상도 달라져 농경사회에서는 토지와 농산물, 산업사회에서는 가공된 원료와 산업제품, 정보사회에서는 물품보다 정보나 지식이 주요 노동대상이 될 것이다. 노동수단도 달라진다. 농부는 주로 농기구나 가축을 사용할 것이고, 산업사회의 노동자에게는 기계가 주요 노동수단이 될 것이다. 또한 정보사회의 지식노동자는 PC 및 인터넷 또는 '소셜미디어(social media)' 등 소프트웨어와 전송시스템이 주요 노동수단으로 사용된다.

경영학과 산업공학적 관점

근대사회의 노동과정은 주로 경영학적·산업공학적 및 사회학적 관점에서 논의되어왔다. 경영학적 관점의 핵심은 근대적 기업을 '경제적 조직'으로 바라보면서 노동과정을 효율적으로 조직하는 데 초점을 맞춘다. 주어진 조직의 목표를 달성하고 전략을 수행하기 위해 개별 부서와 개인들의 과제와 기능을 분석하고 조정하면서 최상의 결과를 얻어내는 것이 주 관심사다. 산업공학적 관점은 노동과정을 사람과 기계의 효율적 통합시스템으로 파악한다. 경영학적 관점이 '조직행동론적' 관점에서 강하다면 산업공학적 관점은 인체 및 기술적 측면이 강하다. 그래서 설비의 배치 및 관리, 작업동작 및 시간 등을 최적화하는 데 관심을 둔다.

그런데 조직적 효율성과 기술적 효율성에 중점을 둔 경영학 및 산업공학적 관점에는 결정적인 약점이 있다. '사회적' 관점이 결여되어 있다는 것인데, 지나치게 효율성에 치우친 나머지 노동과정에 미치는 사회구조적 영향과 그 속에서 발생하는 여러 갈등의 문제를 소홀히 다룬다는 점이다. 바로 여기서 사회학적 관점의 필요성이 대두된다.

사회학적 관점

사회학적 관점은 노동과정을 '사회적 과정'으로 이해한다. 이는 노동과정이 거시적·미시적 사회구조로부터 자유롭지 않다는 것을 의미한다. 즉, 노동과정은 효율성의 관점에서만 발전하고 변화하는 것이 아니라, 노동시장, 교육체계, 경제적 및 정치적 환경 등 조직 외적인 요소와 조직 내 경영전략, 기술, 노사관계 등이 상호작용하면서 형성된다는 것이다. 또한 노동과정은 일하고 돈을 받는 경제적 교환과정 이상의 의미를 갖는다. 그 안에서 사회적 관계가 형성되고 동시에 서로 다른 이해관계들이 충돌하면서 갈등과 투쟁, 대화와 타협이 끊임없이 발생한다. 이렇게 노동과정은 사회적 과정이며, 따라서 이를 분석할 사회학적 관점이 절실히 요구된다.

2. 노동과정과 노사의 이해관계

효율성과 노동의 인간화

우리는 평소 노동자들이 시위하는 광경을 자주 목격한다. 일하면서 갈등이 생기기 때문일 것이다. 왜 그들은 그렇게 많은 갈등을 안고 있는 것일까?

이는 노동하는 과정에서 노사의 이해관계가 충돌하기 때문이다. 이윤추구를 목적으로 하는 기업은 가능한 한 비용을 적게 들여 노동과정을 효율적으로 운영하려고 한다. 반면 노동자는 좀 더 인간적인 환경 속에서 일하고 싶어 한다. 사회학적 노동과정론의 핵심과제는 바로 이 대립되는 이해관계를 어떻게 풀 수 있을지, 달리 말해 효율성과 노동의 인간화가 어떻게 조화될 수 있을지를 찾는 것이라 할 수 있다.

노동자의 욕구

그렇다면 노동과정 속에서 노사의 이해관계는 구체적으로 어떻게 부딪치고 있는 것일까? 이를 이해하기 위해서는 먼저 노동과정에서 노동자가 갖는 욕구가 무엇인지를 알아볼 필요가 있을 터인데, 이는 크게 세 가지로 요약해볼 수 있다.

- **노동력 보전의 욕구** 노동자들의 유일한 생존수단은 자신의 노동력이다. 때문에 누구나 노동력을 오랫동안 보전하기를 원한다. 노동력 재생산과 건강을 지키기 위해 임금과 노동조건을 향상시키려는 노력은 이로부터 비롯되는 자연스러운 현상이다.
- **자아발전의 욕구** 노동자들은 노동을 통해 직업적·개인적으로 발전하기를 원한다. 때문에 흥미와 도전을 느낄 수 있는 작업내용과 교육 및 승진의 기회가 누구에게나 열려 있기를 요구한다.
- **참여의 욕구** 노동자들은 의사결정과정에 참여하고 싶어 한다. 위에서 시키는 대로만 하는 것이 아니라 일하는 과정에서 자신들의 의사가 충분히 반영되기를 원한다. 때문에 대화와 공동결정이 이루어지는 민주적인 의사결정구조를 요구한다.

노동의 인간화란 이러한 욕구가 충족된다는 것을 의미하는데, 이것이 효율성을 목적으로 하는 기업의 이해관계와 충돌하고 있는 것이다. 그러면 어떤 영역에서 어떻게 부딪치는지 세부적으로 살펴보기로 하자.

이해관계의 세부적 영역

먼저 기업은 변화하는 시장상황에 적응하기 위해 고용관계의 유연성을 높이려 하고 반대로 노동자는 고용의 안정성을 요구한다. 또한 노동자는 건강, 가정 및 사회생활 등 삶의 질 향상을 위해 충분한 임금과 여가시간을 요구한다. 뿐만 아니라 노동과정에서의 자율성, 경영참여, 흥미로운 작업과 직업적인 성공을 원한다. 이를 위해서는 노동자들의 숙련이 높아져야 하며, 기업에게 지속적인 교육투자를 요구하게 된다.

그러나 노동자들의 이러한 요구는 최소의 비용으로 최대의 효과를 얻고자 하는 자본에게는 낭비로 보이는 경우가 많다. 임금과 여가시간은 노

〈표 2-1〉 노동과정과 노사의 이해관계

	기업의 요구	노동자의 요구
일의 목표	효율적 생산	노동의 인간화
고용관계	상황에 맞춰 변화할 수 있는 유연한 고용관계	직장 및 사회생활을 장기적으로 계획할 수 있는 안정된 고용관계
작업부담	육체적·정신적으로 견딜 만한 최고의 한계까지 작업부담	전 생애에 걸쳐 건강하게 노동력을 유지할 수 있도록 최소한의 작업부담
숙련과 지식	생산에 필요한 최소한의 정도	의사결정과정에 참여하고 직업적·개인적 발전에 충분한 정도
성과	지속적으로 최고의 성과	스트레스를 받지 않을 정도의 성과
통제	구성원의 행동과 노동과정에 대한 포괄적 감시	통제로부터의 해방과 자율성 보장
작업구조	분업화와 저렴한 단순노동	노동의 흥미를 제공하는 풍부한 작업내용
보상	가능한 한 적게, 그리고 성과에 따른 차별화	가능한 한 높게, 그리고 차별 없는 공정하고 안정된 임금
노동시간	기계와 설비를 최대한 이용하기 위한 가능한 한 긴 노동시간	가정과 사회생활 및 충분한 휴식을 위한 가능한 한 짧은 노동시간
의사결정	노동자 참여의 최소화	공동결정과 경영참여

동력 재생산을 위해 필요한 최소의 정도, 숙련이나 지식도 생산에 지장을
주지 않을 정도만 되면 충분하다고 생각한다. 작업의 흥미보다는 효율성
과 전문성을 높이기 위해 노동과정을 세밀하게 나눈다. 이로 인해 높은
숙련이나 지식이 필요 없는 단순반복 작업이 증가한다. 이럴 경우 노동자
들은 주어진 일만 하면 되기 때문에 별다른 교육도 필요 없으며 대화나 참
여의 필요성도 없어진다. 그 대신 노동자의 불만이나 집단적 저항을 감시
하고 완화시킬 수 있는 통제수단이 필요하게 된다.

3. 노동과정의 변화와 주요 쟁점들

1) 고전적 쟁점: 스미스와 마르크스

근대적 산업사회의 노동과정은 점점 더 계획되고 세분화된다는 데 그

특징이 있다. '분업'이 발전했다는 것인데, 이 분업의 배경과 영향에 대한 평가가 고전적 노동과정론의 주요 쟁점이었다. 여기에는 스미스(A. Smith)와 마르크스(K. Mark)가 중심에 서 있었으며 이후 노동과정 논의에 토대를 이룬다.

스미스의 분업론

스미스는 그의 『국부론』에서 '핀 공장'의 사례를 들어 분업의 놀라운 효과에 대해 기술한다. 개별 노동자들이 독립적으로 핀의 완제품을 만들 경우 하루 20개도 만들기 어렵지만, 10명의 노동자들이 분업을 통해 작업을 하게 되면 한 사람이 하루에 4,800여 개의 핀을 만들 수 있다는 것이다. 이러한 분업은 농업보다는 제조업에 더욱 알맞아 제조업이 발전하면 할수록 분업의 정도가 더욱 높아지고, 이것이 경쟁력을 좌우할 것으로 보았다. 그리고 분업이 노동생산성을 증가시키는 이유로 스미스는 다음과 같은 세 가지를 든다.

첫째, 계속 같은 일을 함으로써 노동자의 개별적 기교를 향상시키며, 둘째, 서로 다른 장소에서 서로 다른 기구를 사용하는 곳으로 작업을 옮길 때 발생하는 시간을 절약할 수 있고, 셋째, 일이 단순해져 이를 대처하는 기계의 발명이 쉽고 신속하게 이루어질 수 있다는 것이다.

이러한 스미스의 분업론은 근대적 산업의 노동과정에 지대한 영향을 미쳤다. 물론 후에 분업이 가져오는 사회적 불평등과 인간의 능력이 한쪽으로만 치우치는 문제에 대해 언급은 하지만, 스미스는 분업이란 본래 서로 다른 능력에 따라 상이한 물건을 만들어 거래하고자 하는 인간의 '교환성향' 때문에 생기는 필연적 결과라고 보면서 노동생산성을 급격히 향상시킨 긍정적인 측면을 강조한다.

마르크스의 노동통제론

스미스와는 달리 마르크스는 분업이 가져오는 부정적 측면에 초점을 맞추었다. 그는 전통적 수공업에서 공장제 수공업 또는 매뉴팩처를 거쳐 기계제 대공장으로 발전하는 과정을 분석하면서 한쪽에서는 생산에 대한 정신적 능력이 소멸되고 다른 한쪽에서는 그것이 오히려 확대된다고 말한다. 노동과정이 분업화되면서 정신노동과 육체노동이 분리되고, 이 때 정신노동은 노동자로부터 떨어져 관리자에게 이양되어간다는 것이다. 그리하여 정신노동(관리직)과 육체노동(생산직) 사이에 지배와 피지배 관계가 형성된다는 것인데, 이러한 그의 관점을 요약하면 다음과 같다.

매뉴팩처 시대에 접어들면서 전통적 수공업 시대의 장인들이 갖는 노동의 자율성과 숙련은 해체된다. 전통적 수공업 생산의 주체였던 장인들은 스스로 생산과 노동의 전 과정을 책임지고 기획하면서 자율적으로 노동했다. 그러나 이러한 장인들의 숙련은 매뉴팩처 시대에 분업의 발전과 함께 정신노동과 육체노동으로 양분되기 시작하고, 이것은 노동에 대한 자본의 지배력을 높이는 위계와 통제수단으로 작동한다. 이제 노동과정을 기획하고 운영하는 자율적인 정신노동은 관리자의 몫이 되고, 노동자는 단지 관리자의 명령에 따라 일만 하는 단순 작업자로 전락하게 되는데, 이는 기계제 대공장의 발전과 함께 더욱 철저하게 이루어진다.

노동의 소외, 종속, 착취

이러한 노동과정의 분석과 함께 마르크스는 노동자의 소외감에 대해서 지적한다. 즉, 자신의 일임에도 불구하고 스스로 기획하지 못하고 위에서 시키는 대로 해야 하는 무력감, 자율적이고 창의적으로 일하지 못하고 기계부속품처럼 똑같은 일만 반복함으로써 느끼는 인간존재에 대한 회의감, 대화나 소통의 필요 없이 작업지시서대로 움직이면 되는 작업장에서 느끼는 사회적 고립감, 자신이 만든 물건임에도 회사의 소유물이 되어버려 본인은 정작 아무런 처분권도 갖지 못하는 생산물로부터의 소외 등이 그것이다.

또한 마르크스는 노동과정에서 발생하는 '종속'과 '착취'에 대해서도 분석한다. 그는 자본주의적 생산관계, 즉 생산수단을 소유한 자본에게 노동자가 종속되어 착취가 일어난다고 본다. 이 관점에 따르면 노동자들이 받

매뉴팩처

자본주의 초기단계에 나타난 과도기적 생산방식으로 '수공업적 공장경영'이라 부르기도 한다. 이 때부터 산업자본가와 임금노동자가 분리되고, 생산과정의 분업체계가 발전하면서 자본에 대한 임금노동의 종속이 심화되었다.

<표 2-2> 임금과 잉여가치

총 노동시간	
지불된 노동	미지불된 노동
상품으로서의 노동력 가격(교환가치)	잉여가치
임금/월급	이윤, 감가상각, 투자, 이자, 비축, 임원소득 등

잉여가치론

마르크스가 발전시킨 이론으로, 그는 여기서 기업의 이윤은 임금 노동자의 착취에서 비롯된다는 것을 보여주려고 했다. 임금비용에 대한 잉여가치의 정도가 잉여가치율이며, 이는 곧 착취의 정도를 의미한다.

는 임금은 실제로 자신들이 일한 성과의 정당한 대가가 아니라 자신들이 종속된 상태에서 '불리하게 계약된' 임금이다. 노동자가 정말 자신이 일한 성과만큼 임금을 받아간다면 도대체 자본의 이윤은 어디서 발생하는 것인가? 마르크스의 '잉여가치론(Mehrwerttheorie)'은 바로 이러한 의문으로부터 출발한 것이며, 노동과정의 분석을 통해 노동자는 자신이 받는 임금 이상의 잉여가치를 생산한다는 것을 밝혀냈다.

잉여가치란 노동과정에서 노동자가 창출한 것임에도 지불받지 못한 몫으로 자본의 증식에 기여하는 부분을 말하며, 마르크스는 여기서 노동착취의 근거를 찾아냈다. 노동자가 생산한 총 노동의 가치는 노동력이 상품화된 교환가치로서 지불된 임금과 미지불된 잉여가치로 구성되는데, 후자의 잉여가치는 자본이 전유하여 이윤 창출, 감가상각, 투자, 이자 지불, 비축, 임원의 소득 등에 사용된다는 것이다.

2) 근대적 노동과정의 출현: 테일러주의와 포드주의

테일러주의

20세기 초 테일러(F. W. Taylor)가 명명한 '과학적 관리(scientific management)'는 '테일러주의'라는 이름으로 세계적으로 확산되었다. 테일러는 효율성의 신봉자였다. 그는 효율성의 극대화가 기업의 성장과 노동자의 임금 향상이라는 '윈-윈 게임'을 가능케 해 자본주의의 가장 큰 사회적 문제인 노사갈등을 해결할 수 있다고 믿었다. 그러나 '과학적 관리'는 노동의 인간화를 가로막는 걸림돌로 지금까지 많은 비판을 받아왔다. 왜 그럴까?

테일러는 전통적인 '주먹구구식' 경영에서는 생산의 노하우와 숙련이 체계적으로 관리되지 못하고 노동자들의 임의에 맡겨져 효율성이 떨어진다고 생각했다. 여기서 테일러의 최대 관심은 노동자의 개별적·주관적 능력에 영향을 받지 않고 구조와 시스템에 의해 돌아가는 노동과정을 만드는 것이었는데, 이것이 그가 말하는 '과학적 관리'의 출발점이었다. 과학적 관리는 다음과 같은 네 개의 원칙으로 이루어진다.

첫째, 구상과 실행을 분리하여 관리자는 구상의 기능을, 노동자는 실행의 기능만을 담당토록 한다. 노동과정을 기획하고 개선하는 일은 관리자에게 맡기고, 노동자는 단지 위에서 시키는 일만 정확히 수행하면 된다.

둘째, 가능한 한 분업화의 정도를 높인다. 왜냐하면 노동과정이 작게 쪼개질수록 과제가 단순해지고 세부적으로 정확한 지시를 내릴 수 있기 때문이다. 포괄적이고 복잡한 과제일수록 정확한 지침이 어려워져 작업자들을 관리하기가 힘들어진다.

셋째, 가장 효율적인 '최상의 길(One Best Way)'을 찾아 이를 표준화한다. 다양성과 창의성은 용납되지 않고 항상 일률적으로 표준화된 작업방식대로 일을 해야 한다. 시간과 동작 분석 및 공학적 실험은 표준화의 기초가 된다.

넷째, 노동자들에게 가장 결정적인 동기유발 요인은 임금이다. 인간은 원래 '경제적 동물'로서 노동의 내용보다는 임금에 더 많은 관심을 갖는다. 따라서 개수급이나 성과급이 노동 동기를 높이는 데 적합한 임금체계이다.

포드주의

테일러의 과학적 관리는 제1차 세계대전 이후 미국의 생산성 향상에 크게 이바지했다. 과학적 관리는 특히 1913년 포드 자동차회사가 도입한 컨베이어 방식과 결합하여, 이른바 '포드주의(Fordism)'라 일컫는 대량생산-대량소비 시대의 문을 연다. 분업을 통한 조직적 통제와 컨베이어로 상징되는 기술적 통제가 결합하여 미숙련 작업자들이 표준화된 물건을 대량으로 생산할 수 있는 시스템을 만들 수 있었고, 이는 제품의 가격을 떨어 뜨려 대량소비를 가능케 했던 것이다.

테일러-포드주의의 문제

그러나 테일러-포드주의를 통해 생산성은 크게 향상되었지만 마르크스 가 비판했던 분업의 부정적인 측면은 더욱 심화되었다. 작업자들의 불만 은 높아지고 일에 대한 흥미나 회사 및 직업의 정체성은 사라졌다. 이직 과 결근율이 상승했으며 작업자들의 품질의식도 떨어져 노동통제가 강화 되는 악순환이 계속되었다. 테일러가 생각한 것과는 달리 과학적 관리를 통해 노사갈등은 전혀 해소되지 않았다.

3) 호손효과와 인간관계론

1920년대 후반 '과학적' 관리의 허점을 지적하고 '인간적' 관리를 주장하 는 흥미로운 이론이 나와 주목을 받았다. 1924~1932년에 미국 시카고에 있는 웨스턴 일렉트릭(Western Electric) 회사의 호손(Hawthorne) 공장에 서 미국의 경영학자 메이요(E. Mayo)의 주도하에 이루어진 실험에서 비롯 된 이른바 '인간관계론(Human Relation)'이 그것인데, 이 이론은 전혀 예기 치 못했던 실험결과가 낳은 우연의 산물이었다.

예기치 못한 발견

본래 이 실험은 어떻게 하면 구성원들의 실적을 향상시킬 수 있을 것인 가 하는 회사의 인력관리 전략의 일환으로 출발해 조명, 노동시간, 임금 등 노동조건과 직무성과의 상관관계를 알아보기 위한 것이었다. 그런데 실험과정에서 그러한 물리적 조건의 변수들과는 관계없이 실험집단의 성 과가 일괄적으로 향상되는 기이한 현상이 나타났다. 예컨대, 조명의 밝기 를 변화시켜도 실험집단의 성과는 이에 구애받지 않고 지속적으로 향상 되었던 것이다. 여기서 연구자들은 이 실험의 독립변수였던 물리적 노동조건으로부터 참여자들의 심리적 상태에 눈을 돌리게 되고, 이로부터 실험과정에서 경험하는 '사회적 관계'가 직무성과를 높였다는 사실을 발견한다. 즉, 노동자들은 자신들이 실험에 참여한다는 사실과 그 과정에서 일어나는 연구자나 관리자와의 대화나 인터뷰 등으로부터 자신들이 무언가 타인으로부터 주목과 인정을 받는다는 느낌을 받았고, 이것이 성과에 대한 동기를 유발시켰다는 것이다. 생산성과 조직성과에 영향을 미치는 결정적인 요인은 물리적 조건이 아니라 인간관계와 감정적 요소라는 점을 발견한 것이다.

호손효과와 시사점

이 발견을 '호손효과(Hawthorne Effect)'라 일컫는데, 다음과 같은 면에서 중요한 시사점을 던져주었다. 먼저 인간관계에 대해 새로운 성찰의 계기를 제공했다. 노동 동기와 생산성이 물리적 노동조건보다는 조직의 인간관계로부터 큰 영향을 받는다는 점을 발견함으로써, 인간이 경제적 동물이 아니라 사회적 동물이라는 점을 재인식하게 되었다. 이로써 임금이 노동 동기의 결정적 요소라고 주장했던 테일러주의의 타당성에 커다란 타격을 주었다.

다음으로 비공식적 조직의 역할에 대한 주의를 환기시켰다. 호손연구는 회사 내에 공식적 조직 외에도 비공식적 소그룹이 존재하며 이 속에서 일어나는 구성원들 간의 상호작용과 사회적 규범이 작업관행에 커다란 영향을 미친다는 점을 발견했다. 이 또한 관료제적 위계조직을 통해 조직의 성과를 높이려는 테일러주의적 믿음에 일침을 가하는 것이다.

전체적으로 호손연구는 노동과정에서의 인간관계가 노동생산성에 중요한 영향을 미친다는 점을 강조한 것으로, 이후 리더십의 역할에 많은 관심을 갖게 했다. 그리고 과학적 관리하의 엄격한 '감독자'가 아니라 대화와 소통을 통해 갈등을 풀어나가는 '조정자'의 역할을 강조하는 목소리가 높아졌다.

사회·기술체계론

1950년대 에머리(Emery)와 트리스트(Trist) 등에 의해 발전된 이론으로, 기업의 조직은 기술적 요소와 사회적 요소가 결합된 하나의 체계라고 이해하면서 인간과 기계의 상호작용을 핵심적 분석대상으로 삼았다. 이 이론은 조직의 효율성과 노동의 인간화를 결합하는 데에서 이론적·실천적으로 매우 중요한 관점을 제공해 주었다.

인간관계론의 한계

그러나 인간관계론은 테일러주의를 대체하기보다는 단지 보완의 역할을 수행했다는 비판을 면치 못한다. 노동의 기술적·구조적 체계는 건드리지 않고 구성원들의 상하관계와 관리자의 행동 등 개별 구성원들의 심리치료적 시각만을 제공했다는 것이다. 그리하여 노동자의식은 순화되고 자본과 노동의 근본적인 모순관계는 은폐되면서, 테일러주의적 노동과정은 더욱 고착화시키는 결과를 가져왔다는 것이다. 컨베이어 시스템과 같이 일의 구조를 단순반복적인 것으로 만드는 기술적 체계의 변화 없이 인간관계의 변화만으로 테일러주의를 극복할 수 없다는 것은 분명하다. 이는 기술적 체계와 사회적 체계가 동시에 변화하지 않으면 노동의 인간화에 한계가 있다는 런던 타비스톡(Tavistock) 연구소의 '사회·기술체계론(Socia-technical System)'을 입증하는 것이기도 하다.

4) 노동통제와 노동과정론

1970년대 중반 이후 마르크스의 관점을 이어받는 '노동과정론'이 발전한다. 브레이버만(H. Braverman), 에드워즈(R. Edwards), 프리드만(A. Friedmann), 뷰라보이(M. Burawoy) 등이 이에 속하는데, 이들은 노동과정을 노동통제의 관점에서 바라보았다는 데 공통점이 있다.

브레이버만의 노동과정론

브레이버만은 분업적 노동과정은 노동에 대한 자본의 통제수단이라고 비판하면서 테일러주의의 확산은 바로 이러한 자본의 노동통제 전략에 기인한다고 주장한다. 과거 수공업적 장인노동에서는 결합되어 있었던 '구상(conception)'과 '실행(execution)'의 기능이 테일러식 분업을 통해 분리되어 관리자의 통제가 강화되었다는 것이다. 다시 말해, 장인노동이 갖고 있었던 구상 기능을 관리의 영역으로 집중시켜 노동자의 자율성과 사회적 지위를 떨어뜨리고 관리자의 지시대로 움직이는 탈숙련화된 단순반복 작업자로 전락시켰다는 것이다.

이러한 관점에서 브레이버만은 기술적 발전 역시 회의적으로 바라본다. 분업적 조직하에서 기계화와 자동화는 노동의 탈숙련화를 촉진한다는 것이다. 작업자들의 구상 기능과 숙련에 의존했던 영역은 점점 더 기술에 의해 대체되고 이와 함께 노동과정은 관리자에 의해 점점 더 완벽하게 통제된다. 이렇게 분업화된 조직에서 작업자들은 자율성의 상실, 탈숙련화 및 사회적 지위의 격하 등 큰 시련을 겪는 반면, 기업에게는 분업이 자본의 지배력을 더욱 확장시키는 권력수단이 된다.

에드워즈와 프리드만의 노동통제론

미국의 경제학자 에드워즈와 영국의 경영학자 프리드만은 노동통제의 역사적 유형에 초점을 맞춘다. 테일러식 분업화를 자본의 핵심적인 통제수단으로 보았던 브레이버만과는 달리, 이들은 노동의 저항으로 인해 자본의 통제수단은 다양하게 나타난다는 점을 강조한다.

작업장을 상이한 이해집단들의 각축장으로 묘사한 에드워즈는 자본의 노동통제는 지시, 감시와 평가, 상벌체제 등 세 가지 요소로 이루진다고 보면서 작업장 내 노사 간 각축전의 결과에 따라 노동통제가 역사적으로 '단순통제'에서 '기술적 통제'를 거쳐 '관료제적 통제'로 발전해왔다고 한다.

단순통제란 19세기 중소기업이 지배하던 시대의 비형식적 통제형태로, 세분화된 관리규정 없이 기업주나 현장감독자가 작업자들에게 직접 개인적으로 지시하고 감시하면서 상벌과 해고, 고용의 과정에 그들의 권력을 임의적으로 행사하는 것을 말한다. 그러나 점차 기업의 규모가 커지고 조직적 복잡성이 증가하면서 단순통제는 한계에 도달했다. 감독자와의 인간적 관계도 약화되고 노동자들의 집단적 저항의 힘도 커졌다. 이 때 등장한 것이 컨베이어 시스템과 같은 기술적 통제인데, 기술적 수단을 통해 제어되는 기계의 속도에 따라 노동이 조정되고 표준화되는 것을 말한다. 그러나 이러한 작업체제에서는 부분적인 노사분규가 전체 시스템에 영향을 주게 되어 경영진은 새로운 통제수단을 찾게 되었고, 이것이 관료제적 통제이다. 이것은 지시, 감시와 평가, 보상체계의 통제요소가 형식화되는 것을 말한다. 즉, 세부적으로 명문화된 규칙에 따라 '객관적'으로 노동과정을 통제하는 방식으로 베버(M. Weber)가 말하는 현대사회에서의 '합리적 지배'와 맥을 같이한다.

프리드만 역시 노동의 저항에 따라 자본의 통제전략은 변화한다면서 '직접통제'와 '간접통제'라 할 수 있는 '자율적 책임' 전략을 구분한다. 직접통제는 테일러주의와 같은 분업적 조직에서 나타나는 통제전략이다. 그러나 이 통제전략은 노동자들이 조직화되면 저항에 부딪치기 쉬워 그 대안으로 자율적 책임 전략이 발전한다. 이것은 작업자들의 참여, 즉 일정부분 그들에게 책임과 권한을 이양함으로써 외적 강요나 금전적 동기 대신 자율과 책임이라는 내적 동기에 의해 일의 성과를 높이려는 전략이다.

에드워즈와 프리드만은 노동의 저항에 대한 기업의 다양한 반응을 보여준다는 점에서 브레이버만의 관점을 보완해주고 있다. 그러나 이들이 말한 유형이 현시점 또는 앞으로도 설명력을 가질 수 있을지 검토해봐야 할 것이다. 왜냐하면 그들이 말한 대로 기업의 통제전략은 시대적 상황에 따라 변화하기 때문에 기술과 제품, 시장 등 급격히 변화하는 경영환경에 비추어 새로운 통제전략이 발전할 가능성이 크다.

뷰라보이의 동의론

미국의 사회학자 뷰라보이는 노동자를 저항과 통제의 대상으로 간주했던 지금까지의 관점과는 달리, 노동자가 기업의 통제체제에 '동의(consent)'하고 스스로 참여하는 노동자의 주관적 측면에 관심을 둔다.

그는 노동과정을 자본과 노동이 현장권력을 둘러싸고 벌이는 일종의 '생산의 정치'라고 규정한다. 이로부터 '내부국가'가 형성되는데, 이는 갈등을 관리하고 억제하는 노동통제 체제를 말한다. 그는 내부국가의 유형을 강제에 기반을 둔 '전제적 체제(despotic regimes)'와 동의에 기반을 둔 '헤게모니적 체제(hegemonic regimes)'로 구분하고, 자본주의의 발전과 함께 내부국가는 전제적 체제에서 헤게모니적 체제로 변화한다고 말한다.

뷰라보이에 따르면 노동자들의 동의는 그들이 일상적으로 작업장의 '게임'에 매몰됨으로써 지속적으로 생성된다. 예컨대 더 많은 성과급을 받기 위해 작업자들은 초과달성이라는 게임에 참여한다. 이 때 그들은 더 많은 잉여가치를 짜내려는 기업의 착취적 의도는 망각하고 기계고장, 주위 동료들의 비협력적 태도 등 그 게임의 방해요소에 대해서만 불만을 터트린다. 이렇게 작업장에서의 일상적인 게임은 내부국가의 노동통제적 규칙에 동의하는 '산업시민'을 만들어낸다. 이 속에서 자본주의의 착취적 생산관계는 은폐되고 노동과 자본의 수직적 내지 계급적 갈등은 노동자들 사이의 수평적 갈등으로 전이된다.

뷰라보이의 시각은 노사 간 이해관계가 본질적으로 부딪치고 있음에도 왜 자본주의가 그렇게 오랫동안 생존해올 수 있었는가 하는 질문에 대해 많은 것을 말해준다. 그러나 그의 '동의론'이 과연 어느 정도 일반화될 수 있을지에 대해서는 비판의 여지도 많아 보인다. 정말 노동자들이 작업장 게임에 동의하고 그 게임의 규칙을 재생산하고 있는지, 지금까지 끊임없이 발생해온 노사분규가 그 게임에 대한 저항을 말해주는 것은 아닌지 따져볼 필요가 있다. 어쩌면 노동자들은 저항과 순응의 양면성을 지니고 있는지 모른다. 어쨌든 뷰라보이가 동의라는 주관적 측면에 관심을 갖게 된 것은 자본주의의 이데올로기와 통제를 깨닫지 못하는 노동자들의 자각을 요구하는 것이었고 동시에 그러한 동의를 생성하는 객관적 기제가 무엇인지를 밝히려는 데 있었다.

5) 기술과 숙련

기술결정론

기술과 숙련의 문제는 노동과정 논의에 핵심적인 주제였다. 특히 제2차 세계대전 이후 자동화가 급속도로 발전하면서 기술변화가 숙련에 미치는 영향이 최대의 관심사로 떠올랐다. 1950~1960년대까지 이에 대한 평가는 긍정론과 회의론이 팽팽하게 맞서 있었다.

헤게모니

그람시(A. Gramci)가 사용했던 핵심개념으로 물리적인 수단을 동원하여 강제적인 지배력을 행사하는 것이 아니라 피지배계급이 지배계급의 이념에 정당성을 부여하고 그 사회구조에 스스로 동화되게 만드는 이른바 도덕적 지배력을 말한다.

당시 자동화에 대해 긍정적 평가를 한 대표적인 사람으로는 미국의 산업사회학자 블라우너(R. Blauner)를 들 수 있다. 그는 수공업적 시기, 대량생산 시기 및 자동화 시기를 구분하는 기술과 숙련의 3단계 모델을 기반으로 자동화가 노동의 재숙련화를 가져올 것이라는 낙관적 견해를 갖고 있었다.

첫 번째 수공업적 시기에 사용한 생산기술은 주로 연장 또는 공구 및 범용적인 개별 기계였고, 높은 숙련, 폭넓은 생산지식과 자율성을 갖고 개별화된 물건을 만드는 장인들이 이 시기의 전형적인 노동자였다. 이들의 직업적 권위는 나이와 경험, 그리고 이를 바탕으로 이루어진 숙련에 기초하고 있었다.

두 번째 대량생산 시기의 생산기술은 전문화된 개별 기계와 컨베이어로 특징지어진다. 이 시기의 노동자들은 숙련과 지식이 필요 없는 기계의 봉사자로 전락하고, 기계의 속도에 예속되어 아무런 자율성이 없는 단순 반복 작업을 수행했다.

세 번째 자동화 시기에는 노동의 재격상이 이루어진다. 노동자들은 다시 포괄적인 기술적 지식을 갖고 자동화된 기계시스템을 작동, 조정하는 숙련된 노동자의 위상을 되찾는다. 노동자는 이제 기계의 봉사자가 아닌 기계의 '지휘자'로서의 역할이 요구되며, 이를 수행하기 위해 자율성과 책임감, 대화와 협력 등 노동자들의 '사회적 숙련'의 필요성도 높아진다.

그러나 미국의 사회학자 브라이트(J. R. Bright)는 이와는 반대의 테제를 내놓는다. 그는 기술의 발전으로 작업자의 숙련에 의존하기보다는 점점 더 기술의 고유한 발전논리가 관철되고 있다면서, 자동화의 초기과정에서는 노동자의 숙련이 높아질지 모르나 점차 지적 정신노동의 필요성은 줄어들어 결국 기술에 봉사하는 미숙련의 단순노동자로 전락할 것이라고 주장한다.

이렇게 기술발전에 대한 논쟁은 긍정론과 회의론이 아무런 결론 없이 부딪치고 있었다. 이 둘의 문제는 모두 기술결정론적 사고를 갖고 있다는 데 있었다. 기술변화가 숙련의 방향을 동질화시켜 탈숙련화 아니면 재숙

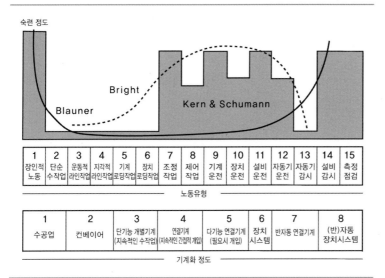

〈그림 2-1〉 기술발전과 숙련

숙련 정도

Bright

Blauner

Kern & Schumann

1	2	3	4	5	6	7	8	9	10	11	12	13	14	15
장인적 노동	단순 수작업	운동적 라인작업	지각적 라인작업	기계 로딩작업	장치 로딩작업	조정 작업	제어 작업	기계 운전	장치 운전	설비 운전	자동기 운전	자동기 감시	설비 감시	측정 점검

노동유형

1	2	3	4	5	6	7	8
수공업	컨베이어	단기능 개별기계 (지속적인 수작업)	연결기계 (지속적인 간접적 개입)	다기능 연결기계 (필요시 개입)	장치 시스템	반자동 연결기계	(반)자동 장치시스템

기계화 정도

자료: Kern and Schumann(1970: 151).

련화라는 결과를 가져올 것이라고 생각했던 것이다.

분극화론

이 논쟁에 새로운 시각을 제공한 학자는 독일의 케른과 슈만(Kern and Schumann)이었다. 이들은 독일의 자동차, 화학, 기계 등 8개 산업에 걸치는 포괄적인 경험적 연구를 통해 기술의 발전이 숙련을 일방적으로 높이지도 또한 일방적으로 격하시키지도 않는다는 연구결과를 내놓으면서 이른바 '분극화론(Polarisierungsthese)'을 제기했다. 이는 앞서 언급한 기술결정론적 두 시각을 수정하는 데 결정적인 기여를 한다.

〈그림 2-1〉은 기술발전 단계와 노동의 유형에 따른 숙련의 정도를 보여준다. 기술의 발전에 따라 숙련화든 아니면 탈숙련화든 한 방향으로 가지 않고 들쑥날쑥한 분극화 현상이 나타나고 있다. 예컨대, 자동화기술은 한편으로는 높은 숙련을 요구하는 측정·점검 작업을 만들었는가 하면, 동시에 자동기 감시와 같은 저숙련의 단순반복 작업도 만들어냈던 것이다.

유연한 자동화

1980년대 이후에 '규모의 경제 (economy of scale)'가 약화되고 '범위의 경제(economy of sco-pe)'가 발전하면서 본격적으로 적용되기 시작한 자동화 기술이다. 고객이 요구하는 다양한 제품을 하나의 생산시스템 안에서 생산하고 비용을 낮추면서도 신속하게 제품을 시장에 내어놓는 데에 주요 목적이 있다. 이때 제품개발과 생산 및 물류시스템이 기술적으로 상호 연결된다는 것이 그 특징이다.

케른과 슈만의 분극화론은 기술결정론을 비판하면서 노동과정과 숙련은 결국 기술 자체가 규정하는 것이 아니라 누가 어떻게 그 기술을 이용하느냐에 따라 달라진다는 점을 강조한다. 따라서 기술도입에 무조건 반대할 것이 아니라 노동의 인간화 차원에서 적극적으로 기술을 활용하는 노조의 새로운 운동과 정책이 필요함을 역설했다. 이는 1970년대 '노동의 인간화' 운동이 발전하는 데 크게 기여한다.

신생산개념

케른과 슈만은 1980년대 들어 다시 한 번 커다란 논쟁을 불러일으킨다. 이들은 자신들이 1960년대 중반 조사하여 분극화론을 제기했던 공장들을 다시 조사하여(Follow-up study) '신생산개념(Neue Produktionskonzepte)'의 출현을 알린다. 이는 테일러주의적 패러다임의 변화를 예고하는 것이었다.

케른과 슈만은 경영환경의 변화로 인해 자본의 이윤추구 방식도 변화했다고 주장한다. 경쟁이 심화되고 제품의 수명주기가 점점 더 짧아지면서 기업은 이제 새로운 생산방식이 필요해졌다는 것이다. 여기서 저가격의 표준화된 대량생산 대신 고품질의 개별화된 제품을 생산하는 이른바 '다품종소량생산'이 발전하게 된다. 이 때 극소전자기술을 이용하여 프로그래밍에 따라 여러 기능을 동시에 수행할 수 있는 '유연한 자동화'가 기술적 토대를 이룰 것으로 내다봤다. 그리고 이렇게 점점 더 복잡해지고 다양화되는 제품과 신기술시스템을 효율적으로 운영하기 위해서는 작업자의 자율성, 직·간접 및 지식노동을 포괄하는 기능적 유연성의 확대 등 노동의 총체적 숙련화와 '재전문화(Reprofessionalisierung)'가 일어날 것으로 보았다. 이것은 인간의 노동이 다시 생산력의 주체로서 격상되고, 오랫동안 모순적인 관계였던 효율성과 노동의 인간화가 결합될 수 있는 가능성을 암시하는 것이기도 했다.

시스템적 합리화론

그러나 알트만(N. Altmann)을 중심으로 한 독일 사회과학연구소(ISF)에서 제기한 '시스템적 합리화론(Systemische Rationalisierung)'은 이를 비판한다. 이들은 인간의 노동은 여전히 주변적이거나 오히려 과거보다 그 의미를 더 많이 상실하고 있다면서 현재 진행되는 합리화의 중심에는 노동이 아니라 기술이 서 있다고 주장한다.

물론 시스템적 합리화론 역시 기존의 생산방식이 변화하고 있다는 데는 동의한다. 그러나 이 때 인간의 노동은 관심 밖이라고 주장한다. 새로운 생산방식의 주목적은 극소전자기술의 유연성을 활용하여 기업 내 공정과 부서는 물론이고 부품공급, 물류, 지역 또는 글로벌 네트워크 등 조직 내·외부에 존재하는 가치창조의 여러 개별적 부분들을 하나의 시스템으로 통합시키는 데 있다는 것이다. 즉, 새로운 생산방식은 노동의 기능적 유연성에 의존하는 체계가 아니라 극소전자의 기술적 유연성에 의존한다는 것이다. 이는 노동의 미래가 숙련과 탈숙련 사이에서 아직 불확실하다는 점을 말해주는 것이다.

새로운 분극화

그런데 이후의 발전을 보면 새로운 분극화 현상이 일어나고 있는 듯이 보인다. 특히 신기술이 많이 도입된 작업장과 노동집약적인 작업장 사이에 커다란 격차가 벌어지고 있다. 예컨대, 자동차공장의 경우 유연한 로봇기술이 도입된 차체 부문은 상당부분 기능통합적인 노동의 숙련화가 일어나고 있으나, 기술 수준이 낮은 조립 부문에서는 기존의 단순반복 작업이 완화되지 않거나 심지어 작업속도가 더 강화되면서 '재테일러화' 경향을 보이는 곳도 많이 나타나고 있다. 즉, 한편으로는 노동의 질적 향상이 일어나고 다른 한편으로는 재테일러화 현상이 일어나는 이중성이 나타나고 있는 것이다.

6) 사무직과 서비스산업

탈숙련화

사무직은 일의 특성상 합리화되기가 어려워 테일러-포드주의적 노동과정으로 편입되기가 어렵다고 여겨져 왔으며, 사회적 위치도 '화이트칼라'로 명명되는 '중간계급'으로 자리매김했다. 사무직과 생산직의 차별성이 존재한다는 것이다. 그러나 브레이버만은 이를 부정하면서 다음과 같이 주장한다.

독점자본주의의 발전과 함께 사무노동 역시 생산노동과 마찬가지로 조직적 분업과 기계화에 의해 표준화되고 탈숙련화되어 단순노동을 하는 새로운 형태의 프롤레타리아로 동질화되어간다. 분업에 의해 단순화된 사무노동은 각각의 독립된 직원이 수행하고 컨베이어 시스템처럼 연속흐름과정으로 이어지는데, 공장과 다른 점은 여기서는 물건이 아니라 문서의 흐름이라는 것뿐이다. 사무노동의 기계화도 탈숙련화로 이끌었다. 예컨대 데이터 처리를 위한 컴퓨터의 도입은 분류기, 대조기, 계산기 등 대부분의 기계를 다루었던 제표숙련공의 통합적인 숙련을 해체하면서 끊임없이 단조롭게 키펀치 작업을 하는 천공원을 창출했다. 또한 타자기는 하루 종일 타자만 치는 타자수를 만들어냈다. 전체적으로 사무직의 노동과정도 단지 몇 개월만 배우면 충분한 단순한 개별 업무로 분해되면서, 사무직 역시 생산직과 마찬가지로 노동시장에서 수시로 교체될 수 있는 하층계급으로 전락했다는 것이다.

재숙련화

이러한 사무직의 탈숙련화 테제는 1980년대 들어 많은 연구자들에 의해 도전을 받았다. 이들은 극소전자기술을 이용한 새로운 데이터 처리 및 정보기술은 과거와는 질적으로 다른 업무체계를 만들고 있다는 점을 강조했다. 신기술은 개별 단순작업들을 흡수하여 하나의 시스템으로 통합할 수 있다는 것이다. 예컨대, 정보 및 자료의 수집, 입력, 분석과 전달, 보고서 작성, 프린트 등의 개별 업무가 기술적으로 하나의 과정으로 통합되어 이제 더 이상 노동과정이 테일러식으로 분업화되지 않을 것임을 예고했다. 그리고 이에 따라 미숙련 단순 사무노동은 점점 더 적어지고 전문적 지식노동이 사무직의 중추역할을 담당할 것으로 내다봤다. 생산직에서의 '신생산개념'과 맥을 같이하는 낙관적 전망이었다.

새로운 분극화

그러나 이후의 변화를 보면 여기서도 새로운 분극화 현상이 나타나고 있다. 전문적 지식노동이 증가하기는 했으나 아직도 대다수가 미숙련 노동과정에서 벗어나지 못하고 있으며, 또한 정해진 시간 내 반복적인 대화를 계속해야 하는 콜센터와 같이 과거보다 더 테일러적인 사무노동 형태도 출현하고 있다.

또한 스마트폰, 인터넷, 소셜미디어 등 정보통신기술의 발달은 사무직의 업무를 가중시키기도 한다. 공장에서 같이 모여 협업을 해야 하는 생산직과 달리 사무직은 시간과 장소의 제약 없이 일을 할 수 있는 특성이 있어 새로운 정보통신기술을 이용하여 언제든지 업무지시를 내릴 수 있기 때문이다. 이로 인해 업무량은 증가하고, 노동시간은 길어지며, 가정과 직장의 경계가 모호해지는 등 직무 스트레스는 증가하고 삶의 질은 저하되는 현상이 나타나고 있다.

서비스산업의 감정노동

우리는 점점 더 확대되어가는 서비스산업의 노동과정에도 관심을 기울여야 한다. 특히 여기서는 혹실드(A. R. Hochschild)가 말한 '감정노동'이라는 특성이 존재한다.

서비스산업 노동과정의 가장 큰 특징은 무엇보다 그 과정이 생산직에서처럼 사람과 물건의 관계가 아니라 사람과 사람의 관계라는 점에 있다. 고객이 노동과정에 참여하기 때문에 서비스산업에서는 감정노동이 중요한 역할을 차지한다. 감정노동이란 자신의 실제 감정을 숨기고 기업의 입장에서 바람직한 감정을 드러내야 하는 일종의 내면적 '연기'를 말한다. 예컨대 여승무원은 승객들에게 항상 웃음과 호의를 보여야 하며, 외상 수금원의 경우는 채무자에게 공격성을 드러내기도 해야 한다. 이러한 겉과 속이 다른 연기생활 속에서 감정노동자들은 남다른 심적 스트레스에 시달린다.

서비스산업 노동과정의 새로운 변화

전자 상거래, 사이버 쇼핑, 인터넷 뱅킹 및 모바일 서비스 등 새로운 디지털 기술은 서비스산업의 노동과정에도 큰 변화를 일으키고 있다. 기업과 작업자의 양자관계에 놓여 있는 생산직의 노동과정과는 달리 서비스산업에서는 고객이 노동과정에 참여함으로써 고객-서비스근무자-기업이라는 삼자관계가 형성된다. 그러나 최근에는 고객-기업의 독특한 양자관계가 늘어나고 있다. 고객이 시·공간의 제약을 받지 않고 컴퓨터 시스템을 통해 기업과 직접 소통하는 것이다. 이는 노동과정과 학습이 고객에게 전가된다는 것을 의미하는 것이기도 하다. 이제는 서비스 요원의 조언이나 지원 없이 고객이 스스로 알아서 결정하고 일을 처리해야 한다. 따라서 고객이 정보 획득 및 처리 그리고 이에 필요한 기술적 지식을 스스로 배워야만 한다. 이러한 변화를 볼 때 앞으로 서비스산업의 발전은 기업뿐만이 아니라 고객의 학습의지 및 능력과도 밀접한 관계가 있을 것으로 보인다.

4. 한국의 노동과정

1987년 이전

한국의 산업화는 1960년대 초반 국가의 주도하에 본격적으로 일어나기 시작했다. 후발국가로서 '따라잡기(Catch Up)' 전략을 펼친 한국은 서구의 대량생산체제를 받아들이고 강력한 성장 일변도의 경제정책을 펼쳤다.

이로부터 한국의 노동과정은 통제적 요소가 강하게 나타난다.

1987년 노동자대투쟁으로 노사관계의 변화가 일어나기 전까지 한국의 노동과정은 뷰라보이의 개념을 빌려 말하면 헤게모니보다는 전제주의적 통제요소가 강했다. 이는 저숙련-저임금-장시간 노동, 명령-복종의 엄격한 권위주의적 위계질서를 특징으로 하는데, 여기에다 두발과 복장검사 등 신체적인 부분까지 단속하기에 이르러 이른바 '병영적 통제' 또는 '유혈적 테일러주의'라고 불리기도 했다.

이러한 한국의 노동통제방식은 단순통제와 기술적 통제가 결합된 형태였다. 서구의 경우 대량생산체제가 도입되어 대기업이 발전하면서, 중소기업에서 이루어지던 단순통제 방식이 약화되고 기술적 통제와 관료제적 통제가 강화되는 것이 일반적 현상이었다. 그러나 한국의 경우 대기업에서도 단순통제 방식은 사라지지 않았다. 이는 일본식 생산방식을 모방해 노동과정을 10여 명 정도의 작은 그룹단위로 분리·운영함으로써 감독자들의 직접적 통제가 이루어질 수 있도록 만들었기 때문에 가능했다. 보통 '조·반'으로 불리는 이 작업집단은 조장과 반장의 절대적인 권력하에 운영되면서 생산목표의 달성은 물론 구성원들의 개인적 의식 및 태도까지 규제해갔다. 이른바 한국의 '압축성장'은 노동과정에서의 단순통제와 컨베이어와 같은 대량생산의 기술적 통제가 결합됨으로써 가능할 수 있었다.

1987년 이후

1987년 이후 민주적 노조활동이 전개되면서 노동과정에도 변화가 생겨났다. 가장 눈에 띄는 변화는 단순통제가 약화되었다는 점이다. 현장감독자의 강압적이고 임의적인 개입은 더 이상 지속되기 힘들었다. 또한 그동안의 비민주적 통제방식은 1987년 이후 노사관계의 대립과 갈등을 촉발했다. 그로 인해 사람중심적인 생산방식보다는 기술중심적인 생산방식이 발전하게 되었다. 노사의 불신 속에서 사람보다는 기술에 의존하려는 경향이 강해진 것이다.

이는 1990년대 들어 한국의 작업장에도 유연한 자동화 기술이 적극적으로 도입되었지만 작업자의 숙련이나 자율성은 높아지지 않고 있다는 데서 잘 나타난다. 한국의 기업은 관리자 또는 기술자와 현장작업자의 엄격한 분업체계를 유지했고 현장작업자의 역할은 미숙련 수작업이나 기계의 단순조작 내지 품질을 책임지는 정도에 한정되었다.

서비스산업에서도 노동의 소외는 심각하다. 여기서는 특히 여성인력이 많은데, 아직도 남아 있는 가부장적 조직문화로 여성은 남성보다 전문적이고 창의적인 지식노동보다는 미숙련 단순 업무에 편중되어 있다. 또한 여성이 주로 담당하는 고객접촉 업무에서는 감정노동으로 인한 심리적 스트레스가 큰 문제로 대두되고 있다.

외환위기 이후

1997년 말 불어 닥친 외환위기는 그동안의 국가주도형 경제모델이 시장경제 모델로 변화하는 결정적인 계기가 되었다. 시장의 논리가 지배하면서 '유연성'이 기업의 합리화 전략에 화두가 되었고, '수량적 유연성'이 급속도로 발전했다. 수량적 유연성이란 경영 상황에 따라 구성원의 수를 줄이거나 늘리는 것으로, 이렇게 되면 인원 구조조정이 상시적으로 일어나 고용불안이 야기된다. 그리고 기업은 이를 손쉽게 하기 위해 정규직보다는 비정규직을 선호하게 된다. 이것이 인적자원 개발에 투자를 어렵게 만들고 사람중심보다는 기술중심의 생산방식을 더욱 강화시키고 있다.

사무직의 노동과정

사무직의 노동과정은 1990년대 들어 크게 변화한다. 주요 원인은 경쟁이 심화되고 시장의 변화가 빨라지면서 그동안 사원-대리-과장-차장-부장-이사 등으로 이어지는 직급체계에 문제가 드러났기 때문이다. 급속하게 변화하는 경영 환경에 대응하기 위해서는 무엇보다 의사결정이 빨라야 하는데 촘촘한 위계질서는 이를 방해했다. 또한 구성원의 자율적인 문제해결 능력과 창의성이 경쟁력 요소로서 점점 더 중요해지면서 수직적 질서보다는 수평적 질서가 요구되었다.

이러한 시대적 상황에 따라 사무직은 '팀제'로 전환된다. 촘촘하게 짜인 수직적 직급체제가 팀장-팀원으로 단순화된 직무구조로 바뀌었다. 이는 한편으로는 하급사원들의 자율성 및 책임과 권한이 강화되는 것이었으나 다른 한편으로는 직무 스트레스를 높이는 결과를 가져왔다. 연봉제, 평가제도, 성과급 등이 활성화되면서 이른바 '능력주의'가 전통적인 상하 위계질서에 의한 통제를 대신하게 되었기 때문이다.

5. 새로운 시대, 새로운 모순

패러다임의 변화

1980년대 이후 '탈산업사회(Postindustrial society)', '탈포드주의(Post-fordism)', '탈테일러주의(Posttaylorism)' 등 노동세계의 새로운 변화를 알리는 많은 개념들이 쏟아져 나왔다. 세계화와 시장의 변화, 대량생산의 한계, 극소전자기술과 디지털 혁명, 그리고 이로 인한 '신경제(New Economy)', 지식정보사회 및 글로벌 네트워크 사회의 발전이 패러다임의 전환을 가져올 것이라 본 것이다. 노동과정과 관련해서는 다음과 같은 변화가 나타났다.

신기술의 발전은 미숙련 육체노동은 물론 사무직에서도 단순 업무의 많은 부분을 기술적으로 해결해주었다. 이와 함께 자동화 설비에 대한 감시와 조정, 데이터와 정보처리 및 지식 관련 업무가 증가했다. 단순 업무보다는 전문적인 업무, 육체노동보다는 정신노동의 영역이 확대되고 있다.

또한 작업의 형태에도 많은 변화가 발생했다. 혁신의 속도가 빨라지면서 예기치 않았던 문제들이 수시로 발생하게 되는데, 이를 과거처럼 일일이 상사에게 보고하고 지시를 받아 처리하는 테일러-포드주의적 조직은 비효율적인 것이 되고 말았다. 대신 현장근무자들의 문제해결 능력을 높이고 이들의 권한과 책임의 범위를 확대하는 '임파워먼트(Empowerment)' 또는 '지식경영'이 널리 퍼졌다. 이로부터 과거의 수직적 위계조직이 수평

신경제

1990년대에 유행한 개념으로 제조업 중심의 대량생산체제(구경제)에서 정보기술에 의해 생산과정이 디지털화되고 지식상품이 성장을 주도하는 새로운 경제체제로의 변화를 말한다. 이를 신봉하는 학자들은 신경제가 지속적인 고성장, 저실업, 저물가의 특징을 갖고 있다면서 자본주의적 생산방식의 근본적인 변화까지 예고했으나, 2000년대에 들어 신경제의 거품이 드러나면서 많은 비판을 받았다.

지식경영

지식정보사회의 발전과 함께 널리 퍼진 개념으로 조직 구성원들이 갖고 있는 지식과 정보 및 노하우를 공유하여 조직적 학습과 창의력 및 혁신능력을 키우는 경영 방식을 말한다. 이를 위해서는 구성원들의 자율적 참여를 유도하는 조직의 수평적 의사소통 구조가 필수적이다.

적 팀제 또는 그룹 작업으로 변화되고 구성원들의 자율성과 참여가 강조되었다.

이와 함께 숙련의 내용도 변화하고 있다. 과거에는 정확성, 근면, 기능적 숙련이 중요했다면 지금은 창의성과 문제해결 능력 등 '지적 숙련' 및 팀 작업에 필요한 소통과 협력 등 '사회적 숙련'이 숙련의 핵심적 요소로 부각되고 있다. 또한 빠르게 변화하는 숙련의 내용을 따라잡기 위해 열심히 일만 하는 조직에서 이제는 학습하는 조직으로 변화를 꾀하는 것도 과거와는 다른 모습이다.

새로운 모순

이러한 변화가 탈포드주의나 탈테일주의적 요소를 띠고 있는 것은 분명하다. 그러나 이것이 노동의 인간화를 가져오지 않는 것 또한 분명하다. 생산직과 사무직, 서비스산업에서 새로운 숙련의 분극화 현상이 생기고 있으며, 연봉제, 평가제도, 성과급 등 능력주의는 새로운 통제수단으로 작동하고 있다. 또한 새롭게 요구되는 지적 숙련과 사회적 숙련 역시 양면성을 띠고 있다.

지적 숙련의 요구는 지속적으로 새로운 능력을 개발해야 한다는 압박감을 가져다주고, 직무 또는 직업의 잦은 변화가 일어나 일과 사회적 관계의 안정성 내지 정체성을 해치고 있다. 그리고 소통과 협력을 강조하는 사회적 숙련에는 갈등을 유발하지 않고 책임감과 충성심이 높은 구성원이 되기를 원하는 회사의 속내가 들어 있다. 이로부터 자율성은 기업의 목표를 달성하기 위해 시키지 않아도 스스로 참여하여 충실하게 일하는 것을 뜻하게 된다. 이와 같이 사회적 숙련의 발전은 구성원들의 자기통제 내지 자기착취로 이어질 위험성이 다분히 있다.

이렇게 우리는 숙련, 창의성, 자율성, 소통과 협력, 참여 등 과거 긍정적으로 사용했던 개념들이 새로운 변화 속에서 일그러진 모습으로 나타나고 있음을 본다. 우리는 앞으로 이러한 새로운 모순들에 대해 주목해야 할 것이다. 그리고 사회학적 상상력을 동원하여 그러한 모순적 현상이 왜

일어나는지 그 원인을 규명하고, 이를 극복할 수 있는 실천적 대안을 마련
하는 것이 우리들의 새로운 과제가 될 것이다.

이야깃거리

1. 기업은 경쟁력을 이유로 효율성에 치중하고 있다. 노조는 노동자를 위해 노동의 인간화에 더 많은 관심을 쏟고 있다. 이 두 요소는 과연 결합될 수 없는 모순적 관계인가?

2. 현재의 기술은 과거와는 비교할 수 없을 정도로 빨리 발전하고 있다. 이러한 발전이 노동 과정에 어떠한 변화를 가져올까?

3. 한국의 노동과정을 가장 잘 설명하는 이론은 어떤 것일까? 서구의 이론적·실천적 시각이 우리에게 주는 의미와 한계에 대해 생각해보자.

4. 노동과정에 영향을 미치는 사회적 요소들은 어떠한 것이 있을까? 노동과정의 역사적 발전 과정에 따라 생각해보자.

5. 1980년대 이후 많이 논의된 탈포드주의 내지 탈테일러주의에 대해 우리는 현재의 시점에서 어떠한 평가를 내릴 수 있을까? 그리고 미래의 노동은 어떠한 모습일까?

읽을거리

『자본 I-1』. 카를 마르크스. 강신준 옮김. 2008. 길.
자본주의 생산방식의 분석과 비판에 가장 큰 영향을 준 저서다. 특히 I-1권 제13장 「기계와 대공업」은 근대적 노동과정을 이해하기 위해서는 반드시 읽어야 할 부분이다.

『세계화와 노동체제』. 박준식. 2001. 한울아카데미.
세계화와 함께 변화하는 생산방식의 국제적 흐름을 다룬 책이다. 서구, 일본 및 동아시아와의 비교를 통해 한국 노동체제의 모습과 그 변화에 대해 살펴볼 수 있다.

『노동과 독점자본』. 해리 브레이버만. 이한주 · 강남훈 옮김. 1987. 까치.

테일러식 분업을 자본주의적 통제수단으로 분석하면서 비판적 노동과정론을 주창했다. 생산직을 넘어 사무직과 서비스업에도 적용된 과학적 관리의 폐단을 다루고 있다.

『서비스사회의 구조변동』. 신광영 · 이병훈 외. 2008. 한울아카데미.

한국의 '서비스사회화' 과정을 다양한 차원에서 다룬다. 제2부 '서비스사회의 노동체제와 고용관계'는 한국 서비스업의 노동과정을 들여다 볼 기회를 제공한다.

『과학적 관리의 원칙』. F. W. 테일러. 박진우 옮김. 2000. 박영사.

20세기 조직적 합리화의 패러다임을 제공한 책이다. 테일러주의의 기본철학과 자본주의적 노동과정의 원칙을 알 수 있다.

작업조직의 혁신과 새로운 변화

주요 용어
일본적 생산방식, 고성과 작업시스템, 테일러주의적 작업조직, 작업조직 혁신, 네트워크형 조직

이 장은 노동과정의 핵심을 이루는 작업조직의 다양한 형태를 살펴보고, 특히 테일러주의적 작업조직에 대한 대안으로 일본적 생산방식과 고성과 작업시스템의 가능성과 한계를 검토한다. 일본적 생산방식이나 고성과 작업시스템은 어떤 특징을 지니고 있으며, 그것이 바람직한 작업조직의 모델이 될 수 있는지, 또한 일본적 생산방식과 고성과 작업시스템에 관한 논의를 한국 기업에 적용하려 할 때 유의해야 할 점이 무엇인지 살펴본다. 그리고 작업조직의 혁신은 왜 실패하는지, 작업조직의 혁신을 가능하게 하는 현실적 조건은 무엇인지를 함께 검토한다. 더불어 서비스지식산업 분야의 작업조직 유형으로 네트워크형 조직의 특성과 문제점을 알아본다.

1. 작업조직의 개념과 여러 유형

1) 작업조직의 개념

자본주의 시장경제에서 기업이 이윤을 거두기 위해서, 혹은 시장 경쟁에서 살아남기 위해서 시장이나 기술의 변화에 대응하여 업무를 합리적이고 효율적인 방식으로 수행하려고 하는 것은 당연하다. 그런데 기업조직을 주주, 채권자, 고위경영자, 관리감독자, 현장노동자 등으로 구성된 여러 이해관계 당사자들의 관계망으로 바라보게 되면, 기업조직이 하나의 명확한 목표를 갖고 있다고 가정하기 힘들게 된다. 기업 경영의 합리성이나 효율성이라는 개념은 조직의 목표가 단일하거나 분명할 것을 가정하지만, 이해당사자 가운데 특히 경영자와 노동자는 서로 다른 목표를 지니고 있고, 이로 인해 갈등이 발생하는 경우도 흔하다. 작업조직의 효율성이나 합리성이라는 것도 당사자 사이의 이해 관심의 대립 혹은 갈등 가능성을 염두에 두고 논의할 필요가 있다.

왓슨(Watson, 2003: 78)은 작업조직(work organization)을 "조직의 직무를 달성하기 위해서 어떤 사람들의 행위가 타인에 의해서 지시되는 공식적인 계약관계로 많은 사람들이 결합되어 있는 사회적이고 기술적인 제도"로 정의하고 있다. 작업조직이라는 개념은 연구자에 따라 지칭하는 범위가 아주 다양하다. 프렝켈 등(Frenkel et al., 1999)은 작업조직의 개념 속에 고용관계, 통제관계, 동료관계, 고객관계 등까지 모두 포함시키고 있는가 하면, 아펠바움과 배트(Appelbaum and Batt, 1994)는 작업조직이 관리방식, 인적자원 관행, 노사관계와 함께 작업시스템(work system)의 일부를 구성하는 것으로 정의하고 있다.

이 장에서는 노동자가 수행하는 업무의 내용과 요구되는 숙련 및 지식의 수준, 그리고 업무의 자율성과 재량권이 기업조직에 따라 어떻게 달라지는가에 주로 관심을 두고 있다. 이에 따라 작업조직이란 기업이 제공하는 상품이나 서비스를 만들어내는 데 직접 종사하는 사람들이 맺는 사회적·기술적 분업관계를 가리키며, 여기에는 관리자와 노동자 사이의 통제 관계와 동료 노동자들 사이의 수평적 관계가 포함된 것으로 규정한다. 작업조직은 의사결정 권한의 배분, 직무의 기능적 분화 및 결합 방식에 따라서 그 유형이 구분될 수 있다. 작업조직의 유형과 특성을 검토할 때에는 노동자와 감독자, 경영자 간의 사회적 관계 그리고 작업설비 및 원자재와 이를 다루는 작업자 간의 기술적 관계를 모두 이해할 필요가 있다.

경영자는 노동자를 선발, 채용하여 임금을 결정하고, 업무수행을 지시하며 감독하는 일을 담당하는데, 이때 업무를 효율적이고 안정적으로 수행하는 데 주로 관심을 갖는다. 반면에 노동자는 업무수행의 자율성 및 안전성, 작업 관련 의사결정에 대한 참여와 노동 강도의 완화에 주로 관심을 두며, 노동조합은 이를 대변하는 역할을 맡게 된다. 즉, 작업조직은 업무수행의 효율성이 추구되는 영역일 뿐 아니라, 상이한 이해 관심을 지닌 경영자와 노동자 사이에 갈등과 교섭, 투쟁과 타협이 이루어지는 영역이기도 하다.

2) 테일러주의적 작업조직과 대안적 모델들

테일러주의적 작업조직

테일러(F. W. Taylor)의 『과학적 관리의 원칙』은 장인 전통(craft tradition)하에서 숙련 노동자 집단의 자율적인 작업관행을 전문화된 생산관리기구로 대체하려고 한 시도였다. 테일러는 '과학적 관리'를 통해서 생산의 효율성을 높이는 것이 노동자와 사용자 모두에게 이익이 될 수 있다는 전제에서 출발하여 기존의 장인/숙련 노동자 중심의 작업관행이 지닌 낭비와 비효율을 극복하고자 했다. 그는 작업자에게 세분화된 단순 업무를 부과하고, 가장 효율적인 작업방식을 지시하고, 또 적절한 작업도구를 제공해주는 것을 경영자의 임무로 규정했다. 경험 많은 노동자라고 하더라도 '작업의 과학'에 대해서 무지하기 때문에 별도의 전문가가 가장 효율적인 작업방식을 지시하고, 작업도구를 제공해줄 필요가 있다는 것이다. 그 결

〈표 3-1〉 작업조직 원리의 비교

직접 통제	간접 통제
• 탈숙련화, 분절화된 직무	• 숙련화, 온전한 '풍부한' 직무
• '실행'이 '구상'에서 분리되며, '구상'은 다른 곳에서 이루어진다.	• '실행'과 '구상'이 직무 안에 결합되어 있다.
• 노동자는 하나의 기술을 지닌다.	• 노동자는 다양한 기술을 지닌다.
• 노동자는 대부분 동일한 업무를 한다.	• 노동자는 그때그때 다른 업무를 한다.
• 노동자는 업무수행의 속도나 순서에 대해서 거의 선택할 수 없다.	• 노동자는 업무수행의 속도나 순서를 선택할 수 있다.
• 노동자들은 자세히 감독을 받는다.	• 노동자들은 스스로 감독한다.
• 다른 '검사원'이 작업의 품질을 점검한다.	• 노동자들은 품질에 대해서 스스로 책임을 진다.
• 작업이 집단적으로 이루어질 경우, 감독자가 역할을 배정하고 작업집단의 성과를 점검한다.	• 작업이 집단적으로 이루어질 경우, 구성원들이 역할을 나누고 함께 성과를 점검하는 팀으로서 움직인다.

자료 : Watson(2003: 119), 〈표 5.3〉.

과 테일러주의적 작업조직에서 노동자들은 매우 좁은 범위의 직무를 수행하며 그 과정에서 자율성을 거의 지닐 수 없게 되었다. '과학적 관리'는 20세기에 선진자본주의 각국에서 작업조직의 관료제화가 진행되는 데 크게 기여했다. 현대 자본주의 산업사회에서는 테일러주의적 작업조직 이외에 다양한 유형의 작업조직을 찾아볼 수 있지만, 작업조직의 유형을 구분할 때는 테일러주의적 작업조직이 그 출발점이 된다. 예를 들면 이영희 (1994)는 현대, 도요타, 볼보(Volvo)의 자동차공장에 대한 비교연구에서 작업조직을 '전형적 테일러주의', '참가적 테일러주의', '포스트테일러주의'로 구분한 바 있다. 테일러주의적 작업조직은 〈표 3-1〉에서 '직접 통제'의 원리를 대표하는 것으로 이해할 수 있다.

즉, 테일러주의적 작업조직은 노동자들의 숙련 수준과 담당 직무의 범위, 그리고 노동과정에서 노동자들이 보유하고 있는 자율성과 권한의 정도라는 점에서 하나의 극단을 이룬다. 이에 대해서는 현장노동자의 의사결정 범위가 축소되고, 표준화된 단순 업무만을 반복하게 되어 숙련 및 지식의 수준 또한 보잘것없어진다는 비판이 제기되었으며, 특히 각국의 노동운동은 '과학적 관리'의 적용에 저항하거나 이를 수정하는 데 영향을 미쳤다.

새로운 작업시스템 모델들

선진자본주의 각국에서는 테일러주의적 작업조직과는 다른 새로운 작업조직을 모색해왔다. 아펠바움과 배트는 미국의 전통적인 작업시스템과 구분되는 대안적 시스템으로서 '스웨덴식 사회·기술체계', '일본식 린생산', 그리고 '이탈리아식 유연전문화'와 '독일식 다변화된 품질생산'을 각각 검토했다.

'스웨덴식 사회·기술체계'는 1950년대 영국의 타비스톡 연구소의 작업에서 출발하고, 이후 스웨덴의 연구자들에 의해 발전되었는데, 주어진 기술하에서 근로자들 스스로가 가장 생산적인 작업의 조직화 방식을 찾아낼 수 있다는 가정에서 출발한다. 스웨덴에서는 자율적 작업집단을 활용하여 노동의 인간화를 추구하는 운동이 1970년대에 등장하여 1980년대 이후 작업조직의 재편을 추구했다. 특히, 볼보의 우데발라 공장과 칼마르 공장은 자율적 작업집단을 활용한 혁신적인 공장으로 주목받았다. '다변화된 품질생산'을 추구하는 독일의 기업들은 세분화된 고가품 시장에서 높은 수준의 품질 경쟁력을 확보하고 있으며, 높은 수준의 숙련을 지닌 노동력과 극소전자기술을 결합하여 다양한 제품을 생산할 수 있는 능력을 갖춘 작업조직이 이러한 경쟁력을 뒷받침했다. 이러한 작업조직은 독일에 고유한 이원적 직업교육 및 훈련시스템과 밀접한 관련을 맺고 있다.

'이탈리아식 유연전문화'는 전문화된 소규모 생산자 간의 협력 네트워크를 통해서 기술과 제품시장에 필요한 정보를 공유하면서 혁신적 디자인의 고급제품들을 생산하여 시장변화에 신속하게 적응할 수 있는 능력을 지닌 것으로 평가받았다. 피오르와 세이블(M. Piore and C. Sable)은 이탈리아의 에밀리아로마냐 산업지구를 포드주의적 대량생산 시스템을 대체할 수 있는 유연전문화 모델로 주목했다. 이들은 컴퓨터 기술에 의해서 장인생산 시스템을 부활시킬 수 있는 가능성이 열렸다는 점에 주목했다.

그런데 볼보의 우데발라 공장과 칼마르 공장은 1990년대 중반 불황을 겪으며 폐쇄되었고, 독일 자동차 산업에서도 반(半)자율적인 그룹작업이 후퇴하고 '일본식 린생산'이 주도적인 지위를 확보해나갔다. 1980년대 이후 일본 경제가 성공을 거두면서 '린생산방식' 혹은 '일본적 생산방식'을 학습하려는 시도가 선진 각국에서 이루어졌다. 일본 도요타자동차의 작업조직은 테일러주의와는 달리 현장노동자에게 더 많은 역할과 권한을 부여했고, 그것이 도요타자동차의 경쟁력의 원천으로 인식되었다. 1990년대에 들어서는 미국 기업의 조직 혁신이 새로 부각되었다. 클린턴 정부 하에서 미국 노동성이 기업과 노동 모두 이익을 보는 '윈-윈(win-win)' 게임임을 가능하게 해주는 '고성과 작업시스템(high performance work system)'을 정책 방향으로 제시했다. 이는 노동자 참가와 노동의 인간화를 추구하면서 동시에 기업의 생산성과 품질을 함께 개선할 수 있는 작업조직으로 주목을 끌었고, GM의 새턴 자동차공장은 그 대표적인 사례였다.

한국에는 '린생산방식' 혹은 '일본적 생산방식'과 미국의 '고성과 작업시스템'이 주로 소개되고 논의되었다. 이 장에서도 '일본적 생산방식'과 '고성과 작업시스템'을 주로 살펴본다. 한국에서 작업조직 '혁신'이 쟁점이 된 것은 1987년 노동자대투쟁 이후이다. 노동자대투쟁을 계기로 경영자들이 이른바 '신경영전략'의 하나로 작업장 규율과 능률을 개선하기 위해 '일본적 생산방식'을 도입하기 시작하면서, '일본적 생산방식'의 성격을 둘러싼 논의가 본격화되었다. 또, 1990년대 중반 이후 정부 주도로 추진된 '노사관계개혁'과 더불어 '고성과 작업시스템'이 중요한 정책 방향으로 검토되었다. '일본적 생산방식'에 대해서는 테일러주의적인 원리를 탈피하지 못했다는 비판과 함께, 한국 기업은 '일본적 생산방식'의 긍정적 측면을 도입할 수 있는 고용 및 노사관계 관행을 결여하고 있다는 지적이 제기되었다. '고성과 작업시스템'에 대해서는 그것이 한국 사회의 현실과 괴리된 규범적인 논의에 그치고 있다는 비판이 제기되었고, '고성과 작업시스템'이 현실적합성을 지닐 수 있는 조건이 무엇인가에 대한 경험적 탐구가 시도되기도 했다.

'일본적 생산방식'이나 '고성과 작업시스템'은 과연 무엇이며, 그것이 바람직한 작업조직의 모델이 될 수 있는가, 그리고 작업조직의 혁신을 가능하게 하는 현실적 조건은 무엇이고, 한국 사회는 그러한 조건을 확보하고

있는가 하는 점은 정부, 경영자, 노동조합(노동자) 모두에게 여전히 제기
되고 있는 질문이다.

2. 일본적 생산방식에 대한 이해

1) 일본적 생산방식의 특징

1980년대 일본 경제의 성공을 배경으로 도요타자동차를 비롯한 일본
기업이 지닌 경쟁력의 원천으로서 '일본적 생산방식' 혹은 '린생산방식'이
새로운 작업조직 원리로 주목받았다. 일본적 생산방식의 특징으로는 재
고와 낭비를 최소화하는 '적기생산방식(JIT)'을 채택한다는 점, 현장노동
자가 소집단을 구성하여 생산과정에 적극성을 갖고 품질 관리, 개선 제안,
설비 보전 활동에 참여함으로써 부분적인 자율성을 확보한 '팀 작업(team
working)'이 이루어진다는 점, 그리고 현장노동자들이 체계적인 직무순환
을 경험하면서 일정한 '다능공화(多能工化)'가 이루어진다는 점 등을 들 수
있다. 그리고 이러한 생산방식을 가능하게 하는 중요한 조건으로서 '직능
자격제도'와 같은 능력주의적 임금 및 인사제도와 함께 '기업주의적·협조
적 노사관계'가 제시되었다.

먼저, '적기생산방식'이란 공장 내 자재나 부품의 재고를 최소화하여 오
직 필요로 할 때만 부품과 자재를 공급하는 생산방식이다. 즉, 최종 수요
변동에 맞추어 후속공정이 선행공정으로부터 필요한 물품을, 필요한 시
기에, 필요한 수량만큼 인수함으로써 불필요한 재고와 낭비를 최대한 줄
이려는 생산방식이다. 그런데 적기생산방식에서는 특정 부서에서 부품
공급이 중단되었을 경우 이를 대체할 수 있는 부품이 없기 때문에 전체 생
산 공정에 차질을 빚을 수 있다. 이러한 생산방식은 제조공정의 이상 상
황에 즉각적으로 대처해나갈 수 있는 지식과 숙련을 갖춘 노동자들을 필
요로 하며, 자신이 맡고 있는 공정의 효율성과 제품의 품질에 대해서 끊임

없는 관심을 갖고, 제조설비의 유지 및 보수에 대해서도 일정한 능력을 갖추도록 노력하는 자세가 요구된다. 아울러 이러한 생산방식은 일부 노동자들의 파업에 매우 취약하기 때문에 협조적 노사관계를 필요로 한다.

'팀 작업'이란 업무를 완수하기 위해서 협동적인 방식으로 함께 일하는 상황에서는 항상 존재해온 것이고, 따라서 팀 작업이란 용어는 대단히 다의적으로 사용될 수 있다. 일본적 생산방식에서 팀 작업이란 개별 노동자의 직무를 한정하지 않음으로써 팀이 담당하는 직무 전반에 유연하게 대응하도록 하고, 이를 수행할 수 있는 능력을 팀 구성원 모두에게 요구함으로써 작업자와 직무 사이의 집단적 결합을 추구하는 방식을 말한다. 할당된 과업을 어떻게 수행할 것인가에 대해서 일정한 재량권을 지닌 집단에 기초한 작업 활동으로 팀 작업을 정의한다면, 일본적 생산방식에서 현장 노동자 집단의 재량과 자율성은 매우 제한적일 뿐이고 경영자의 직접적 통제를 받고 있다는 비판이 제기되기도 한다. 도요타자동차에서는 작업량의 설정이나 작업시간의 책정, 라인속도의 결정, 작업방식의 결정권이 팀에 부여되지 않으며, 또 기본 작업조직 단위인 반의 리더 역시 경영자가 임명한다. 이러한 점에서 도요타자동차의 팀 작업은 스웨덴에서의 이른바 '자율적인 팀'과는 다르며, 이는 일본과 스웨덴의 노동조합이 작업장에서 발휘하는 규제력의 차이를 반영한 것이다.

'다능공화'란 작업 현장에서 이루어지는 대부분의 직무수행능력을 습득할 뿐 아니라, 기계설비 업무, 품질의 검사 및 관리업무, 설비 및 생산방법의 개선 업무까지 담당할 수 있는 능력을 갖춘 노동자를 육성하는 것을 의미한다. 이를 위해서는 직장 선배를 통한 현장훈련(on-the-job training: OJT)과 체계적인 교육훈련(off-the-job training: Off-JT)이 요청된다. 직무순환(job rotation)은 다능공화를 위한 중요한 훈련 메커니즘의 하나이다. 직무순환의 종류에는 작업반 내의 순환, 작업부서 내의 순환, 나아가서는 부서 간 순환이 있다.

일본적 생산방식에 대해서는 전통적 테일러주의를 극복했을 뿐 아니라, 노동의 인간화라는 측면에서도 진전된 것으로 평가하는 시각이 있는가

하면, 전통적 테일러주의와 마찬가지로 작업을 세분화하고 표준화하여 노동능률을 극대화할 뿐 아니라 노동자들을 품질관리 요원화하고, 작업 중의 돌발 사태와 작업조직의 변화에 유연하게 적응할 수 있도록 교육훈련을 실시하고 있다는 점에서 '유연적 테일러주의'로 규정하기도 한다. 파커와 슬로터(Parker and Slaughter, 1988)는 일본적 생산방식을 '스트레스에 의한 관리'로 규정한 바 있다. 미국과 유럽의 기업들이 일본 기업의 작업 조직을 모방하여 이른바 팀 작업 방식을 도입하려는 시도에 대해서 노동 조합의 비판이 제기되었다. 전미자동차노조(UAW)가 팀 방식의 도입과 경영자의 새로운 인적자원관리 전략에 대해서 협조적인 태도를 취하자, 이에 반발하여 캐나다자동차노조(CAW)가 별도로 설립되기도 했다.

2) 일본적 생산방식의 도입 실태와 한계

한국은 일본의 식민지로서 중일 전쟁과 태평양 전쟁을 치르면서 초기 산업화가 진행되었고, 또 1960년대 이후 경제개발 과정에서도 일본 기업과의 교류가 활발하게 이루어졌다. 그 결과 일본 기업의 생산방식 및 인사/노무관리 기법이 일찍부터 소개되고, 이에 대한 수용이 활발하게 이루어져 왔다. 미국, 영국 등 서구 자본주의 국가의 '작업장 혁신'이 1980년대 이후 '일본적 생산방식'의 도입이라는 형식을 취해온 것과는 그 역사적 맥락이 크게 다름을 알 수 있다.

한국 기업에서 품질관리(QC) 활동은 1975년 11월 공업진흥청이 제1회 전국 QC써클 경진대회를 개최한 것을 계기로 전국적으로 확산되었다. 이후 공장새마을운동이 본격화되면서 당국의 권고에 의해 QC 활동은 새마을 분임조 활동으로 진행되었다. 이러한 소집단 활동을 통해서 분임조별 제안활동이 이루어지기도 했다. 1987년 노동자대투쟁 이후 한국의 대기업은 노동운동에 대한 대응 차원에서 작업조직을 개편하기 위한 전략으로 QC 활동, 개선 제안활동, 전사적 생산관리(Total Productive Mainte-nance: TPM) 등 소집단 활동을 비롯하여 일본적 생산방식의 요소들을 적극적으로 도입하기 시작했다. 이는 1987년 노동자대투쟁 과정에서 현장 감독자들의 권위가 추락하여 현장의 작업규율이 느슨해진 것에 대한 대응의 성격을 지니고 있었다. 현장관리 및 감독자의 권위를 재구축하는 것이 기업 경영의 핵심적인 과제로 제기되었고, 이를 위해서 다양한 소집단 활동을 중심으로 작업조직을 개편하여 관리·감독의 밀도를 증가시키려 했던 것이다. 그리고 이와 동시에 '능력주의' 인사제도를 도입함으로써 노동자 간 경쟁을 재조직하고자 했다. 즉, '능력주의' 인사제도는 노동자들 간의 승진, 승급 경쟁을 통해 개별 노동자에 대한 통제력을 증가시키고자 하는 의도에서 추진되었던 것이다. 당시 새롭게 성장하기 시작한 한국의 노동조합운동은 이러한 작업조직의 개편과 새로운 인사제도의 도입이 노동 강도를 높이고, 노동자들 내부에 분열과 경쟁을 가져오며 궁극적으로 노동조합을 약화시킬 것이라는 이유로 이에 대해서 부정적인 입장을 취했다. 이러한 배경으로 인해서 일본적 생산방식의 요소들이 도입되어도, 이를 뒷받침할 만한 인사제도나 노사관계 조건이 결여되어 있어서 그 성과를 거두기 어려웠다.

한 조사에 의하면 외형상으로는 일본과 유사한 QC 분임조 활동이 이루어지지만 많은 경우 형식적으로 이루어지고, 설비가동률 제고를 통한 생산성 향상을 목적으로 하는 TPM 역시 작업자들이 작업 종료 후에 간단한 일상점검과 청소를 행하는 정도에 그쳤다. 다능공화 역시 많은 업체들이 추진했지만, 제한적으로 시도되거나 실적 위주로 진행되는 경우가 많았으며, 숙련 형성의 기반이 되는 교육훈련 역시 양적으로 부족했다. 한국의 많은 기업들에 노사 간의 불신과 대립이 남아 있는 상황에서 협조적 노사관계에 절대적으로 의존하는 일본식 생산기법의 도입은 용이하지 않았다 (정명호, 1993).

현대자동차의 경우에도 QC 분임조, 개선 제안활동은 이루어지고 있지만, 생산현장의 직무교대를 통해 체계적으로 숙련을 향상시키는 현장훈련(OJT) 제도나 숙련 향상과 연계된 임금 및 보상제도는 결여되어 있었다. 현대자동차의 작업조직은 조와 반이 기본단위라는 점에서 외형상 일본적 생산방식과 유사하지만, 다능공화를 위한 직무순환이나 품질관리, 분임조 활동에서 생산직 노동자들의 자발적 참여가 제대로 이루어지지 않고 있다. 또한 현대자동차 내부에서 일본적 생산방식과 유사한 숙련 형성 시스템을 도입하려는 시도가 없었던 것은 아니지만 대립적 노사관계와 노동배제적 자동화 추세가 지속적으로 강화되었다. 생산직 노동자들의 체계적 숙련 형성을 통해 유연한 작업조직으로 전환하고자 했던 시도는 성공을 거두기 힘들었던 것이다. 교육훈련을 경시하는 경향은 단기적 이윤을 중시하는 주주자본주의의 추세에 따라 더욱 강화되고 있으며, 작업자들의 성실한 자세를 강조하는 의식 교육만이 이루어지고 있는 것이 현실이다.

3. 고성과 작업시스템에 관한 논의

1) 고성과 작업시스템의 특징

고성과 작업시스템이라는 개념은 1990년대에 들어 미국 노동성에서 이를 적극 추진하면서 주목받는 개념이 되었다. 이는 미국 기업의 테일러주의적 작업조직을 개혁대상으로 삼으며 고안된 개념으로서 미국 기업의 특수성을 반영하고 있다. 미국에서는 전통적 테일러주의 원리에 입각한 작업조직이 제품시장과 기술의 변화에 신속히 대응하기 곤란하고, 또 작업장에서 노동자들의 불만과 소외가 저항으로 표출됨에 따라서 작업조직의 혁신이 지속적인 과제로 제기되어왔다.

1970년대 말까지 미국 기업의 작업조직은 노사 간의 타협하에 세분화된 직무체계, 상세한 작업규칙에 입각한 노동조합의 제도화된 직무규제, 연공서열에 기초한 직무이동 및 고용안정성, 개별 노동에 초점을 맞춘 현장감독자의 통제, 직무급 임금체계 등의 특징을 갖고 있었다. 그리하여 미국 기업의 작업장 혁신은 기존 작업조직의 경직성과 비효율성을 극복하

〈표 3-2〉 전통적 작업시스템과 고성과 작업시스템의 비교

	전통적 작업시스템	고성과 작업시스템
기업조직	- 피라미드 구조 - 계층 조직 - 관료적 경성조직	- 수평 구조 - 네트워크 조직 - 유연조직
통제구조	- 중앙통제 - 관리·감독 - 보스 중심	- 권한 분산·이양 - 지도·코치·지원 - 내부고객 지향
작업조직	- 개인 단위 - 단순·전문직무 - 업무영역 보호	- 팀 단위 - 다기능화·역할확대 - 부서 간 협력
작업원리	- 생산중심 - 사후검사 - 재고확보 - 문제발생 후 수정	- 품질제일 - 사전예방 - JIT(적기생산방식) - 지속적 개선
인적자원관리	- 비용으로서의 사람 - 정보 미공개 - 비용으로서의 훈련 - 직무급 - 노조와 대립관계	- 자원으로서의 사람 - 정보 공유 - 투자로서의 훈련 - 숙련급 - 노조와의 파트너십

자료 : 이영희(1999), 〈표 1〉.

기 위해 작업조직의 유연성을 확보하는 데 초점을 맞추었다. 혁신의 내용으로는 세분화된 직무를 통합하고 작업규칙을 단순화하며, 직무급 임금체계에서 벗어나 숙련급(pay-for-knowledge)이나 성과배분 보너스를 도입하고, 현장종업원 중심의 작업장 관리와 개선활동이 이루어지는 참여적 작업조직 및 이를 위한 숙련개발 프로그램을 실시하는 것이 공통적으로 포함되었다. 미국에서 논의된 고성과 작업시스템의 특징을 전통적 작업시스템과 대비해 나타내면 〈표 3-2〉와 같다.

이처럼 세분화된 직무분류와 직무급 임금체계 및 노동조합의 직무규제 등은 미국의 전통적 작업시스템이 지닌 특성으로서 기능적 유연성을 발휘하기 곤란하게 만드는 요인이 되었다. 하지만 일본이나 한국 기업의 작업조직에서는 이와 같은 전통을 찾아볼 수 없으며, 작업조직의 혁신을 논할 때에도 이러한 상이한 맥락에 유의할 필요가 있다.

2) 작업조직의 혁신을 둘러싼 쟁점

고성과 작업시스템은 얼마나 확산되었는가?

고성과 작업시스템이 얼마나 확산되었는가 하는 문제는 고성과 작업시스템의 개념 정의를 어떻게 하는가에 따라 그 대답이 크게 달라진다. 아펠바움과 배트는 미국 기업의 작업장 혁신 정책의 유형을 '린생산모델'과 '팀 생산모델'로 구분했는데, 전자는 '네오테일러리즘'으로 후자는 '포스트 테일러리즘'으로 정의되기도 한다. 이영희(1999)는 고성과 작업시스템이 과연 새로운 조직 원리로서 현실을 변화시키고 있는지에 대해 의문을 제기했다. 이병훈(1999)도 1990년대 이후 미국 기업들이 다운사이징 정책을 적극 실시하면서 '고성과 작업시스템'이 해체의 위기에 직면하고 있다고 보았다. 고성과 작업시스템의 확산 정도를 조사할 때 팀제, 직무순환, 전사적 품질관리(total quality management: TQM), QC 등의 실시 여부가 기준이 되는데 오스터만(Osterman, 1994; 1997)의 연구에서는 위의 4개 요소 가운데 최소 2개 이상을 도입하고 있는 기업의 비중이 1994년 35% 수준에서 1997년에는 52%로 증가한 것으로 나타나기도 했다. 하지만 이영희(1999)는 위와 같은 지표들은 고성과 작업시스템의 사회적 측면(권한 이양, 위계의 축소, 노동자 참가 등)을 포착할 수 없기 때문에 한계가 있다고 보았다. 또 이러한 기준에 입각할 경우 한국의 대기업들은 대부분 QC나 TQM을 실시하고 있기 때문에 고성과 작업시스템으로 분류되는 결과를 낳을 것이라고 비판했다.

고성과 작업시스템은 왜 확산되지 못하고 있는가?

고성과 작업시스템이 일반적으로 기업의 성과를 향상시킬 수 있다면 왜 모든 기업들이 이러한 작업조직을 채택하지 않는가 하는 의문이 제기될 수 있다. 즉, 새로운 형태의 작업조직을 도입함으로써 기업의 품질과 생산성이 향상된다면 이러한 작업조직의 혁신이 확산되지 않는 이유가 설명되어야 한다. 한 가지 설명은 작업조직의 혁신은 해당 기업이 처한 시장 및 기술적 환경과 경영자의 경쟁전략 등에 의해서 그 도입 여부가 결정된다고 보는 것이다. 즉, 고도로 전문화된, 단기간에 변화하는 재화나 서비스를 제공하는 기업이 고정적인 시장에서 표준화된 재화나 서비스를 제공하는 기업에 비해서 새로운 작업관행을 채택할 가능성이 더 높으며, 기업이 고부가가치/고품질 경쟁전략을 채택할 때 작업조직의 혁신을 더 추구하게 된다. 한편, 작업조직의 혁신을 둘러싼 논의는 그동안 자동차 산업을 중심으로 이루어져 왔는데, 자동차 산업의 경우, 컨베이어벨트 조립라인과 같은 기술 조건에서는 '팀 작업'이 성공적으로 수행되기가 어려운 반면에, 컨베이어벨트를 제거한 연속생산공정 상황에서는 자율적 '팀 작업'이 더 발전할 가능성이 높다는 지적도 제기되었다. 이 경우 노동자들은 생산 공정 감독업무를 수행하면서 팀 활동을 할 수 있는 시간과 공간을 더 많이 확보할 수 있다는 것이다. 다른 한편 일반적으로 작업조직의 혁신을 추구하는 과정에서 기존의 경쟁력 요소를 상실하게 될 위험이 있다거나, 혁신을 추구하는 과정에서 고용안정과 교육훈련에 대한 투자비용을 감당하기 곤란한 점도 경영자가 작업조직의 혁신을 꺼리는 이유가 된다.

작업조직의 혁신과 인적자원관리 및 노사관계

작업조직의 혁신이 성과를 거두기 위해서는 고용안정을 전제로 한 인적자원관리 방식이 함께 도입되어야 한다고 지적된다. 서구의 기업들이 새로운 작업관행을 도입함에 따라서 기업조직의 성과가 좋아졌다는 연구들이 많지만, 한두 가지의 조치만으로 성과가 향상되는 경우는 드물다. 노동자들에게 자극을 주어 기업의 성과를 높여주는 '마법의 총알'과 같은 특정한 작업관행이 있는 것이 아니며, '팀 작업'이나 'QC' 등 어느 하나만으로는 불충분하고, 전체 시스템이 변화되어야 한다는 지적이다. 그 가운데 가장 중요한 것은 작업조직의 변화를 뒷받침하는 인적자원관리 및 보상제도, 즉 작업자의 헌신을 극대화하는 인적자원관리 전략이 요구된다는 점이다. 고용불안정, 위계적 권력관계, 경영자의 통제를 강화하고 비용을 줄임으로써 단기적 이윤을 증가시키려는 경영자의 시도가 존재하는 상황에서는 '자율성, 참가, 책임과 신뢰' 등의 가치를 실현하기 곤란해진다. 작업조직의 혁신은 경영자의 노사관계 전략에 의해서도 영향을 받을 수 있다. 특히, 노사관계가 대립적이거나 노동조합에 대한 공격이 이루어지는 상황은 작업조직의 혁신이 성과를 거두기 어려운 조건을 만들어낸다.

제도주의-정치경제적 접근

고성과 패러다임에 대해서 좀 더 비판적인 시각에서는 자본주의 사회의 고용관계가 안고 있는 구조적인 갈등에 주목하면서 개별 기업 수준의 인적자원관리나 노사관계 관행에서 더 나아가 사회 전체의 정치경제제도의 중요성에 주목한다. 즉, 조정시장경제에 비해서 자유시장경제하에서 고성과 작업시스템을 도입하려는 시도는 이를 뒷받침할 제도적 조건이 결여되어 있기 때문에 성공을 거두기가 어렵다는 것이다. 이러한 시각에서는 자유시장경제하에서 기업조직에 대한 노동자의 참여 및 고용안정을 강화하는 방향으로 국가의 정책, 법률, 제도의 개혁이 추구되지 않는다면 고성과 작업시스템은 적절한 정책 제안이 될 수 없다. 반면에, 중앙집권적인 단체교섭구조, 근로자 참가 및 산업민주주의의 전통, 높은 고용안정성, 높은 신뢰와 낮은 갈등의 특징을 지닌 노사 문화 등은 고성과 작업시스템이 도입되어 성과를 거두는 데 유리한 제도적 환경으로 간주된다.

4. 작업조직의 새로운 변화

1) 서비스·지식산업 분야 작업조직의 유형

일본적 생산방식이나 고성과 작업시스템에 관한 논의는 주로 제조업 분야의 기업을 대상으로 이루어졌지만, 선진자본주의 국가에서 제조업 종사자의 비중은 매우 낮다. 서비스·지식산업 분야에 등장하고 있는 작업조직을 이해하기 위해서 새로운 개념과 분석틀이 모색되었는데, 제조업

생산현장과 구분되는 서비스 분야 업무수행의 특성을 강조하기 위해서
일선(front-line)과 일선업무(front-line work)라는 단어가 사용되기도 했다.

프렝켈 등(Frenkel et al., 1999)에 의하면 일선업무는 대인지향적이고,
감정노동을 포함하며, 완전히 정형화되기 곤란한 특성을 지닌다. 또 조직
내외 환경의 변화에 매우 민감하며 때로는 기업 경영에서 전략적인 중요
성을 지니기도 한다. 일선업무의 수행을 위해서는 고객과 관련된 지식 및
숙련이 요구되며, 이는 경영자와의 관계에서 노동자의 권한을 증대시키
는 요인으로 작용할 가능성이 있다. 이들은 일선업무의 복잡성 정도에 따
라서 고객화 혹은 맞춤화(customization)의 수준이 달라지며, 이에 따라 일
반 고객대상 서비스, 판매 영업, 그리고 지식 업무로 세 가지 유형의 업무
흐름(workflow)을 구분하고 있다. 일반 고객대상 서비스란 많은 고객들에
게 맞춤화 수준이 낮은 단순 상품을 공급하는 것으로서 소액거래 은행의
고객서비스 업무가 그 예이다. 판매 영업은 주택자금융자 상담원이 취급
하는 금융상품과 같이 좀 더 복잡하고 고객들에게 맞춤화되어 있으며, 지
식 업무란 고객들에 대한 맞춤화 및 업무의 복잡성이 높은 수준에 이르는
경우로 시스템 개발업무가 그 예에 해당된다. 일반 고객대상 서비스에서
고객들의 문의에 응답하고 거래를 이행하는 업무가 수행된다면, 판매 영
업에서는 고객들을 대상으로 영업과 자문 업무를 수행하며, 지식 업무에
서는 문제를 확인하고 분석하며 해결책을 제공하는 업무를 행한다.

이들은 작업조직의 이념형으로 관료제적·기업가적·지식집약적 유형을
제시하고 있다(〈표 3-3〉 참조). 이에 따르면 고객 맞춤화가 진행되고, 높은
노동비용과 IT기술로 인해서 저숙련 직무에 대한 수요가 감소하고 고숙련
직무에 대한 수요가 증가하면서 업무는 점점 더 복잡해지며, 시장 경쟁이
심해지는 상황에서 근로자들은 더욱 고객중심적이 되도록 요구받고 있
다. 이러한 상황에서 고용주는 표준화된 작업과정과 감독자에 의한 직접
적 통제에 의존하기 힘들게 되며, 관료제적 작업조직은 더 이상 적합하지
않다. 그 대안이 바로 네트워크 구조인데, 지식집약적 작업조직 유형이 이
에 해당한다. 업무의 불확실성과 복잡성이라는 측면에서 관료제적 유형

〈표 3-3〉 작업조직의 세 가지 이념형과 그 특징

		관료제적(Bureaucratic)	기업가적(Entrepreneurial)	지식집약적 (Knowledge-intensive)
노동관계 (직무의 성격과 복잡성)	직무 역할의 근거	규정된 직책	시장의 필요에 따라 규정	직종별 전문화, 가변적인 응용
	직무 수행에 필요한 능력 (지식, 숙련과 창의성)	협소함; 신뢰성, 근면, 맥락적인 지식, 행위 중심적	보다 넓음; 시장 기회의 포착, 자기 규율, 맥락적인 지식, 사회적 숙련	넓음; 문제해결 능력, 추상적이고 맥락적인 지식, 분석적이고 사회적인 숙련
수직적 관계	고용 관계 — 보상시스템	고정급 비중이 높으며, 급여는 연공에 연계됨	변동급 비중이 높으며, 급여는 성과에 연계	변동급 비중이 중간 정도로 높으며, 급여는 성과에 연계
	고용 관계 — 경력 구조	내부노동시장	외부노동시장	내부노동시장과 외부노동시장
	통제 관계 — 통제의 근거	직급 위계	불평등한 계약	동료 간의 네트워크
	통제 관계 — 근로자 재량	제한적, 직무 설계와 직무 규칙에 의해서 제약받음	노동과정에 관해서 재량이 높음	노동과정에 관해서 재량이 높으며, 목표 설정에 관해서도 일정한 재량을 지님
	통제 관계 — 통제의 형태	주로 직접적이며 기술적인 통제를 실시	주로 성과를 통한 통제	혼자 일할 경우 동료집단의 규범과 자기 통제; 전문가 및 경영자의 관찰
수평적 관계	동료 관계 — 직접 일하는 동료와의 관계	개별화된, 독립적인 직무; 팀 작업은 거의 실시되지 않음	개별화된 직무; 상호의존성이 거의 없음	팀에 기반을 둠; 상호의존성이 높음
	동료 관계 — 다른 부서의 동료와의 관계	고정된 직무관할 경계; 업무는 다른 부서로 "넘겨진다"	거래를 완성하기 위해서 다른 동료들에게 의존; 갈등	협동작업과 전문 분야를 넘어선 협력의 필요성
	고객 관계 — 근로자의 역할	감정적으로 중립적; 서비스 제공자	감정적이며 도구적; 영업 및 서비스 제공자	감정적으로 긍정적; 통역자/상담자/영업사원
	고객 관계 — 삼각관계	단순하다; 경영자의 지시를 받아 접촉	복잡하다; 근로자는 고객 및 경영자와 도구적 관계를 맺음	복잡하다; 근로자는 고객 및 경영자와 관계를 각각 맺음

자료 : Frenkel et al.(1999: 30), 〈표 1.5〉.

과 지식집약적 유형이 각각 양 극단에 해당되고, 기업가적 유형은 그 중간에 해당된다.

이들의 연구에서는 일반 고객대상 서비스 업무 분야의 작업조직이 관료제적 성격이 강한 것으로 밝혀졌다. 흥미롭게도 일본의 경우, 미국이나 오스트레일리아에 비해서 일선 서비스 업무 분야의 작업조직뿐 아니라 판매 영업이나 지식 업무 분야에서도 관료제적 성격이 더 많이 남아 있는 것으로 지적되었다.

2) 네트워크형 조직에 관한 논의

앞서 프렝켈 등은 지식 업무 분야에서 새로운 조직유형으로서 네트워크 구조가 대두되고 있다고 지적했는데, 이와 유사하게 카스텔(Castells, 2000)은 정보통신기술을 매개로 한 네트워크형 조직의 등장에 주목했다. 네트워크형 기업이란 자율적인 목표를 지닌 단위들이 결합하여 상위의 목표를 달성하기 위한 시스템을 구성하는 특수한 기업 형태를 의미한다. 그에 의하면 표준화된 대량생산과 과점화된 시장이라는 조건에서 통용되던 대기업의 수직적·합리적 관료제라는 조직모델은 해체되고 있다. 이를 대신하여 '수평적 기업'과 '비즈니스 네트워크'가 등장하고 있다는 것이다. 카스텔은 기술변화가 급속히 일어나는 상황에서는 비용과 위험을 공유하고, 또 새로운 정보를 지속적으로 획득해나가기 위한 유일한 방법이 바로 협력과 네트워킹이라고 본다. 그는 '시스코 시스템'사를 인터넷 기반 경제의 새로운 기업 모델로 간주하고 있다.

1990년대 이후 전 세계적으로 기업 작업조직에 일어난 중요한 변화 가운데 하나는 아웃소싱이 광범위하게 이루어져 왔다는 점이다. 그러나 아웃소싱이나 프랜차이즈의 증가 등을 통해서 단일한 거대조직과는 다른 새로운 네트워크형 조직이 증가한다고 해도, 네트워크 내의 불균등한 권력관계와 이윤의 불평등한 분배구조를 간과해서는 안 되며 특히 네트워크에 관한 논의에서 고용관계 영역의 문제의식이 빠져서는 곤란하다. 이러한 논의는 사용자가 복수화하는 경향을 고용의 유연화라는 맥락에서 바라보는데, 기업 간 네트워크 내에서도 비용과 위험이 상대방 사용자의 노동자에게 전가되는 구조가 있을 수 있으며, 따라서 네트워크 내에서 '고용관계', '노동과정' 등이 어떻게 관리되고 있는가를 관찰할 필요가 있다. 영국의 정보통신업체에 관한 마칭톤 등의 연구(Marchington et al., 2005)에서는 광범위한 하청이 이루어졌지만, 하청작업의 안정성과 품질을 보장하기 위해 사실상 기업 내부의 관리와 유사한 또 다른 관리 과정이 하청 업체를 상대로 진행되지 않을 수 없다는 점을 보이고 있다. 하청 계약이 기업 내부 관료제를 대체하는 것이 아니라, 단지 관료제의 이전(migration of bureaucracy)이 이루어졌을 뿐이라는 것이다. 아웃소싱이나 사내하도급과 같은 현상은 '조직의 경계가 어디에 있는지', 그리고 '누가 사용자인지' 하는 문제를 제기하게 된다. 한국의 경우에도 1990년대 이후 거의 모든 산업에서 사내하청고용이 증가하고 있고, 제조업의 불법파견이 노사관계의 중요한 현안이 되고 있다. 이는 고용관계의 유연화라는 맥락에서 간접고용이 확산되어온 결과라고 할 수 있다.

5. 맺음말

21세기 전 지구적 시장경쟁의 격화를 배경으로 최근 작업조직의 혁신에 관한 논의는 주로 생산성과 기업 경쟁력의 향상이라는 가치를 중심으로 제기되고 있다. 이는 작업조직 혁신에 관한 최근의 담론이 주로 경영자의 이해와 관심을 반영하고 있음을 의미한다. 하지만 현실에서는 실질적인 내용을 갖추고 지속되는 작업조직의 혁신 사례를 찾아보기가 쉽지 않다. 미국의 고성과 작업조직의 모델로 널리 소개되었던 GM의 새턴 공장도 다시 전통적인 작업조직과 노사관계로 돌아갔다. 영국의 작업조직 혁신을 검토한 한 연구자는 다음과 같은 결론을 내린 바 있다.

전체 노동자의 지식과 숙련을 경쟁력의 원천으로 사용하는 수평적인 팀 작업 조직 대신에, 상대적으로 소수 엘리트들의 두뇌에 의존하여 작업을 단순화하고, 사고와 재량의 가능성을 최소화하는 시스템과 절차, 작업방식을 고안하도록 하고, 그리하여 관리직 이외의 노동자들에게 참여가 배제된 위계 내에서 손발이나 무인 기계와 같은 역할을 할당하게 되는 전반적인 경향이 지속되고 있다(Keep, 1999: 15, Geary, 2003에서 재인용).

영국에서도 새로운 형태의 작업조직에 대한 관심이 증가해왔지만, 영국의 기업주들은 노동자들에게 상당한 재량과 자율성을 부여하는 선진적 형태를 여전히 꺼리고 있다는 것이다. 또, 작업조직의 혁신이 이루어지는 경우에도 여성들은 여전히 미숙련 단순 업무를 담당하며, 작업조직 혁신에서도 배제되는 경향이 있다고 지적되기도 했다.

지금까지 살펴본 대로 한국의 경우에도 '일본적 생산방식'이든 '고성과 작업시스템'이든 이를 적극적으로 도입할 수 있는 조건은 상대적으로 제한되어 있다. 작업조직의 혁신을 위해 필요한 조건이 '작업자의 헌신을 극대화하는' 인적자원관리 전략과 협력적 노사관계라고 했을 때, 이러한 조건을 충족시키고 있는 기업은 많지 않은 것으로 보인다. 최근의 비정규직 고용의 증가는 이러한 인적자원관리 전략이 구사되는 경우에도 그 범위는 일부 정규직 노동자에게 한정되고, 다수의 비정규직 노동자는 배제되는 차별적 인적자원관리 전략이 취해지고 있음을 말해준다. 또, 노동조합에 대한 경영자의 전략은 여전히 배제적인 성격을 강하게 띠고 있다.

고성과 작업시스템을 도입, 확산시킬 수 있는 노사관계제도 및 정치경제 환경 또한 취약한 편이다. 한국의 노동조합 조직률은 10%에 불과하고, 기업에 대한 노동자의 경영참가를 뒷받침하는 법률과 제도 또한 미약하다. 주요 노동정책 결정과정에 노동조합의 참여를 유도하려 했던 노사정위원회는 앙상한 형태만 남아 있다.

하지만 전통적인 테일러주의적 작업원리를 골간으로 한 작업조직이 계속 지배해나가게 될 경우, 그것이 한국의 기업과 사회에 바람직한 결과를 가져올 것이라고는 말할 수 없다. 특히, 정보통신기술을 활용한 지식서비스 분야의 비중이 계속 증가하는 추세를 감안하면 더욱 그러하다. 노동 및 업무 수행과정 안에서 더 많은 참여와 민주주의, 그리고 자율을 보장할 수 있는 새로운 형태의 효율성을 추구하려는 노력이 계속될 수밖에 없는 이유가 여기에 있다. 또, 작업조직의 혁신은 더 나아가서는 정규직과 비정규직으로 구분된 현재와 같은 노동시장의 불평등을 완화하고 평등한 일터를 만들어가는 노력과도 연결되어야 할 것이다.

이야깃거리

1. 테일러주의적 작업조직과 새로운 작업시스템 모델의 차이점에 대해 생각해보자.

2. 일본적 생산방식이 효율적임에도 불구하고 그 밖의 나라에서 쉽게 도입하기 어려운 이유
   는 무엇인가?

3. 작업조직의 혁신이 성과를 거두기 위한 인적자원관리의 구체적인 내용은 어떠한 것인가?

4. 우리나라에서 작업조직의 혁신을 뒷받침하기 위해서 노사관계제도 및 정치경제제도 영역
   에서 어떠한 변화가 필요한가?

5. 아웃소싱은 작업조직의 혁신에 어떠한 영향을 미치는가?

6. 서비스화, 지식산업화에 따른 네트워크형 조직의 장점과 단점에 대해 생각해보자.

읽을거리

『한국적 생산방식은 가능한가?』. 조형제. 2005. 한울아카데미.

일본 기업과는 다른 인적자원관리 방식과 노사관계를 배경으로 현대자동차에서는 어떠한 작업
조직이 출현하게 되었는지, 그 문제점과 가능성은 무엇인지를 검토한다.

『미국 기업의 작업현장 혁신』. E. 아펠바움 · R. 배트. 박준식 옮김. 1996. 한국노동연구원.

미국에서 작업장 혁신이 모색되기까지의 배경과 과정, 여기에 영향을 미친 요인들을 체계적으로
검토한 책이다.

『팀 신화와 노동의 선택』. M. 파커 · J. 슬로터. 강수돌 옮김. 1996. 강.

미국 기업에서 일본적 생산방식을 도입하는 것에 대해서 비판적으로 검토하고 이에 대한 노동조
합의 대응 전략을 다루고 있는 책이다.

『생산의 발전과 노동의 변화』. M. 피오르 외. 강석재 · 이호창 옮김. 2010. 중원문화.

유연전문화론과 포스트포드주의, 그리고 조절이론의 주요 논문들과 이에 대한 비판적 논의들을
번역 소개한다.

04

노동시간을 둘러싼 각축

주요 용어
노동시간의 유연성, 노동중독, 일과 생활의 균형, 시간주권

선진화된 국가의 노동자들은 단지 기술을 파는 것이 아니라, 자신들의 시간을 판다. 그리고 그렇게 함으로써 그들은 그 시간 동안 원하는 것을 할 수 있는 자유를 판다(시울라, 2005: 255).

이 장은 산업 및 노동사회학에서 노동시간의 문제가 사회학적으로 어떻게 다루어지고 있는지를 살펴본다. 산업사회의 출현을 이론적 탐구의 배경으로 삼아온 고전사회학자들은 노동과 시간, 즉 노동시간을 어떻게 분석했을까? 노동시간에 대한 통제는 경영자와 노동자 모두에게 핵심적인 사안이었다. 산업자본주의 초기부터 '노동일', 즉 하루에 몇 시간 일을 할 것인가를 둘러싼 각축이 끊임없는 갈등의 원인으로 작용해왔으며, 현재도 주당 노동시간을 둘러싼 노사 간 대립이 지속되고 있다.

여기에서는 노동시간을 시간에 대한 자본의 통제, 노동시간의 불평등, 노동의 저항, 시간주권, 일과 생활의 균형 등과 같은 주요 쟁점을 위주로 살펴본다.

은행의 투자상담가가 어촌에서 커다란 물고기를 나르고 있는 어부를 보았다.

투자상담가 그 정도의 물고기를 잡는 데 어느 정도 시간이 걸립니까?

어부 뭐, 서너 시간 정도 걸리죠.

투자상담가 그런데 왜 더 많은 물고기를 잡지 않고 벌써 항구로 돌아왔습니까?

어부 지금 잡은 물고기만으로도 가족을 부양하는 데 충분한 걸요.

투자상담가 그럼 남은 시간에는 뭘 하나요?

어부 아침 늦게까지 자다 일어나서 물고기를 잡으러 갔다 온 다음에는 아이들과 놀죠. 그리곤 점심을 먹고 처
랑 같이 지내다 오후에는 마을로 산책을 갑니다. 저녁에는 친구들과 술도 마시고, 기타도 치면서 놀
죠. 보다시피 아주 만족스러운 생활을 하고 있어요.

투자상담가 저는 하버드 졸업생이고 현재 컨설턴트로 일하고 있습니다. 투자상담가로서 당신께 조언을 드리
고 싶습니다. 당신은 더 많은 시간을 물고기 잡는 데 투자해야 합니다. 그래서 획득한 이익금으로 더 큰
배를 사는 거죠. 그러면 더 많은 돈을 벌어 선단을 이룰 정도로 큰 배를 더 많이 살 수 있을 겁니다. 규모
가 커지면 중간상인을 통하지 않고 당신이 직접 기업체에 납품을 할 수 있을 것이고, 아니면 아예 생선가
공 공장을 차릴 수도 있습니다. 당신이 생산, 가공, 유통을 직접 관할하는 거죠. 그래서 큰돈을 벌면 당신
은 이 조그만 어촌을 떠나 대도시에 살면서 이곳의 기업을 운영할 수도 있죠.

어부 그렇게 되려면 얼마나 걸리나요?

투자상담가 아마 15년에서 20년은 걸릴 겁니다.

어부 그 후에는요?

투자상담가 그때부터 인생이 피는 거죠. 일정한 시간이 지나면 당신은 증시에 상장할 수 있게 됩니다. 당신 몫
의 주식을 모두 팔고 부자가 되는 거죠. 백만장자가 될 수 있어요.

어부 백만장자요? 그 다음에는요?

투자상담가 그러면 당신은 더 이상 일을 하지 않아도 됩니다. 당신은 한적한 어촌으로 이사 가서, 아침에 늦게
까지 자고, 잠깐 고기를 잡고 와서 아이들과 함께 놀기도 하고, 당신 부인과 한가한 오후를 보내고, 마을
로 산책도 가고, 저녁에는 친구들과 술도 마시고 기타도 치고 즐겁게 보내는 거죠.

어부 저는 지금도 그렇게 살고 있는데요!

1. 노동시간에 대한 사회학적 접근

노동시간은 노동시장에서 노동력 판매의 조건이자 결과이다. 모든 사람은 생존을 위한 노동을 수행한다. 현대사회에서 노동은 노동력을 판매하는 임금노동의 형태를 띤다. 따라서 노동시간은 생존을 위한 노동생활에서 중요한 의미를 갖는다.

노동시간은 개인의 시간 중 일부를 판매하여 생존을 도모하는 물리적 시간개념이기 때문에, 직접적으로 생활시간 및 여가시간과 양적인 관계를 갖고 있다. 이런 이유에서 사용자, 그리고 노동자 및 노동조합은 노동시간에 대한 통제권을 확보하기 위한 노력을 기울여왔다. 그 결과, 노동시간의 구체성은 노사관계라는 정치적 각축을 통해 획득된다. 노동시간을 둘러싼 정치적 각축은 2단계로 나누어볼 수 있다.

첫 번째 단계는 노동력 판매의 양적인 측면에 대한 통제로서 노동시간의 양을 둘러싼 각축이다. 서구 산업국가에서 노동시간은 생산기술의 증가와 노동조합의 개입에 의해 지속적으로 감소해왔다. 현재 서구 산업국가의 주당 평균 노동시간은 35~40시간이다. 두 번째 단계는 노동력 판매의 질적인 측면에 대한 통제로서 노동시간의 질을 둘러싼 각축이다. 노동시간의 질은 주어진 노동시간을 어떠한 방식으로 사용하느냐와 관련된다. 일반적으로 노동시간의 유연화는 한편으로 임금비용을 줄이고, 다른 한편으로 구매한 노동력을 최대한 활용하기 위한 사용자의 전략으로 추진되어왔다. 그러나 예를 들어 생활임금의 보장, 노동자의 정신적·육체적 및 사회적 재생산의 보장 등과 같은 일정한 사회적 조건이 주어진다면, 노동시간의 유연화는 노동생활의 질을 높이는 데 유용하게 활용될 수도 있다. 노동력을 제공하는 노동자의 필요에 따른 노동시간의 유연한 활용은 자율적이고 창조적인 자기계발과 노동생활을 병행하기 위한 필수적인 조건이기 때문이다.

이러한 관점에서 새롭게 등장하고 있는 이론이 일과 생활의 균형이다. 일과 생활의 균형론은 서구에서 노동생활의 질을 확보하기 위해 1970년

대부터 제기되어왔다. 일과 생활의 균형론은 개별 노동자들이 개인적으로 사용할 수 있는 가용 생활시간을 확보하여 노동자들의 삶의 질을 향상시키고, 동시에 1970년대부터 본격화된 사회고령화에 대한 해결책으로 제시되었다. 1990년대 이후 일과 생활의 균형론은 위에서 언급한 절대적 노동시간의 감축 및 노동시간의 유연한 활용을 통한 노동생활의 질을 확보하는 데에서 중요한 관점으로 제시되고 있다.

고전이론

고전사회학자들은 전 산업사회에서 산업사회로의 이행과정에서 나타나는 다양한 사회현상에 관심을 가졌다. 노동시간과 관련해서는 임금노동의 출현이 자연적 생활시간을 사회적으로 분리하고 분할해가는 과정에 많은 관심을 갖고 있었다.

에밀 뒤르켐은 기계적 연대에서 유기적 연대로의 이행이라는 사회적 결속(Social Cohesion)의 관점에서 노동시간의 변화를 추적해갔다. 뒤르켐은 시간을 집단적 사회현상으로 파악했다. 임금노동이 존재하지 않던 시기에 개인과 집단의 생활시간은 구분되지 않았으며, 이들의 자연적 생활시간은 종교적 생활시간(Sacred)과 집단적 작업시간(profane)으로만 구분되었다.

사회규범과 문화적 현상으로 산업자본주의에서 시간이 사회화되는 것으로 파악한 뒤르켐과 달리, 막스 베버는 산업자본주의로의 이행이 가져오는 사회의 복잡성(Complexity)이라는 측면에서 분석했다. 이와 같이 증가하는 복잡성을 사회적으로 관리하기 위한 관료제(Bureaucracy)는 노동자들의 일상을 합리화하고 동기화시키는 효과를 갖는 것으로 보았다. 이러한 합리화 과정의 일환으로 시간의 분할과 사회적 조성이 이루어진다. 베버가 자본주의적 합리성의 핵심적 가치로 간주한 프로테스탄트적인 종교윤리는 노동과 시간 및 규율을 한데 묶어주는 핵심적인 요인이라고 할 수 있다.

노동시간의 문제를 사회이행의 과정에서 나타나는 사회현상으로 파악한 뒤르켐이나 베버와 달리 카를 마르크스는 노동시간을 좀 더 직접적으로 산업자본주의 분석의 핵심적 요인으로 다루고 있다. 마르크스에게 시간이란 자본가들이 노동자들의 노동을 통제하기 위한 중요한 통제도구였다. 노동력은 시장을 통해 판매되고 구매되는 상품이다. 노동력이라는 상품은 임금으로 거래된다. 이렇게 구매된 노동력은 작업장에서 노동시간에 의해 통제된다. 노동자들은 작업장에서 일한 시간만큼 임금을 지급받는다. 따라서 노동시간은 작업장에서 자본과 노동이 잉여가치의 생산을 위해 각축을 벌이는 핵심적 대상이 된다. 이러한 측면에서 시간을 측정하고 물리적으로 가시화해주는 시계는 산업자본주의에서 나타나는 자본과 노동의 갈등을 상징적으로 대표하는 발명품이라고 할 수 있다. 시계를 통해 자본가는 노동자들의 출근과 퇴근, 작업속도, 작업의 동기화 등 생산체계를 관리한다. 결국 시계는 노동시간을 통제하기 위한 노동체계를 상징하는 사회적 표상이라고 할 수 있다.

노동시간의 역사적 발전

앞에서 살펴본 바와 같이, 자본은 노동과 노동자를 통제하기 위한 다양한 경영기법을 발전시켜왔으며, 노동시간은 핵심적인 통제수단으로 기능해왔다. 그렇다면 노동시간은 어떠한 과정을 거쳐 현재의 분할되고 통제되는 사회적 시간으로 변화해왔을까?

지금까지의 연구에 따르면 산업사회 이전에는 명확히 노동시간으로 구분된 시간구분이 존재하지 않았다. 사냥꾼들은 기본적인 생존을 도모하기 위한 수단으로 노동을 수행했기 때문에 필요할 때 필요한 양만을 획득하기 위해 불규칙한 짧은 노동시간을 갖고 있었다. 앞의 '어부 이야기'에 잘 나타나 있는 것처럼, 어부도 그날의 생활에 필요한 최소한의 노동만을 수행해왔다. 전 산업사회에서는 또한 남은 수렵물이나 채취물을 안전하게 보관할 수 있는 저장기술이 발달되어 있지 않았기 때문에 필요 이상의 노동이란 아무런 의미가 없었다. 톰슨(E. P. Thompson)은 전 산업사회의 노동이 갖는 특징을 불규칙성이라고 규정했다. 전 산업사회에서는 자연적인 노동리듬이 지배적이었으며, 밤과 낮 또는 계절이 중요한 시간주기였다. 그러나 산업자본주의의 발전과 더불어 특정한 작업을 수행하기 위해 가능한 한 최소 시간단위인 시와 분으로 나누어 활용하는 근대적 선형시간(Linear Time)과 순환시간(Cyclical Time)이 등장하게 된다. 즉, 특정한 시간에 시작하여 일정한 시간이 흐른 뒤에 끝나는 노동에 대한 시간적 통제와 이러한 시간적 통제가 매일 규칙적이고 순환적으로 이루어지는 시간활용의 사회화가 나타난다. 결국 산업자본주의의 발전이 노동시간의 표준화를 가져왔다고 할 수 있다.

경영학의 원조라고 할 수 있는 테일러(F. W. Taylor)의 '과학적 관리(Scientific Management) 기법'은 노동자들의 시간을 관리하기 위한 대표적인 경영시스템이다. 일반적으로 시간동작 연구(Time and Motion Study)로 알려져 있는 테일러주의의 핵심은 노동시간의 표준화 및 직접적 관리라고 할 수 있다. 시간동작 연구를 통해 테일러는 노동자들이 수행하는 직무를 최소 단위로 분할하고 단순화했으며 개별 직무에 수행되는 시간 또한 최소 단위로 구분했다. 단순 작업 위주로 노동자들의 직무를 분할하고 개별 작업에 소요되는 노동시간을 최소화하여 노동절약적 시간통제를 가능하게 한 것이다.

세계 최초로 대량생산 시스템을 고안해낸 포드는 테일러의 이러한 노동시간의 표준화를 발전시켜 노동시간의 동기화를 추구했다. 조립라인에 의한 흐름생산을 통해 노동자들의 분할된 시간을 기계에 의해 동기화시키고, 동시에 작업속도를 통제할 수 있도록 함으로써 시간당 노동생산성을 최적화하는 생산시스템을 구축했다.

이렇듯 노동시간에 대한 자본의 끊임없는 기술적 통제는 노동자들의 노동시간에 대한 시간주권을 철저히 자본과 기계에 종속되게 만들었다. 탈숙련화된 단순반복적 노동은 노동자들의 소외감을 급증시켰고, 이에 따라 통제된 노동시간에 대한 노동자들의 저항이 노동조합을 중심으로 조직화된다.

2. 노동시간을 둘러싼 각축

노동시간 단축

노동시간에 대한 노동자들의 저항은 처음에는 절대적 노동시간의 단축을 목표로, 이후에는 상대적 노동시간의 단축을 대상으로 이루어졌다. 절대적 노동시간이란 노동자가 하루에 일하는 시간의 총량을 말하며, 상대적 노동시간이란 동일한 노동시간에 더 많은 상품을 생산하도록 노동 강도를 높이는 것을 말한다. 앞에서 살펴본 바와 같이, 판매된 노동력에 대한 통제는 노동시간에 대한 관리를 통해 이루어지며, 노동력이라는 상품의 특수성으로 인해 노동시장에서 거래된 노동력 가치의 실현을 둘러싼 노사 간의 각축은 절대적 및 상대적 노동시간을 중심으로 전개되어왔다. 초기 자본주의 단계에서 일반적으로 행해졌던 장시간 노동은 노동자의 건강 및 삶의 질에 직접적인 영향을 미치는 중요한 요인이었다.

노동시간 단축 투쟁은 산업자본주의 초기부터 현재까지 꾸준히 지속되어왔다. 초기 산업자본주의 시기에 노동자들이 매일 수행하던 노동시간은 12~13시간에 달했다. 따라서 노동시간 단축은 노동운동과 노동조합에게 가장 중요한 과제로 인식되어왔으며, 핵심적 목표로 설정되었다. 1830년대 영국에서 노동자들이 10시간 노동 쟁취를 내걸고 노동시간 단축 투쟁을 시작한 지 약 20년 후인 1848년 5월, 10시간 노동법이 제정되는 결실을 맺은 이후 전 세계적으로 노동시간 단축을 위한 노동운동이 전개되었다. 미국에서는 1886년 5월 1일, 20만 명의 노동자들이 파업을 통해 8시간 노동을 쟁취했고, 이러한 역사적 사건을 기념하기 위해 5월 1일은 전 세계적으로 노동자의 날인 메이데이(May Day)로 정해졌다. 이로써 서구에서는 8시간 노동제가 보편적인 제도로 자리 잡게 되었다. 1919년 국제노동기구(ILO) 제1회 총회에서 1일 8시간, 1주 48시간으로 노동시간을 제한하는 국제조약을 채택했으며, 1948년 12월 10일에는 UN의 '인권에 관한 일반 선언' 제24조에 '휴식과 자유시간(rest and leisure)에 대한 요구와 이성적인 노동시간의 한계 설정 및 유급휴가(holidays with pay)'를 규정하

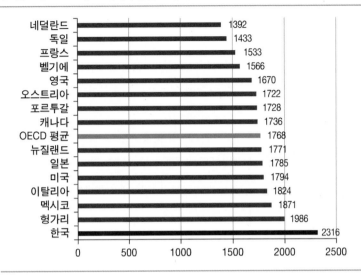

〈그림 4-1〉 OECD 주요 국가의 연간 노동시간   (단위: 시간)

국가	노동시간
네덜란드	1392
독일	1433
프랑스	1533
벨기에	1566
영국	1670
오스트리아	1722
포르투갈	1728
캐나다	1736
OECD 평균	1768
뉴질랜드	1771
일본	1785
미국	1794
이탈리아	1824
멕시코	1871
헝가리	1986
한국	2316

자료: OECD(2007).

기에 이르렀다.

그 이후 선진국 노동자의 노동시간은 지속적으로 감축되어 현재 주당 노동시간은 35~40시간으로 감소했다. 심지어 독일 자동차기업인 폭스바겐에서는 주당 28.8시간인 주 4일제 노동을 수행하고 있다.

서구 국가의 노동시간은 1970년대 중반 석유 위기를 기점으로 단위당 노동비용을 줄이고자 하는 자본의 필요와 노동생활의 질을 향상시키고자 했던 노동조합의 요구가 일치해 지속적으로 감축이 이루어졌다고 할 수 있다. 〈그림 4-1〉에서 보는 바와 같이, 2007년 기준으로 OECD 주요 국가의 연간 평균 노동시간은 1,768시간이며, 일부 유럽 선진국가는 1,392시간(네덜란드)과 1,433시간(독일)으로 2,316시간인 우리나라에 비해 약 1,000시간의 차이를 보이고 있다.

서구 국가의 연간 노동시간이 대부분 1,600~1,800시간임에 반해, 우리나라의 노동시간은 1980년대 중반까지 2,600시간이 넘는 장시간 노동체제가 유지되어왔다. 1970년대 급격한 산업화의 과정에서 기업은 낮은 기술력과 생산성의 문제를 장시간 노동을 통해 해결해온 것이다. 그 결과, 장시간 노동은 한국 기업과 경제의 경쟁력에 필수적인 요소로 받아들여졌다. 주당 40시간이 보편적이었던 1970년대 서구 국가들에 비해, 우리나라의 노동시간은 아래 전태일의 수기에 나타나 있는 바와 같이 주당 98시간이라는 비인간적인 장시간 노동이 일반적으로 행해지고 있었다.

1개월에 첫 주와 삼 주 2일을 쉽니다. 이런 휴식으로썬 아무리 강철 같은 육체라도 곧 쇠퇴해버립니다. 일반 공무원의 평균 근무시간이 일주 45시간인 데 비해 15세의 어린 시다공들은 일주 98시간의 고된 작업에 시달립니다. …… 저희들의 요구는 1일 14시간의 작업시간을 단축하십시오. 1일 10시간 내지 12시간으로! 1개월 휴일 2일을 일요일마다 휴일로 쉬기를 희망합니다. 절대로 무리한 요구가 아님을 맹세합니다. 인간으로서 최소한의 요구입니다. 기업주 측에서도 충분히 지킬 수 있는 사항입니다(전태일의 수기 중에서).

1980년대 중반 노동조합운동이 활성화됨에 따라 비로소 이러한 장시간 노동체계가 변화하기 시작한다. 노동시간을 둘러싼 각축에 노동조합이 본격적으로 개입할 수 있게 되면서, 노동시간의 감소가 나타나게 된 것이다.

우리나라에서 노동시간 단축에 대한 논의는 1996년부터 본격적으로 시작되었다. 민주노총과 금속연맹 등 노동조합들이 1996년 단체협상을 통해 주 40시간 노동제를 정식으로 요구하고 나섰다. 그 결과, 기아자동차, 아시아자동차, 데이콤 등 7개 노조가 41시간으로, 대우조선, 한국중공업, 쌍용자동차 등 73개 노조가 42시간으로 주당 노동시간을 단축하는 내용의 단체협약을 체결했다.

〈그림 4-2〉에 잘 나타나 있는 바와 같이, 1987년 노동자대투쟁 이후, 특히 2004년 「근로기준법」에 주 5일제(40시간제)가 명시되어 단계적으로 실시됨에 따라 2000년대 중반 이후 노동시간은 급격한 감소 양상을 보이고 있다.

그러나 법정노동시간의 축소에도 불구하고, 실노동시간은 그다지 줄어들지 않고 있는 문제점이 여전히 해결되지 않고 있다. 2004년 실노동시간

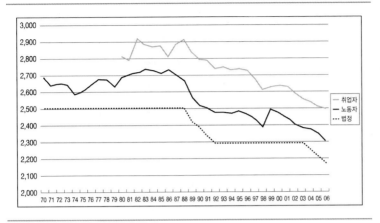

자료: 김유선(2008).

이 2,380시간으로, OECD 국가 중 가장 긴 것으로 나타났다(OECD, 2005). 이는 주요 22개국의 평균 1,701시간보다 약 40%나 더 많이 일하는 것이다. 한국의 연간 실노동시간은 추세적으로는 1983년 2,734시간을 기록한 이래 2002년 2,410시간, 2003년 2,390시간 등으로 계속 짧아지고 있긴 하나 여전히 세계 최고 수준이다.

한국의 노동시간은 여전히 서구 국가에 비해 월등하게 높은 수준을 보이고 있어, 향후에도 시간주권을 확보하기 위한 자본과 노동의 각축이 지속될 것이라고 예측해볼 수 있다.

교대제

노동운동의 투쟁으로 인해 절대적 노동시간을 둘러싼 노동과 자본의 각축은 하루 8시간 노동제와 주 40시간 5일 근무제의 정착으로 귀결되었다. 그러나 노동시간의 양적인 측면이 아닌 질적인 측면에 대한 각축은 여전히 현재진행형이라고 할 수 있다. 자본은 절대적 노동시간을 통한 이윤의 창출이 어려워졌지만, 여전히 질적인 측면에서 상대적 노동시간을 활용하여 잉여가치를 창출하는 방식을 활용할 수 있기 때문이다. 노동시

〈그림 4-3〉교대제 유형

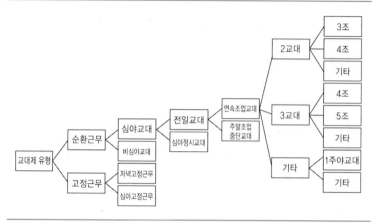

자료: 고진수(2005: 12), 일부 수정.

간에 대한 자본의 기획은 따라서 노동과정의 재구성, 노동시간의 재배치
를 통해 노동시간에 대한 통제력을 확보하는 방식으로 이루어지고 있다.
이러한 노동시간에 대한 자본의 대표적 기획이 교대제(Shift Work)라고 할
수 있다.

　교대제란 하나의 동일한 직무를 여러 노동자가 시간상 연속적으로 이
어서 작업하는 근무형태를 말한다. 즉, 하루 24시간을 일정한 시간구간으
로 나누고, 각 시간구간에 다른 노동자가 동일한 생산설비를 사용하여 동
일한 작업을 하게 된다. 이로 인해 일부 노동자가 지속적으로 정규 근무
시간인 오전 9시에서 저녁 6시 이외의 새벽 또는 밤 시간에 근무를 하거
나 또는 모든 노동자가 주기적으로 시간구간을 순환하며 근무하게 된다.
일반적으로 교대제는 근무의 교대 여부, 심야근무 여부, 24시간 조업 여
부, 주말 조업 여부에 따라 다양한 형태로 시행될 수 있다.

　교대제 근로의 대표적 형태로는 병원 등에서 실시되고 있는 3조3교대
제와 제조업에서 주로 실시되고 있는 4조3교대제 등을 들 수 있다. 이와
같은 형태가 많이 실시되고 있는 이유는 「근로기준법」에 제시되어 있는
법정근로시간인 하루 8시간 근로제의 원칙을 지켜야 하기 때문이다. 그러

〈표 4-1〉 4조3교대제의 교대근무 운영방식

근무일과 휴일수 비율	교대제	연간근무일수	연간휴일수	연간야근 회수	연간노동시간
3 : 1	4조3교대	274	91	91	2,190
기본근무편성	방식 ①	조근 → 중근 → 야근 → 휴무			
	방식 ②	조근 → 조근 → 중근 → 중근 → 야근 → 야근 → 휴무 → 휴무			

나 실제로는 택시 등 운송업종이나 중소제조업을 중심으로 2조2교대제의
형태가 가장 널리 활용되고 있다.

법정근로시간을 준수하는 대표적인 교대제 형태의 하나인 4조3교대제
의 예를 들어 교대제가 활용되는 구체적인 방식을 살펴보면, 우선 하나의
직무가 수행되기 위해 4개의 교대근무조가 편성된다. 즉, 3개 근무조가
돌아가며 3교대로 작업을 수행하고, 1개 근무조는 쉬는 형태로 교대근무
가 이루어진다. 개별 교대근무조의 입장에서는 〈표 4-1〉의 기본근무편성
방식 ①과 같이 첫날 조근, 둘째 날 중근, 셋째 날 야근의 3일 근무 후 하루
를 쉬는 4일 주기로 4조3교대제가 이루어지거나, 방식 ②와 같이 이틀 조
근, 이틀 중근, 이틀 야근 후 이틀의 휴무일을 갖는 8일 주기로 교대제가
실시된다.

이 외에도 우리나라에서도 기존 교대제를 새로운 방식으로 변화시킨
혁신적 모델로서 유한킴벌리의 4조2교대제가 많이 소개되고 있다. 4조2
교대제는 2조가 2교대근무를 수행하고, 1개조는 교육훈련을 받으며, 나머
지 한 조가 휴무에 들어가는 방식이다. 근무와 휴무 사이에 교육훈련을
받는 별도의 시간을 배정하는 고숙련 지향의 혁신적인 작업장 모델이라
고 알려져 있다. 그러나 유한킴벌리의 4조2교대제 모델에서 근무조는 매
일 하루 12시간을 근무해야 하는 문제가 발생한다.

결국 교대제는 자본에게 고정자본인 생산설비의 가동률을 최고 24시간
까지 극대화시킴으로써 생산성을 올릴 수 있도록 해준다. 반면, 노동자에
게는 신체적 및 정신적 노동 강도가 높아져 노동력의 재생산비용이 높아
지게 된다. 즉, 자본은 동일한 노동시간에 고정자본의 활용률을 높이는 방

식으로 노동과정을 재배치하여 생산성을 극대화하지만, 노동자들에게는 동일한 양의 노동시간을 일하지만 활동하기에 적합하지 않은 시간에 노동력을 지출해야 하기 때문에 신체적 및 정신적 건강에 심각한 문제가 발생하게 된다. 또한 가족을 포함하여 다른 사람들과 활동과 휴식의 사회적 시간이 달라짐에 따라 가정 및 사회생활에 심각한 문제점이 초래된다.

지난 2008년 노사가 합의한 현대자동차의 주간연속 2교대제 역시 동일한 맥락에서 이해할 수 있다. 주간연속 2교대제는 현대자동차에 근무하는 모든 노동자가 야간근무를 하지 않고 주간에만 근무하는 2교제의 형태이다. 교대제가 초래하는 문제 중 가장 심각한 문제는 야간근무로 인한 생체리듬의 훼손이다. 주야 2교대 형식의 기존 교대제를 근무시간대에 차이를 두지만 모두 주간에 행해지는 주간 2교대제로 전환함으로써 신체적 및 정신적 건강을 유지하고, 사회적 시간을 회복함으로써 정상적인 가족생활 및 사회생활이 가능해지도록 교대근무의 시간구간을 변경하는 것을 그 목적으로 하고 있다. 즉, 교대근무를 수행하는 노동자가 야간근무로 인해 가족들이 잠자리에 들 때에는 공장에 나가 일을 하고, 아침에 퇴근하여 집에서 다시 오후 늦게까지 커튼으로 빛을 가리고 혼자 잠을 자는 가족 내 아버지의 소외와 이로 인한 가족의 해체를 막아보려는 것이다.

그러나 2008년 단체협약상의 합의에도 불구하고, 여전히 주간 2교대제는 실시되지 못하고 있다. 사용자는 기존 주야 2교대제에서 확보한 생산성을 기준으로 삼아 주간 2교대제로의 변경 이후 줄어드는 노동시간에 대한 임금지급은 부당하다고 주장하고 있으며, 노동조합은 노동시간이 줄어들더라도 임금이 보전되어 노동자의 임금이 줄어들지 않는 방식으로 주간 2교대제가 도입되어야 한다고 주장하고 있다. 바로 이러한 측면에서 노동시간을 둘러싼 각축이 노동과 자본 사이의 첨예한 이해관계를 형성하고 있음을 알 수 있다.

3. 일과 생활의 균형과 시간주권

일과 생활의 균형이란 용어는 1970년대 영국의 취업여성단체(Working Mother's Association)가 처음 사용했으며, 1980년대 중반 이후 미국과 유럽으로 확산되었다. 일과 생활의 균형이란 사실 처음에는 기혼 여성노동자의 가사와 노동이라는 이중적 부담에 초점을 맞추고 있었다. 주로 여성주의적 관점에서 기혼 여성노동의 문제를 일과 생활의 균형이라는 용어로 제기한 것이다. 따라서 최근까지 일과 생활의 균형은 노동과 생활의 보편적 문제라기보다는 기혼 여성노동자들의 취업노동과 가사노동이라는 사회적 특수집단의 특수성을 강조해왔다.

이러한 측면에서 일과 생활의 균형이란 용어는 일과 가정생활의 균형, 일과 가정의 양립, 일과 가정의 조화, 일과 가정의 통합, 가정친화 등 여성의 일상성을 강조하는 다른 많은 용어들과 유사한 의미를 갖는 것으로 혼용되어왔다. 그러나 최근 들어 기혼 여성집단에 대한 특수주의적 접근에서 벗어나 전체 노동자의 삶의 질 개선이라는 보편주의적 접근이 강조되면서, 일과 생활의 통합, 일과 여가 관계와 같은 개념들이 더욱 부각되고 있다. 취업주부에 초점을 맞춘 일과 생활의 균형은 기혼 여성노동자가 아닌 다른 노동자집단의 일과 생활의 균형을 범주적으로 제외시켜버리는 한계가 있다. 예를 들어 저소득 일인가구 노동자, 고령노동자, 돌봄노동을 수행하는 남성, 자기 역량계발을 위해 일과 학업을 병행하고자 하는 노동자 등이 대표적인 경우이다.

보편주의적 관점에서 볼 때, 일과 생활의 균형이란 일(Work)이라고 하는 개인의 창조적이고 주체적인 정신적 및 육체적 능력의 발휘와 생활(Life)이라고 하는 가족, 여가 및 자기계발 등 개인 및 가정생활을 조화롭게 배치(Balance)하여 개인의 전체적인 삶의 질을 높이는 것을 의미한다.

자본주의하에서 일은 창조적이고 주체적인 육체적 및 정신적 능력의 발휘라기보다는 타인에 의해 통제되고 정해진 작업규율에 따라 행해지는 비자발적인 육체적 및 정신적 활동인 소외된 노동(Alienated Labor)으로 전환되었다. 산업사회는 노동자의 고용노동에 의존하지만, 정작 노동자는 소외되어 노동의 주체성을 상실하게 된 것이다. 따라서 일과 생활의 균형이란 기본적으로 이러한 소외된 노동의 창조성과 주체성을 부분적으로나마 회복하기 위한 사회적 프로젝트로 이해될 수 있다. 이러한 일반적 정의에 따르면, 일과 생활의 균형은 여성특수적인 개념으로 축소될 수 없는 노동의 소외 극복을 위한 사회적 담론이라고 볼 수 있다.

일과 생활의 균형이 강조되는 것은 자본주의 사회에서 일과 생활의 균형이 제대로 이루어지지 않고 있다는 사실을 반증하는 것이다. 일과 생활의 불균형은 일의 영역 또는 삶의 영역에서의 과부하라는 현상으로 나타난다. 특히 자본주의적 노동의 형태로 이루어지는 일의 영역에서 과부하는 일중독(Workaholics), 과로(Overwork), 과로사(Death from Overwork), 직무소진(Job Burnout) 또는 직무 스트레스(Job Stress)와 같은 다양한 형태로 나타난다. 마찬가지로 일의 영역에서의 과부하는 삶의 영역에서 술이나 마약과 같은 약물중독, 가정불화 및 가정폭력, 우울증 등의 형태로 나타난다.

따라서 일과 생활의 균형은 1970년대 이후 서구 국가에서 본격적으로 제기되었던 산업민주주의와 연관해 살펴봐야 한다. 1970년대 독일의 노동생활의 민주화(Democratization of Working Life), 미국의 노동생활의 질(Quality of Working Life), 스웨덴의 반자율적 작업집단(Semi-autonomous Work Group) 등이 현재 논의되고 있는 일과 생활의 균형과 동일한 맥락에서 제기된 사회적 담론이라고 할 수 있다. 더 나아가 ILO에 의해 양질의 노동(Decent Work)으로 개념화된 새로운 노동담론 역시 노동소외의 극복을 위한 사회적 기획 속에서 파악되어야 한다.

일과 생활의 균형 정책이란 이러한 노동자들의 삶의 질을 향상시키기 위한 시행되는 제도적 프로그램을 말한다. 자본주의하에서의 소외된 노동이라는 형태를 갖게 된 일이 본래의 창조적이고 주체적인 활동으로 자리매김할 수 있도록 하는 것이며, 이는 작업장 내부의 노동세계와 작업장 외부인 생활세계의 균형을 이루도록 하는 것이다. 그 궁극적 목적은 개인

〈그림 4-4〉 일과 생활의 균형 정책 매트릭스

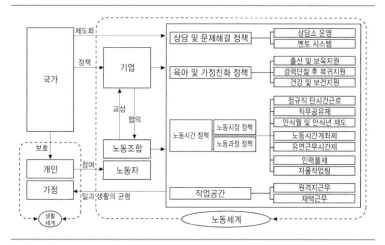

자료: 박현미·이승협(2009).

의 건강한 일상성을 회복하는 것이라고 할 수 있다.

일과 생활의 균형 정책은 개인이 노동세계와 생활세계에서 일과 생활을 창의적이고 자율적으로 조화롭게 영위해갈 수 있도록 하는 제도와 프로그램으로 구성된다(〈그림 4-4〉 참조).

따라서 일과 생활의 균형 정책의 대상은 최종적으로는 개인과 가정이 될 수밖에 없다. 일과 생활의 균형 정책에서 국가는 사회통합과 지속가능한 발전의 관점에서 일과 생활의 균형을 위해 기본적인 제도적 틀을 제시하는 역할을 수행한다. 더 나아가 사회적으로 일반화된 기본적 조건을 법제도로 규범화하여 강제할 수 있다. 그렇지만 일과 생활의 균형 정책을 만들어가는 주체는 기업과 노동자 및 노동조합이다. 개인으로서의 노동자는 자신의 일과 생활의 균형을 위해 필요한 조건과 프로그램을 작업장 내에서 개별적으로 또는 노동조합을 통해서 집단적으로 만들어갈 수 있다. 특히 노동조합은 단체교섭이라는 틀 내에서 공식적으로 사용자에게 일과 생활의 균형을 위한 구체적인 정책과 프로그램을 요구하고 협상할 수 있는 권한을 가지고 있다.

기업의 사용자는 일반화된 법제도적 환경을 고려하고, 개별 노동자 또는 노동조합의 요구에 기초하여 각 기업의 상황에 맞는 구체적인 일과 생활의 균형 프로그램을 도입하여 실시하게 된다. 여기에서 중요한 것은 일과 생활의 균형 정책은 각 기업의 업종별 특성, 구성원의 인적 속성(학력, 성별, 연령, 혼인, 자녀, 거주지 등), 노동과정의 형태, 시장 수요 등을 고려하여 기업 구성원들이 개별적 프로그램을 통해 실질적인 혜택을 받을 수 있도록 해야 하는 것이다.

〈그림 4-4〉에서처럼, 일과 생활의 균형 정책은 크게 노동시간 정책, 육아 및 가정친화 정책, 상담 및 문제해결 정책으로 나누어볼 수 있다. 노동시간 정책은 노동시장 및 노동과정에서의 노동력 활용과 직접적으로 관련되어 있다. 노동시간 정책은 다시 노동시간의 양적 측면과 질적 측면으로 나누어 살펴볼 수 있다. 노동과정의 양적인 측면은 노동시간의 배분문제이며, 노동과정의 질적인 측면은 노동 강도와 노동조건의 문제이다.

일과 생활의 균형과 관련된 대부분의 정책이나 논의는 아직까지는 절대적 노동시간의 감축 문제에 집중되어 있다. 따라서 일과 생활에 각각 사용되는 노동시간과 생활시간의 배분문제는 일과 생활의 균형의 핵심적 측면이 된다. 물리적으로 한정되어 있는 시간의 절대량을 일과 생활에 어떻게 배분하여 사용하는가의 문제는 결과적으로 개인이 주체적으로 선택하여 사용할 수 있는 시간주권(Time Sovereignty)의 확보 문제로 귀결된다.

시간배분의 문제는 주어진 시간의 희소성(Time Scarcity)이라는 측면에서 볼 때, 일할 시간, 가족을 돌볼 시간, 개인적인 여가시간을 조절하는 시간관리(Time Management)의 문제가 된다. 산업자본주의 초기의 대가족 구조가 핵가족 구조로 변화하면서 가족의 존속을 위해 필요한 최소한의 가사노동의 상대적 비중은 줄어든 가구 구성원 수를 고려하면 오히려 증가했다고 볼 수 있다. 따라서 시간의 희소성으로 인해 개인은 지속적으로 시간적 압박감(Time Pressure)을 느끼게 되고, 일상적인 시간기근(Time Famine)에 시달리게 된다. 일과 생활의 균형 정책은 따라서 이러한 시간기근의 문제를 주로 다루게 된다.

많은 사람들이 임금노동을 통해서 자신의 생존을 도모하는 현실에서 노동시간에 대한 통제는 노동생활의 질을 결정하는 핵심적인 요인으로 작용한다. 하루에 몇 시간을 일하고, 그 몇 시간을 하루의 어느 시간대에 배치하느냐의 문제는 단순히 개인의 시간사용의 문제가 아니라 가족과 공동체 전체의 사회적 삶에도 커다란 영향을 미치게 된다. 주 5일 근무제의 도입 이후 자기계발 및 가족과 함께하는 시간으로 활용하는 사람들이 많이 늘어났다. 울리히 벡은 『아름답고 새로운 노동세계』라는 책에서 폭스바겐사가 주 4일제 근무제를 도입한 이후 폭스바겐 본사 및 공장이 위치한 볼프스부르크 시의 삶의 풍경이 달라지고 있음을 지적한 바 있다.

생필품 공동조달과 공통된 신념 공동체였던 볼프스부르크라는 '기적처럼 아름다운 기계'가 유연한 노동시간의 리듬 속에서 해체되었다. …… 이제 주 4일제 노동에 익숙해진 사람들은 가족과 취미에 더 많은 시간을 갖게 되었다.

일과 생활의 균형이란 이와 같이 노동자 개개인이 노동시간에 대한 통제권을 확보하여, 노동 속에서 소외된 개인의 삶을 재발견하는 것을 의미한다.

이야깃거리

1. 노동시간의 측면에서 좋은 노동이란 어떤 것일까? 오래 일을 하더라도 임금을 많이 받으면 만족할 수 있을까? 나의 노동생활에서 임금과 시간이 어떤 의미를 갖는지 토론해보자.

2. 우리나라는 세계에서 가장 긴 노동시간을 갖고 있다. 노동시간을 줄이면 사용자와 노동자는 좋아할 것인가 아니면 싫어할 것인가? 노동시간 단축이 사용자와 노동자에게 미칠 영향에 대해 생각해보자.

3. 고용문제가 심각한 사회적 문제로 대두되고 있다. 그렇다면 노동시간을 줄여 일자리를 늘릴 수 있을까? 근로시간 단축을 통한 일자리 창출이 가능하기 위한 정책 방향에 대해 토론해보자.

4. 현대 산업생산체계는 다양한 형태의 교대근무제를 활용하고 있다. 교대근무제는 반드시 필요한 것일까? 교대제가 기업의 생산성과 개인의 생활에 미치는 영향에 대해 토론해보자.

5. 우리나라의 노동시간 체제를 다른 나라와 비교해보자. 주당 근무시간, 휴가, 근무형태 등을 볼 때 우리나라의 특징은 무엇인가? 또한 사회발전의 측면에서 시간에 대한 사회적 규제가 필요한 것인지에 대해 논의해보자.

읽을거리

『**일의 발견**』. 조안 B. 시울라. 안재진 옮김. 2005. 다우.

일이란 무엇이며, 사람들은 왜 그리고 누구를 위해 일을 하는가? 이 책은 일과 삶의 관점에서 일과 노동의 본질을 분석한다. 의미 있는 일 또는 행복한 삶을 위해선 시간과의 투쟁이 중요함을 강조한다.

『**교대제, 무한이윤을 위한 프로젝트**』. 한국노동안전보건연구소. 2007. 메이데이.

생산직과 서비스직 노동자에게 일상화된 근무체계인 교대제를 자본의 시간기획 측면에서 분석한다. 고정자본의 가동률을 증가시켜 이윤을 극대화하기 위한 교대제가 노동자의 몸과 삶에 미치는 영향을 분석하고 이에 대한 대안을 제시한다.

『**게으를 수 있는 권리**』. 폴 라파르그. 조형준 옮김. 2005. 새물결.

일과 노동의 개념을 구분하는 순간 우리는 자본주의의 노동윤리를 다시 생각하게 된다. 노동은 당연한 것인가? 이 책은 자본주의 노동숭배 현상을 게으를 수 있는 권리라는 관점에서 역설적으로 분석한다.

제2부

노동시장

고용과 실업 그리고 차별

05

노동시장의 구조와 이론

주요 용어
노동시장, 노동력 상품, 권력, 제도, 노동시장구조, 통합노동시장, 인적자본, 분절노동시장, 내부노동시장, 이중노동시장, 거래비용, 노동시장 유연화, 비정규직, 노동시장 불평등

노동시장 문제는 IMF 금융위기 이후 우리 모두의 삶의 조건에 결정적 영향을 미치는 중대사로 대두되었다. 생산직 노동자에서 대기업의 중간 관리자까지 어느 누구도 노동시장에서 발생하는 구조조정과 실업, 고용 불안, 비정규노동, 명예퇴직, 저임금 등의 문제에서 비켜나기 힘들게 된 것이다. 사회초년생들에게 취업의 문은 좁아졌으며, 노동시장 유연화와 40, 50대 퇴직으로 평생직장이 사라졌다는 우려의 목소리도 있다. 그리고 정규직과 비정규직 간의 격차, 중소 영세기업의 저임금 근로자와 같은 노동시장 문제가 한국 사회 양극화의 주된 내용이자 사회적 갈등의 중심축이 되었다. 때문에 노동시장의 구조와 동학에 대한 이해 없이 한국 사회를 설명하고 이해하는 것은 불가능하다.

흔히 효율적인 시장의 작동원리에 대한 탐구는 경제학의 전유물로 인식된다. 그렇다면 사회학에서 왜 노동시장에 관심을 가지는가? 노동시장의 효율성에 대한 정의는 물론 효율성을 달성하는 방법에 대한 접근방법은 학문에 따라 차이가 있다. 노동시장 효율성이 신고전파경제학에서 상정하는 것처럼 시장경쟁을 통해서만 이루어지는 것은 아니며 노동시장의 제도와 관습에 따라서 효율성을 달성하는 경로는 다양하다. 실업과 불평

등 같은 자본주의 사회의 핵심적 문제는 노동시장제도와 정책에 영향을 받는다. 결국 어떤 노동시장제도를 택할 것인가는 노동자와 사용자 및 정부 등 노동시장 참여자들의 가치관과 사회적 합의에 좌우되어왔다.

이 장에서는 노동시장의 작동원리를 설명하는 다양한 이론들을 살펴볼 것이다. 노동시장과 일반상품 시장은 어떤 차이가 있는가, 노동시장을 설명하는 신고전파경제학과 마르크스주의, 그리고 제도주의 이론은 어떤 차이가 있는가 등이 핵심적인 관심사이다. 특히 노동력 상품을 판매하는 노동자와 구매하는 고용주 간의 권력관계, 노동시장구조가 하나로 통합된 완전경쟁시장인지 아니면 상이한 규칙과 관습이 지배하는 다양한 시장인지에 대한 오랜 의문, 그리고 한국 노동시장구조의 변화 경로 및 그에 대한 다양한 이론적 설명틀을 검토한다.

1. 노동시장이란 무엇인가?

우리의 생활에서 노동이 차지하는 비중은 다른 어떤 것보다 크다. 노동으로 얻은 소득은 다양한 삶을 유지하는 데 필요한 물질적 자원의 기반이다. 노동시장에서 획득한 직업은 사회적 지위를 결정하며, 개인 정체성의 핵심을 이룬다. 일은 자신의 능력을 발휘할 기회를 제공하고 직장은 대개의 경우 사회적 네트워크를 형성하는 밑바탕이다. 따라서 우리는 늘 힘든 일에서 벗어나고 싶어 하지만 동시에 일이 없어졌을 때는 무엇보다 큰 상실감에 직면하게 된다. 현대사회에서 노동시장이 갖는 의미는 이처럼 큰 것이다. 물론 가사노동이나 자원봉사활동, 취미로 하는 일 등 당장의 소득과 무관하지만 의미 있는 노동은 상당히 많다. 그러나 자본주의 사회에서 가장 보편적인 노동 방식이 임금노동이기 때문에 여기서는 노동시장의 임금노동에 대해 살펴본다.

현대사회는 대중사회, 소비사회, 탈산업사회, 정보사회, 지식기반사회 등 시대의 변화에 따라서 다양한 이름으로 불린다. 그러나 현대사회가 자본주의 사회임을 부인하는 사람은 없다. 자본주의적 생산체제에서 생산수단을 사적으로 소유한 자본가는 노동자의 노동력, 즉 상품으로서의 노동을 구입하여 재화(goods)와 용역(service)을 생산하고 그 생산물을 시장에서 판매하여 이윤을 얻는다. 따라서 자본주의적 생산체제에서 필수적인 것은 노동력의 거래인데, 이것이 이루어지는 곳이 노동시장이다. 노동시장에서 노동력의 판매자인 노동자는 구매자인 자본가와 근로계약을 맺고 근로계약관계라는 사회적 관계 속에서 노동을 행한다. 또한 노동력이 상품으로 거래되는 노동시장에서 임금, 노동시간, 일자리의 양 등은 시장의 수요공급 메커니즘을 통해 기본적으로 결정된다.

그런데 노동시장에서 거래되는 상품으로서의 노동, 즉 노동력은 다른 상품과는 다른 특수성을 가지고 있다. 우선 노동력 자체가 지닌 소재적 특수성이다. 첫째, 노동력은 저장보존이 불가능하기 때문에 노동자들이 노동력의 가격인 임금이 쌀 때 저장해두었다가 비쌀 때 파는 것이 불가능하다. 둘째, 다른 상품은 일반적으로 소비에 의해 사용가치가 사라지지만, 노동력은 소비 이후 재생산을 통해 다시 되돌아온다. 예를 들어 1일 8시간 노동을 한 후(노동력을 소비한 후) 다음날 아침 출근하는 노동자를 상상하면 된다. 셋째, 노동력은 노동자와 따로 떼어서 거래할 수 없기 때문에 노동력 거래가 노동자의 신체적이고 심리적인 조건뿐만 아니라 사회적 여건에 의해 제한받는다. 예를 들어 가족이 사는 지역으로부터 너무 멀리 떨어졌거나 국경을 넘어 다른 나라에서 일하는 것은 노동자로서 매우 어려운 일이다. 이 때문에 노동의 지역 간 이동은 제한적이다.

또한 자본주의 사회에서 노동이 이루어지는 방식에 따른 특수성이 있다. 노동하는 과정, 즉 노동력의 소비과정은 새로운 가치의 창출과정이다. 노동력의 매매는 그 사용권의 일시적 양도일 뿐 노예제 사회에서와 같이 노동자 자신의 영구적 매매를 의미하는 것은 아니다. 그러나 노동자는 노동력 판매 이외에는 별도의 생계수단이 없고 노동력 상품은 저장이 불가능하므로 필요할 경우 헐값에라도 노동력을 팔지 않을 수 없다. 다른 한편 노동력의 매매는 노동자가 기업주의 명령과 지휘하에 일정기간 노동하는 것을 의미하므로 사용주와 노동자 사이에 임금 및 근로조건을 둘러싸고 노사관계가 수반된다. 더불어 다른 상품은 가격이 하락하면 상품의 공급이 감소하지만, 노동력 상품은 공급이 증가하기도 한다. 예컨대 가장의 임금이 하락하면 생계비가 부족해져 다른 가구원들이 취업에 나섬으로써 노동공급이 증가할 수 있다. 이처럼 공급이 많아지고 수요가 일정할 경우 임금은 더욱 줄어들기 때문에 노동력의 가격인 임금은 다른 상품과 달리 노동시장에서의 수요, 공급만으로 설명하기 어렵다. 이제부터는 이와 같은 노동시장의 작동원리에 대해서 신고전파경제학, 마르크스주의, 제도주의적 접근을 하나씩 살펴본다.

신고전파경제학

현대 경제학의 주류를 이루는 신고전파경제학(neo-classical economics)에서는 노동시장의 균형을 강조하며 노동시장의 모든 결과를 시장경쟁의 작용으로 설명한다. 이들은 노동시장이 일반 상품시장과 크게 다르지 않다고 보기 때문에, 상품시장에서 생산품의 수요와 공급이 가격의 균형메커니즘에 의해서 결정되듯이 노동시장에서는 노동력의 수요와 공급이 임금의 균형메커니즘을 통해 조정된다고 본다. 상품시장의 일반균형이론을 큰 수정 없이 노동시장에 적용한 것이다. 이때 노동력의 수요를 결정하는 것은 기업의 한계생산성이며, 노동력의 공급은 노동과 여가 간의 가치의 비율이 결정한다. 즉, 노동자는 한 단위의 노동시간 투입에 따른 임금증대가 주는 한계효용과 노동하는 대신에 가지는 여가의 한계효용을 서로 비교하여 노동 공급 여부를 정하게 된다. 한편 기업은 추가적 노동력의 투입에 대한 한계비용이 추가적 노동력 투입을 통한 한계수익 혹은 한계생산물가치와 일치하는 지점까지 생산을 계속함으로써 이윤극대화를 추구한다. 결국 한계비용과 한계생산 곡선이 만나는 점에서 노동력의 수요량과 공급량이 결정된다.

신고전파 노동시장이론에서는 개별 노동자의 노동력 공급과 개별 고용주의 노동력 수요가 완전경쟁시장의 '보이지 않는 손'에 의해 장기적으로 균형을 이룬다. 노동자와 자본가가 노동력을 사고팔 때 양 당사자는 왈라시안 권력(Walrasian power; 현재의 상대 말고 다른 상대와 계약을 맺고 거래를 할 수 있는 권력)을 동등하게 향유한다. 노동자와 자본가 양쪽 모두 현재의 거래보다 유리한 조건의 거래를 맺을 수 있으면 언제든지 현재의 거래를 중단할 수 있기 때문에 인위적인 조율이나 개입은 시장에 의해 무력화된다고 주장한다. 언제든지 다른 기업으로 전직해갈 수 있는 노동자들의 이동 능력은 사용자의 권력을 약화시킨다. 인종이나 성별 또는 여타 생산성과 무관한 이유로 차별을 하는 사용자들은 차별하지 않는 사용자보다 더 적은 수익을 올릴 것이며, 궁극적으로 시장에서 퇴출될 것이다. 노동자와 사용자 사이의 권력은 원자화된 상태로 균형을 이루며, 국가나 노동조합의 어떤 개입도 시장의 힘에 의해 무력화된다(틸리와 틸리, 2007).

마르크스주의

마르크스주의에 따르면 노동시장제도는 인류역사의 특정 시기에만 나타난 현상, 즉 근대 자본주의 성립 이후의 현상이다. 그 전까지 노동력은 상품으로 시장에서 거래되지 않았다. 따라서 노동시장제도를 인류역사의 보편적인 현상으로 파악하는 신고전파경제학과는 구분되며, 노동시장의 창출을 위해 국가가 자본의 본원적 축적과 대규모의 프롤레타리아화를 지원하는 것에 주목한다. 또한 마르크스주의에서는 노동시장에서 노동력 상품의 특수성과 노동과 자본 사이의 권력의 비대칭성, 그리고 자본에 의한 노동 착취를 강조한다.

노동력이 시장에서 상품으로 거래된 것은 이중의 의미에서 자유로운 노동자계급의 출현을 의미한다. 첫째는 노동자들이 봉건시대의 농노나 노예와는 달리 자신의 노동력을 자유롭게 처분할 법적 권리를 가진다는 뜻이고, 둘째는 그들이 생산수단을 소유하지 않는다는 의미이다. 즉, 농노나 농민과 같이 토지나 농기계와 같은 생산수단을 갖지 않기 때문에 생산수단으로부터 자유로운 것이다. 이 같은 노동자와 자본가 사이의 근로계약은 얼핏 보면 임금과 노동 간의 평등한 교환관계에 기초한 것으로 보이지만, 실제로는 불평등한 권력관계에 기반을 둔 것이다. 왜냐하면 노동자들은 노동시장에서 자신의 노동력을 판매하는 것 외에는 대안이 없는데, 자본주의가 끊임없이 실업을 발생시키고 산업예비군을 늘리기 때문에 노동자의 교섭력이 떨어지며 그 결과 헐값에라도 자신의 노동을 팔아 자본가에게 복종할 수밖에 없고, 정부 등 국가기구는 국가 경쟁력이나 효율성을 이유로 자본가의 경제적 권력을 뒷받침하기 때문이다.

노동자들은 이와 같은 권력의 불균형을 해소하기 위해 노동조합을 조직하여 자신들의 권익향상을 시도해왔으며, 서구 자본주의 국가들의 역사는 이처럼 권력의 비대칭에서 오는 정치적 긴장과 갈등을 해소하기 위한 사회적 타협의 산물로서 다양한 노동시장제도와 복지제도를 발전시켜 온 것이다. 따라서 마르크스주의 시각에서는 '경제를 경제에 맡겨야 한다' 거나 '시장에 대한 모든 개입을 죄악'시하는 신고전학파의 입장은 상대적으로 약자인 노동자를 보호하기 위해 역사적으로 발전시켜온 각종의 권력불균형 해소장치들을 제거하고 노동자를 무장해제시켜서 노동시장에서 자본의 특권적 지위를 회복시키려는 대단히 정치적인 주장인 것이다.

또한 신고전파경제학의 한계생산력설과는 달리 개별 노동자의 한계생산물은 사실상 측정하기 곤란하다. 때문에 임금은 관행적으로 노동자 및 가족의 생계비 수준, 즉 노동력 재생산비에 따라 지급되는데, 바로 여기서 노동력이 생산에 기여한 바와 노동력 재생산비의 차이가 자본에 의해 착취당하는 것이다. 마르크스주의에서는 노동시장에서 거래되는 것이 인간의 구체적인 노동 자체가 아니라 노동력이라고 본다. 노동력이 잠재적인 노동 능력이라면 인간의 구체적 노동은 새로운 사용가치 혹은 효용을 만들어내기 위해 이러한 노동력을 실제로 사용하는 것을 말한다. 자본가들은 상품을 생산하는 과정에서 구입한 노동력보다 더 많은 노동을 이끌어내기 위해 명령과 유인 등 다양한 노동통제기구를 활용한다. 노동력의 비용으로 지급한 임금과 구체적인 노동을 통해 생산한 노동가치의 사이에서 발생한 차이가 바로 잉여가치로 착취된다. 그러나 신고전파경제학에서는 노동시장에서 거래되는 것이 노동력이 아니라 노동 그 자체라고 보기 때문에 착취의 가능성 자체를 분석에서 제외한다.

제도주의 이론

신고전파경제학은 노동문제를 전개하고 발생시키는 가장 중요한 힘이 시장의 작용이라고 보는 데 비해서 마르크스주의에서는 자본가와 노동자 사이의 권력관계와 계급 간의 대립 및 투쟁을 중시한다. 반면에 제도주의 에서는 각종 제도의 작용을 가장 중요한 힘이라고 간주한다. 따라서 초기의 제도주의적 접근에서는 노동시장에서의 제도적 주체, 즉 노동자단체·사용자단체 및 정부와 이들 3자 사이의 관계에 대한 분석이 초점이었다. 다시 말해서 노동조합의 구조(노동조합의 조직률, 노동조합의 조직이나 교섭 구조가 전국적으로 중앙집중화되어 있는지 혹은 개별 기업별로 분권화되어 있는지 여부), 사용자단체의 조직형태(생산자 조직의 특성, 대기업과 중소기업의 관계), 정치체제의 특성(정당체제의 특징, 노동자나 사용자단체와 정당 간의 관계)과 그것이 노동시장에 미치는 영향에 주목했다. 그러나 근래의 제도주의자들은 노동시장에 미치는 제도의 정의를 확대해서 공식적이고 가시적인 제도만이 아니라 규범이나 문화 측면에서 비공식적 관행이나 일상적 절차로 굳어진 행위양식 등과 그것의 영향으로까지 관심 대상을 넓혔다.

제도주의에서는 신고전파경제학이 시장에서의 경제적 행위를 설명하면서 원자화된 개인의 선택만을 강조한 나머지 개인의 경제적 행위가 사회적 관계 속에서 이루어진다는 사실을 덮어버렸다고 지적한다. 즉, 개인의 행위를 탈맥락화시켰다는 비판이다. 제도주의에 따르면 경제행위를 포함한 인간의 모든 행위는 사회구조 안에 묻어들어 있어서 사회구조적 맥락을 떠나서는 제대로 이해할 수 없다. 노동시장의 거래는 대부분 가족, 기업, 공동체, 국가와의 연관하에서 발생하며 관습이나 신념, 기존의 사회적 관계의 제약 속에서 이루어진다. 만약 신고전파경제학에서 가정하는 경제인(homo economicus)처럼 사회구조와 제도를 전혀 고려하지 않고 시장행위를 하는 사람이 실제로 존재한다면 그런 사람은 사회적 저능아의 모습에 가까울 것이라고 비판한다. 또한 제도주의자들은 인간의 합리성은 제한적이며, 제도는 개인이 선택할 수 있는 행위의 범위를 제약하므로 합리성의 작동은 제도적 맥락에 따라서 다른 모습을 띤다고 본다.

제도주의자들은 노동시장의 임금분석에서도 기업에서 실제로 임금을 지급하는 관행에 주목했다. 임금이 한계생산물의 가치에 의해 결정된다고 보는 신고전파경제학에 따르면, 한계생산물이 고용의 증가에 따라 체증할 경우 기업들은 추가로 고용되는 노동자에게 동일한 직무에 종사하는 기존 노동자들보다 더 높은 임금을 주어야 한다. 그러나 제도주의자들은 임금결정 관행에서는 한계생산성보다 상대적 임금이나 임금의 공정성이 더 결정적이기 때문에 앞의 경우에 추가로 고용된 노동자의 임금을 기존 노동자와 동일하게 지급한다고 설명한다. 기업의 임금결정 기준에는 다른 기업과의 비교, 조직 내부의 형평성, 관습, 선임권, 생산성, 기업 성과 등이 있는데 어떤 기준을 포함시키고 그중 무엇을 더 중시하는가는 산업과 국가, 시대에 따라 다양하다는 것이다.

이러한 제도주의적 접근이 가장 큰 설득력을 얻은 것 중의 하나는 노동시장이 하나로 통합된 완전경쟁시장으로 이루어져 있다는 신고전파경제학의 주장에 대한 비판이다. 다음 절에서는 노동시장구조에 대한 다양한 이론적 논의들을 심층적으로 살펴보도록 하자.

2. 노동시장구조

노동시장구조와 관련하여 특히 관심을 끄는 것은 노동시장이 하나로 통합된 완전경쟁시장인가 아니면 노동시장 내부에 이동을 가로막는 제도적 장벽이 있는 분절노동시장인가 하는 점이다. 신고전파경제학에서는 노동시장구조가 완전경쟁적인 통합노동시장을 이루고 있어서 노동자의 숙련이나 기술을 제외하고는 노동력의 자유로운 매매를 제약하는 장애가 없다고 가정한다. 이에 대해 제도학파에서는 신고전파 이론이 상정하고 있는 시장의 경쟁력과는 다른 제도적 힘이 노동시장에 작용하고 있으며 이것이 고용과 임금결정에 중요한 영향을 미친다고 한다. 또한 노동시장은 단일하고 통합적인 것이 아니라 장벽으로 분절되어 있다고 주장한다.

이와 같은 노동시장의 구조에 대한 고찰은 소득과 사회이동의 모습을 밝혀줌으로써 사회불평등의 메커니즘을 이해할 수 있게 해준다. 임금을 설명하는 데에서 통합노동시장론은 개인의 숙련 등 노동력 공급 측면을 강조하는 데 비해 분절노동시장론은 수요 측면을 강조한다. 노동시장이 통합되어 있을 경우에는 노동시장에서 자유로운 경쟁이 보장되며 각 개인은 교육, 훈련을 통해 숙련을 쌓아 자신의 노동생산성을 높이면 누구든지 차별받지 않고 높은 소득을 올리는 일자리에 취업할 수 있다. 반면에 노동시장이 분절되어 있을 경우에는 비록 개인적 노력에 의해 자신의 숙련을 향상시켰다고 하더라도 노동시장 내부에 이동을 가로막는 장벽이 있어서 좀 더 높은 소득이 보장되는 일자리로 옮겨갈 수 없다. 따라서 노동시장이 분절되어 있을 경우에는 빈곤과 불평등을 해소하려면 개인적 노력에 앞서서 사회구조적 장벽을 먼저 제거해야 한다. 통합노동시장론이 개인의 책임을 강조한다면 상대적으로 분절노동시장론에서는 구조의 제약에 주목한다. 전자가 데이비스와 무어(K. Davis and W. E. Moore)가 주장했던 기능주의 계층론과 연관되어 있는 데 반해 분절노동시장론은 갈등론적 계급론과 맥이 닿아 있다.

1) 통합노동시장론

통합노동시장론의 핵심 가정은 노동시장이 완전경쟁시장이기 때문에 노동자의 숙련이나 기술을 제외하고는 노동력의 자유로운 거래를 제약하는 장애가 없다는 것이다. 그러므로 노동자들은 자신의 기술이나 숙련에 따라 일자리를 자유롭게 이동하고, 기업은 최소의 비용으로 가장 생산성이 높은 노동자를 고용한다.

통합노동시장의 전형적 모형은 완전경쟁적인 단일노동시장을 전제로 한 신고전파의 한계이론에서 찾을 수 있다. 기업은 주어진 임금 수준에서 노동자의 한계생산력을 고려하여 고용량을 결정하며 이런 개별 기업들의 고용규모가 사회 전체적으로 합쳐져 전체 노동수요의 규모가 결정된다. 그리고 노동자는 효용극대화 논리에 입각하여 노동과 여가 중에서 선택하며, 이러한 개별 노동자의 공급 곡선이 사회 전체적으로 합쳐져 노동공급 규모가 결정된다. 노동시장에 관한 완벽한 정보를 가진 복수의 자본가와 복수의 노동자가 노동시장 내에서 이동의 제약이 없이 자유롭게 경쟁하는 완정경쟁시장을 가정하는 것이다. 따라서 동일한 노동력의 소유자는 동일한 임금을 받게 된다. 장기적으로 볼 때 시장균형을 벗어나서 임금이 지불되면 저임금 시에는 노동자의 탈출이 일어나고 고임금 시에는 자본의 탈출이 일어나 생산은 중단된다.

신고전파경제학의 노동시장론에서는 공급되는 노동력은 동일하다고 가정하면서 시장경쟁을 통해서 동일한 노동력은 장기적으로 시장균형가격, 즉 동일한 임금을 받게 된다고 주장한다. 동일한 임금의 유일한 예외는 보상격차(compensating differential)로서 다른 직종에 비해 위험하고 불쾌한 직종은 더 많은 임금으로 보상을 받는다. 그러나 현실적으로 노동시장에는 보상격차만으로는 설명하기 어려운 임금격차가 지속적으로 나타난다. 인적자본이론(human capital theory)은 신고전파경제학에 기초하여 노동시장에서 나타나는 임금격차를 설명하기 위해 기존의 노동력 동질성 가정을 포기하고 공급되는 노동력이 인적자본이란 측면에서 상이함을 강조한다.

임금격차를 보상격차가 아니라 주로 개인의 한계생산력을 좌우하는 인적자본투자의 차이, 즉 공급되는 노동력의 질적 차이로 설명하는 것이다. 인적자본이론에 의하면 노동력을 구매하는 자본의 입장에서 더 많은 인적자본을 지닌 노동자는 더 높은 생산성을 나타낼 것이므로 더 높은 임금을 지불하는 것이다. 또한 노동의 입장에서는 교육이나 훈련 등의 인적자본 축적에 소요된 직접비용과 교육훈련 기간 동안에 획득하지 못한 소득, 즉 기회비용을 (장래의) 임금으로 보상받는 것이다. 이처럼 인적자본이론에서는 인적자본투자량의 차이 → 노동생산성의 차이 → 임금 차이라는 논리에 의해서 임금격차를 설명하며, 인적자본투자량이 같고 생산성이 같은 동일한 노동에 대해서는 여전히 동일한 임금이 주어지는 것을 원칙으로 한다.

이러한 인적자본이론의 문제점은 교육훈련이 노동생산성을 향상시킨다는 점을 직접 측정하기 곤란하다는 데 기인한다. 교육과 소득 사이에 높은 상관관계가 나타난다고 하더라도 그것은 교육제도의 자격증 부여기능에 기인한 것이거나, 스펜스(M. Spence)의 시장신호론(signaling theory)에서 주장하듯이 교육 수준이 인적자본을 직접 반영하는 것이 아니라 그 잠재력을 보여주는 신호일 뿐일 수도 있다. 노동시장에서 거래되는 것은 미래에 실현될 노동의 잠재력(노동력)이며 생산과정에서 노동이 실현되기 전까지는 노동자의 생산성은 측정하기 곤란하다. 미래의 생산성에 대한 정확한 예측이 어려운 상황에서 고용주들은 졸업증을 훈련 가능성을 보여주는 선발기준으로 활용하는 것이다. 인적자본이론에서는 이처럼 비록 고학력자일수록 높은 임금을 받는다고 하더라도 그것이 반드시 고학력자가 생산성이 높기 때문은 아니라는 비판에 대해 적절하게 대처하지 못한다.

한편 인적자본이론가들은 저소득과 빈곤문제를 해결하기 위해서 이들에게 인적자본축적의 기회를 제공할 것을 주장했다. 그렇지만 인적자본이론가들의 정책제안에 따라 교육과 훈련기회 확대를 위해 대대적인 교육투자가 이루어졌던 미국에서 실제로는 기대한 만큼 빈곤해소가 이루어지지 못하자 인적자본이론에 대한 회의적 시각이 대두되었다. 제도학파 경제학자나 신구조주의 사회학자들은 노동시장이 하나로 통합되어 있다는 가정에 전면적으로 의문을 제기하면서 노동시장이 제도와 관행의 장벽들로 분절되어 있음을 주장했다.

2) 분절노동시장론

분절노동시장론은 노동시장에 차별적인 구조가 있어서 같은 인적자본을 가진 노동자도 동등한 대우를 받지 못한다는 사실 인식에서 출발한다. 예를 들면 흑인이나 여성은 같은 인적자본을 가지고도 노동시장에서 백인이나 남성에 비해서 차별받는다. 이런 사실에 근거하여 분절노동시장론자들은 노동시장에는 자유로운 노동이동을 제약하는 제도적인 장애물이 있다고 주장한다.

노동시장의 분절현상에 대한 언급은 존 스튜어트 밀(J. S. Mill)의 비경쟁집단(non-competing groups) 개념이나 클라크 커(C. Kerr)의 노동시장분열화(Balkanization of Labor Markets) 개념까지 소급되지만 노동시장분절이론을 대중적으로 확산시킨 것은 제도학파 경제학자인 되린저와 피오르(Doeringer and Piore, 1971)의 기여이다. 되린저와 피오르의 내부노동시장론과 이중노동시장론 이후로 급진적 노동시장분절론, 노동자 집합행동론, 거래비용이론, 효율성임금이론 등 다양한 이론들이 각축을 벌이면서 노동시장의 분절현상을 설명하고 있다. 이들 제 이론들은 노동시장이 분절되어 있다는 진단은 대체로 공유하지만 분절의 원인에 대해서는 다른 입장을 취한다. 노동시장의 분절을 설명하는 입장은 기능적 관점과 역사적 관점으로 나눌 수 있다. 제도학파의 내부노동시장이나 이중노동시장론, 거래비용이론, 효율성임금이론은 상대적으로 기능적 관점의 측면에서 내부노동시장의 효율성에 초점을 맞추고 있다. 이에 비해 급진적 노동시장분절론이나 노동자 집합행동론에서는 분절의 토대를 이루는 효율성의 차원은 다양하며 다양한 제도 중에서 어떤 유형이 채택되는가는 노동시장 참여자들의 투쟁과 협상이라는 역사적 과정에 의해서 결정된다고 주장한다.

내부노동시장과 이중노동시장이론

분절노동시장에 대한 이론을 처음 체계적으로 제시했던 되린저와 피오르는 미국의 70여 개 제조업체에 대한 사례연구를 통해서 기업 내에서의 직무배치나 임금결정이 신고전파 이론이나 인적자본이론으로는 설명할 수 없는 기업 내의 독특한 규칙에 의해 지배된다는 것을 밝혀내고 이를 내부노동시장(internal labor market)이라고 불렀다. 또한 이들은 내부노동시장의 형성요인으로서 기업 특수적 숙련(firm specific skill), 현장훈련(on-the-job training), 관습(custom) 등 세 가지를 들었다.

이들은 노동자의 숙련이 특수적인 경우 내부노동시장이 형성되는 것은 사용자와 노동자 모두가 비용을 극소화하는 방향으로 행동하기 때문이라고 보았다. 또한 내부노동시장에서는 노동력의 가격결정, 즉 임금결정이나 노동력 배치가 외부노동시장에서와는 달리 관리적 규칙에 의해 이루어진다. 내부노동시장은 외부노동시장과 거의 단절되어 있으며 입직구(port of entry)는 맨 밑바닥 직무로 제한되고 중간직무에 공석이 생기면 내부 노동자들의 승진이나 배치전환을 통해서 충원된다. 따라서 내부노동시장의 노동자들은 외부노동시장의 노동자들과의 직접적인 경쟁으로부터 보호되고 고용이 안정화된다.

그런데 내부노동시장론에서는 저임금노동시장이 분석에서 제외되어 있어서 되린저와 피오르는 이를 해결하기 위해 내부노동시장론을 이중노동시장론(dual labor market theory)으로 확대했다. 노동시장은 대기업 내부노동시장들을 중심으로 만들어진 1차 노동시장과 내부노동시장 외부의 2차 노동시장으로 나뉜다. 1차 노동시장의 노동자들은 상대적으로 높은 임금과 고용의 안정성, 양호한 노동조건과 다양한 승진기회를 보장받지만, 2차 노동시장의 노동자들은 저임금과 고용불안, 낮은 승진기회와 열악한 노동조건을 감수해야 한다. 그런데 1차 노동시장과 2차 노동시장은 서로 독립적이어서 임금이나 노동조건이 결정되는 방식이 다르며 서로 간의 노동이동도 매우 제한적이다. 따라서 불리한 위치에 있는 2차 노동시장의 노동자들은 인적자본을 축적해도 1차 노동시장으로 옮겨가기 어렵다.

급진적 노동시장분절론

한편 노동시장분절의 원인을 기업 특수적 숙련의 안정적 확보를 위한 자본의 비용극소화 행위에서 찾는 것과 달리 노동자들을 분할지배하려는 자본의 전략이 내부노동시장을 형성시키는 가장 중요한 요인이라는 주장

내부노동시장 형성 요인

① 기업 특수적 숙련

일반적 숙련과 달리 특정한 기업에서만 사용될 수 있는 숙련을 말한다. 사용자는 외부노동시장에서는 구할 수 없는 기업 특수적 숙련 노동자를 훈련을 통해 양성하고 이들의 이직을 감소시키려고 한다.

② 현장훈련

학교교육과는 달리 작업현장에서 습득되는 숙련으로 기업 특수적 성격을 지닌다.

③ 관습

기업 외부의 경제적 변동으로부터 어느 정도 독립적인 기업 특수적인 다양한 관행을 지칭한다.

이 마르크스주의 노동과정론자들에 의해서 제기되었다. 이것이 급진적 노동시장분절론(radical labor market segmentation theory)이다. 되린저와 피오르는 내부노동시장의 효율성이 사용자에게 '경제적'으로 유리하다는 점을 강조한 반면, 급진적 노동시장분절론에서는 자본가가 고임금에 따른 경제적 불이익을 무릅쓰고 내부노동시장을 만들어낸 것은 노동시장에 대한 '분할지배'를 통해 노동력과 노동과정에 대한 '통제'를 확보하기 위해서였다고 주장한다.

급진적 노동시장분절론의 대표적 이론가라 할 수 있는 에드워즈(R. Edwards)는 독점자본주의 단계에서 자본가들이 노동자를 지배하는 새로운 형태인 '관료적 통제'하에서 내부노동시장이 발전했다고 본다. 에드워즈는 미국의 노동통제 방식이 인격적 통제인 '단순 통제(simple control)'에서 '기술적 통제(technical control)'로, 그리고 '관료제적 통제(bureaucratic control)'로 발전해왔다고 말한다. 관료제적 통제하에서는 직무를 세분화시켜 직무의 위계를 설정하며 직무에 따라 임금을 차등화하고 하위직무에서 상위직무로의 승진제도를 도입하고 노동자들 간의 개별적 경쟁을 유발시킨다.

한편 고든(D. M. Gordon)과 그의 동료들은 미국의 노동과정 변화에 대한 분석을 통해 내부노동시장 발전의 역사적 과정을 고찰하고 있다. 이들에 의하면 미국의 노동자계급은 초기 프롤레타리아화 시기, 동질화 시기, 이질화 시기의 세 시기를 거쳤다. 이 중 동질화 시기는 19세기 말 이후 1930년대까지의 시기를 말하는데 이 시기에는 거대기업이 출현하고 기계화에 의해 구숙련 노동자가 탈숙련화되면서 노동자계급의 동질화가 촉진되었다. 이러한 노동자의 동질화는 1930년대에 나타난 노동자들의 격렬한 저항의 토대가 되었다. 이에 대해 핵심산업의 대기업들은 노동조합을 인정하면서 한편으로 선임권제도, 내부승진제도 등을 도입하여 내부노동시장을 발전시킴으로써 분할통치의 기반을 구축했다는 것이다.

노동자 집합행동론

노동자 집합행동론에서는 노동조합 등 노동자들의 집단적 행위가 내부노동시장 형성에 주요한 변수이다. 이들은 급진적 노동시장분절론자들이 지나치게 자본에 의한 노동자 지배라는 측면만을 강조하고 노동자조직의 전략과 행위가 노동시장구조에 미치는 영향을 간과했다고 비판한다. 러베리(Rubery)에 따르면 브레이버만(H. Braverman)이 말하는 숙련의 해체와 기계화는 반드시 노동자들의 교섭력을 약화시키지는 않는다. 왜냐하면 노동자들이 기계와 직접 접촉함으로써 생산량을 통제할 가능성이 증대되기 때문이다. 이런 교섭력을 바탕으로 노동자들은 사용자들이 대체노동력으로 사용하려는 외국인노동자나 여성노동자의 진입을 제한한다. 그리고 도제제도에서 선임권에 이르는 다양한 제도를 통해 노동자들을 여러 등급으로 나누고 각 등급별로 직무의 내용을 엄격히 구분함으로써 노동자들 간의 이동이나 대체가능성을 감소시켜서 교섭력을 증대시켜왔다는 것이다.

한편, 독점자본주의 사회에서 노동자의 저항이 내부노동시장 형성요인이지만 노동조합의 조직형태와 행동전략에 따라서는 노동운동이 내부노동시장의 형성을 억제하기도 한다. 예컨대 단체협상이 전국적으로 중앙집중화되어 있는 스웨덴에서는 산업별로 조직된 노동조합이 강력한 연대임금정책을 통해 노동조건의 평준화를 추진함으로써 노동시장의 규모별, 업종별 분절화를 저지해왔다. 반면에 한국처럼 대기업 중심의 기업별 분권적 노동조합이 있는 경우 내부노동시장 발달에 자본의 지불능력 차이가 반영되어 대기업과 중소기업 사이에 노동시장의 분절화가 나타나기 쉽다. 독점대기업 부문의 노동조합은 단체교섭력을 이용해서 기회임금 이상의 임금상승을 달성할 수 있으며 대기업의 노동자는 타 기업으로 노동이동을 기피하게 되고 외부노동시장의 노동자가 진입하는 것도 상대적으로 어려워지면서 내부노동시장이 형성되고 노동시장의 분절이 강화되는 것이다.

자산 특수성

해당 자산이 기존 거래관계에서만 가치를 가지고 다른 거래에서는 가치가 상실되는 경우인데, 노동력 상품의 거래에서는 기업 특수적 숙련을 지닌 노동력일수록 자산 특수성이 높다.

거래비용이론

신제도주의학파의 거래비용이론(transaction cost theory)은 자산 특수성이 높은 노동력의 거래에서는 기업의 위계구조가 시장보다 더 효율적이라고 주장하며 그것이 내부노동시장을 형성한다고 강조한다.

제도를 역사적·사회적으로 규정된 것으로 본 기존의 제도주의 노동시장론과 달리 신제도주의 노동시장론은 제도를 개인들의 선택 결과로 본다. 신제도학파에서는 시장이 효율적이고 완벽하다면 왜 위계적인 기업이 존재하는가 하고 반문하고 거래의 특성에 따라서는 시장의 가격 메커니즘이 아니라 기업 내의 위계에 따른 자원배분 메커니즘이 더 효율적이라고 주장한다. 특히 거래비용이론에서는 인간은 합리적으로 행위하려고 의도하지만 인지능력과 정보처리능력의 제한으로 인해 제한된 범위 내에서만 합리적으로 행위할 수 있을 뿐이며, 계약을 어기는 것이 이익이 된다면 언제든지 계약 파기를 서슴지 않는다는 점에서 기회주의(opportunism)적 속성을 가지고 있다고 가정한다. 따라서 사람들은 거래를 체결함에 있어서 제한적 합리성이라는 조건하에서 자신의 이익을 극대화하려고 하며, 동시에 상대방의 기회주의적 행동의 위험으로부터 거래를 보호하려고 한다.

윌리엄슨(O. E. Williamson)은 제한된 합리성과 기회주의하에서 거래당사자들은 탐색정보비용, 교섭 및 의사결정비용, 감시와 집행비용 등과 같은 거래비용을 줄이는 방향으로 거래를 관할하는 관할구조 내지 지배구조(governance structure)를 선택하며, 이에 따라 제도나 조직이 창출된다고 보았다. 노동력 거래를 관할하는 제도적 틀, 즉 노동력 거래의 관할구조에는 시장형(market)과 위계형(hierarchy)이 있다. 높은 인적자산 특수성을 요구하는 노동력을 시장형 관할구조에 의해 거래할 경우, 사용자나 노동자 중에서 어느 한 쪽이 고용관계를 일방적으로 파기하면 이는 상대방에게 위험을 초래하므로 전형적인 '쌍방의존'과 '부당요구문제'가 발생한다. 반면 이것을 위계에 의해 관할할 경우에는 고용관계를 장기간 지속시키려는 인센티브를 제공함으로써 쌍방의존의 상태는 부당요구문제로 비화하지 않고, 안전장치 협상과 그에 소요되는 비용은 불필요하게 된다. 특수화된 인적자산의 거래에서 보호 장치가 마련된 내부노동시장의 경우 노동자는 갑작스런 해고의 위험이 예방되고, 경영자는 노동자의 뜻하지 않은 이직과 책임회피에서 발생하는 위험을 방지할 수 있다. 인적자산 특수성이 존재하는 노동에 대한 '시장'에서의 고용계약은 경영자와 노동자가 기회주의적으로 행동할 가능성을 증대시키며 이러한 기회주의적 행동을 예방하기 위해서는 많은 거래비용이 든다. 따라서 자산 특수성이 높은 노동력의 거래에서는 '시장'에 의존하기보다는 '위계조직(기업)' 내로 끌어들여 내부노동시장을 형성하게 되면 오히려 거래비용이 줄어든다는 것이다.

신제도학파는 제한된 합리성하에서 이익극대화를 위해 행동하는 개인들이 장기적 이익을 취하는 쪽을 선택함으로써 결과적으로 전체 편익이 극대화되도록 해주는 것이 바로 제도라고 봄으로써 제도의 효율성을 강조하고 있다. 그렇지만 제도 내에 존재하는 갈등과 권력관계는 무시하는 한계를 보이고 있다. 다시 말해서 내부노동시장은 노사 모두의 편익을 극대화시키는 경제적 효율성 때문에 형성될 수도 있으나 다른 한편으로는 위계구조가 고용주의 이익실현을 보장하는 정치적 수단이기 때문에 존재할 수 있다는 마글린(S. Marglin)의 비판은 외면하고 있다. 급진적 노동시장분절론자들이 내부노동시장이 노사 모두의 편익을 증진시키기보다는 이해갈등의 상황에서 고용주의 제도적 우위를 보장하는 정치구조라는 측면을 강조하는 반면, 신제도학파 경제학에서는 내부노동시장을 분석하면서 조직 전체의 효율성을 강조하고 있다.

효율성임금이론

신고전파경제학이 전제하는 완전경쟁적 노동시장에서는 개별 노동자의 인적 특성이 임금을 결정한다. 동일한 노동력의 소유자는 동일한 임금을 받으며 장기적으로 시장균형임금에서 벗어난 임금격차는 지속될 수 없다. 하지만 신고전파경제학의 예측과 달리 현실적으로 시장임금보다 높은 임금을 지불하는 기업들이 지속적으로 경쟁력을 유지하면서 존속한다. 효율성임금이론(efficiency wage theory)은 원래 시장임금보다 고임금을 지불하는 기업들이 시장에서 축출되지 않는 이유를 설명하려는 것이다. 또한 외부노동시장보다 높은 임금을 지불하는 내부노동시장의 존재를 설명해준다는 점에서 분절노동시장론의 범주에 포함시킬 수 있다.

효율성임금이론에서는 노동자의 생산성이 임금 수준을 결정하기도 하지만 역으로 임금 수준이 노동자의 생산성에 영향을 미칠 수 있다고 본다. 먼저 선물교환모형(gift exchange model)에 의하면 기업이 상대적인 '고임금'을 선물로 지불하면 노동자들은 공정한 대우를 받았다고 인식하여 노동규율과 노력극대화를 통해 높은 수준의 작업노력(effort)으로 답하며 결과적으로 생산성이 높아진다는 것이다. 다른 한편 근무태만모형 혹은 감독모형(shirking model/monitoring model)에서는 노동자의 개별적 작업성과를 정확하게 측정하기 힘들거나 근무태만을 감독하는 비용이 많이 들경우에 기업은 시장임금보다 높은 임금을 지급함으로써 근무태만을 막고 생산성 향상을 가져올 수 있다고 본다. 현재의 임금프리미엄이 높으면 근무태만으로 해고를 당했을 경우 감수해야 하는 기회비용이 상대적으로 크기 때문에 해고위험을 피하기 위해 노동자들은 성실하게 근무하게 된다는 것이다. 역선택모형(adverse selection model)에서는 기업이 노동자를 채용할 때 좀 더 높은 생산성을 지닌 노동자를 유인하기 위해 상대적으로 높은 임금을 지불하게 된다는 점을 강조한다. 예를 들면 높은 수준의 임금을 지불하는 기업이 노동자를 선발할 경우 의중임금(reserve wage)이 상대적으로 높은 노동자들이 지원할 가능성이 높아진다. 효율임금은 지원자들이 자신들의 진정한 업무수행능력에 따라 스스로를 선별하는 행위를 유도하며 이러한 이유에서 기업이 지원자의 능력에 대해 불완전한 정보만을 가지고 있는 한계를 효율임금은 보완하게 된다. 마지막으로 이직모형(turnover model)에서는 일부 기업들이 시장균형임금보다 높은 임금을 지불하는 이유로 이직에 따른 기회비용을 들고 있다. 이직비용은 유능한 인력의 유출과 이에 따른 후속인력의 선발, 훈련 및 배치에 따른 비용 등을 의미하는데, 이직 확률은 해당 기업이 경쟁기업보다 높은 임금을 지불할 경우 감소하는 경향이 있다. 따라서 이 모형에 따르면 노동자들의 숙련이 기업 특수적 특성을 지니고 있어 이들이 이직할 경우 치러야 할 비용이 큰 기업들은 상대적으로 높은 임금을 지불하게 된다는 것이다.

3. 한국의 노동시장구조

1987년 노동자대투쟁과 제조업 생산직 대기업 내부노동시장의 형성
한국의 노동시장구조를 돌이켜보면 1987년까지는 화이트칼라 가운데 일부 직종을 제외하고는 전체적으로 통합노동시장의 모습을 띠었다. 그러나 1987년 이후에는 노동운동의 발전에 따라 독점적 대기업과 중소기업 간에 노동시장분절화 경향이 뚜렷하게 나타났다. 한국 노동시장의 구조변화를 천착해온 정이환(1992)에 의하면 1987년 이후 한국의 생산직 노동자들의 기업규모별 임금격차나 고용안정성의 격차는 전형적인 이중노동시장의 모습을 보였던 일본의 1960년대보다 더 크게 나타났다. 그뿐만 아니라 중소기업에서는 경력자 위주로 채용이 이루어지는 반면에 대기업의 신규 입직자는 무경력자 위주로 이루어짐으로써 입직구가 제한되는 현상도 나타났다. 그 결과 대기업 1차 노동시장과 중소기업 2차 노동시장 사이에 임금이나 고용안정성 측면에서 뚜렷한 차이가 나타났다.

그러면 1987년 이후 한국의 내부노동시장 형성을 초래한 요인은 무엇인가? 내부노동시장의 발달과 노동시장의 분절을 설명하는 논리로는 내부노동시장의 기능적 효율성을 강조하는 입장과 노동시장 참여자들 사이의 투쟁과 타협이라는 역사적 과정을 강조하는 입장으로 나누어볼 수 있다. 내부노동시장의 형성과 관련하여 되린저나 피오르의 내부노동시장론이나 거래비용이론, 그리고 효율성임금이론의 이직모형 등에서는 기업 특수적 숙련을 강조하고 있다. 기업 특수적 숙련을 지닌 노동력의 거래에서 오는 관할비용을 줄이고 이들을 안정적으로 확보하기 위해 시장 대신 내부노동시장이라는 위계를 발달시키게 된다는 것이다. 그러나 전반적으로 한국의 대기업에서 생산직 노동자들의 숙련 수준은 높지 않았고 또한 숙련형성 메커니즘도 발달하지 않았다. 그런 점에서 1987년 이후 노동시장분절이 이루어지는 역사적 과정에 대한 설명은 노동자 집합행동론처럼 노자 간의 세력관계나 노동운동의 발달에서 그 요인을 찾는 것이 합당해 보인다. 1987년 이전에는 권위주의 국가의 강력한 억압으로 노동자계급의 형성이 억제되고 노동자들의 저항이 분출되지 못했다. 그러나 1987년 이후 동질화된 노동자들의 광범위한 저항에 직면한 자본가들은 내부노동시장을 허용할 수밖에 없었다. 기본적으로 내부노동시장은 위계구조하에서 자본의 명령과 노동자의 복종을 보장하는 구조라는 점에서 한국적 내부노동시장이 자본의 이익에 반하는 것은 아니다. 또한 자동차 등 중화학장치산업을 중심으로 한 내부노동시장의 형성은 축적체제의 측면에서는 포드주의적 대량생산-대량소비체제의 안정적 구축을 의미하는 것이기도 했다.

한편 한국의 경우 내부노동시장의 형성을 자본보다는 노동조합이 주도함으로써 한국적 내부노동시장은 독특한 형태를 지니게 되었다. 자본의 주도하에 내부노동시장이 형성된 미국의 경우에는 직무위계가 세분화되고 승진을 둘러싼 노동자 간의 경쟁이 촉진되었으나 한국의 생산직 내부노동시장에서는 직무사다리나 승진제도는 발달하지 않았으며, 노동조합의 요구가 반영되어 내부노동시장은 비경쟁적이고 동질적인 특징을 보여주었다. 한국의 대기업 생산직 내부노동시장에서 노동자들의 숙련 수준은 중소기업보다 특별히 높지 않았고 또 내부적으로 숙련 수준을 향상시키기 위한 훈련제도도 존재하지 않았으며 또한 숙련을 우대하는 직무급체제나 승진제도도 발달하지 않았다. 물론 이는 상당 부분 한국의 독점대기업들이 대량생산설비의 도입과 '반숙련' 노동력에 기초하면서 높은 수준의 현장숙련을 필요로 하지 않는 생산기술을 채택하고 있기 때문에 발생하는 '숙련의 수요제약'에 기인하는 것이기도 했다. 그렇지만 어쨌든 이는 내부노동시장의 기능적 효율성이라는 관점에서 보면 한국의 대기업 내부노동시장은 인적자산 특수성이 크지 않은 상태였고 굳이 시장보다 위계(내부노동시장)에 의존하는 것이 효율적이라고 하기 힘든 상황이었음을 시사한다.

한국 내부노동시장의 낮은 효율성의 문제는 1990년대 초반까지는 3저 호황에 따른 높은 경제성장으로 크게 문제되지 않았다. 그러나 1990년대 후반 포드주의적 축적체제가 위기에 봉착하고 한국 경제가 외환위기를 맞으면서 내재되었던 문제는 전면으로 부상한다. 그리고 한국의 기업들은 이런 상황에서 내부노동시장의 효율성을 증대시키려고 노력하기보다는 핵심인력을 중심으로 내부노동시장은 최소한으로 유지하면서 기타 노동력은 외부화하는 주변화전략을 채택하게 된다. 기업들의 이 같은 인사관리전략에 따른 내부노동시장의 이완과 주변화는 1990년대 중반 이후 한국 노동시장에서 비정규직의 급속한 팽창으로 발현되게 된다(정건화, 2003).

IMF 경제위기 이후 노동시장구조의 변화: 정규직 내부노동시장의 이완과 비정규직 확산

1987년 노동자대투쟁 이후 한국 노동시장의 가장 두드러진 특징이 대기업 내부노동시장의 형성이었다면, 1997년 외환위기 이후 한국 노동시장의 가장 뚜렷한 변화는 비정규직의 증가라고 할 수 있다. 그 결과 기존의 대기업과 중소영세기업 사이의 노동시장분절에 더해 정규직과 비정규직이 새로운 노동시장의 분절선으로 한국의 노동시장 분단을 확대·심화시키고 있다.

1990년대 이후 국내기업들은 인력감축, 외주화, 분사 그리고 비정규직 확대 등을 통해 핵심인력을 중심으로 내부노동시장을 최소로 유지하면서 나머지 인력에 대해서는 고용관계의 외부화를 적극적으로 추구해왔다. 특히 외환위기 상황에서 정규직 인력에 대한 대량 고용조정을 실시한 후 필요인력은 비정규직으로 대신 채용해오고 있다. 포드주의적 대량생산체제가 한계에 봉착하면서 특히 급격한 산업구조와 기술의 변화, 시장의 불확실성 증대에 따라서 기업들은 시장 환경 변화에 신속하게 대응할 수 있는 유연성을 요구받고 있다. 유연성에 대한 요구는 노동시장의 측면에서도 마찬가지이며 이에 따라 각국은 기능적 유연성, 수량적 유연성, 임금 유연성을 추구해왔다. 기능적 유연성은 고용조정에 치중하기보다는 기업 내에서 배치전환과 훈련체계 혁신을 통해 노동자들을 다능 숙련공(multi skilled)으로 양성하여 고숙련-고임금-고품질-고생산성의 고숙련경제를 지향하는 전략이다. 그러나 한국의 기업들은 고용규모와 임금의 조정을 통해 수량적 유연성을 확보하는 전략에 치중했다. 수량적 유연성에 치중할 경우에는 인건비 절감이나 고용 유연성 확보로 단기적 이윤을 확보할 수는 있으나 숙련형성 기반이 붕괴되어 저숙련 함정에 빠지기 쉽다. 왜냐하면 모든 기업들이 내부노동시장에서 숙련을 양성시키기보다 필요한 숙련을 외부조달하는 전략을 사용할 경우 죄수의 딜레마에 빠져 어느 기업도 숙련을 양성하지 않을 것이기 때문이다(정이환·이병훈 외, 2003).

한편 한국 기업들이 이처럼 공격적으로 고용의 외부화를 추구한 이유는 다른 측면에서 보면 한국형 내부노동시장이 효율성이 낮았던 점과도 무관하지 않다. 한국형 내부노동시장에서는 관료제적 위계가 발달하지 않아서 자본의 입장에서는 내부노동시장을 활용한 노동통제가 용이하지 않았으며, 또한 숙련형성기제나 숙련에 대한 인센티브 제도도 발달하지 않아서 내부노동시장이 기업 특수적 숙련의 안정적 확보를 위한 장치로 작동하지도 못했다. 이 같은 내부노동시장의 저효율성 문제에 대해 한국의 대기업들은 적극적으로 숙련형성 메커니즘을 발달시킴으로써 내부노동시장의 효율성을 증진시키는 기능적 유연성 전략을 추구하기보다는 가능한 한 내부노동시장을 축소시키고 나머지 주변적 노동력은 외부화시키는 수량적 유연화에 매달린 것으로 보인다. 그리고 이에 대해 대기업 정규직 중심의 노동조합 또한 기업별교섭 체제하에서 정규직 조합원의 이익보호에 급급한 나머지 비정규직의 확산을 적극적으로 막아내지 못한 것으로 여겨진다.

한국 노동시장의 현주소: 극단적 분절과 고용 및 임금의 불평등
한국의 노동시장은 고용창출에는 비교적 성공적이었다. 그러나 기업규

모와 고용형태에 따른 노동시장분절로 극
심한 임금불평등과 고용불안이라는 문제를
노정하고 있다(김유선, 2007). 이는 87노동
체제의 실패라고 볼 수 있다. 노동시장 측
면에서 볼 때 87노동체제는 기업별교섭, 기
업 내부노동시장, 그리고 노동시장분절을
주요 특징으로 한다. 기업 내부노동시장은
노동시장분절과 불평등을 초래하기 쉽다.
그렇지만 외환위기 이전까지는 높은 경제

비정규직 노동자의 투쟁

성장률과 낮은 실업률이 지속되면서 인력난 등으로 전반적 임금격차가
축소되었고 조직부문 대기업의 임금인상 효과가 중소기업에까지 파급되
어 임노동자 전체의 근로조건을 향상시키는 측면이 있었다. 그러나 외환
위기를 계기로 대기업도 핵심인력을 제외한 인력은 외부화(outsourcing)
하거나, 비정규직 노동자로 충원하는 주변화 전략을 구사하기 시작했다.
그 결과 1차 노동시장에 속한 대기업 정규직 노동자와 2차 노동시장에 속
한 중소기업 노동자나 비정규직 노동자 사이에 분절이 심화되었으며, 전
체적으로는 1차 시장의 비중이 지속적으로 축소됨으로써 노동시장의 유
연성은 세계 최고 수준에 달하게 된 것이다. 기능적 유연성을 추구하면서
내부노동시장의 효율성을 증대시키기보다는 고용조정을 통한 단기적 이
익추구에만 몰두해왔던 기업들과 기업별교섭 체제하에서 기업의 울타리
를 넘어선 계급적 연대를 소홀히 했던 대기업 정규직 노조의 타협의 산물
이 핵심-주변 분리를 통한 노동시장분절의 심화를 초래했던 것이다. 이는
결국 저임금계층의 양산 및 가계부채 증가와 내수기반 침체로 이어졌으
며, 고용과 임금의 양극화는 노사갈등과 사회갈등을 초래하고 우리 경제
의 성장잠재력을 저하시키는 것은 물론 실질적 민주주의가 후퇴하여 민
주주의의 기반 자체를 위협하기에 이르렀다.

따라서 한국 노동시장의 대안으로 영미식 시장지배적 유형은 적합성이
떨어져 보인다. 왜냐하면 한국 노동시장은 이미 극도의 불평등과 유연성

을 보이고 있는데 영미식으로 갈 경우 불평등이 더욱 심화될 우려가 있기 때문이다. 정이환(2006)은 그 대안으로 1990년대 이후 평등과 복지를 포기하지 않으면서도 시장 참여자들 간의 타협을 통해 고용창출에 성공한 유럽식 노동시장제도를 염두에 둔 사회적 노동시장 구축을 제시하고 있다. 장기적으로 87노동체제의 한계를 극복하기 위해서는 노동시장의 분절을 완화시켜야 할 것이다. 그러나 이는 내부노동시장의 붕괴를 통한 하향평준화를 의미하는 것은 아니다. 다만 기업 내부노동시장의 효율성을 증대시키기 위해서 기업 특수적 숙련형성 메커니즘을 창출해내고 동시에 숙련에 대한 인센티브를 강화하기 위해서 연공임금의 직무급체제로의 변환을 검토해볼 필요가 있다. 이를 통해 기능적 유연성을 제고하고 고성과 고효율 작업시스템에 기초한 고임금-고생산성-고부가가치의 고진로 전략 도입을 검토해보아야 할 것이다. 또한 시장의 횡포를 제어할 노동시장제도를 마련하여 극심한 노동시장 유연성과 불평등을 해소할 필요가 있다. 예컨대 비정규직의 차별과 남용금지, 최저임금 수준 현실화, 연대임금정책, 연대복지정책, 교육훈련 시스템과 연계된 숙련급체제, 산별단체교섭 촉진과 단체협약 효력확장제도 도입 등으로 분권화된 노사관계를 집중화하고 사회적 연대를 강화할 필요가 있다.

노동시장제도의 변화를 이해하는 데에서 기술결정론이나 시장만능론은 경계해야 한다. 노동시장이 어떤 방향으로 변화할 것인지는 단순히 기술적인 요인이나 시장효율성만이 아니라 권력관계와 제도의 변화에도 민감하게 영향을 받는다. 자본가와 노동자의 불평등한 권력관계를 도외시한 분석은 한편으로는 자본의 정치적 권력을 당연시하며, 다른 한편으로는 집합적 권력으로서의 노동조합의 존재를 시장균형의 파괴자로 규정하기 십상이다. 노동시장의 효율성이 달성되는 경로는 다양하며 그중에서 어떤 유형의 노동시장구조가 정착될 것인지는 노동시장 참여자들의 전략적 선택 및 권력관계에 기초한 타협에 의해 결정될 것이다. 1987년의 민주화와 노동자대투쟁으로 인한 사회적 권력관계의 변화가 노동시장의 구조변화, 즉 내부노동시장 형성의 계기가 되었던 것처럼, 앞으로도 노동시

장 참여자들의 사회적 관계와 세력균형, 전략적 선택, 투쟁과 타협 등의
역사적 과정을 거치면서 한국 노동시장의 구조는 변화해갈 것으로 전망
된다.

이야깃거리

1. 신고전파경제학에서는 노동시장도 일반 상품시장과 동일한 시장원리가 작동하므로 노동력 상품의 판매자(노동자)와 구매자(기업 혹은 고용주)의 권력관계는 균형을 이룬다고 본다. 우리나라의 대졸자들이 취업 시에 겪는 경험이나 최근 사회문제가 된 '술자리 면접' 등의 사례에 비추어 권력균형 명제를 다시 검토해보자. 그리고 개별적 판매자로서는 불리한 처지에 있는 노동자들이 자신들의 권익을 향상시키기 위해 강구해온 수단은 어떤 것들이 있는지 산업화의 역사를 돌이켜보면서 살펴보자.

2. 남녀 노동자의 임금격차는 통합노동시장론과 분절노동시장론에서 각각 어떻게 설명할 수 있는가? 그리고 한국의 최근 노동시장에서 어떤 설명이 더 설득력이 있을지 생각해보자.

3. 완전경쟁적인 통합노동시장과 분절노동시장에서 저임금과 빈곤을 해결하기 위한 대책은 어떤 차이를 보일지 생각해보자.

4. 한국의 노사관계제도, 특히 기업별노조와 기업별로 파편화된 교섭구조는 대기업 정규직으로 이루어진 1차 노동시장과 중소기업 또는 비정규직으로 이루어진 2차 노동시장의 임금과 노동조건에 어떤 영향을 미쳤는가? 그리고 이를 통해서 노사관계제도가 노동시장에 미치는 영향에 대해 생각해보자.

5. 최근 프랑스 등지에서 일고 있는 정년연장을 둘러싼 노동자들과 학생들의 시위를 참고해서 정년연장이나 연금지급 개시일의 변경과 같은 제도 변화가 노동시장에 미치는 영향에 대해서 토론해보자.

읽을거리

『현대 노동시장의 정치사회학』. 정이환. 2006. 후마니타스.

이 책은 북유럽 사민주의국가들을 비롯하여 독일, 미국 및 동아시아 각국의 노동시장제도를 자본주의 다양성 이론에 기대어 비교분석하고 있다. 이를 통해서 지구화와 기술변화가 각국을 무한경쟁의 소용돌이에 빠뜨리고 있음에도 세계 여러 나라의 노동체제는 영미형의 시장지배적 자유주의체제로 수렴하고 있지는 않으며, 거시구조적 압력 속에서도 평등과 복지를 중요한 가치로 삼는 사회체제가 유지될 수 있음을 설득력 있게 보여주고 있다. 이 책은 세계 속에서 한국 노동시장제도의 현 위상을 점검하고 장래의 대안을 모색하기 위한 성찰의 마당으로 독자들을 초대한다.

『위기의 노동』. 최장집 엮음. 2005. 후마니타스.

이 책은 산업화와 민주화의 가장 중요한 기여자들이었던 노동자들이 민주화와 세계화가 자리 잡은 21세기에 들어와 오히려 손쉬운 비용절감의 대상으로 시장의 폭력에 방치되는 현상을 노동시장의 구조변화를 통해 보여준다. 노동 없는 경제, 노동 없는 시장으로의 질주는 한국 민주주의의 사회적 기반을 침하시킬 것이라는 우려를 제기하면서 노동위기의 극복을 통해 건강한 민주주의를 정착시킬 방안들에 대해 모색한다.

『4천 원 인생』. 안수찬 · 전종휘 · 임인택 · 임지선. 2010. 한겨레출판.

이 책은 흔히 비정규직 몇 %, 워킹푸어 몇 % 등으로 통계숫자로만 지면에 나타나는 노동의 현장을 '한겨레21' 기자들이 발로 뛰어 찾아내고 직접 몸으로 체험하면서 "같이 땀 냄새를 맡고, 함께 나사를 풀고, 생선을 손질해가면서 오감을 이용해 취재한" 기록이다. 이를 통해 우리 사회의 가장 본질적인 모순에 대한 생살 그대로의 모습을 전해준다.

볼거리

〈평행선: 현대자동차 식당 여성노동자 이야기〉. 이혜란 · 서은주 감독. 2000.

〈평행선〉은 여성노동자 문제를 다룬 일련의 다큐멘터리 영화를 제작해온 다큐희망의 대표작 중 하나이다. 이 영화는 IMF 직후 현대자동차의 정리해고를 둘러싼 파업과정에서 '밥하는 아줌마'들이 벌이는 싸움의 기록이다. 143명의 아줌마들이 무더기로 쫓겨났지만 노동조합의 투쟁과정에서조차 성차별과 주변화로 그녀들은 목소리를 잃어간다.

〈외박〉. 김미례 감독. 2009.

이 영화는 지금은 사라진 대형마트 홈에버에서 일하던 캐시어 여직원들을 중심으로 벌어진 파업투쟁의 기록으로 정규직과 비정규직의 문제가 주된 화두의 하나이다. 계산대 사이에 종이 박스를 깔고 몇몇은 누워서, 몇몇은 서로 대화를 나누는 모습으로 이 영화는 시작되는데 원래는 1박2일 점거 농성을 계획했다가 510일의 기나긴 투쟁을 하게 되었다고 한다. 그 말을 증명이라도 하듯이 초반 영화에서 보이는 아주머니들의 표정은 몇 일간 휴가를 나온 듯한 가벼운 표정이다. 하지만 투쟁이 길어지면서 공권력이 투입되고 가족들과의 불화로 힘들어하는 모습 등이 솔직하게 비춰진다.

〈빵과 장미〉. 켄 로치 감독. 2000.

마야는 일을 하기 위해 멕시코에서 LA로 와서 언니 로사의 도움으로 빌딩 청소원이 된다. 첫날 관리인들에게 쫓기던 노동운동단체 소속의 샘을 쓰레기통에 숨겨준다. 청소원들은 어떤 보장도 받지 못한 채 착취당하고 있다는 것을 샘을 통해 알게 된 후, 정당한 권리를 찾기 위한 싸움이 시작되고, 우여곡절 끝에 승리의 순간을 맞지만 마야는 절도혐의로 멕시코로 추방된다. 추방되는 마야의 손에 들린 샘의 편지 구절이 영화제목이다. "We want bread, but roses too."

06

고용과 실업

주요 용어
취업, 고용, 고용주, 피고용자, 고용구조, 정규직, 비정규직, 노동시장, 1차 노동시장, 2차 노동시장, 실업, 실업률, 경력이동

'인간이란 어떤 존재인가?'라는 물음에 대해 여러 가지 답이 있다. 그 가운데 '노동하는 인간'이라는 답을 빼놓을 수 없다. 이때 노동이란, 여러 의미를 띨 수 있지만, 가장 추상적인 차원에서는 '무엇인가를 만들어내는 일'이다. 그런데 인류역사를 보면, '무엇인가를 만들어내는 일'은 시대와 사회에 따라 다양한 방식으로 이루어져 왔다는 점을 알 수 있다. 우리가 살고 있는 자본주의 사회에서 노동은 대부분 일자리를 통해서 이루어진다. 일자리를 갖는다는 것은 다른 사람에게 고용되어 임금을 받고 일을 하거나, 스스로 사업을 하면서 돈을 번다는 것을 뜻한다. 일자리를 통해 우리는 생계비를 벌고, 저축을 하고, 인간관계를 맺으며, 더 나아가 삶의 의미까지도 찾는다. 일자리는 우리의 삶이 펼쳐지는 중요한 무대인 것이다. 우리는 어떻게 이러한 무대에 들어가고, 이 무대를 떠나거나 이 무대 안에서 여러 곳을 옮겨 다니게 되는가? 이 장에서는 이러한 물음에 대한 답을 찾아본다. 이러한 답을 찾으면서 우리는 일자리가 우리의 삶에서 차지하는 의미를 한국 사회의 현실 속에서 좀 더 뚜렷하게 이해할 수 있을 것이다.

1. 취업

1) 일자리는 왜 중요할까?

○○○ 씨는 학점이 별로 좋지 않은데 어떻게 우리 회사에 지원할 생각을 했습니까?

위 질문은 요즘 유행하는 이른바 압박 면접에서 면접관이 응시자에게 던진다는 질문 가운데 하나이다. 압박 면접은 면접관이 응시자를 당황스럽게 만드는 질문들을 잇달아 던지고, 응시자가 이러한 질문들에 얼마나 순발력과 창의력을 발휘하여 대처하는지를 알아보는 면접 방법이다. 여러분이 압박 면접에서 위의 질문을 받는다면 무엇이라고 답을 하겠는가? 사실 요즘에 취업을 준비하는 많은 대학 졸업자들은 이러한 유형의 면접을 충분히 예상하고 있고, 위와 같은 질문에 어떻게 답할지도 미리 준비한다. 위의 질문에 대한 구체적인 답은 각자 조금씩 다르겠지만, 가장 모범적인 답은 솔직하되 자신을 낮추지 말고, 자신감을 보이되 거만해 보이지 않아야 한다는 것이다. 물론 이런 식으로 답을 하는 것은 아무리 준비를 한다고 해도 쉬운 일은 아니다. 자신의 감정을 잘 조절해야 하고, 치열한 경쟁 속에서 다른 응시자보다 좀 더 참신한 답을 제시해야 하기 때문이다.

위의 예는 요즘의 청년들이 일자리를 얻기 위해 겪는 어려움을 보여주는 한 가지 예이다. 이러한 어려움을 뚫고 우리는 왜 일자리를 얻으려고 할까? 좀 더 정확히 말하면, 우리는 왜 원하는 일자리를 꼭 얻으려고 할까? 이 질문에 대한 가장 쉬운 대답은 '돈을 벌기 위해서'라는 것이 될 것이다. 자본주의 사회에서 돈이 없어도 살 수 있는 사람은 없기 때문에, 이 대답은 분명히 맞는 말이다. 하지만 이 대답이 일을 하는 이유의 전부가 아니라는 것 또한 사실이다. 인간은 자신의 가치를 스스로 확신할 때 삶의 의미를 찾을 수 있다. 그런데 자신의 가치는 실제 경험을 통해서만 확인할 수 있다. 이때 실제 경험은 어떤 일을 하는 활동 그 자체와 그 활동과정에서 다른 사람과 맺는 인간관계로 나누어 생각해볼 수 있다. 어떤 일을 잘 해낼 때 인간은 자신의 능력에 대한 자부심을 갖게 되고, 이러한 자부심이 쌓이면 삶의 의미도 찾을 수 있다. 또한 자신의 능력은 스스로 확신할 필요도 있지만, 다른 사람들로부터 확인받을 필요도 있다. 일을 하면서 맺는 인간관계 속에서 자신의 능력에 대한 믿음을 다른 사람들로부터 얻는다면, 이 또한 삶의 의미를 찾는 데 큰 도움이 된다.

일자리는 개인뿐만 아니라 사회에도 중요하다. 사회가 유지되기 위해서는 우선 다양하고 많은 물자가 필요한데, 이러한 물자는 또한 다양한 일자리를 통해서 만들어진다. 사회가 유지되는 데는 물자뿐만 아니라 수많은 복잡한 조직이 필요하다. 사회성원들이 자신의 이익만 내세우지 않고 조직 속에서 서로 협력해야만 사회가 유지되는 것이다. 그런데 이러한 조직을 유지하는 방법은 성원들이 단순히 친목을 다지는 것이 아니라 실제로 일을 함께 하는 것이다.

이렇게 일자리는 개인에게는 소득과 삶의 의미를 가져다주고, 사회에는 사회의 지속을 위해 필요한 물자와 조직을 가져다준다. 그런데 한 사회 안에서 어떤 일자리는 다른 일자리보다 개인에게 더 많은 소득과 삶의 의미를 가져다준다. 따라서 대부분의 사회성원은 더 많은 소득과 의미를 가져다주는 일자리를 얻고 싶어 하고, 이러한 일자리를 얻기 위해 경쟁한다. 여러 사회를 비교해보면, 어떤 사회의 일자리들은 전체적으로 다른 사회의 일자리들보다 물자와 조직을 좀 더 효과적으로 만들어낸다. 물자와 조직을 효과적으로 만들어내는 일자리를 더 많이 가진 사회는 다른 사회보다 앞서갈 수 있으므로, 대부분의 사회는 이러한 일자리를 더 많이 만들어내려고 노력하게 된다.

2) 고용과 고용구조

고용이란?

위에서 살펴보았듯이, 우리가 일자리를 얻는 것은 우리 자신을 위해서나 전체 사회를 위해서나 중요한 일이다. 그런데 한 사회의 일자리는 아주 다양하다. 다양한 일자리를 구분하는 하나의 기준은 일의 대가로 다른 사람에게 보수를 받느냐, 받지 않느냐 하는 것이다. 보통 어떤 사람이 고등학교나 대학교를 졸업하고 일자리를 얻는다고 할 때는 일을 한 대가로 다른 사람에게 월급 같은 보수를 얻는 것으로 생각한다. 하지만 다른 사람에게 보수를 주고 일을 시키는 사람도 많다. 이렇게 다른 사람에게 보수를 주고 일을 시키는 것을 고용이라고 한다.

고용은 아주 많은 사람들이 일자리를 얻는 방식이라는 점에서 매우 중요하다. 기업이 얼마나 많은 사람을 고용하느냐가 매우 중요한 사회적 관심사가 되는 것도 이 때문이다. 또한 고용은 매우 복잡한 현상이며, 고용과 관련된 개념도 많다. 이러한 개념 가운데 중요한 것 몇 가지를 살펴보자. 우선, 다른 사람으로부터 보수를 받고 일을 하는 것을 피고용이라고 한다. 사실 고용과 피고용은 같은 개념이라고 볼 수도 있다. 같은 현상을 어떤 사람의 관점에서 보느냐에 따라 고용이 되기도 하고 피고용이 되기도 하는 것이다. 다른 사람에게 보수를 주고 일을 시키는 사람은 고용주라고 한다. 이에 비해, 다른 사람으로부터 보수를 받고 일을 하는 사람은 피고용자 또는 임금근로자라고 부른다. 다른 사람으로부터 보수를 받지 않고 일을 하는 사람은 자영업자라고 한다. 자영업자는 자기 혼자 일을 할 수도 있고, 적은 수의 다른 사람을 고용할 수도 있다.▼ 일자리를 갖고는 있지만 일자리를 통해서 소득을 얻지는 못하는 사람들도 있다. 무급가족종사자가 그러한 사람들이다. 통계청은 무급가족종사자를 "동일 가구 내에 살고 있는 혈연관계인 가족이 운영하는 개인사업체에 정기적인 보수(즉, 작업량에 따라 지불하기로 약정한 임금과 급료) 없이 적어도 정상작업시간(상시 종사자의 대부분에게 적용되는 작업시간)의 1/3 이상을 작업한 사

▼ 형식만 따지자면 모든 고용주는 자영업자라고 할 수 있겠지만, 보통은 적은 수의 사람만 고용하는 고용주를 자영업자라고 부른다.

람"이라고 정의한다. 작은 식당에 가면 주인의 아들, 딸, 배우자 등이 주인을 도와 일을 하는 모습을 흔히 보게 되는데, 주인을 도와 이렇게 일하는 가족 또는 친척은 아무런 보수를 받지 않는 경우가 많다. 이러한 가족 또는 친척이 무급가족종사자이다. 고용주, 피고용자, 자영업자, 무급가족종사자를 합쳐 취업자라고 한다.

피고용자가 다른 사람으로부터 보수를 받고 일을 한다는 것은 엄밀히 말해, 자신의 노동력을 고용주에게 판다는 것을 뜻한다. 여기서 노동력이란 일을 할 수 있는 능력을 말한다. 이러한 능력은 육체적 힘, 일하고자 하는 의지, 일에 대한 지식 등을 포함한다. 그런데 다른 사람으로부터 보수를 받고 일을 한다는 말보다 자신의 노동력을 고용주에게 판다는 말이 더 정확한 말이 되는 이유는 무엇인가? 그 이유는 우리가 사는 자본주의 사회의 피고용자와 옛날의 소작인이나 농노를 비교하면 쉽게 알 수 있다. 자본주의 사회의 피고용자는 근무시간에는 고용주의 지시와 감독 아래 일을 하지만, 근무시간이 끝나면 원칙적으로 고용주의 간섭을 받지 않는다. 하지만 소작인이나 농노는 농사를 지을 때뿐만 아니라 농사를 짓지 않을 때도 지주나 영주의 이런저런 지시와 간섭에 시달렸다. 다시 말해서, 소작인이나 농노는 지주나 영주에게 인격적으로 예속되어 있던 데 비해서, 피고용자는 고용주에게 인격적으로 예속되어 있지 않은 것이다. 이 점은 노동력을 사고파는 영역을 노동시장이라고 부르는 데서 분명해진다. 시장에서는 물건을 사고판다. 물건에는 인격이 있을 수 없다. 노동력을 상품이라고 보고, 노동력을 사고파는 영역을 노동시장이라고 본다면, 피고용자는 자신의 노동력을 고용주에게 상품으로서 파는 것이지, 자신의 인격까지 파는 것은 아니라는 점을 알 수 있다. 물론 이렇게 노동력을 상품으로 보는 것은 언뜻 생각하면 인간의 가치를 낮추어 보는 듯한 느낌을 줄 수 있다. 하지만 역설적으로 노동력을 상품으로 보는 것이 피고용자의 인격을 침해하지 않는다는 점도 사실이다.

노동시장에 참여하는 사람들은 대부분 취업자, 곧 고용주, 피고용자, 자영업자, 또는 무급가족종사자이지만, 일부는 취업자가 되려고 하는 사람

〈표 6-1〉 인구의 분류

경제활동인구(노동시장 참여자)	취업자	피고용자(임금근로자)
		고용주
		자영업자
		무급가족종사자
	실업자	
비경제활동인구(노동시장 미참여자)		

들이다. 우선, 일부 사람들은 피고용자가 되고 싶어도 될 수가 없다. 피고용자가 될 수 없는 이유는 여러 가지이다. 먼저, 일자리가 전혀 없는 경우가 있다. 경제 상황이 갑자기 나빠져 많은 사람들이 직장을 그만둬야 할 때, 이런 사람들은 적어도 짧은 시간 안에는 일자리를 다시 구할 수가 없다. 한국에서도 1997년 말 경제위기가 닥쳤을 때 많은 사람들이 갑자기 직장에서 밀려나 일자리를 구하지 못했다. 다음으로, 일자리가 있기는 있는데 일자리를 구하는 사람의 필요나 요구에 맞지 않을 수 있다. 극한적인 상황이 아니라면, 생계를 유지하기 어려울 정도의 보수밖에 받을 수 없는 직장이나 자신의 적성과 너무 맞지 않는 직장에 취업하기는 어렵다. 그리고 더 많은 보수나 더 좋은 조건을 바라면서 계속 일자리를 알아보는 사람들도 있다. 취업자 가운데 비중이 적은 무급가족종사자를 제외하면, 일부 사람들은 고용주 또는 자영업자가 되고자 하지만 되지 못한다. 그 이유는 주로 자금이 부족하거나 경제 상황이 좋지 못하거나 적절한 사업 계획을 세울 수 없기 때문이다. 이렇게 취업자가 되고자 노력하지만 취업자가 되지 못하는 사람들을 실업자라고 한다.

실업자는 일을 하지 않는 사람이지만, 일을 하지 않는 사람을 모두 실업자라고 하지는 않는다. 보수를 받는 일을 할 수 없는 처지에 있다는 점이 분명한 사람들도 많이 있기 때문이다. 이런 사람들을 비경제활동인구라고 부르는데, 나이가 너무 많은 사람, 학교를 다니는 사람, 병역 의무를 수행 중인 사람, 교도소에 수감된 사람, 다른 일자리를 갖지 않고 집안일만 하는 사람 등이 구체적인 예이다. 비경제활동인구는 만 15세 이상의 전체

인구 가운데 경제활동인구를 뺀 사람들이다. 통계청은 경제활동인구를 "만 15세 이상 인구 중 조사 대상 주간 동안 상품이나 서비스를 생산하기 위해 실제로 수입이 있는 일을 한 취업자와 일을 하지 않았으나 구직활동을 한 실업자"라고 정의한다. 간단히 말해, 경제활동인구는 취업자와 실업자로 이루어진다.

지금까지 노동시장과 관련지어 전체 인구의 여러 유형을 살펴보았다. 〈표 6-1〉은 이를 간단하게 정리한 것이다.

고용구조란?

자본주의가 발달한 사회에서는 경제활동인구 가운데 피고용자가 가장 많은 것이 보통이다. 그 수가 가장 많은 만큼 피고용자는 다른 경제활동인구보다 더 자세하게 나눌 수 있다. 전체 피고용자를 여러 기준에 따라 나누면, 한 사회의 고용구조를 파악할 수 있다. 다시 말해서, 고용구조는 한 사회에서 어떤 피고용자들이 어떤 비율로 나타나는지, 그리고 다양한 피고용자들 사이의 관계는 어떠한지를 파악하게 해준다.

피고용자를 나누는 한 가지 기준은 종사상 지위이다. 통계청에 따르면, 종사상 지위는 "취업자가 실제로 일하고 있는 신분 또는 지위 상태"이다. 종사상 지위에 따라 피고용자를 나누면, 상용근로자, 임시근로자, 일용근로자가 된다. 통계청은 이 셋을 고용계약기간에 따라 나눈다. 상용근로자는 "고용계약기간이 1년 이상인 자 또는 특별한 고용계약이 없어 기간이 정해져 있지 않더라도 계속 정규직원으로 일하면서 상여금, 수당 및 퇴직금 등의 수혜를 받는 자"이고, 임시근로자는 "임금근로자 중 상용이 아닌 자로 고용계약기간이 1개월 이상 1년 미만인 자 또는 일정한 사업 완료의 필요성에 의해서 고용된 자"이며, 일용근로자는 "임금 또는 봉급을 받고 고용되어 있으며, 고용계약기간이 1개월 미만인 자, 또는 일정한 사업장 없이 떠돌아다니면서 일한 대가를 받는 자"이다.

이 세 범주 가운데 가장 큰 비율을 차지하는 것은 상용근로자이다. 그런데 상용근로자라는 개념은 보수가 높고 안정된 일자리라는 느낌을 주기 쉽다. 하지만 같은 상용근로자라고 하더라도 임금이 적고 노동조건이 좋지 않은 사람도 많다. 그래서 임금과 노동조건을 고려하여 피고용자를 좀 더 현실에 맞게 나누기 위해 정규직과 비정규직이라는 분류도 많이 사용한다. 대체로 정의하자면, 정규직은 통상적인 근로조건 속에서 일하는 피고용자라고 할 수 있고, 비정규직은 통상적인 근로조건보다 못한 근로조건 속에서 일하는 피고용자라고 할 수 있다. 그런데 '통상적인 근로조건'이라는 것이 그렇게 분명한 개념은 아니다. 정의하는 기관과 사람에 따라 정규직과 비정규직의 범위가 달라진다. 한국 정부는 공식적으로 비정규직을 "임금, 근로계약기간, 근로시간 등 중요 근로조건에 벗어나는 근로자로서 보통 파견근로, 단시간근로, 계약직, 도급, 위탁, 특수고용계약직에 종사하는 근로자"라고 정의한다. 이 정의에 따르면, 2009년 현재 한국의 비정규직 월 평균임금은 정규직 월 평균임금의 54.6%밖에 되지 않는다. 또한 비정규직은 정규직보다 훨씬 더 쉽게 해고될 수 있다. 최근에 비정규직 문제가 사회적으로 큰 논란이 되고 있는 것은 비정규직이 이렇게 불안정한 상황 속에 놓여 있기 때문이다.

피고용자를 나누는 다른 기준으로는 산업, 직종, 성별 등을 들 수 있다. 산업은 흔히 1차, 2차, 3차 산업으로 나뉜다. 1차 산업은 농업, 수산업, 임업, 축산업 등 자연의 산물을 직접 얻어내거나 기르는 산업이고, 2차 산업은 광업과 제조업으로서 자연 자원을 가공하여 인간 생활에 유용한 물건으로 바꾸는 산업이고, 3차 산업은 1차 산업과 2차 산업에 포함되지 않는 다양한 산업을 모두 아우르는 산업으로서 서비스업이라고도 불린다. 서비스업은 너무 다양한 영역을 포함하기 때문에 좀 더 세분화되기도 한다. 특히 최근에는 정보통신산업의 발달에 따라, 지식정보 부문을 다양한 방식으로 규정하기도 한다. 이러한 분류를 세분화해보면, 수많은 산업을 더 찾을 수 있다. 직종은 취업자가 하는 일의 종류, 곧 직업의 종류를 말하는 것인데, 군인을 빼면 흔히 〈표 6-2〉에서와 같이 나뉘고 정의된다.

성별 고용구조를 보면, 경제발전 수준이 아주 높은 소수 나라들 외에는 대체로 여성 취업자의 비율이 더 낮다. 한국도 마찬가지이다. 이런 현상

〈표 6-2〉 직종의 정의

직종	통계청 직업 분류	정의
관리직	관리자	의회의원처럼 공동체를 대리하여 법률이나 규칙을 제정하고, 정부를 대표, 대리하며 정부 및 공공이나 이익단체의 정책을 결정하고 이를 지휘·조정한다. 정부, 기업, 단체 또는 그 내부 부서의 정책과 활동을 기획, 지휘 및 조정하는 직무를 수행한다.
전문직	전문가 및 관련 종사자	주로 자료의 분석과 관련된 직종으로 물리, 생명과학 및 사회과학 분야에서 높은 수준의 전문적 지식과 경험을 기초로 과학적 개념과 이론을 응용하여 해당 분야를 연구, 개발 및 개선하고 집행한다. 전문지식을 이용하여 의료 진료활동과 각급학교 학생을 지도하고 예술적인 창작활동이나 스포츠 활동 등을 수행한다. 또한 전문가의 지휘하에 조사, 연구 및 의료, 경영에 관련된 기술적인 업무를 수행한다.
사무직	사무 종사자	관리자, 전문가 및 관련 종사자를 보조하여 경영방침에 의해 사업계획을 입안하고 계획에 따라 업무를 추진하며, 당해 작업에 관련된 정보(Data)의 기록, 보관, 계산 및 검색 등의 업무를 수행한다. 또한 금전취급 활동, 법률 및 감사, 상담, 안내 및 접수와 관련하여 사무적인 업무를 주로 수행한다.
서비스직	서비스 종사자	공공안전이나 신변보호, 의료보조, 이·미용, 혼례 및 장례, 운송, 여가, 조리와 관련된 공공 및 대인 서비스를 제공하는 업무를 주로 수행한다.
판매직	판매 종사자	영업활동을 통해 상품이나 서비스를 판매하거나 인터넷 등 통신을 이용하거나, 상점이나 거리 및 공공장소에서 상품을 판매 또는 임대한다. 상품을 광고하거나 상품의 품질과 기능을 홍보하며, 매장에서 계산을 하거나 요금정산 등의 활동을 수행한다.
농림어업직	농림어업 숙련 종사자	자기 계획과 판단에 따라 농산물, 임산물 및 수산물의 생산에 필요한 지식과 경험을 기초로 작물을 재배·수확하고 동물을 번식·사육하며, 산림을 경작, 보존 및 개발하고, 물고기 및 기타 수생 동·식물을 번식 및 양식하는 직무를 수행한다.
생산직	기능원 및 관련 기능 종사자	광업, 제조업, 건설업 분야에서 관련된 지식과 기술을 응용하여 금속을 성형하고 각종 기계를 설치 및 정비한다. 또한 섬유, 수공예 제품과 목재, 금속 및 기타 제품을 가공한다.
	장치·기계조작 및 조립 종사자	기계를 조작하여 제품을 생산하거나 대규모적이고 때로는 고도의 자동화된 산업용 기계 및 장비를 조작하고 부분품을 가지고 제품을 조립하는 업무로 구성된다.
단순노무직	단순노무 종사자	주로 간단한 수공구의 사용과 단순하고 일상적이며, 어떤 경우에는 상당한 육체적 노력이 요구되고, 거의 제한된 창의와 판단만을 필요로 하는 업무를 수행한다.

자료: 통계청(2007).

이 나타나는 가장 큰 이유는 집안일과 아이 키우기가 여전히 여성의 몫으로 남아 있기 때문이다. 여성의 고용에는 남성의 고용과는 다른 한 가지 특징이 있는데, 여성의 고용은 이른바 '엠(M)자형 곡선'을 나타낸다는 점이다. 현대사회에서는 젊은 여성들이 최종 학교를 마치고 대부분 취업을 해서 한동안 직장생활을 한다. 그러다가 결혼과 출산을 하게 되면 많은 여성이 직장을 그만두고 집안일과 아이 키우기에 매달리다가, 아이가 어느 정도 자라면 다시 직장을 구한다. 이러한 과정을 취업률의 변화로 표시하면 엠(M)자형 곡선이 되는 것이다.

종사상 지위, 산업, 직종, 성별과 같은 개별 기준에 따라 고용구조를 살펴보는 것도 의미가 있지만, 여러 기준을 함께 고려해서 고용구조를 살펴보는 것도 의미가 있다. 고용주에게나 피고용자에게나 '좋은' 일자리가 무엇인가 하는 문제는 큰 관심사이다. 이 문제에 대한 답은 일자리를 분류하는 여러 기준을 함께 고려할 때 더 쉽게 알 수 있다. 노동시장을 좋은 일자리와 그렇지 않은 일자리로 분류하는 여러 이론을 통틀어 이중노동시장론이라고 부른다.▼ 이중노동시장론에 따르면, 좋은 일자리는 1차 노동시장 또는 내부노동시장에 속하며, 그렇게 좋지는 않은 일자리는 2차 노동시장 또는 외부노동시장에 속한다. 그렇다면 일자리의 질은 어떤 기준으로 판단하는가? 가장 중요한 기준은 임금일 것이다. 피고용자의 생활에 가장 큰 영향을 끼치는 것은 임금이기 때문이다. 이 외에도 작업 환경, 고용안정성, 승진 가능성 등이 중요한 기준이 된다. 따라서 1차 노동시장 또는 내부노동시장은 임금이 많고 해고 가능성은 낮으며 승진 가능성이 높은 노동시장이다. 반면, 2차 노동시장 또는 외부노동시장은 임금이 적고 해고 가능성은 높으며 승진 가능성이 낮은 노동시장이 된다.

고용구조의 변화

지금까지 여러 기준에 따라 고용구조를 간단하게 살펴보았다. 이제 이러한 고용구조가 시간이 지남에 따라, 특히 경제발전이 이루어짐에 따라 어떻게 변화해왔는지를 살펴보자. 특히 최근에 한국 사회에서 큰 문제가 되고 있는 대학 졸업자의 취업난이 이러한 변화와 어떠한 관계가 있는지를 살펴보자.

먼저, 종사상 지위에 따른 고용구조 변화를 살펴보자. 〈그림 6-1〉은 최근에 한국에서 상용근로자, 임시근로자, 일용근로자의 비율이 어떻게 변

▼ 이중노동시장론은 앨트하우저와 캘리버그(Althauser and Kalleberg, 1981), 고든, 에드워즈, 라이크(Gordon, Edwards, and Reich, 1982), 되린저와 피오르(Doeringer and Piore, 1985) 등에 의해 체계화되었다.

〈그림 6-1〉 상용근로자, 임시근로자, 일용근로자의 비율 변화

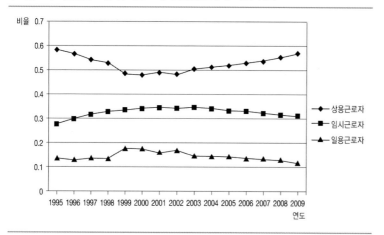

자료: 통계청(http://kostat.go.kr).

〈그림 6-2〉 비정규직의 비율과 규모의 변화

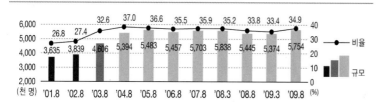

자료: 고용노동부(http://www.moel.go.kr).

화해왔는지를 보여준다.

  〈그림 6-1〉은 한국에서 1990년대 중반 이후, 특히 1997년의 경제위기 이후 상용근로자의 비율이 상당히 줄어들고 임시근로자와 일용근로자의 비율이 늘어나다가, 2000년대에 들어 경제위기의 영향에서 벗어나면서 각 유형의 비율이 1990년대 중반으로 돌아가는 경향이 있음을 보여준다. 그런데 2000년대 후반에 상용근로자의 비율이 1990년대 중반으로 회복되었다는 통계는 종사상의 지위에 따른 고용구조 변화를 제대로 보여주지 못하고 있다. 앞서 언급했듯이, 종사상의 지위를 정규직과 비정규직으로 나눈다면, 〈그림 6-2〉가 보여주듯이 2000년대 들어 비정규직이 크게 증가

했기 때문이다.

이렇게 비정규직이 늘어난 이유는 여러 가지지만, 그 가운데 가장 중요한 이유는 경제위기를 극복하기 위해 기업들이 정규직을 비정규직으로 바꾸어 인건비를 줄이려고 했기 때문이다. 경제위기가 어느 정도 수그러든 후에도 세계화가 진행됨에 따라 국내외에서 치열해지는 경쟁 속에서 살아남고 앞서가기 위해 기업 운영비용을 줄이는 방법의 하나로 비정규직 고용이 널리 활용되고 있다. 앞서 살펴본 이중노동시장론의 개념을 사용하면, 비정규직은 많은 경우에 2차 노동시장 또는 외부노동시장에 속한다. 최근의 대학 졸업자 취업난도 비정규직의 증가와 관련이 있다. 대학 졸업자는 대부분 내부노동시장을 원하는데, 비정규직이 증가하면서 내부노동시장이 작아지고 있기 때문에, 대학 졸업자가 내부노동시장에 들어가려면 더욱 치열하게 경쟁할 수밖에 없는 것이다.

위에서 살펴본 대로, 산업을 1차, 2차, 3차 산업으로 나누는 것은 산업별 고용구조의 변화를 간단히 파악하는 데 유용하다. 예를 들어, 자본주의가 발전하기 전에는 대부분의 취업자가 1차 산업에 종사하지만, 자본주의가 발전하면서 2차 산업과 3차 산업에서 일하는 취업자가 크게 늘어나며, 자본주의의 발전이 성숙 단계에 들어서면 3차 산업에서 일하는 취업자는 더욱 늘어나는 경향이 있다. 직종별 고용구조 역시 자본주의의 발전에 따라 변화한다. 자본주의 발전의 초기에는 생산직의 증가가 두드러지지만, 자본주의가 성숙할수록 전문직, 관리직, 사무직이 많이 증가한다.

성별 고용구조의 변화를 보면, 전체적으로 여성의 경제활동참가율이 아직도 낮지만, 다른 나라에서와 마찬가지로 한국에서도 경제발전이 이루어지면서 여성의 경제활동참가율이 높아져 왔다. 〈그림 6-3〉은 한국에서 여성의 경제활동참가율이 어떻게 변화해왔는지를 보여준다.

〈그림 6-3〉을 보면, 여성의 경제활동참가율은 최근 들어 상당히 높아졌지만, 아직도 남성의 경제활동참가율보다 많이 낮은 상태라는 것을 알 수 있다. 이러한 현상은 그동안 한국 사회에서 여성의 권리가 꾸준히 높아졌지만, 공적 영역과 사적 영역 모두에서 여성에 대한 차별이 사라지지 않고

<그림 6-3> 여성 경제활동참가율의 변화

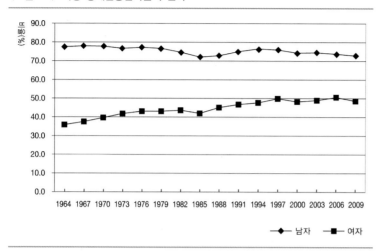

자료: 통계청(http://kostat.go.kr).

<그림 6-4> 연령별 경제활동참가율의 변화

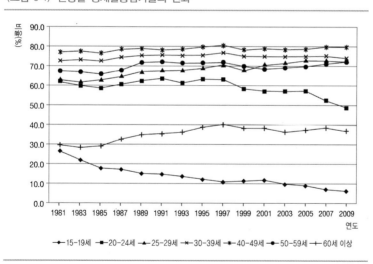

자료: 통계청(http://kostat.go.kr).

있는 현실을 반영하는 것이다.

　연령별 고용구조의 변화를 살펴보는 것도 의미가 있다. 연령별 고용구
조도 한국의 경제발전 과정에 따라 바뀌어왔다. 〈그림 6-4〉는 이러한 변

화를 보여준다.

〈그림 6-4〉에 제시된 연령별 경제활동참가율 변화의 뚜렷한 특징은 장년층이 활발하게 경제활동을 한다는 점과 청년층의 경제활동은 줄어드는 반면 노년층의 경제활동은 늘어나는 경향이 있다는 점이다. 시간의 변화와 관계없이 경제활동을 가장 활발하게 하는 집단은 40~49세 집단이고, 전체적으로 보아 15~19세 집단과 20~24세 집단의 경제활동은 줄어들고 있으며, 60세 이상 집단의 경제활동은 늘어나고 있는 것이다. 이러한 현상 역시 한국의 산업화와 밀접한 관련이 있다. 산업화가 이루어질수록 숙련 인력이 더 많이 필요해져 고등교육을 받는 청년층이 늘어나게 되고, 이는 청년층의 경제활동참가율 저하로 나타난다. 한편, 산업화에 따라 농촌의 젊은이들이 도시로 나가면 농촌에는 노년층이 많이 남아 경제활동을 떠맡게 되는 현상도 나타난다.

위에서 '좋은' 일자리로 이루어진 노동시장은 내부노동시장이라고 했다. 그런데 최근 한국에서 내부노동시장이 작아지는 현상이 나타난다. 이점을 좀 더 살펴보자. 1960년대 초 이후 한국의 산업화가 빠르게 이루어졌지만, 상당히 오랜 기간 이러한 산업화가 내부노동시장을 빠르게 키우지는 못해왔다. 한국의 산업화가 상당히 오랫동안 노동집약적인 방식으로 이루어져 온 탓이다. 그러다가 1987년의 '노동자대투쟁' 이후 노동자들이 자신의 권익을 적극적으로 추구하면서 내부노동시장이 대기업을 중심으로 형성되었다. 하지만 오래 지나지 않아 1990년대 중반 이후 내부노동시장은 더 이상 크게 증가하지 못했다. 주로 제조업 생산직 부문에서는 내부노동시장이 여전히 유지되고 있지만, 그 외의 부문, 특히 사무직 부문에서는 내부노동시장이 작아지면서 외부노동시장이 커지는 현상이 두드러지고 있다. 대학 졸업자 취업난도 이 현상과 관련이 있다. 대체로 대학 졸업자는 생산직보다는 사무직에 더 많이 진출하려고 하기 때문이다.

2. 실업

1) 실업이란?

취업자가 되고자 노력하지만, 이유야 어찌 되었든, 취업자가 되지 못하는 사람을 실업자라고 한다는 점을 앞서 살펴보았다. 따라서 실업은 취업자가 일자리를 잃게 되는 것이라고 할 수 있다. 하지만 일을 하지 않고 있다고 해서 곧바로 실업자로 분류되는 것은 아니라는 점도 앞서 살펴보았다. 만일 어떤 사람이 일을 하지 않고 있으면서, 일자리를 찾으려는 노력도 아예 하지 않는다면, 이 사람은 실업자로 간주되지 않는다. 일자리를 찾으려는 노력을 하지 않는 이유는 여러 가지이다. 예를 들어, 일할 의욕을 잃거나 개인적인 사정이 있어서 일자리를 찾지 않을 수 있다. 최근에 특히 문제가 되는 사람들은 이른바 '실망노동자(discouraged workers)' 또는 '구직단념자'이다. 실망노동자는 일자리를 얻으려는 시도가 계속 실패로 돌아가면서, 일자리를 얻으려는 시도를 아예 포기해버린 사람이다. 만일 실망노동자가 한 사회에 많다면, 비록 공식적인 실업률은 낮을지라도 사실상의 실업 상태에 있는 노동자는 상당히 많을 수 있다. 또한 실망노동자 가운데 청년들이 많다면, 이 청년들은 노동시장에서 좋은 경력을 쌓지 못할 것이기 때문에, 나이가 들어서도 좋은 일자리를 얻기 힘들다. 이는 작지 않은 사회문제가 될 수 있다.

더 나은 일자리를 찾기 위해 기꺼이 실업자가 되는 사람도 있지만, 실업을 바람직하다고 여기는 사람은 별로 없다. 무엇보다, 실업자가 되면 노동소득이 없어지기 때문에 생활 형편이 어려워진다. 사회복지제도가 잘 갖추어진 나라에서는 실업 상태에 있을 때 상당한 액수의 실업 수당을 받을 수도 있지만, 실업 수당은 실업 전에 얻던 소득보다 적으며, 또한 무한정 받을 수도 없다. 실업을 당하면 겪게 되는 또 다른 문제는 인간관계가 많이 약해진다는 점이다. 앞서 언급했듯이, 인간은 일을 통해서, 그리고 일을 하면서 맺는 인간관계를 통해서 삶의 의미를 찾는다. 따라서 실업을 당한다면 많은 경우에 삶의 의미까지도 잃어버리게 되는 것이다. 사회적으로도 한 사회에 실업자가 많으면 일차적으로 경제활동이 위축된다. 또한 실업자는 소득이 적거나 없으므로 소비를 많이 할 수 없다. 이는 다시 경제활동을 더욱 위축시키는 악순환을 불러온다. 복지사회에서는 또한 실업자에게 상당한 액수의 실업 수당을 주어야 하기 때문에 정부 재정에 부담이 생기고, 결국 전체 국민의 세금 부담이 커지게 된다. 따라서 실업자가 얼마나 많은가는 경제적으로, 사회적으로, 더 나아가서는 정치적으로 늘 민감한 문제가 된다.

2) 실업의 유형

실업은 그 원인에 따라 여러 가지로 나누어볼 수 있다. 실업의 유형으로는 흔히 마찰적 실업, 구조적 실업, 그리고 경기적 실업이 거론된다. 먼저, 마찰적 실업은 정보의 불완전성과 계절적 또는 일시적 교란 요인 때문에 생기는 실업이다. 정보의 불완전성은 노동시장에서 구인과 구직이 서로 일치하지 않음을, 다시 말해서 고용주와 구직자가 서로에 대한 정보를 완벽하게 갖고 있지 않음을 뜻한다. 계절적 요인이란 생산활동에 영향을 주는 계절적 변화로서, 건설업, 농업, 관광업 등에 영향을 준다. 일시적 교란 요인은 생산활동을 일시적으로 교란시키는 다양한 사건을 말한다. 둘째, 구조적 실업은 쇠퇴하는 산업에서 일하던 노동자들이 성장하는 산업으로 이동할 수 없어서 실업자가 되는 현상을 가리킨다. 셋째, 경기적 실업은 불경기에 나타나는 실업을 말한다. 자본주의의 역사를 보면, 경기의 순환, 다시 말해서 호경기와 불경기가 번갈아가면서 되풀이되는 현상이 나타난다. 따라서 경기적 실업은 자본주의 경제에서 불가피하다고 볼 수 있다.

구체적인 유형은 어떻든지, 전체 실업자 수를 전체 경제활동인구로 나눈 값을 실업률이라고 한다. 실업이 갖는 개인적·사회적 함의 때문에 실업률은 사회적으로 항상 큰 관심사가 된다. 한국의 실업률은 1980년의 일시적 불경기 때와 1997년 외환위기 직후를 빼면, 대체로 3%대 이하로 낮게 유지되었다. 최근의 실업률도 유럽의 선진국보다 대체로 낮다. 하지만 한국의 실업률이 상대적으로 낮은 것은 고용의 질이 떨어지는 현상, 예를 들어 비정규직의 증가와 2차 노동시장의 확대를 대가로 한 것이라는 점에서 꼭 바람직한 것만은 아니라고 할 수 있다.

실업률과 관련이 있는 개념으로 고용률이라는 개념이 있다. 고용률은 만 15세 이상 인구 중 취업자가 차지하는 비율이다. 2010년 10월 현재 한국의 고용률은 59.4%이다. 이 수치를 같은 시점의 실업률 3.3%와 비교하면, 실업률과 고용률이 고용 상황에 대해 갖는 의미가 상당히 다르다는 점을 알 수 있다. 실업률을 보면 고용 상황이 상당히 괜찮다고 할 수 있지만, 고용률을 보면 그렇게 보기 어렵기 때문이다. 이런 차이가 나타나는 이유는 고용률을 계산할 때는 실업률을 계산할 때와는 달리 비경제활동인구까지 고려하기 때문이다. 그렇다면 비경제활동인구를 고용 상황을 파악할 때 고려해야 하는 이유는 무엇인가? 그 이유는 비경제활동인구가 한 사회에서 마치 투명인간처럼 존재하는 것은 아니라는 데 있다. 비경제활동인구는 경제활동인구가 어떤 방식으로든 부양해야 하는 존재인 것이다. 따라서 비경제활동인구의 비율이 높아질수록 고용률은 낮아지고, 이는 한 사회의 고용 상황이 질적으로 나빠진다는 것을 뜻한다.

3) 청년 실업 문제

실업은 누구에게든 심각한 문제이지만, 특히 대학 졸업자를 포함한 청년들에게 큰 문제가 된다. 많은 청년들은 부양해야 할 가족이 없기 때문에 실업을 당해도 당장 생활 형편이 어려워지지는 않지만, 청년기의 실업은 다른 측면에서 청년들에게 타격이 된다. 여기서 다른 측면이란 노동시장의 경력을 말한다. 노동시장에서는 실업도 경력의 일부이다. 특히 어떤 청년이 실업을 되풀이해서 당한다면, 그 청년은 시간이 지나도 좋은 일자리를 얻기 힘들어질 가능성이 높다. 실업을 자주 겪은 구직자에 대해, 대부분의 고용주는 그 구직자의 능력이나 태도에 문제가 있다고 부정적으로 판단하기 때문이다.

그렇다면 청년들이 노동시장 경력의 초기에 실업을 되도록 당하지 않기 위해서는 어떤 방안들이 필요할까? 청년 실업을 줄이기 위한 방안을 모색할 때는 실업의 유형을 마찰적 실업과 그 외의 실업으로 구분하여 생각해볼 필요가 있다. 이렇게 구분해볼 때, 감소시키기가 더 어려운 것은 마찰적 실업이 아니라 구조적 실업과 경기적 실업이다. 특히 경기적 실업을 줄이는 것은 매우 어렵다. 앞서 언급했듯이, 자본주의 경제 자체가 경기의 순환을 겪을 수밖에 없기 때문이다. 그리고 구조적 실업이 나타난다고 할 때는 실업의 원인이 경제구조 자체에 있다고 하는 것인데, 경제구조를 이러저러한 정책을 통해 바꾸는 것도 매우 어렵다. 그럼에도 구조적 실업을 줄이기 위한 방안이 있다면, 그것은 경제구조의 변화에 맞추어 취업자의 업무 능력을 개발하는 것이라고 할 수 있다. 한국의 경우에 경제발전 초기에는 섬유공업 같은 경공업 부문의 일자리가 많았지만, 중화학공업이 발전하면서 이 부문의 일자리가 크게 늘어났고, 최근에는 정보통신산업이 발전함에 따라 새로운 일자리가 이 산업에서 많이 생겨났다. 이와 같은 경제구조 변화를 예측하여 산업 현장에서 필요한 인력을 사회적인 차원에서 미리 양성한다면 구조적 실업을 줄일 수 있을 것이다. 이러한 인력은 일차적으로 고등학교나 대학교에서 기를 수 있을 것이지만, 여러 종류의 직업 훈련소에서도 기를 수 있다. 또한 개별 기업 안에서도 필요한 인력을 양성할 수 있다. 물론 이러한 인력 양성은 짧은 기간 안에 이루어질 수도 없고, 정부나 개별 기업이 따로따로 노력해서는 큰 효과를 거둘 수도 없다. 긴 시간을 두고 정부, 공공기관, 학교, 기업 등이 서로 긴밀하게 협력해야만 효과를 거둘 수 있을 것이다.

마찰적 실업은 경기적 실업과 구조적 실업보다는 좀 더 효과적으로 감소시킬 수 있다고 할 수 있다. 마찰적 실업은 대체로 취업자의 능력과 업무의 구체적인 내용이 잘 들어맞지 않는 데서 비롯된다. 그렇다면 취업자를 취업자의 능력에 맞는 일자리와 연결시켜준다면 마찰적 실업이 줄어들 것이다. 취업자를 취업자의 능력에 맞는 일자리와 연결시켜주는 것은 정부, 공공기관, 학교 등의 공공 영역이 수행해야 효과를 더 거둘 수 있다. 특히 정부나 공공기관이 이런 역할을 더 전문적으로 잘 수행할 수 있다. 정부나 공공기관은 경제와 노동시장의 전반적 상황과 그 변화를 더 잘 파악할 수 있는 능력을 갖고 있기 때문이다.

물론 취업자 개인도 실업을 피하는 전략을 효과적으로 사용할 수 있다. 마찰적 실업을 피하기 위해서는 일자리에 대한 정보를 폭넓고 깊게 알아본 다음, 자신의 능력에 맞는 일자리가 무엇인지 정확하게 판단해야 할 것이다. 구조적 실업을 피하기 위해서는 경제구조 변화의 방향을 정확히 파악하여, 사양 산업의 일자리는 피하고 성장 산업에서 요구되는 업무 능력을 갖추도록 노력해야 할 것이다.

3. 일자리 이동

1) 평생직장을 얻을 수 있을까?

△△△ 씨는 40대 초반의 직장인이며 재벌 기업에 다니고 있다. 대학 졸업 직후 현재의 재벌 기업에 입사하여 재벌 그룹 내 기업들을 옮겨 다니며 근무했다. 그동안 성실히 근무해서 능력을 인정받고 있고, 해외 근무도 오래 했다. △△△ 씨는 자신의 직장이 좋은 직장이라고는 생각하지만, 최근에는 직장을 그만둘 생각을 하고 있다. 회사 안의 상황을 보면, 40대 이후로는 임원이 되는 것을 목표로 일을 해야 하지만, 실제로 임원이 되는 사람은 매우 적다. 임원이 되지 못하면, 밀려나듯 직장을 그만두어야 한다. 그렇게 직장을 그만두느니 지금 독립해서 자기 사업을 시작하는 것이 더 낫다고 생각하고 있다.

앞서 살펴보았듯이, 일자리는 개인에게나 전체 사회에게나 아주 중요한 의미를 갖는다. 이 말은 개인과 사회의 발전을 위해서는 좋은 일자리가 많이 있어야 한다는 말이기도 하다. 문제는 어떤 일자리가 '좋은' 일자리인가 하는 점이다. 이미 언급한 것처럼, 좋은 일자리의 가장 중요한 기준은 소득일 것이고, 그 다음에 고용안정성, 발전 가능성 등이 있다. 하지만 취업자가 구체적으로 일자리를 선택할 때 무엇을 가장 중요하게 여기는지는 상황에 따라 다를 수 있다. 많은 사람들이 소득에 못지않게 중요한 기준으로 생각하는 것은 고용안정성이다. 직장에 얼마나 오래 안정적으로 다닐 수 있느냐 하는 점도 매우 중요하다는 말이다. 이는 최근에 많은 대학 졸업자들이 교사나 공무원이 되기 위해 국가시험 준비에 매달리고 있는 현상을 보아도 알 수 있다. 교사나 공무원의 월급이 일반 기업 종사자의 월급보다 적을지라도, 교사나 공무원은 신분이 법으로 보장되기 때문에 길게 보면 더 매력이 있는 직업이 될 수 있기 때문이다.

높은 고용안정성의 효과를 얘기할 때 흔히 드는 예가 일본의 대기업이다. 지금은 일본의 대기업도 많이 바뀌었지만, 1970년대 이후 일본의 제조업체들, 예를 들어 자동차, 기계, 전자 업체들이 미국의 제조업체들을 제칠 수 있었던 이유 가운데 하나로 흔히 일본의 평생직장 관행을 꼽는다. 기업이 경쟁에서 이기려면 결국 생산성을 높여야 하는데, 생산성을 높이는 방법의 하나로 일본 대기업은 노동자에게 평생직장을 제공했다는 것이다. 노동자는 자신의 일자리가 안정적이라고 생각하여 사기가 올라가게 되고, 기업에 더욱 충성하게 되며, 결국 기업의 생산성이 높아질 수 있었다는 것이다. 한국의 대기업 부문에서도 대체로 1990년대 중반까지는 평생직장의 관행이 상당히 있었다고 할 수 있다.

이렇게 평생직장은 많은 사람들에게 선망의 대상이 되기도 하고, 실제로 기업에게 생산성 향상이라는 효과를 가져다줄 수도 있지만, 최근에는 평생직장의 장점을 이야기하는 사람을 보기 어렵다. 개인 수준에서든, 기업 수준에서든, 아니면 전체 사회의 수준에서든 경쟁과 효율성이 강조되는 분위기에서 평생직장이라는 개념은 낡은 것으로 느껴지기 쉽다. 실제로 한국에서도 1990년대 후반 이후에 평생직장의 관행이 많이 사라졌다. 중소기업에 다니는 사람들은 말할 것도 없고, 요즘은 대기업에 다니는 사람들도 대부분 자신의 일자리가 보장된다고 생각하지 않는다. 경영자들도 안정된 일자리를 제공해서 노동자의 충성심과 높은 생산성을 이끌어 내는 방법보다는, 필요한 만큼의 인력을 필요할 때 적절하게 이용함으로써 생산성을 높이는 방법을 선호한다. 이렇게 고용불안이 커짐에 따라, 대부분의 노동자는 더 좋은 일자리가 있는지 끊임없이 알아봐야 되고, 새로운 일자리를 얻어야 할 때를 대비해서 계속 여러 준비를 하게 된다. 직장을 다니면서, 당장은 필요하지 않은 여러 가지 자격증을 따고, 어학 실력을 높이기 위해 근무 시간 외에 공부를 하는 것 등이 그 예이다.

2) 경력이동과 비정규직의 증가

평생직장이 사라지면서 노동시장에서 더 뚜렷해지는 현상 가운데 하나는 경력이동의 증가이다. 미국의 사회학자 소렌슨(Sørensen, 2001)에 따르면, 경력이란 "개인의 자원과 자산에 대한 사회경제적 보상이 전체 생애에 걸쳐 궤적을 그리며 형성된 것"이다. 개인은 노동시장에서 자신이 가진 능력과 자원을 활용하여 소득과 사회적 지위를 얻게 되는데, 이러한 소득과 사회적 지위는 대체로 시간이 지남에 따라 변화하게 된다. 한 개인을 놓고 볼 때, 이러한 변화를 일정한 기간 동안 추적하여 파악한 것이 그 개인의 경력이 된다. 경력이동은 직전 직장에서 형성된 경력, 또는 노동시장에 처음 들어간 시점부터 형성된 경력이 새 직장에서도 계속 이어지는 직장이동을 말한다. 평생직장의 관행이 희미해진 상황에서 취업자는 직장을 옮기면서 소득과 사회적 지위를 극대화하기 위해 자신의 경력을 적극적으로 활용해야만 한다. 경력이동은 특히 전문직, 관리직, 사무직에게서 많이 나타난다. 많은 대학 졸업자들이 원하고 또 실제로 얻는 직종이 전문직, 관리직, 사무직이기 때문에, 경력이동은 많은 대학 졸업자들이 노동시장에서 좋든 싫든 추구해야 하는 전략이 된 것이다.

평생직장이 사라지면서 노동시장에서 더 뚜렷해진 현상이 비정규직의 증가이다. 대부분의 취업자가 비정규직보다는 정규직을 선호하는 데서

비정규직 철폐를 요구하는 노동자들의 시위

알 수 있듯이, 비정규직은 대체로 1차 노동시장보다는 2차 노동시장, 내부노동시장보다는 외부노동시장에 속한다. 산업화 과정에서 대학 졸업자는 학력이 더 낮은 사람들보다는 1차 노동시장에 더 많이 속해왔다. 그리고 대학 졸업자가 비정규직 일자리를 얻는다고 해도, 그것은 상대적으로 좋은 조건이거나 보통의 정규직 일자리보다도 조건이 좋은 일자리일 가능성이 높았다. 예를 들어, 여러 종류의 자유계약(프리랜서) 전문직이 여기에 해당된다. 하지만 1990년대 후반 이후 비정규직 일자리의 증가로 대학 졸업자도 조건이 좋지 않은 비정규직을 얻을 수밖에 없는 경우가 많아졌다. 예전 같으면 대학 졸업자가 하지 않았을 비정규직 일을 이제는 대학 졸업자들도 많이 하는 것이다. 물론 이러한 비정규직 경력이 나중에 정규직 일자리를 얻기 위한 발판이 된다면 개인적으로나 사회적으로나 큰 문제가 되지는 않지만, 최근의 상황을 보면, 한 번 비정규직 일을 하기 시작하면 시간이 지나도 비정규직을 벗어나기 힘들게 되어가고 있다. 대학 졸업자들이 대학에서 받은 교육의 수준이나 대학 교육을 받기 위해 투자한 시간과 비용을 생각하면, 이러한 상황은 개인적으로나 사회적으로나 바람직하지 않다고 할 수 있다.

3) 여성의 경력이동

위에서 성별 고용구조를 살펴볼 때 여성의 경제활동참가율은 생애 단계를 거치면서 엠(M)자 모양을 보인다고 했다. 이 현상에서 가장 특징적인 점은 아이를 어느 정도 키운 여성이 노동시장에 다시 들어가는 경우가 많다는 것인데, 이렇게 다시 노동시장에 들어가는 여성이 갖는 일자리는 2차 노동시장의 일자리인 경우가 많다. 이렇게 되는 이유는 노동시장에 여성에 대한 차별이 알게 모르게 남아 있기 때문이기도 하지만, 여성의 경력이 결혼 이후 한동안 중단되기 때문이기도 하다. 여성이 결혼, 출산, 육아 때문에 노동시장에서 한동안 벗어나게 되면, 노동시장에서 그동안 쌓아왔던 경력의 가치는 크게 떨어지게 된다. 따라서 아이를 어느 정도 키우고 다시 노동시장에 들어갈 때는 자신이 예전에 쌓았던 경력을 온전히 인정받지 못하게 되어, 조건이 별로 좋지 않은 일자리를 얻을 수밖에 없는 것이다.

그렇다면 경력이 중단되지 않고 계속 이어지는 여성 취업자는 남성과 같은 경력을 쌓아갈 수 있는가? 그러한 여성도 있기는 하지만, 대부분의 여성은 직장에서 '유리천장(glass ceiling)'에 직면한다. 직장 안에서 경력을 쌓는 것은 승진을 계속하는 것이다. 그런데 많은 여성은 직장 안에서 어느 정도 위치까지 승진하면, 그 이후에는 마치 유리천장에 부딪힌 듯이 비공식적인 여러 가지 차별과 견제에 부딪혀 더 이상 승진하기 어렵다. 이러한 현상은 대학을 졸업한 여성 취업자가 주로 경험하고 있다. 실제로 한국에서 공공기관과 대기업의 고위관리자 가운데 여성의 비율은 매우 낮다. 여성 고위관리자가 적은 이유가 조직 전체에서 여성이 적기 때문인 경우는 많지 않다. 조직의 아래 부분에는 여성이 상당히 많거나 심지어는 남성보다 더 많은 경우가 흔하기 때문이다.

4. 취업, 실업, 일자리 이동에 관한 이론

지금까지 취업, 실업, 그리고 일자리 이동의 구체적인 개념과 현상을 살펴보았다. 취업, 실업, 일자리 이동은, 앞서 언급했듯이, 노동력을 사고파는 영역, 곧 노동시장에서 나타난다. 노동시장의 여러 현상이 나타나는 원인과 이 현상들이 개인의 삶과 전체 사회에 대해 갖는 의미는 여러 이론적 시각이 제시하고 있다. 이러한 시각들 가운데 영향력이 큰 것으로서 신고전파경제학 이론, 제도주의경제학 이론, 그라노베터(Granovetter, 1973,

1974, 1983) 등의 사회연결망 이론, 그리고 블라우와 던컨(Blau and Duncan, 1967)의 지위획득 이론 등을 들 수 있다.

신고전파경제학 이론은 수요와 공급의 법칙에 따라 취업, 실업, 일자리 이동이 나타나는 것으로 본다. 이 이론에 따르면, 자본주의 사회의 모든 상품은 각각의 상품시장에서 수요와 공급이 균형을 이룰 때의 상품가격에 따라 거래된다. 자본주의 사회에서는 노동력도 상품의 하나이기 때문에 노동시장에서 노동력에 대한 수요와 노동력 공급이 균형을 이루는 지점에서 노동력의 가격, 곧 임금에 따라 노동력의 거래가 이루어진다는 것이다. 노동력에 대한 수요는 구체적인 경제상황과 기술발전 정도에 달려 있고, 노동력의 공급은 인적자본(human capital)의 종류와 질이 좌우한다. 미국의 경제학자 베커(Becker, 1993)가 정립한 인적자본 이론은 노동력의 질을 높이는 수단으로 교육과 직무훈련 등이 중요하다고 강조한다. 신고전파경제학 이론에 따르면, 취업은 노동력의 수요와 공급의 균형점에서 이루어지고, 일자리 이동은 피고용자가 새로운 균형점을 찾아가는 과정이 된다. 이 이론에서 실업은 원칙적으로 존재할 수가 없다. 다만, 새로운 균형점에 고용주 또는 피고용자가 도달하는 데 시간이 걸리는 현상이 실업으로 나타날 뿐이다. 신고전파경제학 이론에 따른 노동시장 분석에서 두드러지는 것은 합리적으로 계산하여 자신의 이익을 극대화하려는 개인주의적이고 원자화된 행위자의 모습이다.

신고전파경제학 이론과는 달리 제도주의경제학 이론과 다양한 사회학 이론은 취업, 실업, 일자리 이동을 설명할 때 대체로 노동시장의 구조가 결정적인 역할을 한다고 본다. 앞서 언급한 이중노동시장론도 이러한 이론의 하나라고 볼 수 있다. 이러한 이론의 또 다른 예로서 거래비용 이론을 들 수 있다. 윌리엄슨(Williamson, 1975, 1985, 1996) 등이 체계화한 거래비용 이론은 모든 경제적 거래에는 다양한 종류와 크기의 비용이 따른다고 보고, 이러한 비용을 최소화하는 방식에 따라 시장 또는 위계가 노동계약 체결과 같은 경제적 거래를 성립시키는 데 사용된다고 주장한다. 위계는 조직 또는 기업이라고 할 수 있는데, 노동계약을 조직을 통해서 체결한다는 것은 고용주가 노동자를 기업의 정식 구성원으로 직접 고용한다는 것을 뜻하고, 노동계약을 시장을 통해서 체결한다는 것은 고용주가 기업 외부의 노동자와 그때그때의 필요에 따라 계약을 맺는다는 것을 뜻한다. 대체로 고용주는 노동계약의 비용이 클 때는 조직을, 그리고 작을 때는 시장을 활용하게 된다(박길성·이택면, 2007). 합리적 개인을 강조하는 신고전파경제학 이론과는 달리, 이러한 이론들은 개인을 넘어서 노동시장에 자리 잡고 있는 여러 구조가 취업, 실업, 일자리 이동을 결정한다고 본다. 따라서 취업, 실업, 일자리 이동이 개인들에게나 사회 전체에게나 좀 더 바람직한 방향으로 작용하게 하려면, 개인의 합리적 선택보다는 노동시장구조를 바꾸는 것이 더 중요하다고 보게 된다.

사회학 이론의 하나이지만 노동시장구조를 중시하는 시각과는 조금 다르게 취업과 일자리 이동을 보는 이론의 하나로 그라노베터 등이 제시한 사회연결망 이론이 있다.▼ 그라노베터는 미국 보스턴 근교의 전문직, 관리직, 기술직 취업 과정을 분석한 『일자리 얻기(Getting a Job)』라는 책에서 사람들이 일자리를 얻을 때 주로 이용하는 것은 '약한 연결(weak ties)'이라는 점을 밝힌다. 약한 연결은 '강한 연결(strong ties)'과 함께 사회연결망을 이루는데, 이 두 종류의 연결은 사람들의 관계와 교류의 강도에 따라 나뉜다. 약한 연결이 취업 과정에서 더 많이 활용되는 이유는 약한 연결의 정보 전달력이 강한 연결의 정보 전달력보다 더 크기 때문이다. 일자리에 관한 정보를 얻는 데는 관계의 밀도는 떨어지더라도 많은 사람을 알고 있는 것이 더 낫다는 것이다.

블라우와 던컨의 지위획득 이론도 취업 과정에 관한 사회학적 분석에 큰 영향을 끼쳤다. 블라우와 던컨은 개인의 직업적 성취가 이루어지는 과정을 분석했는데, 구체적으로 아버지의 교육과 직업, 아들의 교육과 첫 번째 직업이 아들의 현재 직업의 지위에 미치는 영향을 분석했다. 분석 결과는 아들의 현재 직업지위에 미치는 직접적인 영향과 간접적인 영향을 보여준다. 직접적인 영향을 미치는 것은 아버지의 직업과 아들의 교육과 첫 직업이고, 간접적인 영향을 미치는 것은 아버지의 교육과 직업인데, 아

▼ 사회연결망 이론은 노동시장 구조를 중시하는 여러 이론과 함께 경제사회학 또는 신경제사회학으로 불리기도 한다(박길성·이택면, 2007; 유홍준·정태인, 2011). 경제사회학 또는 신경제사회학은 경제 현상을 사회학적 관점에서 설명한다.

버지의 교육은 아들의 교육을 통해서, 아버지의 직업은 아들의 교육과 아들의 첫 직업을 통해서 아들의 현재 직업지위에 영향을 미치는 것으로 나타난다. 분석결과는 또한 모든 요인 가운데 아들의 현재 직업지위에 가장 큰 영향을 미치는 것은 아들의 교육이라는 점도 밝혀준다. 이러한 분석은 뒤를 이어 제시된 더욱 정교하고 다양한 지위획득 이론의 바탕이 되었다.

이야깃거리

1. 장래에 어떤 일을 하고 싶은지, 그리고 그 이유는 무엇인지를 토론해보자. 일자리를 선택하는 데에서 가장 중요한 기준은 무엇인가?

2. 청년 실업의 원인은 무엇인지, 그리고 청년 실업 문제를 해결하기 위한 방안에는 어떤 것들이 있는지 토론해보자.

3. 평생직장이 사라져가는 고용구조 변화가 노동자들이 직장생활을 하고 동료들과 관계를 맺는 데에 어떤 영향을 미치는지를 토론해보자.

4. 최근에 늘어나는 외국인 노동자가 한국 노동자와 한국 사회에 미치는 영향은 무엇인지, 그리고 바람직한 외국인 노동자 정책은 무엇인지 토론해보자.

5. 최근에 한국 노동시장에서 여성에 대한 차별이 줄어들고 있는지, 그리고 줄어들고 있지 않다면 여성에 대한 차별을 줄이기 위해 어떤 정책이 필요한지 토론해보자.

읽을거리

『한국의 빈곤 확대와 노동시장구조』. 서울사회경제연구소 엮음. 2011. 한울아카데미.
한국의 빈곤 문제가 노동시장구조와 어떻게 연관되어 있는지를 다양한 실증 분석을 통해 밝히고 있다. 덴마크의 유연안정성 모델이 한국에 주는 시사점도 논의한다.

『88만 원 세대』. 우석훈. 2007. 레디앙.
한국의 청년세대가 직면한 경제적·사회적 문제들을 외국의 다양한 사례와 비교하여 분석하면서, 이러한 문제들을 해결하는 방안을 제안한다. 대중적으로 읽힐 수 있게 쓰인 책이다.

『신경제사회학』. 유홍준 · 정태인. 2011. 성균관대학교 출판부.
경제사회학의 형성, 발전 과정과 최신 경향을 폭넓게 소개한다.

『비정규노동과 복지』. 이호근 엮음. 2011. 인간과복지.
비정규노동과 복지제도가 어떻게 관련되어 있는지를 한국, 일본, 미국, 유럽의 다양한 사례
를 분석함으로써 밝힌다.

『비정규직』. 장귀연. 2009. 책세상.
비정규직의 개념, 현황, 문제점과 비정규직 문제를 해결하기 위한 대책을 대중적으로 읽힐
수 있게 압축해서 논의한다.

『노동시장 유연화와 노동복지』. 정이환 · 이병훈 · 김연명 · 정건화. 2003. 인간과복지.
비정규노동 이론에 대한 체계적인 검토를 바탕으로 한국, 일본, 미국, 유럽의 다양한 비정규
직 현상을 분석하고, 종합적인 비정규직 정책을 제안한다.

볼거리

〈내 깡패 같은 애인〉. 김광식 감독. 2010.

한국의 청년 실업 문제를 소재로 한 영화.

〈방가? 방가!〉. 육상효 감독. 2010.

한국의 이주 노동자 문제를 소재로 한 영화.

〈로저와 나〉. 마이클 무어 감독. 1989.

미국 도시 플린트에서 자동차기업 제너럴모터스의 공장이 문을 닫으면서 노동자들이 일자리를 잃게 되어 고통을 겪고 공동체가 해체되어가는 과정을 담은 기록 영화.

참고 인터넷 사이트

고용노동부(www.molab.go.kr), 통계청(www.kostat.go.kr)

한국의 고용, 직장이동, 실업 등에 관한 통계자료, 정책, 법규 등을 제공한다.

국제노동기구(International Labour Organization / www.ilo.org)

노동문제에 관한 국제적인 자료를 제공한다.

한국노동연구원(www.kli.re.kr)

한국과 외국의 노동문제에 관한 자료와 연구 성과를 제공한다.

한국비정규노동센터(www.workingvoice.net), 한국노동방송국(www.klbs.org)

한국의 노동시장, 노동운동, 노동정책 등에 관한 소식을 진보적 관점에서 전달한다.

07

노동시장 불평등과 차별

주요 용어
임금격차, 직접차별과 간접차별, 적극적 조치, 유리천장과 유리벽

인간사 모든 영역에서 우리는 평등하게 대우받을 권리를 주장하고 쟁취해왔다. 그중에서도 노동시장에서 차별 없이 일할 기회를 갖고 일한 만큼 정당한 보상을 받고자 하는 것은 많은 이들의 간절한 요구이다. 여성은 남성에 비해 평균적으로 낮은 임금을 받는다. 어느 정도의 차이가 합리적인 차이이고 어느 부분이 부당한 차별일까? 같은 일을 하는 두 사람에게 똑같은 액수의 임금을 준다면 차별은 없는 것인가? 같은 일을 하는 다른 사람을 찾기가 어려워 비교할 수 없는 경우라면 차별은 없는 것으로 보아도 좋은가?

이 장에서는 노동시장에서 차별이 발생하는 원인에 대해 생각해보고 차별을 법률적으로 어떻게 규율하고 있는지 알아본다. 노동시장에서 발생하는 차별을 채용과 승진 등 고용과 관련된 차별과 임금 관련 차별로 나누어 살펴볼 것이다.

1. 머리말

개인이 노동시장에서 당면하는 현실은 각기 다르지만 성별이나 연령별로 인구집단을 나누어 보면 집단 간의 차이가 뚜렷함을 알 수 있다. 예컨대 2010년에 여성노동자의 평균임금은 남성노동자 임금의 58%였고(통계청, 경제활동인구조사 8월 부가조사), 고용률도 남성고용을 100%로 볼 때 여성은 71% 수준이다. 실업률은 오히려 남성이 여성보다 더 높다.

이러한 성별 차이는 차별적인 노동시장의 현실을 얼마나 잘 드러내고 있는 것일까? 이러한 수치들은 실상 매우 복잡한 속사정들을 감추고 있다. 먼저 실업률을 생각해보자. 여성이나 고령자는 남성이나 비고령자에 비해 취업하기 어려울 것으로 예상됨에도 불구하고 실제로 실업률은 오히려 더 낮은 것으로 나타난다. 이를 근거로 여성과 고령자에 대한 고용차별이 존재하지 않는다는 결론을 내리는 것은 옳지 않다. 그보다는 여성이나 고령자의 경우 임금노동이 아니더라도 가정에서 할 일이 많고, 또한 일자리를 찾아 나선다고 하더라도 현실적인 어려움이 크기 때문에 미리 포기하는 경우가 많다고 보는 것이 더 정확하다.

임금격차는 어떠한가? 여성들은 남성에 비해 똑같은 일을 하고도 2/3의 임금을 받는 것은 아니므로 성별 임금격차가 전적으로 차별의 결과라고 할 수는 없다. 그렇다면 어느 정도의 임금격차가 용인될 수 있는 수준이며 얼마만큼이 차별에 기인하는 것일까? 똑같은 일을 하는 두 사람에게 똑같은 액수의 임금을 준다면 이로써 차별의 문제는 없어지는 것인가? 흔히 여성과 남성이 똑같은 일을 하는 경우는 별로 없는데, 이로 인해 비교할 대상을 찾기 어렵다면 차별이 없는 것으로 보아도 좋은가? 이러한 고민은 과연 어떤 일들이 동일한 가치를 지니는 노동인가 하는 논쟁을 불러일으킨다. 나아가 여성과 남성에게 서로 다른 업무를 부과하는 것 자체가 문제라고 볼 수도 있다. 명명백백한 제도적 제약이 아니더라도 보이지 않는 '유리벽'과 '유리천장'으로 인해 여성의 일과 남성의 일이 구분되는 '성별 직종분리'가 생겼다면 이것은 차별로 이어지는 과정이 될 수밖에 없을 것이다.

  현실이 복잡한 만큼, 눈에 보이는 차이 중에서 차별에 기인한 부분을 구별해낸다는 것은 매우 어려운 일이다. 노동경제학에서 임금격차를 설명하는 가장 전형적인 방법은 회귀분석을 통해 임금 수준에 영향을 미치는 주요 요인들의 효과를 구분해내고, 이들 요인으로 설명되지 않는 차이를 차별에 기인한 것으로 보는 것이다. 회귀모형에는 흔히 교육 수준과 직업 경력, 그리고 때로는 산업과 직업범주가 설명변수로 포함되기도 한다. 여기서 기본가정은 모형에 포함된 변수들은 임금격차를 초래하는 것이 당연한 요인들이므로 이것으로 설명되지 않는 부분만이 차별이라고 보는 것이다. 이러한 분석방식은 차별을 과대평가하거나 과소평가할 위험을 내포하고 있다. 과대평가하게 되는 경우는 정당하게 임금의 차이를 초래하는 요인들이 충분히 모형에 포함되지 못할 때 발생한다. 예컨대 일에 대한 애착이나 기술 수준의 차이는 임금격차를 초래할 것으로 여겨지지만 모형에 포함시켜 분석하기는 쉽지 않다. 이러한 분석방식의 더 큰 문제점은 차별을 과소평가할 위험성에 있다. 정당한 임금격차로 간주되는 부분들이 과연 차별적 기제가 개입되지 않은 순수하게 합리적인 과정인가 하는 의구심이 제기되는 것이다. 현재 시점에서 주어진 특성으로 측정된 교육 수준이나 직업경력, 직업범주, 고용형태 등은 과거의 차별적 기제로부터 자유롭지 않다. 가장 심각한 문제는 상용직과 임시직 같은 고용형태에 따른 임금격차를 차별이 아닌 정당한 임금결정구조로 보는 경우에 발생한다.

  이 장의 구성은 다음과 같다. 제2절에서는 경제학이 노동시장에서 차별이 발생하는 원리를 어떻게 설명하고 있는지 소개하고 이에 대한 비판도 소개한다. 제3절에서는 차별에 대한 법적인 접근을 소개한다. 법적으로 차별을 금지하기 위해서는 무엇을 차별로 보는지부터 정의해야 할 것이다. 이러한 정의에 따라 실제로 법률적으로는 어떻게 차별을 규율하고 있는지 알아본다. 제4절에서는 실제로 노동시장에서 발생하는 다양한 불평등과 차별 현상을 보여준다. 노동시장 차별은 크게 채용과 승진을 포함하는 고용 관련 차별과 임금 관련 차별로 나누어 살펴볼 수 있다. 다양한 차별사유가 있지만 이 장에서는 성차별, 연령차별, 그리고 고용형태에 따른 차별을 중심으로 논의한다.

2. 노동시장 차별에 관한 경제학적 시각과 비판

노동경제학에서 차별이란 동일한 능력을 가지고 있으나 서로 다른 집단에 속해 있다는 사실에 근거하여 다른 대우를 하는 것을 의미한다. 여기서 차이와 차별은 개념적으로 구분된다. 현상적으로 관찰되는 차이 중에서 생산성이나 능력에 대한 보상이라는 의미에서 발생한 차이를 제외한 나머지 부분을 차별에 기인한 것으로 본다. 노동시장에서 차별이 주로 어떤 원인과 기제를 통해 발생하는지를 설명하고자 하는 이론적 접근들을 살펴보자. 대부분의 이론적 시각들은 성별격차를 설명하는 데 주안점을 두고 있으므로 여기서도 성차별에 대한 논의를 예로 들어 설명한다.

'차별'에 대한 경제학적인 접근으로 대표적인 것은 '선호에 근거한 차별(taste-based discrimination)'과 '통계적 차별(statistical discrimination)'이다. 베커(Becker, 1957)는 고용에서의 인종차별과 성차별은 경제적 동기가 불분명한 편견이나 선호의 산물이라고 주장한다. 즉, 노동시장에서의 인종차별, 성차별은 사회학적·심리학적으로 설명되는 선호의 경제적 결과이다. 이러한 시각에서 보자면 경쟁시장에서 고용차별은 점차 사라지게 된다. 편견에 따라 소수자를 차별할 경우 장기적으로 이윤이 줄어들 것이기 때문이다. 즉, 시장이 독점적이지 않고 경쟁적이라면 선호나 편견에 의한 차별은 오래 지속될 수 없다.

그러나 현실에서 차별은 지속된다. 이러한 차별의 지속성을 설명하려는 것이 '통계적 차별' 이론이다. 통계적 차별은 개인에 대한 정보가 부족하기 때문에 개인의 생산성을 그가 속한 집단의 보편적 특성에 기초하여 판단할 때 일어나는 차별이다. 통계적 차별은 경쟁시장에서도 유지될 수 있다고 한다(Phelps, 1972; Spencer, 1974). 왜냐하면 성별이 생산성을 정확하게 평가하는 기준은 될 수 없지만, 따로 비용을 들여서 좋은 평가도구를 만들지 않겠다고 생각하는 고용주들에게는 쓸 만한 기준이라고 판단될 수 있기 때문이다. 그러나 성별보다 더 좋은 선발도구를 개발한 고용주는 다른 이들이 통계적 차별에 매여 있는 상황에서 싼 임금으로 좋은 노동자를 고용할 수 있다. 우선은 쉬운 방법을 취하는 고용주가 있겠으나 경쟁에서 살아남기 위해서는 더 좋은 도구를 개발해야 할 것이므로 이 이론으로도 장기적으로 차별이 유지되는 현상을 설명하기는 어렵다.

한편 버그만(Bergmann, 1974)은 직종분리가 보편적인 현실에서 '과밀가설(crowding hypothesis)'로 여성의 저임금을 설명한다. 특정 직종은 남성에게만 열려 있기 때문에 여성이 접근할 수 있는 일부 직종에서 여성들 사이의 경쟁이 심화되어 그 직종의 임금 수준을 낮추게 된다는 것이다. 이 가설은 미국의 경우 여성이 여성 직종보다 남성 직종에 취업하는 경우 더 높은 임금을 받게 된다는 것을 보여주는 연구들이 뒤이어 나오면서 지지되었다(England et al., 1982; Sorensen, 1990). 이 이론은 일단 개인의 인적 특성에 따라 여성 직종 또는 남성 직종에 편입된다면 그 이후에 더 이상의 공공연한 차별이 없더라도 부당한 임금격차를 초래하게 될 것이라는 점을 시사한다. 그러나 그러하면 왜 노동시장에서 직종분리가 나타나는 것일까? 이 질문에 대한 대답은 다양하지만 과밀이론 자체는 이 질문에 대해서 대답하지는 않는다.

신고전주의 노동시장론은 기본적으로 최대이윤 추구와 완전경쟁 메커니즘을 가정하기 때문에 이 이론체계 내에서 장기적으로 지속되는 차별현상을 해명하기는 어렵다. 이 점에 대해 가장 중요한 비판을 제공하고 새로운 형태의 이론을 제시하는 것이 제도학파의 노동시장분절론이다. 노동시장은 인종·성·교육·산업 등으로 분할되어 있고, 분할된 각각의 하위 집단들은 작업 조건, 승진 기회, 임금 등에서 서로 다르다. 노동시장은 직업이 안정적이고 주로 고도의 기술을 요하며 상대적으로 임금이 높은 1차 시장과 반대로 불안정적이고 기술을 요하지 않으며 저임금으로 특징지어지는 2차 시장으로 나뉘어 있다(Doeringer and Piore, 1971). 1차 시장과 2차 시장을 구별하는 가장 중요한 기준은 안정성과 상승 이동 가능성, 즉 승진사다리의 존재 여부이다. 1차 시장은 다시 반복적 작업과 훈련, 권위에의 종속, 기업 목표의 수용으로 특징지어지는 종속적 1차 시장과 창조적이고 개인의 동기와 성취에 대한 보상이 큰 독립적 1차 시장으로 분절되어 있다. 인종을 기준으로 볼 때, 소수 인종은 하위 노동시장에 직면할 가능성이 더 크다. 성별로도 분절화되어 어떤 직업은 남성에 한정되고 다른 어떤 직업은 여성에 할당되는데 여성은 독립적 1차 시장에 속하게 될 가능성보다 2차 시장에 속하게 될 가능성이 더 높다.

그런데 왜 어떤 이는 애초에 1차 시장에 편입되고 다른 이는 2차 시장으로 편입되는가? 이 과정은 공정한 과정인가? 자본주의하 위계의 창출과 분할 지배에서 자본가는 기존의 분업체계나 차별적 의식을 이용한다고 볼 수 있다. 예컨대, 가부장제와 이에 따른 성역할 이데올로기는 여성의 일을 분리하고, 이것을 하위등급에 자리매김하게 하는 중요한 요인이다. 가부장제는 남성이 여성을 통제할 수 있는 사회적 권력 관계이다. 이것은 자본주의 이전부터 존재해왔으나, 자본주의와는 특유의 결합 양상을 보인다. 자본주의화는 가족의 기능 중에서 생산과 재생산을 분리하여 생산 기능은 자본주의적 기업에, 재생산 기능은 가정에 위치지우고, 여성은 가사 노동의 전담자로, 남성은 임노동 수행자로 자리매김하는 성별 분업을 구조화했다. 여기서 여성의 사회적 노동은 비정상적인 것으로 간주되었다. 그러나 이것은 부르주아의 이데올로기였을 뿐 노동계급의 여성에게는 처음부터 현실적인 것이 아니었다. 그러나 여성은 가정 내에서의 의무를 짊어지면서 노동시장에서의 교섭력은 약화되었고 위계화된 시장구조 속에서 낮은 지위를 점하게 되었다. 이것은 생활에 침투한 가부장제 이데올로기와 여성에 대한 교육의 차별 등과 같이 노동시장에 들어오기 이전부터 작동하는 차별과 맞물리면서 노동시장의 성별 분절과 여성 차별을 유지시켜왔다.

3. 차별금지법의 원리

1) 차별의 정의

평등의 개념은 세 가지로 구분해볼 수 있다. 먼저 기회의 평등과 결과의 평등을 나누어볼 수 있고, 기회의 평등은 다시 형식적(또는 절차적) 평등과 실질적 평등으로 구분된다. 먼저 형식적 평등은 균등대우라는 의미에서의 평등이다. '같은 것은 같게, 다른 것은 다르게' 취급해야 한다는 의미에서의 평등, 가장 협소하게 정의된 평등개념이다. 이러한 평등상태는 명백한 차별행위, 즉 직접차별에 의해서 훼손된다. 형식적 평등은 동일한 대우를 요구하고 있음에도 어떻게 하는 것이 공정한 대우인지에 대한 기준을 제시하려고 할 때 문제에 봉착한다. 형식적 평등은 비교대상 집단을 필요로 하는데, 과거로부터 내려오는 구조적 차별로 인해 비교대상자 간에 차이가 존재하게 된 것을 고려하지 않고 직접적인 비교를 하기 때문에 현존하는 차별을 해소하지 못하는 결과를 초래한다(조용만, 2004).

둘째, 실질적 의미에서 기회의 평등이 있다. 개인은 오랜 역사를 통해 불평등하게 구조화된 사회적 조건에서 자유로울 수 없다는 인식에 기초한 평등 개념이다. 모든 사람에게 같은 기준을 적용하여 행위에 대한 보상 수준을 결정하는 것은 일견 차별 없는 상태인 것처럼 보이지만 개인이 처한 구조적 조건을 무시하고 있기 때문에 결국은 불평등을 강화할 수 있다는 의미에서 차별로 정의될 수 있다. 실질적 기회의 평등은 직접차별뿐 아니라 간접차별에 의해서도 훼손된다. 간접차별은 중립적인 기준을 적용했으나, 그것이 특정 소수자집단에게 불리한 결과를 야기하는 경우를 일컫는다. "외관상 중립적인 기준을 실질적으로 동일하게 적응할 수 없는 집단에게 적용하는 것"을 불평등 효과(disparate impact) 또는 간접차별(indirect discrimination)이라고 정의한다.

마지막으로, 결과의 평등 개념이 있다. 이것은 사회적으로 희소한 가치가 모든 개인에게 일정하게 배분된다는 의미에서 절대적인 평등의 개념이다. '결과의 평등'에 대응되는 상태로서의 불평등 상태는 반드시 차별이라는 기제가 매개되지 않더라도 나타날 수 있는 상태이다. 따라서 결과의 평등을 추구하는 법률적 접근은 존재하지 않는 것으로 볼 수 있다.

다양한 종류의 평등-불평등 개념이 존재하고 그 각각에 상응하는 차별 개념이 존재한다고 볼 때 차별해소를 위한 접근방식이 다양한 양상을 띠는 것은 당연하다. 먼저 균등대우라는 의미의 평등 개념에 기초해 이를 훼손하는 직접차별을 해소해야 한다고 할 때, 능력주의 또는 업적주의의 입장을 취하게 된다. 이것은 자유주의적 평등이념에 근거한 것으로 '절차의 공정성'을 확보하는 데 가장 큰 가치를 두고, 능력주의와 업적주의를 침해하는 절차상의 차별을 해소하는 데 주력한다. 이 때 합리적인 차별은 허용되며 공정한 경쟁을 확보함으로써 효율성을 높이는 것이 목적이 된다. 공정하고 합리적인 절차가 보장된다면, 실제 결과에서 나타나는 불평등이 곧 부정의가 되는 것은 아니며, 차별은 존재하지 않는 것으로 보는 접근방식이다.

한편 차별의 구조적 결과, 즉 간접차별에 대해 주목하는 입장에서는 능력주의와 기회의 평등이념을 인정하면서, 능력을 발휘할 여건을 마련하기 위해서는 오랜 차별관행이 낳은 구조적 차이를 해소할 필요성이 있다고 주장한다. 이런 입장에서 볼 때 '땅고르기(leveling the playground)' 또는 '출발선 맞추기'로서의 적극적 차별해소 조치가 필요하다는 주장이 나온다. 불평등대우 이론에 근거한 직접차별의 근절만으로는 이미 오랜 시간에 걸쳐 제도화되고 구조화된 차별을 개선하기는 어렵다는 경험적 현실에 직면하기 때문이다. 편견이나 악의적인 차별의도가 없더라도 기존의 사회규범이나 규칙, 절차 등은 역사적으로 지배집단의 행동양식이나 특성을 중심으로 만들어졌기 때문에 기존의 규범을 따를 경우 현존하는 차별을 개선할 수 없다.

우리나라의 차별금지법들은 간접차별을 차별로 인정하고 있다. 「남녀차별금지 및 구제에 관한 법률」은 "남성과 여성에 대한 적용조건이 양성 중립적이거나 성별에 관계없는 표현으로 제시되었다고 하더라도 그 조건

〈표 7-1〉 현행 법률상의 고용차별금지의 사유 및 영역

법률	차별금지 사유	차별금지 영역
근로기준법	성별, 국적, 신앙, 사회적 신분	근로조건
남녀고용평등법	성별, 혼인 또는 가족상의 지위, 임신, 출산 등	고용관계의 성립·전개·종료
근로자파견법	파견근로자의 성별, 종교, 사회적 신분 또는 정당한 노동조합 활동 등	부당한 차별적 처우, 근로자파견계약의 해지
노동조합법	인종, 종교, 성별, 정당, 신분	조합원 지위의 취득·유지, 조합운영에의 참여
고용정책기본법	성별, 신앙, 사회적 신분, 출신지역, 출신학교 등	모집·채용
고령자고용촉진법	고령, 준고령	모집·채용·해고
장애인고용촉진법	장애	채용·승진·전보 및 교육훈련 등 인사관리
직업안정법	성별, 종교, 사회적 신분, 혼인 여부 등	직업소개, 직업지도, 고용관계의 결정
국가인권위원회법	성별, 종교, 장애, 나이 등 18가지	고용

자료: 조용만(2007: 18).

을 충족시킬 수 있는 남성 또는 여성이 다른 성에 비해 현저히 적고 그로 인해 특정 성에게 불리한 결과를 초래하며 그 조건이 정당한 것임을 입증할 수 없는 때에도 이를 남녀차별로 본다"고 명시하고 있다. 「남녀고용평등법」 역시 "사업주가 채용 또는 근로의 조건은 동일하게 적용하더라도 그 조건을 충족시킬 수 있는 남성 또는 여성이 다른 한 성에 비해 현저히 적고 그로 인해 특정 성에게 불리한 결과를 초래하며 그 기준이 정당한 것임을 입증할 수 없는 경우에도 이를 차별로 본다"고 명시하고 있다.

2) 차별의 사유와 차별금지의 영역

우리나라에서는 현재 어떤 차별을 법적으로 금지하고 있는지 살펴보자. 여기서는 차별금지의 사유와 영역을 구분하고자 하는데, 차별의 사유란 개인의 어떠한 특성을 근거로 차별을 행하는지를 지칭하는 개념이며, 차별금지의 영역이란 어떤 부분에서 차별을 금지하고 있는지를 말한다. 예컨대 「근로기준법」은 성, 국적, 신앙, 사회적 신분을 근거(사유)로 하는 차별을 금지하고 있는데, 구체적 금지 영역으로는 근로조건을 들고 있다. 「남녀고용평등법」이 명시하는 차별사유는 '성별, 혼인 또는 가족상의 지

위, 임신, 출산 등'이고 차별금지의 영역은 '모집 및 채용, 임금 및 복리후생, 교육·배치 및 승진, 정년·퇴직 및 해고'이다. 이 외에도 우리나라 현행법이 금지하고 있는 노동시장 차별의 사유와 영역을 정리하면 〈표 7-1〉과 같다.

3) 법이 허용하는 차별, 적극적 조치

우리나라를 비롯한 대부분의 국가에서 차별금지의 법리는 특정한 형태의 차별적 처우를 법이 금하는 차별적 처우로 보지 않는다는 명시적인 예외조항을 두고 있다. 즉, 오래된 구조적 차별의 결과를 교정하고 간접차별의 문제에 대응하기 위해 시행하는 '적극적 조치(Affirmative Action)'는 차별로 보지 않는다.

적극적 조치의 의미를 이해하기 위해서는 기존에 시행되고 있던 일반적인 '차별금지'와 비교해보는 것이 손쉬울 것이다. 차별금지가 현재 진행되고 있는 차별을 중단시키는 것을 목적으로 하는 것이라면, 적극적 조치는 과거에서부터 차별이 누적되어 나타나는 결과를 시정하려는, 좀 더 적극적인 목적을 갖는다는 점에서 중요한 차이점이 있다. 그러나 적극적 조치는 과거 차별의 결과를 시정하려는 것 자체만을 목적으로 하는 것이 아니다. 과거 차별이 누적된 결과를 시정하지 않고서는 현재의 차별을 중단시킬 수 없으며 미래의 차별도 막을 수 없다는 문제의식에서 과거 차별의 결과를 시정하는 데서 출발해야 한다고 보는 것이다.

차별해소라는 근본적인 목표를 공유하고 있지만, 적극적 조치는 누적된 차별의 결과를 시정한다는 목적을 더 가지고 있기 때문에 이 목적을 달성하기 위한 '방법'의 측면에서도 분명한 차이점이 있을 수밖에 없다. 우리가 알고 있는 차별금지는 어떤 결정을 할 때 '성(性)'을 판단의 기준으로 삼지 말라는 것이 가장 기본적인 전제가 된다. 당연히 특정한 성에 대한 우대조치를 금지한다. 그러나 적극적 조치는 '성'이 판단의 한 기준이 되어야 한다고 본다. 성을 판단기준으로 삼지 않는다는 원칙을 가지고 어떤 결정을 할 경우, 실제로는 그 사회에서 지배적인 위치를 차지하고 있는 성(즉, 남성)에게 유리한 방식으로 결정하는 것과 같다는 문제의식에서 비롯된 것이다. 따라서 어떤 결정을 할 때, 이 결정이 여성과 남성에게 각각 어떤 영향을 미칠 것인지를 의도적으로 계산하고 나서 판단할 것을 주문한다. 이것이 성인지적(gender-conscious) 의사결정이다.

나아가 적극적 조치는 과거 차별의 피해자가 되어왔던 집단에 대해서 '우대조치'를 사용하지 않고서는 누적된 차별의 흔적을 치유할 수 없다고 본다. 단, 우대조치 허용의 수준과 방법은 다양할 수 있다. 예컨대, 채용에서 '같은' 자격수준(qualification)이면 그동안 차별받아온 집단, 즉 여성과 유색인종을 채용할 것을 요구하는 정도의 매우 낮은 수준의 우대조치를 시행할 수 있다. 한편, 매우 강력한 우대조치를 시행하고자 한다면 우대하고자 하는 대상 중에서 일정한 자격을 갖춘 사람이 나타날 때까지 기다리는 정도의 우대조치를 펼 수도 있을 것이다. 가장 일반적으로 생각할 수 있는 우대조치는 '일정한' 자격조건을 갖춘 사람 중에서는 여성이나 유색인종을 우선 채용한다는 정도가 될 것이다.

우리나라에도 2006년 3월 1일을 기해 '적극적 고용개선조치' 제도가 시행되기 시작했다. 우리나라의 적극적 고용개선조치는 공기업과 일정 규모 이상의 모든 민간기업을 대상으로 한다는 점에서 정부와 조달계약을 체결한 기업을 적용대상으로 하는 미국의 제도와는 약간의 차이가 있고, 이러한 차이 때문에 조달계약 파기와 같은 엄격한 제재수단을 법적으로 명시할 수 없다는 한계도 갖고 있다. 그러나 대상기업의 남녀고용현황 보고를 법적으로 강제하고, 여성고용이 현저히 부족한 기업에 대해서는 여성고용 목표와 이를 이행할 구체적 계획을 요구하며, 1년 후에는 그 이행 여부를 심사하는 구조는 영미권 국가의 '적극적 조치'와 유사한 형태를 띠고 있다.

4. 노동시장 불평등과 차별의 현실

이 절에서는 실제로 노동시장에서 고용과 보상이 어떻게 불균등하게 분포되어 있는지 살펴보자. 차별이 발생하는 영역은 고용과 임금 두 부분으로 나누어보고, 차별사유는 성과 연령, 고용형태를 근거로 한 차별을 중심으로 살펴본다.

1) 고용격차와 차별

고용격차지표

고용과 관련된 노동시장의 차별적 현실은 집단 간의 고용률 격차와 노동시장 내 지위의 격차, 그리고 고용안정성의 격차 등 다양하게 나타난다. 이러한 차이를 성별과 연령별로 나타낸 것이 〈표 7-2〉와 〈표 7-3〉이다. 이 지표는 여성이나 고령자는 남성이나 비고령자에 비해 고용률이 낮고 관리직에 진출하기도 어려우며, 비정규직으로 고용될 가능성이 더 높은 현실을 보여준다.

2009년에 남성의 생산가능인구(15세 이상 인구) 대비 임금근로자의 비율을 100으로 보았을 때 여성의 비율은 70.01 수준으로 나타났는데, 11년 전인 1995년의 57.81에 비하면 크게 증가한 것이다. 이는 같은 기간 여성의 경제활동참가율이 크게 증가하지 않았음에도 자영업자나 무급가족종사자가 줄어들고 임금근로자의 비중이 증가했기 때문인 것으로 보인다. 남성과 여성의 고용현실에서 가장 커다란 격차가 나타나는 부분은 임금근로자 중에서 관리직 종사자의 비율로 표시되는 노동위상도이다. 남성 임금근로자 중에서 관리자의 수를 100이라고 보고 여성의 상대적 수준을 표시하면 2009년에 9.61에 불과하다. 1995년에 3.31에 비하면 증가한 지표이기는 하지만, 아직도 여성이 관리직에 진출하는 비율은 남성의 1/10에도 미치지 못함을 알 수 있다. 직업안정도는 임시직과 일용직을 제외한 상용직 근로자의 상대적 비율을 나타낸 지표이다. 경제위기 직후인 2000

〈표 7-2〉 성별 고용평등지표(고용부문)

연도	노동참여도	노동위상도	직업안정도
2009	70.01	9.61	65.74
2005	68.73	8.12	61.25
2000	63.63	4.69	52.53
1995	57.81	3.31	63.29

산식: 노동참여도 = (여성임금근로자 수/여성생산가능인구) / (남성임금근로자 수/남성생산가능인구) × 100
　　　노동위상도 = (여성관리자 수/여성피용자 수) / (남성관리자 수/남성피용자 수) × 100
　　　직업안정도 = (여성상용직근로자 수/여성피용자 수) / (남성상용직근로자 수/남성피용자 수) × 100
자료: 노동부(2010), 고용평등지표 보도자료 및 설명자료.
원자료: 통계청 경제활동인구조사(각년도); 노동부 임금구조기본조사(각년도); 노동부 고용형태별 근로실태조사(2009).

〈표 7-3〉 연령별 고용평등지표(고용부문)

연도	노동참여도	노동위상도	직업안정도
2007	53.02	289.16	68.27
2005	49.43	337.71	69.22
2000	49.84	424.24	70.00
1995	54.00	355.87	73.46

주: 1. 고령의 기준은 50세 이상; 2. 연령별 고용평등지표는 2007년 이후에는 발표하지 않음.
산식: 노동참여도 = (고령임금근로자 수/고령생산가능인구) / (비고령임금근로자 수/비고령생산가능인구) × 100
　　　노동위상도 = (고령관리자 수/고령피용자 수) / (비고령관리자 수/비고령피용자 수) × 100
　　　직업안정도 = (고령상용직근로자 수/고령피용자 수) / (비고령상용직근로자 수/비고령피용자 수) × 100
자료: 노동부(2008), 고용평등지표 보도자료 및 설명자료.
원자료: 통계청 경제활동인구조사(각년도); 노동부 임금구조기본조사(각년도).

년에 가장 낮은 수치를 기록한 이 지표는 2009년 현재 65.74로 나타나고
있다.

　　연령별 고용평등지표는 50세 이상 인구를 노동시장 고령자로 정의하고
산출했다. 고령자는 비고령자에 비해 약 절반 정도의 노동시장 참여도를
나타낸다. 고령자의 경우, 상용직의 비율은 비고령자의 약 70% 수준이다.
한편 관리직 종사자 수의 상대적 크기로 측정되는 노동위상도는 고령자
가 비고령자에 비해 2~3배 높은 것으로 나타났다.

실증분석 사례

앞에서 살펴본 바에 따르면 우리나라에서 여성이 임금근로자로 일하게 될 가능성은 남성의 70% 정도로 낮게 나타났다. 그렇다면 여성이 노동시장에 참여하는 비율이 남성보다 낮은 이러한 현실이 차별에 기인하는 것이라고 볼 수 있을까? 차별이 아니라 개인의 선호에 따른 선택이 아니냐고 주장한다면 어떻게 대답할 수 있을까?

사업체를 단위로 한 원자료를 이용하여 신동균(2006)은 우리나라 노동시장에 여성에게 불리한 차별이 존재함을 실증적으로 보여주었다. 앞서 소개한 노동경제학의 시각에서 볼 때, 여성을 적게 고용하는 것이 생산성의 차이를 정당하게 평가한 결과라면 이로 인해 기업이 손해 볼 것은 없다. 그러나 만약 여성이 가진 생산성을 주관적 편견에 따라 평가절하한 결과 여성을 적게 고용하는 경우라면 기업의 이윤은 줄어들게 된다. 신동균은 여성에 대한 차별이 없다면 기업의 이윤과 여성고용비율 사이에 아무런 상관관계가 없어야 할 것이므로 여성고용비율과 이윤 사이에 정의 상관관계가 존재한다면 이는 차별의 증거라는 가설을 설정하고 한국노동연구원의 사업체패널조사 자료를 가지고 이를 검증했다.

첫 번째 가설에 대해서 신동균은 기업의 성과와 여성고용비율 사이에 정의 상관관계가 있음을 근거로 우리나라에는 임금 및 고용 측면에서 성차별이 존재한다고 결론지었다. 그런데 차별하는 기업의 성과가 그렇지 않은 기업의 성과보다 낮다면 장기적으로 볼 때 기업은 차별을 할 수가 없다. 그렇다면 현실에서 어떻게 차별은 지속되고 있는 것인가? 다시 베커의 이론에 따르면 시장에서 독점적 지위를 가지고 있는 기업은 편견에 따른 차별을 행하더라도 존속할 수 있다. 한편 생산물 시장이 경쟁적이고 차별하지 않는 기업이 존재한다면 차별은 줄어들 수밖에 없다. 신동균은 이 가설을 우리나라 상황에서 검증하기 위해 기업들을 경쟁 상태에 있는 집단과 어느 정도 시장지배력을 가지고 있는 집단으로 나누고 각 집단 내에서 기업의 성과와 여성고용비율의 관계를 분석했다.

두 번째 가설과 관련해서는, 전체 기업을 시장지배력이 상대적으로 높은 기업과 상대적으로 낮은 기업으로 양분할 경우 시장지배력이 낮은 기업들 사이에서는 여성고용비율과 기업의 이윤증가율 사이에는 아무런 관계가 나타나지 않는 것과는 대조적으로 시장점유율이 높은 기업들에서는 여성고용비율이 기업의 이윤 및 이윤증가율과 강한 정의 상관관계를 갖는다는 점을 밝혔다.

채용과 차별

여성이나 고령자와 같은 노동시장 취약계층이 남성이나 비고령자에 비해 고용률이 낮고 관리직에 진출하기도 어려우며, 비정규직으로 고용될 가능성이 높은 현실은 채용과 해고 및 승진 등의 과정에서 일어나는 차별에 기인하는 바 크다. 지금부터는 이러한 각각의 과정에서 차별문제와 관련된 주된 쟁점들은 무엇인지 살펴보자.

채용이나 해고 과정에서 여성임을 명시적인 이유로 내세우면서 불이익을 주는 경우는 많이 사라졌다. 이제는 간접차별을 어떻게 해소해나갈 것인가가 중요해졌다. 차별하려는 의도가 없었다고 하더라도 결과적으로 특정한 집단을 차별한 결과를 초래했다면 이러한 과정은 규제되어야 한다는 것이 간접차별 해소의 뜻이다. 간접차별 여부를 판단하는 기준에 대해서는 미국의 민권법 사례를 살펴보는 것이 이해에 도움이 될 것이다.

먼저 1단계로 원고는 통계적인 비교방법을 이용하여 외관상 중립적인 고용관행이 실질적으로는 불리한 영향을 끼쳤음을 보인다. 여기서 피해자는 고용주의 차별의도를 입증할 필요가 없으며 결과적으로 불이익을 받았다는 사실만 입증하면 된다. 이 단계에서 흔히 문제가 되는 것은 비교하기에 적절한 통계가 무엇인가 하는 것과 불평등의 정도 문제이다. 즉, 얼마나 불평등해야 차별이라고 볼 것인가 하는 점이다. 흔히 사용되는 기준은 '5분의 4 규칙'이다. 여성지원자 중에서 채용된 자의 비율이 남성지원자 중에서 채용된 자의 비율의 4/5 미만이면 대체로 불평등 효과가 있었다고 보는 것이 일반적이다.

이렇게 원고가 불평등 효과를 주장하면, 2단계로 고용주는 그러한 관행이나 기준이 '직무와 관련이 있고, 사업상 필요하다'는 점을 입증해야 한다. 법원은 이렇게 고용주가 제시한 논리와 증거가 타당한지를 따져 문제의 고용관행이나 기준을 차별이라고 볼 것인지를 판단한다.

마지막 3단계로, 문제의 관행이 사업상 필요하다고 하더라도 피해당사자가 차별적인 효과를 초래하지 않는 다른 대안을 제시했음에도 고용주가 이를 채택하지 않았다면 문제의 관행은 차별로 간주된다. 즉, 사업상의 필요나 사업주의 정당한 목적이 차별적이지 않은 다른 방법으로 달성될 수 있다면 문제의 차별적인 관행은 정당화될 수 없다. 이때 특정한 직무를 수행하기 위한 '진정한 직업자격'은 무엇인가에 대한 기준이 문제가 되지 않을 수 없다. 대표적인 사례는 이러한 것이다. 교도관을 채용하면서 키와 몸무게 기준을 제시한 것이 차별이라고 주장하는 소송에서 회사 측은 교도관 직무를 수행하려면 힘이 필요하므로 키와 몸무게 규정이 정당하다고 주장했다. 그러나 법원은 힘이 필요한 직무라면 직접적으로 힘을 측정하는 테스트를 사용하면 된다고 하여 기존의 기준과는 다른 대안적 고용기준을 요구했다.

해고/퇴직과 차별

과거에는 여성의 결혼이나 임신을 이유로 퇴직을 강요하는 사례가 빈번하게 발생했다. 1970년대에는 여사원을 채용할 때 미리 결혼하거나 임신하면 퇴직하겠다는 '결혼퇴직각서'를 공공연하게 요청하는 사례도 흔했던 것으로 알려져 있다. 최근에는 이러한 사례가 줄어들었으나 아직까지 완전히 사라졌다고 보기는 어렵다. 여성이 임신이나 출산을 하는 경우 합리적인 이유 없이 근무지나 직무를 변경하여 퇴직하지 않을 수 없도록 압박하는 사례는 지금도 보고되고 있다.

퇴직과 관련하여 차별의 문제를 논의할 때, 정년제도의 문제를 빼놓을 수 없다. 원칙적으로는 일정 연령이 되면 강제로 퇴직시키는 것은 차별이라고 볼 수 있을 것이다. 연령에 따른 차별을 금지할 수 있는 근거는 노령화에 따른 정신적이고 생리적인 퇴화가 사람마다 다르므로 일정한 연령

간접차별 관련 대표 판례

간접차별의 규율에 관한 최초이자 가장 대표적인 법률적 판결은 1971년 미국의 그릭스 대 듀크전력회사 사건이다. 듀크사는 생산부서를 제외한 나머지 4개 부서에 고용하거나 배치전환할 때 고등학교 교육을 필수적으로 요구하는 정책을 시행했다. 이에 대해 지방법원과 항소법원은 흑인과 백인에게 모두 고등학교 졸업장을 요구했으므로 흑인을 차별하려는 의도로 볼 수 없다고 판결했다. 그러나 대법원은 차별을 금지하는 민권법 제7편의 입법 취지로 볼 때, 백인에게 집단적으로 유리하게 작용하는 기준을 흑인과 백인에게 똑같이 적용하는 것은 이전의 차별적 고용관행을 유지하게 하는 역할을 하는 것이므로 용납될 수 없다고 판결했다. 이 판결을 계기로 민권법 제7편이 명시적인 차별뿐 아니라 형식상으로는 공정하지만 실제로는 차별적으로 작용하는 관행도 금지한다는 것을 분명히 했다(조순경 외, 2007).

고용 관련 성차별 소송의 첫 사례

1983년 1월 ○○공사의 여성 전화교환원이 여성이 절대다수로 근무하는 교환직종의 정년을 다른 직종보다 낮게 정한 인사규정이 헌법과 「근로기준법」의 평등 원칙에 어긋난다고 주장하며 정년무효확인소송을 제기했다. 1심(1983)과 2심(1985)에서는 문제의 인사조치가 직종의 특수성을 고려한 합리적 차별이라고 원고패소판결을 내렸다. 그러나 대법원의 판결(1988)은 '합리적인 이유 없이 여성근로자들을 조기 퇴직하도록 부당하게 낮은 정년을 정한 것은 「근로기준법」의 남녀차별금지 규정에 해당되므로 무효'라고 판결했다(문무기 외, 2007).

을 가지고 일률적으로 퇴직 시점을 결정할 수 없다는 데 있다.

그러나 다른 한편에서 보자면 정년제도 자체를 연령차별로 볼 수 없다는 주장도 가능하다. 장기인센티브 계약이론에 따르면 효율적인 고용-임금체계는 근로생애의 후반에 상대적으로 큰 보상을 해주는 지연인센티브 시스템과 이 시스템이 무한정 갈 수는 없기 때문에 현실적인 시스템이 될 수 있게 해주는 정년퇴직제도를 두 축으로 유지된다. 특정 시점에서 보면, 젊은 근로자들은 그들의 한계생산성보다 낮은 임금을 받음으로써 임금차별을 받는 것처럼 보이며 근로생애 후반에 있는 고령자들은 반대로 한계생산성보다 높은 임금을 받음으로써 기업에 '부담'을 주는 것으로 보일 수 있다. 그러나 이러한 외관상의 현상은 효율적인 장기인센티브 계약의 체결 및 유지에 따라 발생하는 횡단면적인 특성일 뿐이다. 특정 시점에서 고령자의 임금과 노동생산성을 비교하는 것 자체가 무의미하다는 것이다. 일정 연령의 도달과 근로자의 퇴직을 결합하는 일체의 방식이 합리적 이유가 없는 연령차별이라고 단정하기는 어렵다.

문제는 정년연령이 지나치게 낮게 형성되어 있거나, 심지어는 정년 이전에 고연령자를 퇴직시키는 경향이 증가하고 있다는 점이다. 노동부의 조사에 따르면 우리나라 기업의 75%는 단체협약이나 취업규칙으로 정년을 정하고 있으며 상시근로자 300인 이상 대기업의 경우는 97% 정도가 정년을 정하고 있다. 이들 기업이 정하고 있는 정년연령의 범위는 대체로 55~57세이다. 이 연령도 평균수명의 연장을 고려하면 지나치게 이른 연령이라는 주장이 많은 터에 최근 들어 더욱 심각한 문제는 정년연령까지 근무하는 사람이 계속 감소하고 있고 1997년 말 경제위기 이후에는 이러한 경향이 더욱 확산되고 있어서 실질적인 퇴직 연령이 낮아지고 있다는 사실이다. 이러한 와중에 고용조정의 많은 사례들에서 고연령자에 대한 차별적인 인사 관행도 확산되고 있는 실정이다(장지연, 2003).

국제기준을 살펴보면, ILO의 '고령근로자에 관한 권고'(제162호, 1980년)에 따르면 회원국은 연령과 관계없이 근로자의 평등한 기회 및 대우를 촉진하는 국가정책과 이에 관한 법령 및 관행의 틀 내에서 고령근로자에 관

〈표 7-4〉 성별 승진확률의 차이: 근로자 500인 이상 대기업 (단위: %)

	승진확률		누적승진확률	
	남성	여성	남성	여성
임원	36.1	32.1	3.0	0.1
부장	68.0	37.5	8.3	0.4
과장	47.6	38.7	12.2	1.0
계장	46.8	14.5	25.7	2.5
직반장	55.0	17.4	55.0	17.4
비직급			100	100

주: 승진확률은 하위직급 인원 대비 상위직급 인원의 비율, 누적승진확률은 비직급 인원 대비 각 직급 인원의 비율.
자료: 이주희 외(2004: 24)의 표에서 재구성.

한 고용 및 직업상의 차별을 금지하기 위한 조치를 취해야 한다(제3조).
또 EU의 2000년 '고용과 직업에서의 평등대우에 관한 지침'(제78호 지침)
은 연령을 차별사유로 포함하고 있다. 이로써 EU 소속 국가는 2006년까
지 관련 법령을 채택해야 한다. 미국은 이미 1967년에 「연령차별금지법
(Age Discrimination in Employment Act: ADEA)」을 제정했다. 우리나라도
2002년 12월에 개정된 「고령자고용촉진법」에 "사업주는 근로자의 모집,
채용 또는 해고를 함에 있어 정당한 사유 없이 고령자 또는 준고령자임을
이유로 차별하여서는 아니 된다"고 규정하고 있지만 이는 선언적인 금지
에 머무를 뿐 실효성에 의문이 제기되고 있다.

승진과 차별

여성과 남성의 승진확률 차이를 분석한 국내외 연구들은 대부분 여성
이 남성에 비해 승진할 가능성이 낮다고 보고하고 있다(김태홍, 1999; 금재
호, 2002; Olson and Becker, 1983; Lazear and Rosen, 1981; McDowell et al.,
1999, 2001). 〈표 7-4〉에 나타난 바와 같이 우리나라 대기업에서 남성의
경우 평사원에서 직반장으로 승진할 가능성은 55%인 데 비해서 여성은
17.4%에 불과하다. 여기서 또다시 상위직급으로 승진할 가능성 역시 여
성은 남성에 비해 현저히 떨어진다. 이러한 승진확률을 누적적으로 계산

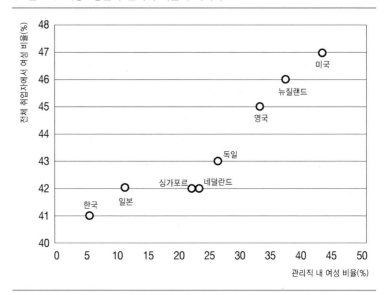

〈그림 7-1〉 여성고용률과 관리직 비율의 국제비교

전체 취업자중의 여성 비율(%)

관리직 내 여성 비율(%)

자료: ILO(2001); 한국은 통계청 경제활동인구조사(2002).

해보면 남성은 100명 중에서 3명 정도는 임원까지 도달할 수 있는 데 비해 여성은 1,000명 중에서 단 1명만이 임원까지 도달하는 것으로 유추해볼 수 있다. 우리나라에서 여성이 관리직에 진출하기 어려운 현상은 다른 나라와 비교해볼 때에도 매우 뚜렷하다(〈그림 7-1〉 참조).

왜 여성은 남성에 비해 승진하기 어려운가? 여성이 승진하기 어려운 이유로 가장 흔히 제시되는 것은 여성의 이직 성향이 남성보다 크기 때문이라는 설명이다. 여성의 이직 가능성이 높다는 것은 그만큼 기업 특수적 인적자본이 축적될 여지가 적다는 것을 의미한다(조준모, 2006). 라지어와 로젠(Lazear and Rosen, 1981)에 따르면, 여성의 이직 성향이 남성보다 크다고 판단한 고용주는 근로자의 승진 여부를 결정할 때, 여성에게는 더 높은 기준을 적용하게 된다는 것이다.

여성의 높은 이직률이 승진 가능성을 저해한다는 것은 반대하기 어려운 논리임에 틀림없으나, 다른 한편에서는 이러한 설명만으로는 부족하다는 견해도 설득력을 얻고 있다. 능력이나 생산성이 유사한 남녀 간에도 승진확률은 뚜렷한 차이를 보인다는 실증분석을 통해서 시장 환경이 여성에게 차별적이라는 점을 보여주는 연구들이 많다. 예컨대 맥도웰 등(McDowell et al., 2001)은 미국의 경제학과 조교수의 부교수 승진을 임의효과 프로빗 모형으로 분석했는데, 일자리에 대한 애착이 남성과 여성 간에 차이가 난다고 보기 어려움에도 여성교수의 승진은 남성교수보다 어렵다는 사실을 보여주었다. 나아가 이직확률 자체는 역으로 승진전망의 결과일 수 있다. 조준모(2006)는 근속년수가 길수록 이직률이 낮아지는 것을 발견했는데, 근속년수가 길다는 것은 그만큼 중간과정에서 승진을 경험할 가능성이 높다고 생각할 수도 있을 것이다. 따라서 여성의 높은 이직 성향이 승진 가능성을 낮추는 주된 기제라는 단순한 논리를 넘어서서, 승진과 이직 간의 관계에 대한 엄밀한 실증분석이 요구된다.

한편 임금이나 승진에서 남녀 차이를 비롯한 모든 노동시장 결과 또는 보상에서의 차이는 '직무분리'라는 매개요인을 거친다. 승진과 관련하여 가장 중요한 직무분리(혹은 직종분리)의 전형은 전문가와 관리자의 분리, 스페셜리스트(specialist)와 제너럴리스트(generalist)의 분리이다. 여성은 흔히 조직 내에서 관리자가 아닌 전문가로 성장하게 되는데, 이러한 직무분리는 '사회적 관계망'의 차이를 의미하고, 결과적으로 승진에서의 불이익으로 귀결될 수 있다.

2) 보상격차와 차별

임금격차지표

최근 우리나라에서 고용형태에 따른 차별적인 처우가 중요한 사회문제로 떠오르고 있다. 비정규직은 정규직에 비해 낮은 임금을 받고 있다. 평균적으로 볼 때, 비정규직의 임금은 정규직 임금의 62% 수준이다. 5인 미만 영세사업체의 경우는 정규직과 비정규직 간에 임금격차가 비교적 크지 않은 편이며, 100인에서 299인 사이의 중규모 기업에서 고용형태별 임금격차가 가장 큰 것으로 나타났다(〈표 7-5〉 참조).

〈표 7-5〉 정규직과 비정규직의 임금격차(시간당 임금)

규모	정규직 평균임금 (천 원)	비정규직 평균임금 (천 원)	비정규직 임금 /정규직 임금(%)	평균임금(천 원)
5인 미만	7.90	6.46	81.7	7.23
5~99인	11.81	7.78	65.8	11.02
100~299인	15.14	8.71	57.5	14.04
300인 이상	19.42	12.39	63.8	17.96
전체	15.11	9.36	62.0	13.91

자료: 노동부 사업체근로실태조사(2005), 이인재(2007)에서 재인용.

〈표 7-6〉 고용평등지표(노동보상도)

연도	남성 대비 여성	비고령자 대비 고령자
2006	69.13	98.83
2005	69.44	89.97
2000	68.27	96.80
1995	62.15	101.14

주: 고령의 기준은 50세 이상.
산식: 남성 대비 여성의 노동보상도 = (여성월급여총액평균/여성월근로시간평균) / (남성월급여총액평균/남성월근로시간평균) × 100
  비고령자 대비 고령자의 노동보상도 = (고령자월급여총액평균/고령자월근로시간평균) / (비고령자월급여총액평균/비고령자월근로시간평균) × 100
자료: 노동부 임금구조기본조사(각년도).

이러한 비교는 정규직과 비정규직 노동자가 가진 인적특성이나 이들이 속한 직종과 산업을 구분하지 않고 단순 비교한 결과이므로 여기서 관찰된 차이를 모두 차별에 기인한 것으로 볼 수는 없다. 노동경제학에서는 이런 경우 임금 수준에 영향을 미치는 것으로 알려진 주요 변수들을 고려한 임금방정식을 추정한다. 즉, 다른 요인들을 통제했을 때, 순수하게 비정규직이기 때문에 정규직보다 덜 받는 임금이 어느 정도나 되는가를 추정하는 것이다. 이인재(2007)의 연구에서는 성별과 연령, 혼인상태, 학력, 근속기간 등의 인적특성 요인과 사업체 규모, 노동조합 유무, 직종, 그리고 산업을 통제했는데, 이러한 통제변수의 선정은 다른 연구에서도 크게 다르지 않다. 그의 연구에서 인적특성과 사업체 특성을 통제하고 보면, 비정규직은 정규직 임금의 89% 정도를 받고 있는 것으로 추정되었다. 그의 연구는 또한 정규직과 비정규직의 시간당 임금격차는 사업체 규모가 커질수록 증가하는 경향을 보인다고 보고하고 있다.

이러한 분석모형은 임금격차를 과대 추정할 위험성과 과소 추정할 위험성을 모두 가지고 있다. 과대 추정할 위험성이란 임금 수준에 영향을 미치는 요인들이 모형 내에 모두 포함되지 못하여 통제가 불완전하다고 판단되는 경우에 일어난다. 예컨대 이 분석에서 직종을 통제하고 있기는 하지만 직종을 좀 더 세분하거나 직무 수준으로 정밀하게 정의한다면 고용형태에 기인한 임금격차 부분은 줄어든다는 것이다. 그러나 이런 모형이 갖는 더욱 심각한 문제점은 고용형태에 따른 임금격차를 과소 추정할 위험성이다. 이 모형은 성별이나 연령 등 인적속성이 고용형태와는 별 상관이 없다는 비현실적인 가정을 전제로 하고 있다. 여성이나 고령자, 저학력자는 비정규직이 될 가능성이 크다면, 인적속성을 모두 통제하고 난 '순수한' 고용형태 효과는 작게 나타날 수밖에 없는 것이다. 이 모형은 또한 성이나 연령, 학력에 따른 임금격차는 차별이 아닌 정당한 격차로 간주하는 전제 위에 있다는 비판을 피하기 어렵다. 그럼에도 이러한 분석방법은 노동시장에서 관찰되는 차별의 정도를 측정하는 데 널리 사용되고 있으며, 평균적인 차별의 정도를 대략적으로나마 파악하는 데는 유용한 분석도구라고 할 수 있다.

동일가치노동 문제

동일한 가치의 노동을 함에도 불구하고 비정규직이라고 하여 차별적인 보상을 하는 경우가 많기 때문에 대부분의 국가에서는 비정규직에 대한 차별을 금지하는 법률을 제정하고 있다. 우리나라에서는 2007년부터 「기간제 및 단시간 근로자 보호 등에 관한 법률」과 「파견근로자 보호 등에 관한 법률」이 시행되고 있다. 이 두 법은 각각 기간제 또는 시간제 근로자, 파견근로자임을 이유로 '당해 사업 또는 사업장 내의 동종 또는 유사한 업무를 수행하는' 근로자에 비해 차별적 처우를 해서는 안 된다고 명시하고 있다.

'동일가치노동 동일임금' 관련 판례

우리나라에서 최초로 '동일가치노동 동일임금' 원칙을 근거로 한 소송은 ○○대학교의 여성일용직 청소원 3인이 피고법인(○○대학교)에서 청소 일을 하는 남자 방호원들과 동일가치노동을 함에도 낮은 임금을 받았다며 그 차액을 지급하라는 민사소송을 청구한 사건이다. 당시 「남녀고용평등업무처리규정」이 마련되어 있지 않고 법규만 있는 상태에서 법원은 정규직 남성방호원과 일용직 여성청소원의 경력과 노동의 가치를 엄밀하게 판단하지 않고, 고용형태와 업무내용이 다르다는 것을 주된 판단이유로 원고 패소판결을 내렸다(1991년). 한편 ○○출판사 사건에 대한 대법원 판결은 동일가치노동에 대한 동일임금 규정을 적용하여 우리나라 최초로 차별을 인정한 판례이다(2003년). 피고회사는 각 공정에 근로자를 성별로 분리하여 배치하고 이에 근거하여 여성의 일당을 남성보다 낮게 책정했다. 이에 대해 원심에서는 남성들이 기계를 다루는 일을 하므로 기계에 대한 전문적인 기술을 요하며, 원료를 운반하는 일을 하므로 체력이 필요하다고 하여 업무의 성질, 내용, 기술, 노력, 책임의 정도 면에서 동일가치의 노동에 해당된다고 볼 수 없다고 판단했다. 그러나 대법원은 회사의 공정 구분 및 남녀직원 배치 자체가 정당한 것인지 의심스럽다고 전제하고, 연속된 작업공정에서 협동체로 근무하고 있는 만큼 위험이나 작업환경, 책임 면에서 별다른 차이가 없다고 보았다. 기계작동 자체는 신규채용 근로자도 수행할 수 있는 점으로 보아 특별한 기술을 요한다고 볼 수 없고, 기계를 작동한다든가 무거운 물건을 든다든가 하는 것 자체가 임금의 차별적 지급을 정당화할 정도로 '기술'과 '노력' 면에서 차이가 있다고 볼 수 없다고 판단했다(김승욱·김엘림, 2005에서 인용하여 정리).

'동일가치노동 동일임금' 원칙은 두 사람 또는 두 집단이 '동일한 노동', 나아가 '동일한 가치가 있다고 인정되는 노동'에 종사하는 경우, 사업주는 이들에게 동일한 임금을 지급해야 한다는 임금지급의 기본원칙이다. 엄밀하게 동일노동에 대한 차별금지만을 시행할 경우 다양하게 직무가 분리되어 있는 현실에서 차별을 규율할 수 없기 때문에 평등대우의 원칙을 좀 더 넓은 범위로 확장한 것이다. 우리나라에서 가장 발전된 형태의 차별금지법인 「남녀고용평등법」에서는 "동일가치의 노동에 대하여 동일한 임금을 지급하여야 한다"고 명시하고 있고, 비정규직 관련법에서는 '동종 또는 유사한 업무를 수행하는 근로자'로 명시하고 있어서 엄밀한 '동일노동'의 정의를 벗어나도록 하고 있다. 동일가치노동을 판단하는 기준으로는 '기술, 노력, 책임 및 작업조건'을 설정하고 있다.

'동일가치노동 동일임금' 원칙에 따라 차별 여부를 판정하는 법 논리적 사고과정은 다음과 같은 세 단계의 과정을 거친다(조용만, 2007). 첫째, 비교대상이 되는 두 사람 또는 두 집단을 설정해야 한다. 비교대상이 없으면 차별 여부를 논할 수 없다. 이 때 법률이 어떤 범위 내에서 비교대상을 설정하도록 규정하는지에 따라 동등한 처우를 해야 할 범위가 결정된다. 우리나라의 차별금지법령들은 당해 사업 또는 사업장 내에서 비교대상을 찾도록 명시하고 있다. 같은 사업장 내에서 동일한 업무를 수행하는 여성과 남성, 정규직과 비정규직이 없으면 애초에 차별 여부를 논의할 수 없게 된다. 따라서 사업주가 여성과 남성, 정규직과 비정규직의 직무를 분리하여 이러한 논란을 회피하려 할 것이라는 예측이 가능하다. 비정규직법이 차별을 규제하는 데 실효성을 없을 것이라는 비판이 나오는 것은 이 때문이다. 둘째, 두 비교대상자가 어느 정도로 다르게 대우받고 있는지에 대한 판단이 필요하다. 셋째, 두 비교대상자를 다르게 대우해야 할 정당한 이유가 있는지 판단하게 된다. 달리 대우하는 합리적 이유가 있다는 점에 대한 입증책임은 고용주 측에 있다.

5. 맺음말

능력에 따라 일할 기회를 얻고 기여한 만큼 보상을 받을 수 있다면 차별 없는 바람직한 노동시장이라고 할 수 있다. 그러나 이러한 원칙을 훼손하는 기제는 여러 가지 단계에서 나타난다. 임금이나 사회보험 혜택과 같은 보상 수준의 차이는 때로 생산성의 차이를 넘어서는 것으로 보인다. 관찰되는 임금격차 중에서 얼마만큼이 생산성의 차이에 기인한 것이고 얼마만큼이 근거 없는 차별에 기인한 것인지를 구분해내는 것은 쉽지 않다. 사안별로 차별 여부를 판정하고자 할 때 곧바로 부딪히게 되는 문제는 '동일가치노동' 여부를 판단하는 일이다. 정확하게 똑같은 일을 하는 두 사람에게 보수를 달리 지급하는 명백한 차별을 해소하는 것은 상대적으로 쉬운 과제일 것이다. 공정한 보상체계를 마련하기 위해서는 비교의 영역을 넓혀나가고 편견과 관행을 벗어나서 노동의 가치를 재평가하려는 노력이 필요하다.

일한 만큼 보상을 받을 수 있다고 하더라도 애초에 일할 기회가 공평하게 제공되지 않는다면 이는 차별이다. 고용기회와 관련된 차별은 모집과 채용, 교육훈련과 배치, 승진, 그리고 퇴직단계에서 각각 나타날 수 있다. 여성, 고령자, 장애인임을 이유로 의도적인 차별을 하는 경우는 줄어들었지만 노동시장에서 차별적인 현실이 크게 개선되지 않는 것은 간접차별에 대한 의식과 규제가 충분치 않기 때문이다. 형식적인 절차상의 차별을 없애는 것만으로는 현존하는 차별을 해소하기 어렵다. 오랜 구조적 차별을 해소하고 그동안 차별적 관행의 피해자가 되어왔던 소수자들에게도 공평한 기회를 부여하기 위해서는 '적극적 조치'의 시행이 필요하다.

이야깃거리

1. 한국 사회에서 노동시장 불평등의 가장 주요한 요인을 생각해보고 각 요인을 어떻게 하면 제거할 수 있을지 토론해보자.

2. 차별과 차이를 구별할 수 있는 기준과 방법은 무엇인지 토론해보자.

3. 각 노동자가 얼마만큼 생산에 기여하는지 알 수 있는 방법이 있는가, 만약 알 수 없다면 차등처우가 정당화될 수 있는지 생각해보자.

4. 정규직과 비정규직의 임금격차 및 여타 처우에서의 차이가 생산에 어떤 영향을 미칠지 토론해보자.

5. 기업의 신입사원 채용과정에서 요구하는 자격요건들이 정당화될 수 있는지 '차별'이라는 관점에서 토론해보자.

읽을거리

『**간접차별의 이론과 여성노동의 현실**』. 조순경 외. 2007. 푸른사상.

간접차별의 개념과 역사, 그리고 현실에서 판단기준을 체계적으로 다루었다. 간접차별 해소를 위한 구체적인 정책대안도 제시되었다.

『**차별철폐정책의 기원과 발자취**』. 테리 H. 앤더슨. 염철현 옮김. 2006. 한울아카데미.

대공황과 제2차 세계대전 시기에 시작된 미국 차별철폐정책의 탄생부터 2003년 미시간 대학 사건까지 차별철폐정책과 관련된 역사적 사건들을 객관적이고 균형 있는 관점으로 소개한 책이다.

제3부

노사관계

협력과 갈등의 동학

08

노사관계의 이론적 이해

주요 용어
노사관계, 고용관계, 노동3권, 비대칭적 교환관계, 노동조합, 단체교섭, 노사분규, 파업, 경영참가

오늘날 한국 사회에서는 많은 사람들이 기업 또는 공공기관에서 일하고 있다. 취업인구의 70%에 달하는 임금노동자들은 특정 기업이나 기관에 고용되어 일한 대가로 급여를 받으며 자신의 생활을 꾸려가고 있다. 기업이나 공공기관은 자신의 사업이나 업무를 수행해줄 노동자들을 구할 수 있을 때에만 조직을 정상적으로 유지할 수 있다. 모든 임금노동자들은 취업할 때 기업이나 공공기관의 대표인 사용자와 근로계약을 맺는다. 다시 말해, (임금)노동자와 사용자의 관계는 노동력을 사고파는 계약관계이다. 또한, 노동자들은 수행하는 일의 내용이나 조건 그리고 일한 대가 등에 대해 사용자와 개별적으로 또는 집단적인 방식으로 협상하기도 한다. 더 나아가 정부 정책이나 법제도를 둘러싸고 노동조합 대표와 사용자단체 대표들이 협상을 벌이거나 갈등을 일으키는 모습이 언론을 통해 자주 비추어지기도 한다. 이처럼, 노동자와 사용자는 작업장 수준에서 국가적 수준에 이르기까지 독특한 관계를 이루며 다양한 방식으로 상호작용하고 있는 것이다. 이 장에서는 노동자와 사용자의 상호관계, 즉 노사관계에 대한 이론을 소개하며, 그 특징을 살펴보기로 한다.

노사관계

노사관계의 영어 표현은 'indus-trial relations' 또는 'labor rela-tions'로 산업현장에서 발생되는 노사 간의 문제를 다루는 연구주제를 지칭하는 것이다. 한편, 마르크스주의 연구자들은 자본주의 경제체제하에서 노동자와 자본가의 계급적 관계를 강조하여 노자관계(labor-capital relations)로 표현하고 있다. 또한, 노동자집단과 사용자(단체) 및 정부 사이에서 발생하는 이해관계의 갈등과 조율을 분석하기 위해 노동정치(labor politics)라는 개념이 사용되기도 한다. 최근에는 노조와 경영자의 집단적 관계와 더불어 개별 노동자의 노무관리 또는 인적자원관리를 포괄하는 개념으로 고용관계(employment rela-tions)라는 개념이 자주 사용되기도 한다.

1. 노사관계를 어떻게 이해할 것인가?

1) 노사관계란 무엇인가?

노사관계는 말 그대로 노동자와 사용자의 상호관계를 지칭하는 개념이다. 우리나라의 노동관계법에 따르면, 노동자는 임금소득을 얻기 위해 사업체에서 노동을 제공하는 사람이며, 사용자는 사업주, 사업체의 경영진 그리고 사업주를 대리하여 노동자를 감독하는 관리자를 모두 일컫는다. 그런데 최근 비정규직 등 다양한 고용형태가 늘어나고 고용구조가 크게 바뀌면서 노동자와 사용자의 법적 정의에 부합하지 않는 상황이 자주 나타난다. 예를 들어, 특정 사업체에서 일하지만 임금노동자가 아닌 독립사업자로 분류되어 있는 특수고용형태 종사자들은 과연 노동자인지, 즉 노동자성 인정 여부를 둘러싸고 논란이 빚어진다. 또 다른 예로서, 파견이나 사내하청과 같이 간접고용형태로 일하고 있는 비정규직 노동자들이 있다. 이들은 근로계약을 맺은 사용자의 사업체가 아니라 다른 사업체의 사용자를 위해 일하고 있는 만큼, 후자의 사업자에 대해 실질적인 사용자로서의 법적 책임을 부과해야 한다는 주장을 한다. 또한, 실업자의 노동자 지위에 대해서도 나라마다 상이한 법률 기준을 적용하고 있다. 구체적으로, 우리나라에서는 법률적으로 실업자의 노동조합 가입을 허용하고 있지 않으나, 서구 국가들에서는 실업자들의 노동조합 가입을 보장하여 노동자로서 법률적 지위를 인정하고 있다. 이처럼, 노사관계를 구성하는 주체들인 노동자와 사용자에 대해 법률적 정의를 내리는 것이나 그 범위를 설정하는 것이 현실적으로 간단치 않고, 사회적 맥락에 따라 국가별로 다를 수 있다는 점을 유의해야 한다.

노사관계는 다양한 수준에서의 접근이 가능하다. 통상 한국에서 노사관계는 기업 차원에서 노동자들을 대표하는 노동조합 또는 여타의 노동자 대의기구와 회사 경영진 사이의 집단적 상호관계를 의미한다. 하지만 노사관계는 작업장 차원에서 노동자들이 관리자 또는 감독자와 일상적으로 상호작용하는 개별적 수준의 관계이기도 하며, 다른 한편으로 산업이나 지역, 더 나아가 국가나 초국가적 수준에서 노동자 대표기구와 사용자 단체 그리고 정부기구가 벌이는 단체교섭이나 정책협상을 지칭하기도 한다. 초국가적 노사관계의 대표적 사례는 유럽연합(European Union: EU)에서 회원 국가들의 노동조합 연합단체인 유럽노조연합(European Trade Union Confederation)이 회원국의 사용자단체 및 연합체와 다양한 협상과 정책협의를 진행하는 것이다. 이처럼 노사관계는 작게는 작업장으로부터 크게는 초국가 수준에 이르기까지 다양한 수준에서 전개되는 노동자와 사용자의 상호관계를 뜻한다.

2) 노사관계의 이중성

노사관계는 산업혁명을 통해 자본주의 경제체제가 확립된 이후 본격적으로 등장했다. 이전의 사회와는 달리 자본주의 사회에서는 노동력을 상품처럼 사고파는 시장거래가 널리 퍼졌다. 노동자들은 봉건사회에서 존재했던 신분적 구속으로부터 벗어나 자유인으로서 자신의 노동력을 팔아 생계를 꾸려가게 되었다. 한편, 사용자는 노동력의 구입을 통해 생산활동을 벌였으며 만들어진 상품을 시장에 내다팔아 수익을 얻었다. 이 과정에서 근대적인 사회관계인 노사관계가 출현하는 것이다.

노사관계는 이중적 성격을 갖고 있다. 구체적으로, 노동자와 사용자의 관계는 상호의존적이면서도 대립적이다. 우선 노동자의 사용자는 자신의 존립을 위해 서로를 필요로 하고 의존하게 된다. 노동자는 사용자에게 자신의 노동력을 팔아야 자신과 가족의 생계를 유지할 수 있으며, 사용자는 노동자의 노동력을 구입해야 자신의 사업체를 운영하고 상품 생산을 통해 수익을 올릴 수 있기 때문이다. 반면, 노동자와 사용자 사이에 근로계약이 맺어지면 노동력의 활용을 둘러싼 대립적인 이해관계가 표출되기 마련이다. 노동자들은 덜 힘들게 일하거나 같은 일에 대해 더 많은 보상을 기대하는 반면, 사용자들은 같은 임금에 대해 더 많은 수익을 바라기 때문이다. 이처럼 노동자와 사용자 사이의 대립적 이해관계를 미국의 정치경제학자인 새뮤얼 보울스와 허버트 진티스(S. Bowles and H. Gintis)는 자본주의적 노동력 거래에 내재하는 특성으로 '각축적 교환(contested exchange)'이라 표현하고 있다. 사용자는 노동자들의 노력(working effort)을 더욱 많이 이끌어내기 위해 다양한 노동통제 수단을 강구하여 적용하는 반면, 노동자들은 자신의 권익을 신장하기 위해 다양한 저항의 방법을 마련하여 대응하고 있다.

노동자와 사용자 간의 이중적 관계인 의존성과 대립성은 근로계약이 유지되는 동안 이루어지는 심리적 계약관계(psychological contract relations)에 따라 의존성 혹은 대립성 중 어느 하나가 더 두드러진다. 노동자와 사용자의 심리적 태도에 따라, 즉 신뢰와 협조적 태도를 보일 경우에는 대립성보다는 의존성이 좀 더 부각될 것이며, 불신과 반목의 태도를 보일 경우에는 의존성보다 대립성이 크게 나타날 것이다. 아울러, 노동조합과 기업의 조직적 특성을 고려하여 노사관계의 특성을 추가로 살펴볼 필요가 있다. 노동조합은 조합원들의 자발적인 결사체로서 투표와 토론 등의 민주적 의사결정에 의해 운영된다. 반면, 기업은 시장경쟁에서 살아남고 투자수익을 극대화하기 위해 효율성을 최우선시하는 조직운영원리에 따라 움직인다. 따라서 노동조합과 기업이 각각 정치적 민주성과 경제적 효율성이라는 상이한 조직원리에 의해 운영되고 있다는 점에 대해 충분히 이해하지 못할 경우에는 노사 간의 불필요한 갈등과 마찰이 빚어질 수 있다는 점 역시 유념해야 한다.

3) 노동기본권과 노동관계법

보울스와 진티스는 자본주의 사회에서 노동자와 사용자가 비대칭적 교환관계(asymmetric exchange)의 특성을 보이고 있다고 지적한다. 이들에 따르면 노동자들이 사용자에 대해 대등한 거래관계를 갖기보다는 상대적으로 취약한 지위를 갖고 있다는 것이다. 왜냐하면 노동자들은 자신의 생계를 위해 별도의 수단을 갖고 있지 못하며 사용자에게 노동력을 팔아 생활을 꾸려야 하므로 아무래도 사용자에 의존하지 않을 수 없기 때문이다. 다시 말해, 노동자들은 자신의 노동력을 팔지 못하는 실업의 상태에 놓이면 도저히 생활을 유지할 수 없으므로 사용자가 계속 고용하기를 원한다. 반면, 사용자는 투자수익을 얻기 위해 사업체를 운영하고 있지만, 사업경영을 포기한다 하더라도 생활할 만한 물질적 기반을 충분히 확보하고 있으므로 노동자들과의 관계에서 별로 아쉬울 것이 없다. 그 결과, 자본주의 노동시장체제에서는 노동자가 사용자에 비해 불리한 거래관계에 있어 경제적 약자의 위치에 놓이게 되는 비대칭적 노사관계를 특징으로 한다.

서구 국가들에서는 산업화를 거치면서 노동자들이 사용자와의 관계에서 불리한 지위로 인해 겪게 되는 착취 문제가 사회적으로 크게 표출되고 이에 맞서는 노동자들의 집단적 저항이 속출했다. 그 결과, 각국에서는 노사 간의 대등한 관계를 보장하기 위한 제도적 장치로서 노동기본권을 법률로 보장하기에 이른다. 한국 사회에서도 노동자의 인간다운 생활을 보장하기 위해 헌법 및 관계법령에서 노동기본권을 명시적으로 규정하고 있다. 구체적으로, 헌법 제32조 1항에서는 모든 국민이 일할 권리를 가지며 정부는 일하기를 원하는 사람들에게 고용 증진과 적정 임금을 보장하기 위해 노력해야 한다고 명시하고 있다. 또한, 제32조 3항에서는 노동자들의 인간다운 생활을 보장하기 위한 최소한의 근로조건을 밝힌 「근로기준법」의 제정을 규정하여, 그 법에서 근로계약·임금·근로시간 및 휴식·휴가·안전·보건 등에 대해 상세하게 규정하도록 하고 있다. 또한 헌법 33조에는 근로조건 향상을 위해 노동자가 사용자와 대등한 지위를 가지도록 노동3권을 보장한다. 구체적으로, 이 헌법 조항에 의거하여 노동자들에게 노동조합을 자주적으로 조직할 수 있는 단결권, 사용자와의 단체교섭을 요구할 수 있는 단체교섭권, 그리고 자신의 요구를 관철시키기 위한 집단행동을 벌일 수 있는 단체행동권이 주어진다. 이러한 노동3권의 행사를 보장하기 위해 1953년에 「근로기준법」과 더불어 「노동조합법」, 「노동쟁의조정법」이 처음으로 제정되었으며, 1997년 3월에 현행의 「노동조합 및

대한민국 헌법에 명시된 노동기본권

제32조 ① 모든 국민은 근로의 권리를 가진다. 국가는 사회적·경제적 방법으로 근로자의 고용의 증진과 적정임금의 보장에 노력하여야 하며, 법률이 정하는 바에 의해 최저임금제를 시행하여야 한다.

② 모든 국민은 근로의 의무를 진다. 국가는 근로의 의무의 내용과 조건을 민주주의 원칙에 따라 법률로 정한다.

③ 근로조건의 기준은 인간의 존엄성을 보장하도록 법률로 정한다.

④ 여자의 근로는 특별한 보호를 받으며, 고용·임금 및 근로조건에 있어서 부당한 차별을 받지 아니한다.

⑤ 연소자의 근로는 특별한 보호를 받는다. (이하 생략)

제33조 ① 근로자는 근로조건의 향상을 위해 자주적인 단결권·단체교섭권 및 단체행동권을 가진다.

② 공무원인 근로자는 법률이 정하는 자에 한하여 단결권·단체교섭권 및 단체행동권을 가진다. (이하 생략)

노동관계법」으로 통합·제정되어 세부적인 규정을 명시하고 있다. 다만, 공무원과 교원에 대해서는 그 직무의 공익적 특성을 고려하여 단체행동권을 제외한 노동2권(단결권과 단체교섭권)만을 보장해주고 있다.

아울러 한국에서는 노사관계의 이해갈등을 조정·중재하고 사용자의 부당해고와 부당노동행위 그리고 차별행위로부터 노동자와 노동조합의 권리를 보호하기 위한 기구로서 노동위원회를 두고 있다. 또한, 1996년에 제정된 「근로자 참여 및 협력증진에 관한 법률」에서는 30인 이상 규모의 사업체에 노사협의회를 설립하도록 규정하고, 노사협의회를 통해 경영자 대표와 종업원 대표가 정기적으로 기업 경영실적의 정보를 공유하고 근로조건 및 종업원 고충사항을 개선할 수 있도록 긴밀한 협의를 할 수 있는 기회를 제도적으로 보장하고 있다.

2. 노사관계의 이론들

노사관계 작동원리에 대한 이론적 논의는 다양하다. 예를 들어 마르크스주의적 관점에서는 노사관계, 또는 노동과 자본의 관계를 기본적으로 계급적 대립을 전제로 하여 노동착취를 위한 자본가의 통제전략과 이에 맞서는 노동자들의 저항이 상호작용하는 것으로 이해한다. 반면, 신고전학파의 관점에서는 노동조합을 일부 조직된 노동자들의 권익을 추구하는 독점적인 단체로 간주하며, 노동조합과 사용자의 협상으로 이뤄지는 노사관계 때문에 개별 노동자와 개별 사용자 사이의 노동력 거래에서 합리적 수급 균형점 조성이 어렵다고 주장한다. 마르크스주의와 신고전학파의 이론적 관점은 노사관계의 구조적 특성에 대해 각각의 이념적 입장에 의거하여 분명한 인식논리를 제공하고 있으나, 현실 노사관계의 작동원리와 영향요인 등에 대한 복합한 실상을 규명하는 데에는 일정한 한계가 있다. 따라서 여기서는 노동조합과 사용자 사이의 집단적 노사관계에 대해 좀 더 풍부한 분석틀로 심층적 논의를 하는 제도학파의 이론적 모형과 윌리엄 쿠크(W. Cooke)의 게임모형을 중심으로 상세히 살펴보기로 한다.

1) 제도학파의 노사관계 이론

존 던롭의 노사관계시스템이론

노사관계에 대한 제도학파의 이론적 관점을 체계화한 것은 던롭의 노사관계시스템이론(Industrial Relations System Theory)이다. 1950년대에 미국 사회학계를 풍미했던 탈콧 파슨스(T. Parsons)의 사회체계이론을 응용하여 노사관계의 체계적 구성에 대한 종합적인 이론을 처음으로 제시했다. 노사관계시스템이론은 〈그림 8-1〉에서 보여주듯이 크게 네 가지 요소로 구성된다. 노사관계 주체, 이데올로기, 제도규칙, 그리고 외부환경이 그것이다. 노사관계의 주체들(actors)은 노동조합과 노조연합단체 및 여타 노동단체, 사용자와 경영자단체, 그리고 정부기관으로 구성된다. 이들 노사관계 주체들은 사업장 또는 기업, 산업·지역 그리고 국가 수준에서 노동 현안에 대해 협상과 압력행사의 방식으로 상호작용한다. 이데올로기는 노사관계 주체들이 공유하는 사회문화적 규범이나 가치체계를 지칭한다. 던롭의 시스템이론에 따르면, 이데올로기는 각 나라의 노사관계 주체들이 고유하게 보유하는 사회문화적 가치체계인 만큼 국가별 노사관계의 독특한 성격을 구분 짓는 핵심 요인이다. 노사관계 주체들은 그들의 상호작용에서 외부환경 여건에 크게 영향을 받는다. 노사관계 주체들이 단체 협상이나 정책협의를 통해 상호작용한 산출물로서 제도규칙(institutional rules)이 만들어진다. 제도규칙의 예로서는 법률이나 단체협약 그리고 사업장의 작업규칙 등을 꼽을 수 있다. 일단 만들어진 제도규칙은 다시 노사관계 주체의 상호작용을 규율하는 틀로 기능한다. 노사관계 주체의 상호작용에는 다양한 외부환경이 영향을 미치는데, 주된 환경요인으로는 크게 기술 환경, 시장 환경 그리고 정치 환경이 포함된다. 기술 환경은 그 사회의 산업기술 발달 수준이나 기술혁신 정도 등을 뜻하며, 시장 환경은 시장경쟁 여건이나 경기 동향 그리고 산업구조의 발달 수준 등을 포괄하

존 던롭

존 던롭(John Dunlop)은 하버드 대학 교수로서 1958년 *Industrial Relations System*이라는 제목의 책을 발간하여 노사관계에 대한 제도주의 학파의 이론체계를 처음 집대성한 것으로 널리 알려져 있다. 던롭 교수는 1970년대 전반에 미국 행정부의 노동부장관을 역임했으며 1990년대 초에는 클린턴 행정부에서 노사관계개혁위원회의 좌장을 맡기도 했다.

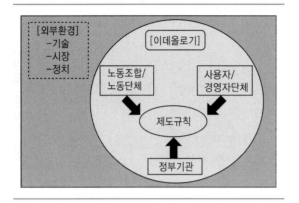

〈그림 8-1〉 던롭의 노사관계시스템 구성요소

고, 정치 환경은 집권 정부의 이념적 지향성과 정당 간의 세력관계 등으로 판단된다.

던롭의 노사관계시스템이론은 노사관계의 작동원리에 대해 체계적으로 논의할 수 있는 종합적인 분석틀을 제시하고 있다는 장점을 갖고 있는 반면, 노사관계에 대한 정태적인 분석에만 초점을 맞추어 노사관계의 변화 동학을 설명할 수 없는 치명적인 약점을 안고 있다. 던롭의 노사관계시스템이론이 정태적인 분석에 주안점을 두고 있는 것은 그 이론이 주된 적용대상으로 삼고 있던 미국의 노사관계가 1950~1960년대에는 전반적으로 안정적이었던 시대상을 반영하고 있는 것이고, 또한 그 이론의 기원이 되었던 기능주의적 사회체계이론의 근본적 한계를 드러낸 것으로 볼 수 있다.

노사관계변동 연구모형

1980년대 초반에 미국의 저명한 노사관계 학자들인 토마스 코칸·해리 카츠·로버트 매커시(T. Kochan, H. Katz, and R. McKersie)는 노사관계변동 연구모형을 제시했다. 코칸 등은 1980년대 초반에 두드러진 미국 노사관계의 급격한 변화와 그 원인에 관한 저서, 『미국 노사관계의 변동(Trans-formation of American Industrial Relations)』을 1986년에 발간하여 노사관계변동에 관한 이론적 모형을 집대성하여 제시했다. 이들은 던롭의 시스템이론이 정태적인 분석에 그쳤기 때문에 1980년대 초 이후 미국 등의 서구 국가들에서 발생하고 있는 노사관계의 역동적 변화와 다양화를 제대로 설명하기 어려운 문제점을 극복하기 위해 새로운 이론적 모색을 시도했다. 이들의 연구모형은 〈그림 8-2〉에서 예시하는 바와 같이 기업 수준의 노사관계에 초점을 맞추고 있다. 이 연구모형에서는 외부환경 요인으

〈그림 8-2〉 노사관계변동 연구모형

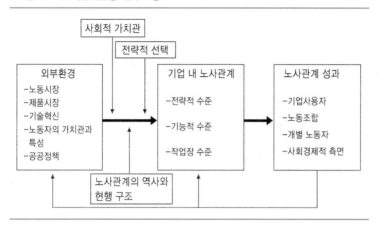

로 노동시장, 제품시장, 기술혁신과 더불어 노동자의 가치관 및 인구학적 특성과 정부의 공공정책을 꼽고 있다. 이러한 외부환경 요인은 사회적 가치관과 기업과 노조의 전략적 선택 그리고 노사관계의 역사적 배경 및 현행 구조와 결합하여 기업 차원의 노사관계에 영향을 미친다. 기업 내부의 노사관계는 세부적으로 전략적 수준, 단체교섭과 인사관리의 기능적 수준 그리고 작업장 수준으로 구성되는 3개 층위(tiers)로 이루어지며, 각 층위별로 주요한 의사결정의 내용을 〈표 8-1〉과 같이 제시하고 있다. 기업 내의 각 층위별로 이루어지는 노사관계 주체들 간의 상호작용은 기업사용자와 노동조합 및 개별 노동자들에 대해, 그리고 사회경제적인 측면에서 다양한 성과를 안겨주게 된다. 또한 그 성과는 거꾸로 외부환경과 기업의 노사관계 운영에 영향을 미친다.

코칸 등의 노사관계변동 연구모형을 던롭의 노사관계시스템이론과 비교해보면 몇 가지 차이가 드러난다. 우선, 던롭 이론에서 제시하고 있는 외부환경 요인들(기술·시장·정치)과 이데올로기를 노동시장·제품시장, 그 사회의 기술 수준, 공공정책 그리고 노동자들의 가치태도와 사회문화 등으로 좀 더 구체화하여 제시하고 있다. 또한, 던롭의 이론이 노사관계 전반에 대한 이론적 분석모형을 제시한 것인 데 반해, 코칸 등의 연구모형은

〈표 8-1〉 노사관계변동 연구모형의 3층위 구성요소

	사용자	노동조합	정부
장기 전략 정책 결정	- 경영전략 - 투자전략 - 인적자원 전략	- 정치적 전략 - 대표권 전략 - 조직강화 전략	- 거시경제정책 - 사회/노동정책 - 산업정책
단체교섭 및 인사노무정책	- 인사노무정책 - 협상전략	- 단체교섭 전략	- 노동법과 노동행정
작업현장 관리	- 관리스타일 - 근로자 참가 - 작업조직/직무설계	- 단체협약관리 - 근로자 참가 - 작업조직/직무설계	- 근로기준 - 근로자 참가 - 노동권 보장

전략적 선택

1970년대 초에 미국의 저명한 기업사 연구자인 알프레드 챈들러(Alfred Chandler)가 경영자의 전략적 선택에 따라 대기업들의 조직구조가 변천해온 것을 분석한 저서, 『전략과 구조(Strategy and Structure)』에서 본격적으로 거론한 이후 노사관계학을 비롯한 사회과학 전반에 널리 사용되는 분석개념으로 자리 잡게 되었다.

기업 내부의 노사관계에 초점을 맞추며, 특히 전략적·기능적·작업장 층위로 세분하여 각 수준에서 노사관계의 작동원리를 상세하게 논의하고 있다. 가장 중요한 차이점으로 코칸 등의 연구모형에서는 노사 주체들의 전략적 선택(strategic choice)을 핵심 변수로 포함시켜 노사관계의 변동과 다양화를 설명하고 있다. 노사관계의 제도적 안정성을 부각했던 던롭의 시스템이론과 달리 코칸 등이 노사 주체의 전략적 선택을 강조한 배경에는 1980년대 초반의 미국 노사관계 변화가 있다. 미국에서는 1930년대 중반 루즈벨트 대통령의 민주당 정부에 의해 노동조합의 활동이 합법적으로 보장된 이래 1950~1970년대의 경제적 번영기를 맞아 산업 전반에 걸쳐 노조들의 패턴교섭에 의해 많은 기업들에서 임금 및 근로조건이 비슷하게 수렴되어 안정적인 노사관계를 이루었다. 그런데 미국의 노사관계체제가 1970년대 말 제2차 오일쇼크에 따른 경제 불황과 보수적인 레이건 행정부의 등장을 배경으로 균열의 조짐을 보이면서 업종이나 기업에 따라 매우 다양한 변화궤적을 보이기 시작했다. 따라서 코칸 등은 이와 같은 변화를 불러일으키는 노사 주체, 특히 기업들의 다양한 전략에 주목하는 이론적 분석모형을 제시한 것이다.

코칸 등의 이론적 모형은 미국의 사례에 국한된 노사관계변동에 관한 분석틀이다. 하지만 이후 서구 국가들과 일본 등의 노사관계 연구자들이 수용하여 많은 나라에서의 노사관계 변화추세를 설명하는 데 활용되었다. 아울러, 노사 주체들의 전략적 선택을 강조하는 그들의 이론 모형은 그동안 노조와 회사의 단체교섭에 초점을 맞추어온 노사관계의 연구관심을 기업의 경영전략과 작업장 수준의 노무관리를 둘러싼 노사 주체들의 상호작용으로까지 확장시켰다. 다만, 코칸 등의 이론 모형에서는 기업 내부의 노사관계에서 세분화하고 있는 전략적·기능적·작업장 수준 사이에 서로 어떠한 영향을 미치는지에 대해 충분히 규명하고 있지 않고, 기업을 벗어나는 산업·지역 그리고 국가 수준의 노사관계 변화추세를 제대로 다룰 수 없다는 문제가 있다.

1990년대 중반에는 미국 MIT 대학의 주관하에 주요 선진국의 고용관계 변화를 비교·분석하기 위해 코칸과 란즈버리(T. Kochan and R. Lansbury) 등이 참여하는 공동연구사업이 수행되었다. 자동차·철강·통신·금융 등의 산업별로 나누어 진행된 MIT 국제비교연구에서는 노사관계에만 국한하기보다는 급여보상·숙련개발·작업조직·고용관리 그리고 기업지배구조를 포괄하는 고용관계(employment relations)라는 새로운 분석모형을 마련하여 진행했다. 이 연구팀은 노동조합의 조직률이 상당히 줄어들고 무노조 사업장의 비중이 날로 늘어나는 선진국의 현실을 반영하여 노조-사용자 관계 중심의 기존 연구초점을 확장시켜 사용자 주도의 인적자원관리 관행까지를 포괄하는 고용관계의 분석틀을 제시했다. 고용관계의 구성요소들에 대한 분석내용을 좀 더 살펴보면, ① 급여보상의 경우 임금의 체계·구조·수준을 중심으로, ② 숙련개발의 경우 공식·비공식 기능훈련, 경력개발, 그리고 사회적 직업훈련제도 등에 대해, ③ 작업조직의 경우 생산현장의 직무 설계·배치·관리 등에 대해, ④ 고용관리의 경우 인력의 채용선발과 고용조정방식 그리고 비정규직 활용 등에 대해, 그리고 ⑤ 기업지배구조의 경우 노동조합 등의 노동자 대표기구의 활동방식과 경영정책에의 참가 정도 등에 대해 분석했다.

2) 쿠크의 노사관계 게임모형

쿠크(W. Cooke)는 경제학의 게임이론을 응용하여 노사관계를 변합게임(variable-sum game)으로 설명하고 있다. 그에 따르면, 노사 간의 교섭 결과는 노사 양측의 상대적인 교섭력의 크기에 따라 결정된다. 교섭력은 노사 주체가 교섭요구를 실현하는 데에 소요되는 비용, 이들의 교섭력 기반 여건(사회적·경제적·정치적·기술적 환경 여건과 노사 양측의 조직적 특성 등), 그리고 노사의 교섭기술에 의해서 좌우되는 것으로 분석하고 있다. 쿠크의 노사관계 게임모형에 의하면, 노사는 그들이 기대하는 교섭 결과를 극대화하기 위해 기업의 경영성과 파이(pie)를 한 쪽에 몰아주는 영합게임(zero-sum game)을 펼치거나 또는 기업조직의 경영성과 파이를 증대시켜 서로의 분배 몫을 함께 증가시키는 정합게임(positive-sum game)을 추구할 수 있다.

쿠크는 노사 양측이 ① 노사협력을 통해 얻을 것으로 예상되는 이익이 크다고 판단할수록, ② 노사협력을 위해 투여되어야 할 비용이 적을 것으로 판단할수록, ③ 자신의 교섭력 행사에 따른 비용이 크다고 판단할수록, ④ 자신의 교섭력 행사에 의해 얻게 될 이익이 작을 것으로 예상할수록 정합관계를 통한 협력적 노사관계가 가능하다고 주장한다. 쿠크의 이론적 접근은 노사관계를 일종의 게임으로 간주하여 그 운영원리에 대해 손쉽게 설명해주는 장점을 갖고 있다. 그러나 그의 이론적 모형은 노사 주체들을 이익-비용의 판단에 따라 행동하는 합리적 존재로 전제하고 있어, 노사관계에서 서로에 대한 불신과 적대감에서 빚어지는 비합리적인 상황을 간과하는 문제점이 있다. 실제로 한국의 노사관계 현실에서는 노사 주체들이 서로 적대적 감정을 갖고 공동의 몫을 줄이는 극단적인 분쟁에 휘말리는 경우 또한 자주 볼 수 있다. 이런 경우는 쿠크의 게임모형에서는 다루고 있지 않으나, 노사 주체들의 비합리적인 행동에 따른 부합게임(nega-tive-sum game)이라 할 수 있다.

3. 단체교섭의 이론적 이해

단체교섭(collective bargaining)은 노사 간의 이해관계를 조정하는 제도적 절차이다. 통상 단체교섭은 노동조합과 기업의 교섭대표들이 조합원들의 임금과 근로조건 등을 협상하여 단체협약을 도출하는 과정이다. 다시 말해, 단체교섭은 노사 대표들 간의 협상을 통해 노동자들의 임금과 근로조건 등을 결정하는 상호 협의절차이며, 노사 간의 상반된 이해관계를 조율하는 정치적 과정인 것이다. 물론, 단체교섭이 노동조합에게 보장되는 헌법상의 권리이나, 삼성과 같은 무노조기업에서는 노조 이외의 노동자 대의기구인 노사협의회에서 종업원들의 근로조건을 협의하기도 한다.

단체교섭은 다음과 같은 기능을 수행한다. 첫째, 노동자들의 임금소득 수준과 근로조건 그리고 작업환경을 통일적으로 규정하여 노동자들 간의 상호경쟁을 제한하는 효과를 가진다. 둘째, 노동자들이 소속 기업이나 기관에서 일하면서 갖게 되는 불만과 요구사항을 집단적으로 제기하여 해결하는 역할을 수행한다. 셋째, 노동자들의 임금 및 근로조건에 대해 사용자의 일방적이거나 독단적인 결정을 막고, 노동자들의 직장생활에 영향을 미치는 회사 정책이나 관리방식의 문제를 해결 혹은 개선하기 위해 노동자들이 자신의 의사를 집단적으로 표출할 수 있는 경영참가의 한 유형으로 기능하기도 한다. 또한, 단체교섭은 노사 간의 이해관계를 조정하는 절차라는 점에서 노사관계의 성격을 좌우하는 핵심영역이라 할 수 있다. 단체교섭의 과정에서 노사 간의 이해관계가 합리적으로 절충·타협을 이루어 상호 신뢰가 돈독해질 경우에는 협력적 노사관계가 조성되는 반면, 노사 간의 이해갈등이 제대로 해결되지 못하여 분쟁상황을 초래하고 상호 불신이 커질 경우에는 적대적인 노사관계가 자리 잡게 될 것이기 때문이다.

나라마다, 그리고 산업에 따라 단체교섭의 방식은 다양하다. 단체교섭 주체인 노동조합과 사용자 또는 사용자단체가 어떠한 방식으로 교섭을 진행하는가에 따라 〈그림 8-3〉에서 예시하는 바와 같이 크게 5개 유형으

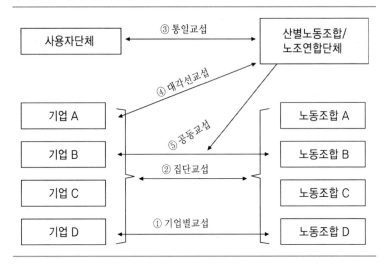

로 구분할 수 있다: ① 기업사용자와 해당 기업의 노동조합 사이에 이루어
지는 기업별교섭, ② 여러 개의 단위노조와 사용자들이 공동으로 교섭하
는 집단교섭, ③ 산업별노조 또는 노조연합단체와 산업·지역을 대표하는
사용자단체가 교섭을 진행하는 통일교섭, ④ 단위노조(지부)가 소속되어
있는 산업별노조 또는 상급노조단체가 이들 노조지부에 대응하는 개별
기업의 사용자와 교섭을 진행하는 대각선교섭, ⑤ 산업별노조 또는 상급
노조단체의 대표가 단위노조지부의 단체교섭에 함께 참여하는 공동교섭.

　단체교섭 구조가 노동시장에 어떠한 영향을 미치는지에 대한 연구가 그
동안 노사관계의 국제비교에서 핵심적인 논의주제로 다뤄져 왔다. 특정
국가의 단체교섭 구조는 기업별교섭이 지배적인 분권화(decentralization)
의 유형으로부터 산업별 또는 전국교섭이 지배적인 집중화(centralization)
의 유형에 이르기까지 양 극단을 설정하여 그 사이의 일정 지점에 위치한
다고 볼 수 있다. 단체교섭 구조의 집중화 또는 분권화 정도에 따라 나라
별로 실업률·임금격차·기업생산성 등과 같은 노동시장의 성과에서 어떠
한 차이가 나타나는지를 비교하는 연구가 상당히 축적되어왔다. 그런데

단체교섭 구조가 노동시장에 미치는 영향에 대한 국제비교연구의 결과는 연구자마다 다르다. 어떤 연구자는 단체교섭 구조가 분권화될수록 노동시장의 성과가 개선된다는 분석결과를 제시하고 있다. 반면, 다른 연구자들은 단체교섭 구조가 매우 분권화되어 있거나 매우 집권화된 나라에서 노동시장의 성과가 양호하게 나타나고, 그 중간 위치의 단체교섭 구조를 가진 나라들에서 노동시장 성과가 가장 좋지 않다는 이른바 'U자형' 상호관계의 분석결과를 제시하고 있다. 단체교섭 구조가 노동시장에 중요한 영향을 미친다는 점에 대해서는 공감하지만, 단체교섭 구조의 특성에 따라 나타나는 효과에 대해서는 아직까지 다양한 분석결과가 제시되고 있는 것이다.

단체교섭의 행태이론

리처드 왈튼과 로버트 매커시(R. Walton and R. McKersie)는 단체교섭에 대해 행태주의적 관점에서 흥미로운 접근을 하고 있다. 그들의 저서, 『노동교섭의 행태이론(A Behavioral Theory of Labor Negotiations)』에서는 노사 간의 단체교섭을 네 가지 범주로 구분하여 그 범주들의 운영원리에 대해 흥미로운 이론적 논의와 분석틀을 제시하고 있다. 단체교섭의 첫 번째 범주는 분배교섭(distributive bargaining)으로서 노사 간에 한정된 희소가치의 자원이나 대상에 대한 배분을 둘러싸고 진행되는 교섭이다. 분배교섭의 대표적인 예는 임금교섭이다. 임금교섭은 기업의 재정적 자원이나 경영성과를 어떻게 노사 간에 배분할 것인지를 둘러싸고 노동자들과 사용자가 각자의 몫을 늘리려는 상반된 이해관계를 갖기 때문에 대립적 특성이 있다. 예를 들어, 매년 노사교섭을 통해 임금인상의 수준을 결정한다고 할 때, 임금인상률이 높을 경우에 노동자들은 만족하겠으나 사용자는 그만큼 인건비 지출이 많아질 것이므로 불만스럽게 생각할 것이다. 반대로 임금인상률이 기대보다 낮을 경우 노동자들은 불만이지만, 사용자들은 인건비 지출을 줄여 만족스럽게 받아들일 것이다.

단체교섭의 두 번째 범주는 분배교섭과 상반된 성격을 갖는 통합교섭

(integrative bargaining)이다. 통합교섭은 노사의 이익을 함께 증진하고 노사 공동의 당면문제를 해결하기 위해 추진되는 교섭의 영역을 의미한다. 통합교섭의 좋은 예로서는 생산성 향상과 산업안전 환경개선을 위한 공동의 협력 사업을 추진하려는 노사협의를 들 수 있다. 노사 공동의 노력을 통해 생산성이 향상될 경우에는 기업 경쟁력이 제고되어 회사의 경영 수익이 늘어나며 노동자들에게는 안정된 일자리와 더 많은 급여를 안겨준다. 다른 한편, 산업안전 환경을 개선하기 위한 노사 공동의 협력 사업이 추진될 경우에도 산업재해에 따른 회사 측의 추가 비용부담이나 노동자들의 피해를 사전에 줄일 수 있다.

세 번째의 교섭범주는 태도교섭(attitudinal bargaining)이다. 단체교섭을 수행하는 노사 대표 간에, 그리고 회사를 대표하는 경영자·관리자와 조합원 사이에는 서로에 대한 사회심리적 태도를 가지기 마련이다. 더욱이, 단체교섭에 참여하는 노사의 교섭대표들이 서로에 대해 어떠한 태도를 보이는가는 단체교섭의 진행과정과 결과 그리고 교섭 이후의 노사관계에 매우 중요하다. 왈튼과 매커시는 태도교섭에 대해 노사의 상호관계 유형과 다양한 태도를 연계하여 설명하고 있다. 구체적으로, 노사의 상호관계에 대해서는 분쟁 상태부터 대립적 상태, 상호 인정의 상태, 협력 상태, 그리고 서로 일체감을 느끼는 노사일치 상태에 이르기까지 5개 유형으로 세분화했다. 또한, 태도범주는 상대방에 대한 행위 지향성, 상대방의 정당성에 대한 인정 정도, 상호 신뢰 수준, 친밀감 정도로 구분하여 노사관계의 상태에 따라 상이한 특성을 보이는 것으로 설명한다. 이들에 따르면, 단체교섭의 원만한 타협을 위해서는 교섭 현안을 둘러싼 합리적인 이해 조율에 못지않게 교섭대표 간의 상호 신뢰와 협조적인 태도를 조성하는 것이 요구된다는 점에서 태도교섭의 중요성이 부각되고 있다. 실제, 우리나라에서는 단체교섭이 노사 간의 상호 불신과 적대적인 태도로 인해 파국으로 치닫는 경우가 적잖게 발생하므로 노사 모두 태도교섭의 의미를 잘 새겨 활용하는 것이 필요하다.

네 번째의 교섭범주로서 조직내부교섭(intra-organizational bargaining)

이 포함된다. 단체교섭이 회사와 노동조합 대표 간 협상이라면 조직내부
교섭은 회사와 노동조합이 각자 조직 내부에 존재하고 있는 하위집단들
의 다양한 이해관계를 고려하여 그 조직 구성원들로부터 동의와 협조를
얻어내는 과정을 의미한다. 단체교섭은 노사 교섭대표 사이에 상호 타협
이 이루어지면 끝나지만, 교섭의 진행과정이나 결과에 대해 조직 구성원
들이 동의할 경우에만 비로소 마무리될 수 있다. 통상, 단체교섭은 노조
대표와 회사 측 노무부서 대표가 참여하여 진행된다. 이때, 회사 측의 노
무담당 대표는 경영진을 비롯하여 다른 부서의 대표들로부터 교섭의 진
행내용에 대해 동의를 구하지 못할 경우에는 노조와 타협을 이룰 수 없다.
또한, 노조의 교섭대표 역시 조직 내부의 조합원뿐 아니라 다른 활동가집
단들로부터 교섭 진행내용에 대해 동의 또는 지지를 얻지 못할 경우에는
노사 간의 타협결과가 사후적으로 거부되거나 노조 내부의 분열·갈등이
빚어질 수 있다. 따라서 왈튼과 매커시는 노사의 교섭대표가 각자의 조직
구성원들로부터 동의와 승인을 얻기 위해 조직 내 이해관계를 조율하거
나 구성원을 설득하는 조직내부교섭의 중요성을 강조하는 것이다.

4. 파업의 이론적 모형들

파업은 노동자와 사용자 간 대립적 관계의 표출로서 여러 학문 분야에
서 그 발생의 인과기제를 이론화하려는 시도가 다양하게 존재해왔다. 파
업의 발생원인을 설명하는 이론적 실마리를 처음으로 제공한 연구자로는
노동경제학자인 존 힉스(J. Hicks)를 꼽을 수 있다. 힉스는 1932년에 발간
된 『임금 이론(Theory of Wages)』에서, 임금교섭의 과정에서 노동조합과
사용자가 타협 또는 분쟁에 이르는 것에 대해 간명한 이론적 도식으로 설
명했다. 그에 따르면, 단체교섭에서 노조 측의 요구 폭과 회사 측의 수용
폭이 어떻게 설정되는가에 따라 교섭결과의 차이를 낳는다. 구체적으로
노조가 교섭 초기에 제시하는 최고의 임금인상 요구 수준으로부터 교섭

〈그림 8-4〉 단체교섭 성과의 예상시나리오

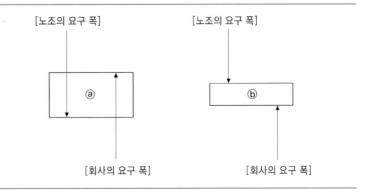

과정을 통해 차츰 낮추어 받아들일 수 있는 최저의 요구 수준까지 노조의
요구 폭을 설정해볼 수 있다. 마찬가지로, 회사 측의 경우에도 교섭 초기
에 임금인상의 최저 수준을 제시하지만 교섭을 통해 차츰 높여 받아들일
수 있는 최고의 인상 수준까지를 회사의 수용 폭으로 상정해볼 수 있다.
그러면 〈그림 8-4〉에서 예시하듯이 노조의 요구 폭과 회사의 수용 폭이
중첩되는 타결가능지대(ⓐ)가 형성될 경우에는 노사 간의 원만한 타협이
이루어지는 한편, 노조의 요구 폭과 회사의 수용 폭이 너무 달라 타결불가
지대(ⓑ)를 유지할 경우에는 노사 간에 파국을 초래하여 분쟁상황에 빠지
게 되는 것이다. 예를 들어, 노사 간의 임금교섭이 상당히 진척되어 노조
의 요구안이 4% 인상으로 낮춰지고 회사 측 역시 5%까지 인상 가능하다
는 입장으로 높아질 경우에는 4%와 5% 사이의 타결가능지대가 마련될 수
있다. 그런데 노조가 낮출 수 있는 최종 요구 수준이 6%인 반면 회사의 수
용 가능한 인상 수준이 4%일 경우에는 임금인상을 둘러싼 노사 간의 입장
차이, 즉 타결불가지대에 빠져들어 노사 간의 원만한 타협을 기대할 수 없
게 된다.

힉스의 임금교섭이론을 발전시켜 파업의 발생원인을 규명하려는 다양
한 이론모형들이 있는데, ① 사고모형(accident model), ② 정치모형(poli-
tical model), ③ 교섭모형(bargaining model 또는 비대칭정보모형: asymme-

tric information model)을 대표적으로 꼽을 수 있다. 우선, 사고모형은 파업 발생을 노사의 교섭당사자들이 경제 및 기업환경 그리고 상대방의 기대 수준에 대한 불완전한 정보(imperfect information)를 갖고 그릇된 협상(faulty negotiation)을 진행한 결과 빚어진 하나의 사고(accident)로 간주한다. 사고모형에서 논의하는 파업의 발생원인인 불완전정보는 그 적용범위를 외부 경제 환경의 불확실성으로까지 확장하여 이른바 정보 불확실성(information uncertainty)에 의해 노사갈등이 발생하는 것으로 설명하기도 한다.

올리 아센펠터와 조지 존슨(O. Ashenfelter and G. Johnson)에 의해 제시된 정치모형은 힉스의 노사 교섭대표 중심모델을 확장하여 서구 국가들에서의 파업연구에 상당한 영향을 미쳤다. 구체적으로, 이른바 'A-J모델'로 일컬어지는 아센펠터와 존슨의 이론적 모형에 따르면 간부직 유지 등과 같은 독자적인 이해관계를 갖고 있는 노조 지도자들은 일반 조합원의 신임을 얻기 위해, 그리고 제한된 교섭정보에 따른 조합원들의 높은 기대 수준을 하향조정하기 위해 정치적인 의도에서 원만한 타협보다는 파업을 선택하는 것으로 설명하고 있다.

교섭모형은 교섭과정에서 노사 교섭당사자가 상대방의 양보의사를 파악하기 위해 소요되는 비용으로 파업을 이해하는데, 특히 노조가 기업의 수익성과 생산물 시장 지위와 관련된 정보의 비대칭성을 극복하기 위한 수단으로 파업행위에 의존한다고 설명하고 있다.

파업발생에 대해 국가 차원의 제도 환경과 정치체제 등과 같은 비경제적 요인을 강조하는 이론도 있다. 존 로버트슨(J. Robertson)은 노동경제학의 파업이론모형들이 교섭과정에 작용하는 제도의 영향을 무시하고 있는 문제점을 지적하면서, 거래비용(transaction cost)이론을 적용하여 노동자들의 파업행위에 대해 시장여건과 제도적 환경이 미치는 영향을 검증하는 대안모형을 내놓았다. 정치학자들은 파업에 관한 경제적 이론모형들이 단순히 임금교섭을 둘러싼 노사 주체들의 합리적 선택행위와 경제 환경의 작용만을 고려하고 있는 것을 비판하면서, 유럽 국가에서의 정치파

거래비용이론

올리버 윌리엄슨(Oliver Williamson) 등의 제도경제학파 학자들에 의해 제시된 거래비용이론은 신고전학파 경제이론에서 가정하는 경제주체들의 합리적 행위모형이 안고 있는 비현실성을 문제 삼으며 경제주체들의 제한적 합리성과 기회주의 등에 의해 발생되는 거래비용을 최소화하기 위해 제도적 기준이나 규칙이 만들어지는 것으로 설명한다.

업 경험과 장기적인 파업발생 추세에 대한 검토를 통해 정치적인 요인의 중요성을 강조했다. 대표적인 예로서, 마이클 샤레브(M. Shalev) 등은 파업발생이 권력자원 또는 투쟁자원을 동원할 수 있는 노조의 능력에 달려 있다는 점을 부각시킨 '자원동원이론(resource mobilization theory)' 또는 '교섭능력이론(bargaining power theory)'를 제시했다. 한편, 월터 코르피(W. Korpi)와 샤레브는 스웨덴의 사례를 들어 노조의 파업행위가 정치적 환경, 특히 정치권력의 성격에 따라 좌우된다는 '정치교환이론(political exchange theory)'를 제시했다.

아울러, 노동자들의 파업행위에 대한 미시적인 수준의 다양한 연구모형들이 있다. 노동자들의 파업행위에 대해 그동안 제시된 미시적인 이론모형들에서 주요하게 검토하는 설명변인은 다음과 같다: ① 노동자들의 개인 속성 또는 인구학적 특성(예: 성, 인종, 연령, 학력, 근속년수, 직종, 결혼관계, 종교, 부양가족 수 등), ② 노동자들의 일자리 특성(예: 임금 수준, 임금 만족도, 임금 형평성, 직무 만족, 직장 몰입, 직위 기대 불일치, 승진 기회, 직장 내 위치, 상사·동료와의 관계, 정규 또는 비정규의 고용형태, 소속직장의 지리적 위치 등), ③ 노동자들의 사회적 지원·배경(예: 계급 출신, 부모의 노조 출신 여부와 노조태도, 동료와의 신뢰관계, 직장동료의 노조태도와 파업참가 여부, 준거집단 또는 중요 타자의 지지 여부 등), ④ 노동자들의 노조 관련 태도(노조 몰입, 노조목표 일체감, 노조활동 만족, 노조의 도구적 태도 여부, 노조 투표성향, 노조 내 위치, 노조간부 경력, 이전의 파업경험, 파업징계 부담, 노조활동 현황 등).

또한 파업에 대한 사업장 수준의 특성에 초점을 맞춘 미시적 연구가 적잖게 축적되고 있다. 파업발생에 대한 사업장 수준의 미시적 연구는 해당 사업장 소속구성원들의 개인적 속성과 외부환경 여건을 상호 결합시킬 수 있는 분석모형의 설계를 가능케 할 뿐 아니라, 노조와 경영자의 조직적 태도와 전략 그리고 세력구도 등과 같은 사업장 차원의 고유한 특성을 헤아릴 수 있다는 이점을 가지고 있다. 구체적으로 사업장 단위의 미시연구에서는 거시연구와 개인 수준의 미시연구에서 다루어지는 변인들 이외에,

경영자요인(예: 경영스타일, 대노조 태도, 인사정책 및 인적자원관리제도, 사업전략, 매출/수익변동), 노조내부요인(예: 노조조직률, 노조 내부정치, 노조수, 노조 숍 유형, 노조활동체계, 교섭구조/방식, 조합간부-조합원 관계, 노사협의 유무), 사업장특성요인(예: 조직규모, 생산기술, 자본집약도, 근무교대제 방식) 그리고 시장환경요인(예: 시장점유 및 지위, 해외경쟁 수준, 외부 경영단체 가입 및 경제-노동정책 영향) 등과 같은 설명변인의 영향을 추가적으로 분석하고 있다.

이처럼, 파업은 노사관계의 갈등적 표출로서 사회경제적 파장이 크기 때문에 이에 대해 노동경제학, 정치학, 사회심리학 그리고 사회조직론의 이론적 관점에서 매우 다양하고도 풍부하게 분석되고 있다.

5. 경영참여에 대한 이론적 이해

리처드 프리만과 제임스 메도프(R. Freeman and J. Medoff)에 따르면, 노동자들은 일터에서 겪게 되는 문제 또는 고충에 대해 크게 두 가지로 반응한다. 목소리를 높이거나(Voice), 직장을 옮기는(Exit) 것이다. 쉽게 말하자면, 노동자들이 일터에서 불만이나 애로사항을 갖게 되었을 때, 회사 경영진이나 관리자에게 자신의 문제를 알려 해결을 요구하거나, 아니면 아예 문제해결을 포기하고 직장을 떠나려는 선택을 할 것이라는 얘기이다. 이때 노동자들이 기업 경영에 자신들의 의사를 반영하기 위해 영향을 주는 것을 경영참여라고 지칭한다. 국제노동기구(ILO)에 따르면, 경영참여는 노동자나 그들의 대표가 기업 경영의 의사결정에 참가하는 것으로 정의하고 있다. 그런데 경영참여는 노동자가 참여하는 대상에 따라 크게 세 가지 유형으로 나누어볼 수 있다.

첫 번째 유형은 의사결정 참여이다. 좁은 의미의 경영참여를 뜻하는 의사결정 참여는 인사노무관리, 생산설비투자, 작업환경 등에 대한 기업이나 사업체의 주요 정책결정에 노동자 대표가 참여하는 유형을 지칭한다.

두 번째 유형은 성과 참여로서 노동자들의 대표가 기업의 경영성과에 대한 노사 간의 몫을 배분하는 것을 말하며, 대표적인 예로서는 노사 간의 협의를 통해 경영수익을 나누는 이익성과 배분(profit sharing)이나 사전에 정한 경영 개선의 목표달성에 따라 발생된 수익금을 나누는 목표성과 배분(goal sharing)이 그에 해당된다. 세 번째 유형으로는 자본 참여를 들 수 있는데, 종업원들이 회사의 주식 보유를 지원받거나 허용 받아 그 회사의 출자자로서 기업 경영에 참여하는 것을 의미한다. 미국이나 우리나라에서 실시되고 있는 종업원지주제(employee stock ownership plan: ESOP)와 프랑스에 도입되어 있는 우리사주제도(actions de travail)가 자본 참여의 대표적인 예로 꼽을 수 있다.

노동자 경영참여는 국가별로 다양하게 이뤄지고 있는데, 대체로 두 가지 방식으로 요약해볼 수 있다. 한국과 유럽에서는 노사협의회 또는 종업원평의회가 노동자 경영참여를 위한 법적 제도이다. 한편, 미국과 일본 등에서는 노동자 경영참여 제도가 법적으로 보장되지 않은 가운데 노사의 자발적인 합의에 따라 자율적으로 운영되고 있다. 과거 동구의 사회주의 국가들에서는 노동자 경영참여를 적극적으로 보장하는 법적 기반이 마련되어 있으나, 실제 국가의 관료적 지배에 의해 노동자 경영참여는 매우 형식적인 수준에 그쳤다.

아울러, 경영참여를 노동자의 참여 수준에 따라 구분할 수 있다. 우선, 가장 낮은 수준의 경영참여로는 노동자들에게 회사의 경영현황과 사업실적 그리고 주요 정책결정에 대한 정보를 제공하는 정보공유(information sharing)를 들 수 있다. 두 번째 수준의 경영참여는 노사협의(joint consulting)이며, 이 경우에는 노동조합 또는 노동자 대표가 기업 경영의 의사결정과정에 참여하여 자신들의 의견이나 제안을 제시할 수 있도록 보장받는 것을 뜻한다. 다만, 노사협의의 수준에서는 경영정책의 최종 의사결정 권한은 경영자에게 주어지게 된다. 그 다음 참여 수준은 공동결정(co-determination)으로 노동자 대표가 기업 경영과 사업장 운영의 주요 의사결정에 직접 참여하여 사용자와 함께 결정하는 권한을 부여하는 것을 의미한다. 독일과 스웨텐에서는 종업원평의회가 법적으로 설립되어 그 대표들에게 노동자의 권익과 밀접하게 관련 있는 사업체 운영의 주요 정책에 대해 공동결정의 권한을 부여하고 있다. 가장 높은 수준의 경영참여는 노동자 소유기업(self-ownership)으로서 노동자들이 사업체의 주인 권리를 갖고 행사하는 것을 일컬으며, 대표적인 예로서는 스페인의 몬드라곤(Mondragon)이나 이스라엘의 키부츠(Kibbutz)·모샤브(Moshav) 그리고 구유고연방의 노동자 자주관리체제 등을 꼽을 수 있다.

노동자 경영참여에 대해 한국의 사용자는 경영권을 제한한다는 점에서 매우 부정적이다. 그런데 서구에서는 경영참여를 노동복지 개선과 노동소외감 해소, 그리고 노사관계의 안정화와 협력관계 촉진과 같은 긍정적 효과를 낳는 것으로 파악한다. 그런데 노동자들의 경영참여가 기업의 성과와 생산성에 대해 미치는 영향에 대해서는 서로 다른 이론적 견해가 있다. 대리인(agency)모형이나 거래비용(transaction cost)이론은 기업 경영에 노동자들이나 노동자 대표가 영향을 미치면, 대리인이 많아지고 그들의 이해관계나 기회주의가 크게 작용하여 더 높은 거래비용을 발생시키거나 경영성과에 악영향을 미칠 것이라는 부정적인 시각을 보여주고 있다. 반면, 집단압력(group sanction)모형은 노동자들 또는 노동자 대표가 경영참여를 통해 기업 경영에 공동책임을 지게 되면, 일부 노동자의 근무태만이나 기회주의적 행동에 대한 동료노동자들의 집단 감독·압력이 더욱 커져 기업조직의 효율성과 생산성이 높아진다고 주장한다. 관료적 통제(bureaucratic control)모형에 따르면, 기업에서는 노동자들의 직무 수행에 대한 세밀한 규칙을 만들어 운영하는 관료제가 발달하고, 이에 따라 조직운영상에 경직성이나 비효율성이 나타난다. 때문에 경영참여 제도를 시행하면 생산활동의 개선이나 혁신을 위한 노동자들의 의견개진이 활발히 이루어져 관료제의 병폐를 줄여준다고 긍정적으로 평가한다. 경영참여의 인지-감성모형(cognitive & affective model)은 노동자들이 수행하는 업무에 대해 깊은 이해와 지식을 갖고 있어 사업의 주요 의사결정에 대해 그들이 참여할 경우에는 사업성과를 개선하는 데 기여할 뿐 아니라 노동

자들 스스로 기업 경영에 대한 주체적인 의식을 갖기 때문에 조직에 대한
만족과 몰입도가 높아지고 업무 생산성과 효율성이 커진다고 한다. 이처
럼 노동자 경영참여가 기업의 경영성과에 미치는 효과를 둘러싸고 상반
된 이론적 시각이 존재하고 있으나, 그동안의 경험적인 연구에서는 대체
로 경영참여를 긍정적인 것으로 바라본다.

이야깃거리

1. 왜 헌법에서는 노동3권을 보장하고 있는가? 노동권과 경영권이 충돌하는 경우 어느 것이 우선하는가?

2. 노사관계에 주요하게 영향을 미치는 환경요인에는 어떤 것이 있는가, 그리고 노사관계의 변화를 촉발하는 계기는 무엇일까?

3. 단체교섭에서 노사 대표 간의 갈등을 줄이기 위해서는 어떠한 노력이 필요한가?

4. 노동자들이 파업을 하는 이유는 무엇일까?

5. 경영참여가 기업과 노동자들에게 어떠한 도움을 주는가?

읽을거리

『인권의 높이를 보여주는 노동법』. 문재훈. 2008. 삶이보이는창.

노동법이 노동자로서 당연히 알고 누려야 하는 인권의 최저 기준이라는 문제의식에 입각하여 예비 노동자들인 학생들이 상식과 교양으로 알아야 할 노동법에 대해 쉽게 해설해준다.

『전태일 평전』. 조영래. 1991. 돌베개.

불꽃같은 삶을 살다 간 노동자 전태일의 일대기를 소개한다. 1960년대 노동자들이 겪고 있었던 고통스러운 노동 현실에 분노하고 평화시장의 노동자들과 함께 투쟁의 길로 나서는 전태일 열사의 감동스러운 삶을 그렸다.

『**자본주의의 노동세계**』. **크리스 틸리·찰스 틸리. 2006. 이병훈 외 옮김. 한울아카데미.**

자본주의 경제체제하에서 노동세계의 역사적 전개과정과 현존하는 노동형태의 다양성을 체계적으로 알려준다. 특히, 노동세계의 변동과 다양성에 대해 사회학적인 문제의식과 이론적 관점에서 설명한다.

『**그래도 희망은 노동운동**』. **하종강. 2006. 후마니타스**

신자유주의적 세계화시대에 날로 악화되는 노동문제에 대처하기 위해 노동조합을 '한국 사회의 일하는 사람들에게 힘 있는 희망'으로 자리매김하며, 노동운동의 사회적 의의를 밝힌다.

볼거리

〈저 달이 차기 전에〉. 서세진 감독. 2009. / 〈당신과 나의 전쟁〉. 태준식 감독. 2010.

2009년의 쌍용차 파업을 다룬 다큐멘터리 영화

09

노사관계의 주체: 노동조합, 기업, 정부

주요 용어

노사관계, 노자관계, 노동, 자본(기업), 국가(정부), 노동조합, 노사협의회, 단체교섭, 단체행동

이 장에서는 한국 사회 노사관계의 주체인 노동조합, 기업, 정부가 노사관계 안에서 각각 어떤 역할을 맡아서 어떠한 전략적 행위를 해나가는지를 구체적으로 살펴보고자 한다. 노사관계상에서 세 주체 간의 힘의 균형 혹은 불균형은 한 사회의 노사관계의 성격을 규정하는 중요한 지표가 된다. 따라서 각 주체들은 더 많은 권력자원을 획득하기 위해 다양한 전략적 행위를 하게 된다. 이들의 전략적 행위는 노사협의회, 단체교섭 등을 통해 관찰할 수 있다.

일반적으로 노사관계를 설명할 때, 관계의 주체를 노동, 자본, 국가라고 이야기하는 경우도 있고, 노동조합, 기업, 정부라고 이야기하는 경우도 있다. 노동, 자본, 국가를 노사관계의 세 주체로 보는 것은 전반적인 노동정치상에서의 노동과 자본 간의 관계를 설명하는 데 주로 초점을 맞추는 경우라고 할 수 있다. 반면 노동조합, 기업, 정부를 세 주체로서 보는 것은 우리가 일상생활에서 흔히 접하는 노사관계를 설명하는 데 초점을 두는 것이라 할 수 있다. 노동조합, 기업, 정부는 노동, 자본, 국가의 하위 개념인 동시에 좀 더 실체적인 용어이다.

1. 노사관계의 주체

갈등의 제도화

자본주의 사회에는 많은 종류의 갈등이 존재한다. 계급·계층, 인종, 성, 민족, 종교, 지역, 연령 등 다양한 쟁점을 둘러싸고 집단 간의 이해관계가 충돌하는 과정을 갈등의 과정이라고 할 수 있다. 우리가 뉴스에서 흔히 접하는 전쟁이나 유혈 폭력사태 같은 사회현상도 이러한 갈등이 고조되어 표출된 것으로 파악할 수 있다. 전쟁이나 무력충돌과 같은 형태로 갈등이 드러날 경우 해당 사회가 매우 심각한 인적·물적 손실을 입게 되는 것은 자명하다. 따라서 대부분의 사회에서는 이러한 손실을 최소화하기 위해 존재하는 갈등을 인정하고 이를 제도적 틀 안에서 해결하는 방안을 모색한다. 제도적 틀 내에서의 갈등 해결은 주로 사회적으로 합의된 제도나 법을 통해 갈등을 완화시키는 것이며, 이것을 '갈등의 제도화'라고 표현한다.

노사관계는 노동자와 자본가 사이의 근본적인 계급갈등을 제거하거나 완전히 해결하는 것은 불가능하지만 법과 제도를 통해 양자 간의 갈등을 줄이는 일련의 과정이라는 점에서 갈등의 제도화에 대한 좋은 예이다.

노사관계란 노동력의 판매자인 노동자(혹은 노동조합)와 노동자를 고용하여 노동력을 구매하는 사용자(혹은 기업) 간에 형성되는 모든 관계를 일컫는 말이다. 한 사람이 노동자가 되어 기업에 고용되고 그로부터 시작되는 노동행위와 관련된 다양한 요소들이 노사관계로 포괄된다. 채용, 임금, 노동조건, 승진, 퇴직 등과 같이 개별 노동자의 노동생활에 영향을 미치는 요소, 이러한 요소들에 대해 집단적으로 사용자와 노동자 간에 교섭과 합의가 이루어지는 노사협의, 단체교섭과 같은 제도들이 노사관계라는 퍼즐을 완성시키는 중요한 조각들이다.

기본적으로 자본주의 사회에서 노동자와 사용자는 서로 대립적인 입장에 서게 된다. 노동자들은 더 많은 임금, 더 짧은 노동시간, 더 좋은 노동조건을 요구하게 되고 사용자는 적은 임금, 장시간의 고강도 노동을 이용해 최소의 비용을 들여 최대의 이윤을 추구하는 자본주의 논리를 관철하려 하기 때문이다. 그러나 자본주의 사회구조가 바뀌지 않는 한 노동자는 생계를 위해 임금을 지불해주는 사용자가 필요하고 사용자는 이윤을 축적하여 자본을 증대시키기 위해 필수적으로 노동자들이 필요한 공생의 관계가 유지될 수밖에 없다.

초기 노사갈등은 개별 노동자와 개별 사용자 간의 갈등에서 시작하여 폭력적인 충돌로 이어지기도 했다. 그러나 노동자가 노동조합을 만들고, 국가가 노사 간 갈등에 개입을 하면 할수록 노동자와 사용자 간의 갈등은 제도를 통해 풀어나가는 방향으로 발전한다. 결국 자본주의 사회에서의 노사관계는 '갈등의 제도화'를 보여주는 대표적인 예라 할 수 있을 것이다. 노사 간의 갈등, 교섭, 타협에 대한 규칙과 제도가 만들어지는 과정에서 노사관계의 세 주체인 노동자조직, 사용자단체, 그리고 정부(국가)의 성격과 역할이 점차 명확해진다.

따라서 노사관계는 자본주의 사회에서 한 사람의 노동자가 기업에 취업하여 형성하는 사용자와의 개인적 고용관계에서부터 노동조합이라는 조직을 만들어 사용자인 기업을 상대로 이해관계를 표출하고 다시 사용자가 이에 대응하는 집단적인 갈등관계까지를 모두 포괄한다. 이때 국가는 이들의 대립적 갈등관계 형성에서 환경으로 작용하는 동시에 노사 양자 간의 관계에 개입하는 제3의 주체가 되기도 한다.

2. 노동자조직: 노동조합과 노사협의회

개별적 고용관계에 진입한 노동자는 사용자로부터 스스로의 권리를 보호하고 이익을 증진시키기 위한 다양한 활동을 한다. 이 중 가장 두드러진 활동이 유사한 상황에 처한 동료 노동자들과 연대해 사용자에게 대항하는 '조직'을 결성하고 집단적인 힘을 발휘하는 것이다.

한국 사회에서 노동자들이 조직적인 힘을 발휘하는 방법은 노동조합의 결성과 노사협의회에의 참여 등 두 가지 형태로 나누어질 수 있다. 노동조합은 노동자들의 공식적인 대표조직으로서 「노동조합 및 노동관계조정법」에 의거하여 사용자와 단체교섭을 하고 그 결과물로 단체협약을 맺는다. 단체교섭의 내용에는 임금 및 근로조건, 그 외에 다양한 노사관계 관련 사안들이 포함되며 체결된 단체협약은 조합원 혹은 사업장의 노동자에게 적용된다. 이에 비해 노사협의회는 사업장의 다양한 문제에 대한 노사 간 협의의 장이다. 노사협의회는 30인 이상의 사업장에 노조의 존재유무와 상관없이 반드시 구성하도록 법제화되어 있다. 하지만 노사협의회는 단체협약을 체결할 수 없다는 점에서 노동조합과는 다른 성격의 조직이라 하겠다.

1) 노동조합

노동조합의 역할: 노동자들의 이익대변과 사회변혁의 주체
노동조합의 가장 중요한 역할은 임금노동자들의 사회경제적 이익을 대변하는 것이다. 자본주의 구조하에서 노동자들은 사용자인 자본가들에 비해 사회적 약자임에 틀림이 없다. 따라서 자신들의 이익을 대변하고 사용자로부터 자신들의 권리를 보호하기 위한 조직적 힘이 필요했고 이를 실질적으로 수행해낼 수 있는 조직으로서 노동조합을 만들게 된 것이다. 국가는 또한 법률로써 노동자들의 권리를 보장할 수 있도록 헌법에 노동3권(단결권, 단체교섭권, 단체행동권)을 명시하고 있고, 이 노동3권의 구체적인 실현은 바로 노동조합이라는 노동자조직을 통해 이루어진다. 이 외에도 노동자의 권리 보장과 노동조합 활동을 보장하는 법률로서 「근로기준법」, 「노동조합 및 노동관계조정법」(노조법), 「노동위원회법」 등이 제정되어 있다. 법률에서 노동조합은 다음과 같이 규정된다.

「노동조합 및 노동관계조정법」 제1장 제2조 4항
'노동조합'이라 함은 근로자가 주체가 되어 자주적으로 단결하여 근로조건의 유지·개선 기타 근로자의 경제적·사회적 지위의 향상을 도모함을 목적으로 조직하는 단체 또는 그 연합단체를 말한다. 다만, 다음 각목의 1에 해당하는 경우에는 노동조합으로 보지 아니한다.

가. 사용자 또는 항상 그의 이익을 대표하여 행동하는 자의 참가를 허용하는 경우
나. 경비의 주된 부분을 사용자로부터 원조 받는 경우
다. 공제·수양 기타 복리사업만을 목적으로 하는 경우
라. 근로자가 아닌 자의 가입을 허용하는 경우. 다만, 해고된 자가 노동위원회에 부당노동행위의 구제신청을 한 경우에는 중앙노동위원회의 재심판정이 있을 때까지는 근로자가 아닌 자로 해석하여서는 아니 된다.
마. 주로 정치운동을 목적으로 하는 경우

노동조합의 조직과 가입은 다음과 같이 규정된다.

「노동조합 및 노동관계조정법」 제2장 제5조(노동조합의 조직·가입)
근로자는 자유로이 노동조합을 조직하거나 이에 가입할 수 있다. 다만, 공무원과

교원에 대하여는 따로 법률로 정한다.

즉, 모든 노동자는 노동조합을 만들고 여기에 참여할 권리가 부여되는 것이다. 공무원과 교원의 경우는 현행법상 노동3권 중 단체행동권이 제외된 노동조합 활동을 할 수 있다.

다른 한편, 서구에서는 노동조합의 기본적 역할인 노동자의 이해대변 외에 사회변혁 주체로서의 역할을 강조한다. 이는 자본주의 발전에 따라 노동조합의 역할이 확장된 것이라 하겠다. 자본주의 초기에 노동조합의 역할은 매우 제한적이었다. 노동조합이 최초로 역사의 무대에 등장한 곳은 가장 먼저 고전적 자본주의가 무르익은 영국이었다. 그러나 영국에서도 노동조합의 자유로운 활동이 공인받기 시작한 것은 겨우 1824년 무렵부터였다. 따라서 가장 오래된 노동조합일지라도 그 역사는 200년이 채 되지 않는다. 노동조합이 등장하기 이전에도, 새로운 기계·설비의 도입에 대해 강력히 반대하면서 일어났던 '러다이트 운동'처럼 파괴적이거나 정치혁명적 색채가 짙은 노동운동 및 단체가 있었다. 그러나 노동조건의 유지·개선을 목적으로 하는 자주적 노동자집단이 발달할 수 있는 여건은 형성되지 못한 상태였다. 시간이 흐름에 따라 노동자계급은 정치적 혁명운동이나 기계에 대한 폭력적 파괴활동만으로는 자신들의 생활을 개선할 수 없다는 것을 깨달았다. 또 사용자 측은 노동조합 활동을 무조건 억압하기보다 이를 용인하고 노동조건 교섭에 관한 규정을 만드는 편이 좀 더 합리적이고 유리하다는 것을 인식하게 되었다. 이처럼 여건이 변화하면서 비로소 노동조합은 대중조직으로 자리 잡기 시작했고 이 때 노동조합은 임금과 노동조건의 개선을 통해 노동자들의 삶을 증진시키는 것을 주요 목적으로 하게 되었다.

그러나 마르크스는 그의 저작 『공산당 선언(The Communist Manifesto)』(1848)에서 노동조합의 역할을 노동자계급의 해방을 위한 역사적 임무 속에서 사고해야 한다고 주장한다. 이는 노동자의 삶의 다양한 조건은 작업장에서의 임금과 노동시간, 노동조건에 관한 교섭 이상의 것을 필요로 한다는 것을 의미한다. 즉, 노동자의 삶은 작업장 외부에서 직·간접적 영향을 미치는 다양한 정치적·경제적·법률적·사회적 요소들에 의해 규정된다는 것이다. 따라서 노동조합의 역할은 작업장 수준을 넘어서서 노동자의 삶에 영향을 미치는 다양한 요소들을 파악하고 노동자들의 삶의 조건을 증진시키는 방안을 모색하는 데까지 나아가야 한다는 것이다. 자본주의 사회에서 구조적으로 약자의 입장에 설 수밖에 없는 노동자의 삶을 증진시키기는 방안으로서 노동조합이 수행해야 할 역할에 사회변혁이 한 축으로 자리 잡게 되는 것은 이 때문이다. 노동조합의 사회변혁 역할은 단체교섭 의제에 사회적 이슈를 포함하는 것에서부터 각종 선거에서 노동자의 이익을 대변하는 정당이나 후보를 지지하는 것 그리고 사회운동을 통해 직접적으로 정치적 의사표현을 하는 것 등 다양한 방식으로 나타난다. 특히 최근에는 노동조합운동과 사회운동의 결합을 통해 기존의 협소한 노동조합운동을 넘어서는 '사회운동 노동조합주의(Social Movement Unionism)'(12장에서 자세히 설명됨)를 노동조합운동의 주요 방향으로 강조하기도 한다.

한국 노동조합의 종류와 구성방식

한국에서 노동조합은 조직방식과 가입방식에 따라 다양한 형태를 띤다. 우선 노동조합의 조직 수준에 따라 ① 전국 수준의 노동조합 총연맹(한국노총, 민주노총), ② 산별단위 노조/연맹, ③ 기업별노조 등으로 나누어볼 수 있다. 한국의 노동조합들은 대부분 기업별노조의 형태를 유지하고 있는데, 그 이유는 1980년대에 노동조합의 통제를 위해 정부가 법적으로 기업별 노동조합(enterprise unionism)을 강제했기 때문이다. 물론 1990년대 중반부터 산별노조체제가 합법화되어 몇몇 산업을 중심으로 산별노조로의 전환과 조직이 이루어지고 있다. 또한 대부분의 노동조합들은 각각 민주노총, 한국노총이라는 상급단체에 속해서 조직적 연계를 통해 노동조합 활동을 진행하고 있다. 상급단체라 불리는 노동조합 총연맹은 산하의 단위 노동조합의 의견을 수렴하여 노동조합운동의 큰 방향을 설정

<표 9-1> 민주노총과 한국노총의 조합원 수의 비교 (단위: 명, %)

	조합원 수							
	1995	1997	2000	2002	2004	2006	2008	2010
민주노총	406,784	532,124	614,951	685,147	619,204	658,118	650,945	677,790
	25.2	35.8	41.4	43.9	39.5	43	47.3	47.8
한국노총	1,208,052	938,299	872,113	876,889	949,193	872,119	725,014	740,335
	74.8	63.2	58.6	56.1	60.5	57	52.7	52.2
합계	1,614,836	1,470,423	1,487,064	1,562,036	1,568,397	1530237	1,375,959	1,418,125

자료: 각 노조의 활동 보고; 노동부 통계.

하고 활동을 기획하는 역할을 하며 특히 1996년 노동법개정 투쟁과 1998
년 설립된 노사정위원회 참여 등을 통해 이전보다 그 위상이 커졌다.

형성과정을 구체적으로 살펴보면, 1990년 '전국노동조합협의회(전노
협)'로 시작된 민주노조의 연합조직은 1995년 노동조합 총연맹인 '민주노
총'으로 발전하여 1997년 합법화되었고, 기존의 조직인 '한국노총'과는 구
별되는 조직으로서 노동운동을 이끌었다. 2011년 현재 민주노총은 조합
원 62만 7,274명에 1,143개의 단위 노조들로 구성되어 있으며, 한국노총
은 조합원 75만 5,274명에 3,429개의 단위 노조로 구성되어 있다.

두 노총은 산하에 산별노조 혹은 산별연맹 그리고 지역본부를 두고 이
중간단위 조직들을 중심으로 기업별노조를 효율적으로 조직화하려는 노
력을 기울이고 있다. 특히 산별노조 전환은 2000년대 들어서 양대 노총에
서 적극적으로 추진하고 있는 사업으로 개별 기업단위 노조들을 같은 산
업별·업종별로 묶어 단위 사업장을 넘어서는 다양한 노사관계 관련 사안
들을 다루는 한편, 사용자와의 교섭에서도 좀 더 강력한 노동조합의 힘을
보여주는 것을 목표로 한다. 또한 산별전환 방식은 기존의 기업별노조를
해산하고 산별노조를 조직하는 것이 아니라, 기업별 노동조합의 연합체
인 산별연맹이 산하 노동조합의 동의를 거쳐 산별노조로 바뀌는 일종의
형태변경이다. 따라서 기존의 기업별노조는 산별노조의 지부로 위상이
바뀌고, 기업별노조의 조합원들 역시 단일한 산별노조에 가입한 산별노

조 소속 조합원으로 자격이 변경된다. 이와 동시에 기존에 기업별로 진행했던 단체교섭을 이제는 산업을 대표하는 사용자단체와 단일한 산별노조 간의 교섭으로 바꾸려고 시도한다. 따라서 산별노조의 결성만큼이나 교섭 당사자인 사용자단체 구성 또한 중요하다. 사용자단체가 구성되고 산별노조와 단체교섭의 틀이 마련되면 산별 차원에서 제기되는 문제들을 중심으로 단체교섭 의제를 확장하여 교섭에 돌입할 수 있다. 현재 한국노총에는 금융노조가 대표적인 산별노조로 자리 잡고 있으며 민주노총에는 보건의료노조와 금속노조가 대표적인 산별노조로서 사용자단체와 산별 단위의 단체교섭을 진행하고 있다. 하지만 여전히 교섭이나 재정의 상당 부분이 기업별노조와 산별 산하 기업별 지부에 있기 때문에 한국 노동조합의 지배적인 형태는 기업별노조라 하겠다.

기업별 노동조합은 개별 기업의 노동자를 중심으로 노동자들의 이익을 대변하는 중요한 조직이다. 관련 법령에 의해 조직을 설립하고 노동부에 신고하는 과정을 거치면 합법적인 노동조합을 구성할 수 있다. 설립된 노동조합은 노동조합규정에 의해 운영되며 사용자와 정기적으로 단체교섭을 실시하여 단체협약을 맺는 것이 가장 중요한 활동이다. 또한 조합원 총회나 대의원대회 등을 통해 노동조합 활동에 대한 조합원들의 동의를 얻어야 하며, 임원 선거도 조합규약(규정)이 정하는 바에 따라 정기적으로 실시해야 한다. 일반적으로 기업별노조는 조합원으로부터 조합비를 받아 재정을 유지하며 조합비 중 일부를 상급단체인 산별연맹과 노총에 내는 방식을 취한다. 산별노조의 경우는 단일 노조이므로 직접 산별노조의 조합원들로부터 조합비를 받아 각 지부로 다시 분배하는 형식을 취한다. 물론 산별노조이지만 여전히 조합비를 기업별노조에 납부하는 경우도 있다. 하지만 이런 경우에도 기업별노조의 연맹체제에 비해 재정에 관한 통제권이 크다는 점에서 기업별노조와 구분된다.

노동조합은 조직방식 외에 조합원들의 가입방식에 따라 구분되기도 한다. 대표적으로 오픈숍(open shop), 유니온숍(union shop), 클로즈드숍 (closed shop), 그리고 에이전시숍(agency shop) 등의 몇 가지 형태가 있다. 조합원들의 가입방식은 주로 사용자와의 단체협약을 통해 정해진다.

① 오픈숍

오픈숍은, 해당 사업장의 노동자는 조합원이 될 것인지의 여부를 본인의 의사에 따라 결정할 수 있다. 즉, 노동조합 가입이 해당 사업장의 노동자들에게 강제 사항이 아니며 사업장 내에 조합원과 비조합원이 상존하게 된다.

② 유니온숍

유니온숍이란 해당 사업장에 고용됨과 동시에 자동적으로 노동조합의 조합원이 되는 것을 의미한다. 예를 들면, 신규 직원이 정해진 수습기간이 지나서 정식직원이 될 경우 자동적으로 노조원으로 등록된다. 이 방식은 오픈숍보다는 조합원의 모집과 관리가 쉽다. 기존에는 유니온숍을 채택할 경우 노동조합에서 탈퇴한 노동자는 사측에서 반드시 해고하도록 규정했으나(완전 유니온숍), 이러한 규정이 조합에 가입하지 않을 자유(소극적 단결권)를 침해한다는 점에서, 현재는 절충안으로 노동조합이 당해 사업장 전체 근로자의 일정 수(2/3 이상, 과반수 등)를 대표하면 잔여근로자 또는 새로 채용되는 근로자는 자신의 의사에도 불구하고 조합원이 될 것을 단체협약으로 강제하는 제도(불완전 유니온숍)가 채택되고 있다(「노동조합 및 노동관계조정법」 81조 2호).

③ 클로즈드숍

클로즈드숍은 현재 한국에서는 거의 시행되지 않는다. 노동조합이 클로즈드숍을 택한 사업장은 조합원의 자격을 가진 사람만이 취업이 가능하다는 점에서 노동조합의 권한이 매우 강할 때 나타나는 방식이다. 이러한 조직방식은 기업별노조에서는 해당사항이 없고 산별노조가 발달한 곳에서 실질적으로 적용가능하다. 노동자는 취업 전에 우선 노동조합에 먼저 가입해야 하며, 한 번 산별노조에 가입한 조합원이 직장을 잃게 될 경우에도 산별노조의 조합원으로서의 자격을 유지하게 되고 산별노조는 소속 사업장들이 산별노조의 조합원을 우선적으로 취업시키도록 강제함으로써 노동자 개인을 보호할 수 있다.

그러나 클로즈드숍은 '노동조합 가입 자유주의'를 채택하고 있는 우리나라에서는 허용하기 어려운 제도라고 할 수 있으며, 예외적으로 이 형태를 유지해온 항운노동조합의 경우도 2006년 항운노조 관련법 개정 이후 실질적인 기능을 상실했다.

④ 에이전시숍

조합원이 아닌 노동자에게도 노동조합이 조합비를 징수하는 제도이다. 이는 노동조합의 단체교섭 결과로 주어진 각종의 혜택이 비노조원들에게도 적용된다는 점에서, 비노조원들에게 수혜의 대가를 조합비의 형태로 징수하는 것이다. 에이전시숍은 유니온숍이 금지되어 있는 미국의 일부 주에 존재하고 있다.

노동조합 가입방식에 따른 분류 이외에 최근 들어 신문지상에 자주 언급되는 용어인 '복수노조' 또한 노동조합 구성방식 중의 하나이다. '복수노조'란 한 사업장에 동일한 가입대상을 두고 한 개 이상의 노동조합을 만들 수 있도록 하는 제도이다. 지금까지 적용되어온 '복수노조금지' 조항은 사실상 노동3권에 위배되는 것으로서 그간 정부에 의해 노조운동을 약화시키는 제도로 악용되어왔다고 할 수 있다. 실제로 일부 기업들의 경우 사용자의 사주를 받아 만들어진 어용노조가 설립신고를 하고 단일노조로서 법적 지위를 부여받게 되어 자주적이고 민주적인 노조 결성을 제약했다. 그러나 ILO의 권고조항에도 나타나듯이 노동3권의 보장을 위해 복수노조를 허용해야 한다는 국제적 압력을 정부가 수용하면서 복수노조 허용에 대한 논의가 시작되었고 1997년 드디어 상급단체 수준에서의 복수노조가 허용되면서 그간 유일한 합법노총이었던 한국노총 이외에 제2의 노총으로서 민주노총이 합법화될 수 있었다. 사업장 단위에서의 복수노조는

2011년 7월부터 허용되었는데 교섭창구 단일화 제도도 함께 도입되어 교섭단위 구성에서의 혼란과 위헌 논란들이 존재한다. 왜냐하면 한국의 교섭창구 단일화 제도는 조합원이 겹치는 복수노조만이 아니라 사업장에 조직된 모든 노조를 대상으로 하나의 교섭단위만을 허용한다. 이때 조합원이 더 많은 다수노조가 교섭대표가 되기 때문에 소수노조의 단체교섭권이 위협을 받을 위험이 있다. 또한 산별노조의 지부는 복수노조가 아니라는 법원의 판결에도 불구하고, 창구단일화의 대상이기 때문에 사실상 산별교섭이 어려워지고 사업장에서의 기업별교섭만이 가능하게 된다는 비판이 있다.

2) 노사협의회

노사협의회의 역사

노사협의회는 사용자와 노동조합 간의 협력을 증진시키고 산업평화를 유지하려는 목적으로 1963년 「노동조합법」 개정을 통해 설치를 규정했다. 그 후 1980년 노사협의회 관련 사항을 「노동조합법」에서 분리하여 노사협의회의 설치, 구성방법, 임무, 운영방법 등에 관한 일반 법률로 구성된 「노사협의회법」을 제정했다. 「노사협의회법」의 별도 제정은 당시 전두환 정권이 노동조합운동을 약화시키는 것을 통해 강제적으로 '산업평화'를 유지하려 한 것이다. 즉, 단체협약의 권리를 가지지 못하지만 명목상 노사 간 협의의 장인 노사협의회를 키워 노동조합을 위축시키고 노사협조를 활성화하는 한편, 노동에 대한 물리적 탄압을 피해보려고 한 것이다. 특히 무노조를 표방하는 몇몇 대기업의 경우는 노동조합의 역할을 노사협의회가 대신하고 있다는 점도 이러한 주장을 뒷받침한다. 그러나 이들 기업에서 진행된 노사협의회는 대부분 기업 측의 노동자 통제수단으로 이용되어왔다는 점에서 제도로서 노사협의회의 한계가 드러난다.

「노사협의회법」은 1997년 폐지되고, 이후 제정된 「근로자 참여 및 협력증진에 관한 법률」로 흡수되었다. 현행 노사협의회 관련 규정에 의하면

무노조기업의 노사협의회

무노조를 표방하는 기업들은 노사협의회가 노조의 역할을 대신할 수 있으므로 노동조합이라는 조직이 더 이상 필요하지 않다는 주장을 펴곤 한다. 그러나 기업 측의 이런 주장에 대해 노동자들도 동의할까? 현재 한국 사회에서 무노조 경영의 대표적인 기업으로 알려져 있는 S그룹의 노사협의회 사례 연구를 살펴볼 필요가 있다. S 계열사 노사협의회들 가운데 가장 활발하게 운영되는 곳은 S중공업과 SDI 부산사업장으로 알려져 있다. 예컨대 SDI 부산사업장 노사협의회의 경우 노동자위원들이 서울 본사에 가서 구조조정에 항의하고 울산지방노동사무소를 방문해 임금 체불 해결을 촉구하는 등 여타 S 계열사 노사협의회들과는 달리 노동자들의 이해관계를 대변하기 위한 활동을 적극적으로 펼쳐왔다. 하지만 2003년 6월 노사협의회 노동자위원 선거에 대한 회사 측의 개입과 그에 저항한 노동자들의 분신 기도 사건에서 볼 수 있듯이 S 계열사 노사협의회들 가운데 가장 높은 수준의 자율성을 지녔다고 평가되는 SDI 부산사업장의 노사협의회도 회사 측에 의해 노동자위원과 위원장이 선출되고 있을 정도이다. …… SDI 천안공장 노동자위원 출신인 K 씨는 "노사협의 위원이 되고 나서 보니까 노사협의회의 실상이 보이더라고요. 예를 들어

노사협의회는 노조의 유무에 상관없이 30인 이상 사업장에서 의무적으로 설치해야 하며 노사 간 화합을 증진시키기 위한 목적을 가지고 구성과 활동을 법률로 규정하고 있다.

구성과 활동

노사협의회에 참여하는 노동자와 사용자의 대표는 동수이며, 3인 이상 10인 이하로 규정한다. 또한 해당 사업장 노동자의 과반수로 조직된 노동조합이 있는 경우 당해 노조에서 노동자(근로자)위원을 위촉하도록 규정하며 그 외의 경우에는 노동자들이 노동자위원을 직접 선출하도록 하고 있다.

노사협의회는 협의와 의결을 하고 보고를 받는 기관임으로 사용자와 단체교섭을 하고 단체협약을 맺는 노동조합과는 그 성격이 매우 다르다. 즉, 사안에 대한 교섭은 이루어질 수 없고 선출된 사용자위원과 노동자위원이 모여 노사 간 협력을 위한 협의와 의결을 하는 조직이므로 노동자들의 이익을 대변한다는 측면에서는 노동자위원의 역할이 노동조합에 비해 약하다고 할 수 있다.

노사협의회에서 이루어지는 주요 활동은 다음과 같다.

협의사항(위원들 간 협의가 가능한 사항)

1. 생산성 향상과 성과배분
2. 근로자의 채용과 배치 및 훈련
3. 노동쟁의의 예방
4. 근로자의 고충처리
5. 안전·보건 기타 작업환경 개선과 근로자의 건강증진
6. 인사·노무관리의 제도개선
7. 경영상 또는 기술상의 사정으로 인한 인력의 배치전환·재훈련·해고 등 고용 조정의 일반원칙
8. 작업 및 휴게시간의 운용

9. 임금의 지불방법·체계·구조 등의 제도개선

10. 신기계·기술의 도입 또는 작업공정의 개선

11. 작업수칙의 제정 또는 개정

12. 종업원지주제 기타 근로자의 재산형성에 관한 지원

12의 2. 직무발명 등과 관련하여 당해 근로자에 대한 보상에 관한 사항

13. 근로자의 복지증진

14. 기타 노사협조에 관한 사항

의결사항(필요 시 의결해야 할 사항)

1. 근로자의 교육훈련 및 능력개발 기본계획의 수립

2. 복지시설의 설치와 관리

3. 사내 근로복지기금의 설치

4. 고충처리위원회에서 의결되지 아니한 사항

5. 각종 노사공동위원회의 설치

보고사항(사용자가 보고해야 할 사항)

1. 경영계획 전반 및 실적에 관한 사항

2. 분기별 생산계획과 실적에 관한 사항

3. 인력계획에 관한 사항

4. 기업의 경제적·재정적 상황

3개 사업장 대표기구를 통합하자는 안건을 하나 내면 그 안건은 아예 노사협의 자리에 올라오지를 않아요. 회사에서 삭제해버리는 거죠"(구영식, 2000)라며 노사협의회의 한계를 지적한다. 임금인상률을 정할 때가 오면 회사 측이 지침을 갖고 노사협의회 노동자위원 핵심을 불러서 비공식 모임을 갖는데, 거의 회사 쪽으로 결정되며, 그런 다음 면담을 가진 노동자위원들은 다른 노동자위원들에게 설명하고 설득한다고 한다(고윤주 면담, 2006; 이선희 면담, 2006). 이처럼 노사협의회는 노동자 입장을 대변하는 것이 아니라 회사 측 입장을 관철하는 채널 역할을 수행한다. S전자 노동자들에 따르면, 노사협의회 노동자위원들은 당선되고 곧바로 혹은 6개월 정도 지나면 회사 측 대변인 역할을 하기 시작해 노동자들의 이해관계를 대변하지 못한다고 한다(조돈문, 2008: 278~279 재구성).

위의 내용에서 볼 수 있듯이 노사협의회의 협의, 의결, 보고사항에는 임금인상률이나 근로조건의 개선과 같이 노동조합이 단체교섭 과정을 통해 요구할 수 있는 사항들을 제외한다. 대부분의 조항이 경영 측에 의해 제기된 제도적 개선 사항을 보고 받고 이를 승인하는 과정에서 노사가 같이 참여하고 협의한다는 데 그 의미가 있다. 또한 단체교섭을 통한 합의, 즉 단체협약이 아니므로 의결사항이라고 하더라도 강제력이 없다는 단점이 있다. 따라서 노동조합 없이 노사협의회만으로 노사관계에서 노동자의

권리를 보장하는 것은 여러 가지 측면에서 한계가 있다. 노동자의 입장에서 가장 바람직한 방향은 노동조합을 통해 집단적·조직적 힘을 가지면서 단체교섭을 통해 임금과 근로조건, 기타 문제에 대한 요구사항을 관철시키고, 이러한 과정에 도움을 주는 보완제도로서 노사협의회를 활용하는 것이라 할 수 있다.

3. 기업(사용자)

노사관계에서 사용자란?

노사관계에서 사용자는 노동자(employee)를 고용하고 임금을 지불하는 자(employer)를 의미한다. 작업장 단위의 노사관계에서 사용자는 노동자들을 관리, 감독하는 역할을 하며 기업의 이윤을 극대화하기 위해 다양한 경영전략을 도입한다. 사용자의 경영전략은 노동자의 작업조건, 복지, 임금과 직접적인 관련을 맺게 된다. 따라서 사용자의 움직임에 노동자는 매우 민감하게 반응할 수밖에 없으며, 대부분의 경우 양자 간의 이익대립이 생긴다. 기업의 구조조정 과정에서의 인력감축은 노동자와 사용자 간의 이익대립을 가장 첨예하게 보여주는 예이다. 이는 1997년 IMF 경제위기 이후 많은 한국의 사용자가 취했던 가장 일반적인 방식이었다. 특히 절박한 경영상의 이유에 따른 정리해고를 합법화하는 노동법 개정이 이루어지면서 노동자는 일자리를 지키기 위해 사용자는 기업의 합리화를 위해 대립하는 경우를 흔히 볼 수 있다.

사용자의 노동자에 대한 관리는 작업장에서 이루어지는 직접적인 통제와 기업조직의 인사행정을 통해서 이루어지는 간접적인 통제로 나누어진다. 작업장에서의 직접적인 통제는 앞에서 살펴본 노동과정 이론들과 관련이 깊고, 조직을 통한 간접적인 통제는 주로 기업 내부노동시장과 관련된다(기업 내부노동시장의 개념은 5장 참조). 일반적으로 기업조직에서 내부노동시장의 관리는 '인사부서'를 통해 이루어진다. 인사부서에서는 노동자들을 평가하고 이를 토대로 승진, 승급, 그리고 그에 따른 개별적인 임금의 책정을 주로 맡으며 전반적인 노동력의 배치에 대한 업무를 담당한다. 그러나 1987년 노동자대투쟁 이후 대부분의 한국 기업은 기존의 인사업무에 노무관리라는 업무를 더하게 된다. 사용자는 노동자조직의 힘이 약했던 시기에는 노동자에 대한 물리적인 통제를 주로 사용했고, 조직적 저항에 대응하기 위해 시간과 돈을 투자할 필요성을 느끼지 못했다. 그러나 노동자들의 조직적 저항이 강해지면서 대기업을 중심으로 집단으로서의 노동자조직에 대한 관리의 필요성이 제기되었고 이를 전담하는 '노무관리' 부서가 등장하게 되었다. 따라서 노무관리는 노동자가 노동조합을 결성하여 임금과 노동조건의 유지·향상을 목적으로 생산·재무·인사 등에 이르기까지 단체교섭을 요구할 경우 여기에 맞서서 사용자의 입장을 관철시키는 행위, 즉 노사관계의 관리를 의미한다고 할 수 있다. 최근 들어서는 인사관리와 노무관리가 상호 교환적으로 사용되기도 하면서 노무관리가 종업원의 모집·배치·이동·승진·교육훈련·단체교섭 등을 포괄하는 개념으로 쓰이기도 한다.

사용자단체

사용자는 노동자나 노동조합과의 대립 속에서 자신들의 이해를 대변하기 위한 다양한 수단을 강구한다. 이 중 사용자단체를 조직하는 것은 조직화된 노동운동 세력에 대항하고 또한 국가와의 관계에서 유리한 위치를 확보하기 위한 구체적인 전략이라 할 수 있다. 강력해지는 노동조합의 저항에 효율적으로 대처하고 국가 정책 결정과정에 개입하여 사용자에게 이로운 방향으로 노사관계를 이끌어가고자 하는 것이 사용자단체 구성의 궁극적인 목적인 것이다.

한국 사용자단체는 산업·업종별 사용자단체와 전국적 사용자단체로 나누어진다. 우선 단체교섭의 과정에 참여하는 사용자단체가 존재하는데, 산별노조가 구성된 산업을 단위로 산별노조의 협상대상으로서 구성된 사용자단체를 예로 들 수 있다. 이 경우 동일한 산업 내에서 노동조합이 있는 사업장을 중심으로 사용자들이 모여 단체를 구성하고 교섭단을 꾸려 단체교섭에 참여해서 단체협약을 체결하는 것이 주요 활동이다. 이러한 성격의 사용자단체는 노동법상에 명시된 사용자단체의 정의와 유사하다. 노동법상 사용자단체란 구성원(소속 기업)에 대해 노동관계의 조정 또는 규제 권한을 가진 단체를 말한다. 교섭에서 실질적인 권한을 지닌 단체이므로, 구속력이 없는 일반 경제단체와는 성격이 다르다(「노동조합과 노동관계조정법」 제2조 3항). 현재 우리나라에는 보건의료산업, 금속산업, 금융산업에 노동법상의 사용자단체와 유사한 사용자단체가 조직되어 있다. 그러나 이들 사용자단체는 사용자들의 자발적인 요구에 의해 조직된 것이라기보다 산별노조의 적극적인 요구에 의해 만들어진 것이라는 점에서 산별노조의 대항조직으로서 사용자들의 적극적인 필요에 의해 만들어진 서구의 사용자단체와 대비된다. 특히 노조의 요구에 의해 만들어졌기 때문에 사용자단체의 구성과 활동, 특히 구성원에 대한 통제력에는 한계가 있다.

또 다른 차원의 사용자단체의 예는 '한국경영자총협회(경총)'와 '전국경제인연합회(전경련)' 등 전국적 규모를 가진 조직이다. 경총과 전경련은 앞서 살펴본 사용자단체와는 달리 단체교섭에 직접적으로 참여하거나 노동조합과 협상을 시도하지 않기 때문에 노동법상에 명시된 사용자단체로 보기는 어렵다. 이들은 오히려 정치적인 활동을 통해 노동정책의 결정과정에 참여하여 유리한 법과 제도를 보장받는 것을 주요 목표로 한다. 이들은 합법적인 로비활동, 언론을 통한 홍보, 그리고 산하 연구기관을 통한 자본의 이데올로기 생산과 유포 등을 통해 계급적 이익의 확보를 위한 다양한 활동을 한다. 그러나 한편으로는 비공식적으로 정부와 정당 등과 유착관계를 형성하거나 정치자금의 제공, 연줄망을 통한 정치엘리트와 관료엘리트의 양성 등 법에 어긋나는 방법을 사용해 사회적인 비판을 받기도 했다.

1998년 노사정위원회의 설립은 사용자단체인 경총과 전경련의 활동에 변화를 가져오는 계기를 마련했다. 기존의 경총과 전경련의 활동이 단순히 정부와의 유착관계를 통해 이익을 확대하는 데 초점을 맞추어왔다면 노사정위원회의 참여는 좀 더 공식적인 틀을 통해 노동정책과 관련된 협의를 추구한다는 점에서 사용자단체에게 태도 변화의 필요성을 부여하게 되었다. 특히 기존 기업별 노사교섭 시스템을 넘어서서 산업별 또는 전국적 수준에서의 다양한 의제들을 공식적인 회의체에서 다루게 됨으로써 기존의 안일한 태도와 비공식적인 방법으로 노동계의 목소리를 외면해왔던 사용자들이 노사관계에 대한 좀 더 다양한 연구와 대응방안을 모색하게 된 것도 사실이다. 사용자단체는 주로 산하기관으로서 경제연구소를 설립하여 각종 경제지표의 발표와 경제현황에 대한 진단을 통해 노사관계에 대한 기본 전략을 설정하고 이를 각 기업 단위의 노무관리 부서들을 통해 경영전략으로 바꾸어 노동자에 대한 통제를 강화하고자 한다.

사용자단체의 역사

한국 사회에 자본가 계급은 조선 말 개항기를 통해 형성되어 이후 일제의 공업화 추진이 가속화된 1930년대에 본격적으로 대두된 것으로 알려진다. 일제 강점기에는 일본인 자본가와 민족자본가 간의 경쟁이 있었다면 해방 이후에는 민족계 자본가가 쇠퇴하고 일제의 귀속재산을 염가불하 받거나 수입물자 등을 특혜 배정 받는 대자본가들이 등장하기 시작했고, 특히 1950년대에는 전후 복구 사업에서 정부특혜를 통해 자본을 축적한 재벌들이 본격 등장한다. 1960년대 들어서면서 정부의 수출주도형 산업육성 정책과 1970년대 중화학공업 육성 정책에 힘입어 재벌기업들은 명실상부한 독점대기업으로 성장하고 한국 사회에서 실질적인 경제적 지배력을 획득하게 되었다. 그러나 정부의 비호 아래 성장한 태생적인 성격으로 인해 정치적 지배력에 있어서는 한계를 보여주게 된다. 그러다가 1980년대 이후부터 자본의 정치적 지배력 확대를 위한 다양한 움직임들이 관찰되는데 특히 특정 재벌기업의 창업주가 정당을 만들고 1992년 대통령 선거에 후보로 출마한 것이 그 예라 할 수 있다.

정치적 지배력 확대방안 이외에 노사관계에서 사용자로서의 이익 대변을 위한 활동도 다양하게 진행되어왔는데 특히 전경련, 한국경영자총협회, 경제단체협의회 등의 형성과 이를 중심으로 한 조직적 활동이 대표적인 예라 할 수 있겠다.

1961년 가장 먼저 형성된 사용자조직인 한국경제인연합회(이후 전국경제인연합회 혹은 전경련)는 사실 4·19 혁명과 5·16 군사쿠데타 당시 부정축재자 처벌과 관련하여 자본가 계급이 직면한 정치적 위기를 타개하기 위해 만들어진 조직이었다. 당시 재벌기업에 대한 정부의 사정을 피하기 위해 자구적으로 결성된 조직이었던 전경련은 재벌기업의 기업주들을 중심으로 대정부 정책건의, 대자본가 계급 내 유대와 응집력 강화, 대국민 자본가 계급의 이미지 고양과 이데올로기적 공세 등을 주요 내용으로 지금까지 활동하고 있다.

전경련이 주로 재벌기업 총수들을 중심으로 구성되어 정치세력으로부터 자신들의 이익을 보호하는 데 관심을 둔다면 1970년에 설립된 한국경영자협의회(이후 한국경영자총협회 혹은 경총)는 변화하는 산업화 과정에서 노동자들의 수적인 증가와 이에 수반되는 노동운동 세력에 대항하기 위해 조직된 '사용자단체'로서의 성격이 강하다고 할 수 있다. 물론 이 단체가 설립될 당시인 1970년대만 해도 한국의 노동운동은 국가의 강력한 물리적 통제하에 있었기 때문에 사용자단체의 노사관계에서의 역할이 그다지 크지 않았다. 그러나 1978년에 경총 내부에 '노무관리상담실'을 개설하여 각 기업체의 노동력 관리를 보조하는 역할을 주로 수행하면서 노사관계에서 사용자단체로서의 역할을 위한 준비를 하고 있었던 것으로 보인다. 실제로 1971년도부터 경영계 최초로 임금가이드라인을 제시하여 발표하는 등 정부와 보조를 맞추어 노동계를 압박하기 위한 다양한 전략들을 준비해왔던 것을 알 수 있다. 이러한 경총의 역할은 1987년 노동자 대투쟁 이후 중요성이 더해지게 된다. 처음으로 직면한 노동자의 집단적·조직적 저항에 대항하기 위해 경총은 성명서 발표, 이데올로기 유포, 정부에 대한 압박 전술 등을 다양하게 사용해왔다.

기업별 노사관계가 지배적인 한국 사회에서 경총의 역할은, 앞서 살펴보았듯이 직접적인 교섭주체로서 노사관계에 참여하지는 않았지만 1998년 노사정위원회가 만들어진 이후 공식적인 회의체의 주체로 참여하면서 더욱 커진다. 정부와 민주노총, 한국노총 그리고 경총은 공식적인 노사정위원회 참여주체로서 노동법 개정, 주 5일제 도입 등 다양한 의제에 대해 공식적으로 자신들의 이해를 대변해왔다.

최근에는 언론사, 대학·연구소, 학술·문화재단 등 개별 기업이 소유한 이데올로기 기구를 통해 성장주도, 민간주도의 선성장 후분배 논리, 기업의 사회성 강조, 유교 공동체주의 주장 등 친자본 이데올로기를 생산하는 데에 직접적으로 참여하고 있다.

4. 정부(국가)

1) 노사관계에서의 정부의 역할

국가는 노사관계의 환경인 동시에 제3의 주체다. 노사관계는 노동자와 사용자 간의 대립과 갈등관계에 기반을 두지만 노동법을 포함하는 각종 경제·노동정책에 의해 영향을 받으므로 국가 혹은 정부의 영향력으로부터 자유로울 수 없다. 동시에 노사 간 합의의 결과물은 법적·제도적인 보장을 통해서만 실질적인 효력을 가지고 이러한 보장은 정부를 통해 이루어진다는 점에서 분명 정부는 제3의 주체로서 노사관계에 참여하게 된다.

노사관계에서 국가의 역할은 주로 노사관계에 '개입'하는 방식에서 뚜렷하게 보인다. 개입의 방식은 국가의 성격, 특히 자본으로부터 얼마나 자유로운지에 따라 결정된다고 할 수 있다. 국가의 노사관계 개입방식은 법·제도의 적용을 통한 것에서부터 공권력을 투입하는 물리적 억압까지 다양하다. 일반적으로 노사 간 권력관계가 대등한 상태에서 노사관계가 안정된 국가의 경우 정부의 개입은 법·제도의 틀 내에서 주로 이루어지는 반면 상대적으로 노동계의 힘이 약하고 정부와 자본의 유착이 심한 사회에서는 노사 간 분쟁이 발생할 경우 정부가 물리적 억압을 사용하는 것을 주저하지 않는다.

한국 정부의 노사관계 개입방식도 이러한 일반적 패턴과 많이 다르지 않다. 특히 저임금 노동을 이용한 경제성장을 핵심목표로 했던 1960~ 1970년대의 군부독재정권은 노동자 세력을 일방적으로 억누르고 사용자의 손을 들어주는 각종 정책을 쏟아냈을 뿐만 아니라 실질적으로 노동조합을 결성하거나 노동쟁의를 일으키는 노동자에 대해 경찰력을 동원하여 탄압하는 방식을 주로 사용했다. 이런 노동운동에 대한 물리적 탄압은 1980년대까지 지속되었고, 1987년 노동자대투쟁 시기부터는 대규모 사업장의 남성노동자를 중심으로 경찰력에 직접적으로 대항하는 무력충돌로 종종 나타나게 되었다. 특히 울산 등지에서 일어난 노동자들의 조직적인 저항은 바리케이드와 화염병 등으로 무장한 노동자들과 최루탄, 물대포로 무장한 전투경찰 간의 충돌로 귀결되어 상호 간에 부상자가 속출하기도 했다.

1980년대 중반까지 한국 정부는 기업별 노사관계를 지향한다는 명목하에 노동자들을 위한 정책을 마련하지 않고, 기업 내에서 발생하는 노사 간 충돌에는 공권력을 동원하여 노동운동 세력을 약화시키는 방법을 주로 사용했다. 특히 노동운동 세력에게 사상적인 낙인을 찍고 불법단체로 규정하면서 정당한 노동조합 활동을 제한하는 과정을 통해 노동운동이 합법적인 틀 내에서 발전할 수 있는 길을 차단했고 따라서 '갈등의 제도화'가 이루어질 수 있는 여지를 남기지 않았다.

그러나 1987년 민주화 이후 노동조합 조직률의 급격한 증가와 노동자의 집단적 저항을 경험하면서 개별 기업의 사용자도 노사관계와 노무관리에 대한 좀 더 심도 깊은 고민을 하게 되었고, 정부 또한 기존의 물리적 억압 방식의 한계를 인식하게 되었다. 그러나 이러한 변화를 국가의 노동정책이 기존의 강제적·억압적 통제방식에서 벗어나 동의에 기반을 둔 관리, 즉 헤게모니적 통제로 바뀐 것으로 보기에는 많은 부분에서 문제가 있다. 1987년 이후 정부가 보여준 노동정책과 행정은 노동자로부터 정당성을 획득하기에 부족한 친자본적 정책이 대부분이었고 따라서 민주노조 세력의 국가 통제에 대한 저항과 투쟁은 오히려 훨씬 더 가속화되어왔다고 볼수 있다. 따라서 국가와 자본은 또 다른 통제수단을 도입할 수밖에 없었고이는 최근에 흔히 목격되는 형법과 민법의 법률을 통한 노동조합 탄압의형태로 나타나고 있다. 특히 파업이 발생할 경우 사용자가 노동조합에게손해배상을 청구하고 노조지도부의 재산을 가압류하거나 업무방해죄 등을 적용하여 노조지도부를 구속하는 등, 경제법의 적용을 통한 노동운동에 대한 탄압은 노동운동 세력을 약화시키기보다는 오히려 노동자들의 저항을 불러일으키는 악순환이 되풀이되는 원인이 되기도 했다. 결국 지금까지 한국 사회에서 정부의 노사관계 개입방식은 노동운동 세력과 자본간의 권력관계의 변화에 따라 변형된 양상으로 나타나기는 하지만 기본적으로 국가가 여전히 친자본적 성격에서 벗어나지 못하고 있는 것이다.

2) 국가의 사용자로서의 역할: 공공부문 노사관계

앞서 살펴보았듯이 국가는 노사관계의 환경으로 작용하거나 제3의 주체로서 노사 간의 관계에 개입하는 것이 주요 역할이다. 그러나 이는 우리가 흔히 접하는 민간부문의 노사관계를 염두에 두었을 때 내릴 수 있는국가의 역할에 대한 정의이다.

사회가 발달하고 대민 서비스의 중요성이 더해지면서 개인 기업의 이윤만을 추구하는 민간부문에 맡겨 놓을 수 없는 다양한 사업 분야인 공공서비스가 등장하기 시작했다. 이 분야는 민간부문과 대비되는 개념으로서 흔히 공공부문이라 일컬어진다.

노사관계에서 공공부문은 두 가지 차원을 포함하는 것으로 볼 수 있다. 먼저 좁은 의미로 해석되는 공공부문(public sector)이란 소유와 지배구조측면에서 정부나 공공단체가 운영하는 조직, 기업들을 의미하며 정부기관뿐 아니라 정부투자기관, 출연기관, 공공법인체 등을 포함한다. 두 번째차원의 공공부문은 좀 더 넓은 의미로 '공공재(public goods)'를 생산하는 공공서비스부문(public service sector)의 모든 영역을 포함하여 정의하는 방식이다. 여기에는 민간의 공공서비스를 공급하고 관리하는 부문도 포함된다.

넓은 의미에서든 좁은 의미에서든 이렇게 민간부문과 대비되는 개념의 공공부문은 노사관계에서 직·간접적인 사용자로서의 정부, 즉 국가의 역할이 두드러진다. 국가는 더 이상 제3의 주체가 아니라 바로 사용자가 되는 것이다. 결국 공공부문의 노사관계는 노-정 간의 각축장으로서, 국가권력에 노동자가 직접적으로 대립하는 지점을 형성하게 된다. 좁은 의미의 공공부문에서 국가 혹은 정부는 직접적인 사용자로서 교섭의 대상이며 넓은 의미의 공공부문에서 국가는 '공익'이라는 명목으로 공공서비스부문의 노사관계에 직접적인 영향력을 행사하기도 한다.

공공부문 노사관계가 민간부문 노사관계와 구별되는 이유는 무엇이며 특히 국가의 역할은 왜 강조되는 것일까? 공공부문의 노사관계를 단순히 사용자인 국가 대 노동자의 구도로만 파악할 수는 없다. 왜냐하면 공공부문에서 생산하는 재화와 서비스의 성격은 사회의 기초적 인프라를 구축하고 '공공서비스'를 제공한다는 점에서 공공성과 공익성의 측면을 가지고 있고, 노사관계에서도 재화와 서비스를 이용하는 일반 시민에 대한 공익적 배려가 먼저 담보되어야 한다는 논리가 지배적이기 때문이다. 이러한 공공부문의 성격은 공공부문 노동자의 노동권에도 지대한 영향을 미친다. 이는 특히 노동3권 중 단체행동권에 대한 법률적 제한에서 잘 나타난다.

우선 공무원의 노사관계를 살펴보자. 공무원 노사관계의 특징은 노동의 제공자인 공무원의 근로조건이 민간부문에서처럼 계약으로 정해지는 것이 아니라 법률로서 정해진다는 점이다. 따라서 채용과 승진, 해고 등에서 일반적인 노동시장의 원칙이 적용되지 않는다. 또한 사용자는 국가이지만 노동이 제공하는 서비스의 이용자는 일반 시민으로 이원화되는 구조를 가지고 있다. 따라서 이용자인 시민(혹은 국민)의 권익을 보호해야 한다는 측면에서 사용자에 대한 노동자의 저항권 혹은 대항권으로서 노동기본권 중 일부인 단체행동권이 법률적으로 제한되는 것이다.

한국의 경우 그간 공무원은 노동자로 인정되지 않았고 따라서 공무원 노조가 용인되지 않았다. 그러나 공무원의 노동자성에 대한 다양한 논의가 진행됨과 동시에 이들에게도 단결권을 인정해야 한다는 ILO의 권고 등 외부압력도 함께 작용하면서 공무원노조의 결성이 2006년 합법화되었다. 공무원노조의 결성과정에서는 단체행동권을 포함한 노동3권의 전면적인 보장이 이루어져야 한다는 목소리와 노동기본권의 부분적 제한을 받아들이는 것이 대부분의 국가에서 나타나는 현상이라는 의견이 서로 대립하면서 공무원 노동조합운동이 양분되는 양상을 보인다. 현재는 공무원노조의 조직과 단체교섭을 인정하되 파업 등 쟁의행위를 금지하는 「공무원의 노동조합 설립 및 운영 등에 관한 법률」이 시행되고 있다. 초·중·고등학교 교원에 대해서도 단결권과 단체교섭권은 인정하되 쟁의행위와 같은 단체행동권은 인정하고 있지 않으며, 교원의 노동조합에 대해 일체의 정치운동도 금지하고 있다.

공공부문은 공무원 노사관계에서와 같이 정부가 직접적인 사용자가 되는 것은 아니지만 정부가 기업의 일반적인 운영방향을 결정하고 경영진이 정부에 의해 임명되고 경영결과에서 정부에 대해 책임을 진다는 점에서 여전히 국가의 사용자성이 매우 강하다고 할 수 있다. 그러나 공무원 노사관계와는 달리 단체교섭은 공기업 경영진과 공기업 노동조합 간에 이루어지므로 오히려 교섭의 책임소재가 모호해질 가능성이 높다. 또한 공기업이 생산하는 재화와 서비스의 성격상 교섭의 과정에 시민, 이익단체, 정당 등이 개입할 개연성이 높아 주로 다면적 성격의 교섭형태를 띠게 된다.

공공부문 노사관계는 공공부문의 성격, 국가의 사용자성, 그리고 노동기본권에 대한 제한 등의 다양한 문제들이 있어 노사관계 연구에서 매우 중요한 위치를 차지하며 향후 노사관계의 발전에서도 중요한 역할을 할 것으로 기대된다.

5. 노사정관계의 변화

　자본주의 사회에서 노동조합·사용자·정부, 즉 노사정의 관계는 서로 끊임없이 대립하고 갈등하지만 공생할 수밖에 없는 관계이다. 이 관계에서 노사정 간의 권력분포가 어떻게 형성되는가, 즉 권력적 균형이 이루어지는가에 따라 한 사회의 노사관계 모습이 형성된다. 우리는 노사관계를 흔히 안정적인 노사관계와 불안정한 노사관계로 나누어 평가하는 경향이 있다. 그러나 노사관계의 모습은 각 사회 내에 형성된 권력관계의 양상을 염두에 두고 평가되어야만 한다. 일반적으로 노동쟁의가 많이 일어나지 않는 사회의 노사관계는 안정적이라고 평가된다. 하지만 노동쟁의의 횟수가 노사관계상의 권력분포를 다 설명해주지는 않는다. 노사 간의 힘의 균형이 이루어져 갈등의 제도화가 잘 형성된 사회에서 관찰되는 적은 노동쟁의 횟수가 억압적 국가기구의 물리적 폭력으로 인해 노동기본권이 보장되지 않는 사회에서의 적은 노동쟁의 횟수와 같은 논리로 설명될 수는 없기 때문이다.

　이러한 맥락에서 한국 사회가 그간 보여준 잦은 노동쟁의와 높은 노동손실일수는 노사관계의 불안정성을 반영하는 것이기도 하지만, 그보다는 오히려 그동안 억압받아온 노동운동 세력의 비약적인 성장과 노사관계에서의 새로운 권력분포가 형성되는 과정으로 분석하는 것이 타당하다. 기업과 정부도 노동운동 세력이 성장하는 과정을 통해서 노사관계에 대한 관심과 태도에 실질적인 변화를 보여 온 것이 사실이다. 이는 결국 노사관계의 변화를 이끄는 동력은 노동운동 세력의 성장 외에 다른 길이 없음을 보여주는 것이라 할 수 있다.

　1997년 이후 기업과 정부의 신자유주의적 노동정책의 도입으로 인해 성장세가 둔화되고 있는 한국 노동운동 역시 노사관계의 변화를 이끌어야 할 핵심 주체로서의 역할을 다시 한 번 인지하고 연대의 재구성과 노동운동의 활성화를 위한 새로운 전략적 대안들을 진지하게 고민해야 할 것이다.

이야깃거리

1. 한국 사회에서 노동조합의 역할은 무엇인지 논의해보자.

2. 노동·자본·국가의 관계는 항상 적대적·대립적일 수밖에 없는지, 혹은 협력적일 수 있는지를 국가 수준에서 그리고 기업 수준에서 생각해보자.

3. 노사협의회의 역할은 노동조합과 어떻게 다른지 설명해보고, 노동자들에게 노동조합과 노사협의회 중 어떤 조직이 더 이로울 수 있는지 논의해보자.

4. 한국 사회에서 사용자단체는 역사적으로 어떻게 변화해왔으며, 노사관계에서 어떠한 역할을 해왔는지 논의해보자.

5. 한국 사회에서 비정규직 노동자들이 급격히 증가하고 있다는 것은 잘 알려진 사실이다. 비정규직 노동자들의 증가는 노동조합의 활동에 어떠한 영향을 미치는지 생각해보자.

읽을거리

『한국 노동계급의 형성』. 구해근. 2001. 창비.

이 책은 1970년 공업노동자들이 노동자로서의 권리의식과 집단적 정체성을 획득하는 과정을 분석한다. 단순한 노동운동사를 넘어서 계급형성론의 관점에서 노동계급 형성의 사회문화적 측면에 주목한다.

『한국의 노동체제와 사회적 합의』. 노중기. 2008. 후마니타스.

1987년 이후 한국 노동체제의 변화를 사회적 합의를 둘러싼 국가의 정책, 노동조합 내부의 투쟁 등 노사정의 역동적 관계를 중심으로 분석한다. 사회적 합의의 쟁점을 통해 민주노조운동의 위기를 성찰한다.

『노동의 힘』. 비버리 실버. 백승욱 외 옮김. 2005. 그린비.

이 책은 1870년 이후 자본의 착취에 맞선 노동자들의 저항과 이들의 저항을 극복하기 위해 생산과정의 변혁과 생산지 이동을 지속해온 자본의 노력 간의 역사적 진화과정을 세계화의 관점에서 분석한다.

『Cultures of Solidarity』. Rick Fantasia. 1988. University of California Press.

작업장에서 노동저항이 발생하는 과정을 참여관찰을 통해 연구하고 분석한 책으로 노동자들이 노동 현장에서의 경험을 통해 저항을 형성하고 노동자로서의 연대감을 획득해가는 과정을 학문적으로 잘 분석했다.

『한국 사회, 삼성을 묻는다』. 조돈문 외. 2008. 후마니타스.

대표적인 무노조 기업인 삼성에서 발생하는 각종 노사관계 관련 갈등과 문제점을 분석한 책으로 한국의 대기업들이 가지고 있는 노사관계에 대한 시각과 전략적 행위를 다양한 측면에서 소개한다.

10

노사관계의 구조와 제도

주요 용어
필라델피아 선언, 노동3권, 기업별 노사관계, 산업별 노사관계, 비정규직, 노동조합 조직률(노조조직률),
단체협약 적용률, 복수노조, 창구단일화, 노조전임자, 정리해고

    이 장은 노사관계제도를 주로 한국 사례를 통해 살펴보고 이해하는 것
에 목적이 있다. 노사관계는 헌법에 보장된 노동권에 기초하여 노사 자율
의 '자치', 정부나 시민사회단체까지 참여하는 '협치', 근로기준에서부터
경영참여에 이르기까지 다양한 문제를 규율하는 '법치'의 세 가지 영역으
로 이루어진다. 또한 이 세 가지 영역을 아우르는 총체로서 노사관계는
국가별로 차이가 있는데, 기업별·분권적 노사관계제도를 특징으로 하는
한국은 노사관계가 취약하거나 불안정한 것으로 평가받는다. 또한 이 장
에서는 한국의 노사관계에 영향을 끼치는 최근 법제도의 변화 및 주요 쟁
점을 산별노조 및 산별교섭, 사내하도급을 비롯한 비정규직 노동쟁의, 복
수노조와 전임자 임금지급 금지, 정리해고 등으로 나누어 살펴본다.

1. 머리말

던롭(Dunlop)에 따르면 노사관계제도는 노사관계의 당사자가 환경과의 상호작용 속에서 특정한 이데올로기와 규칙에 기초하여 형성한 일종의 시스템이다. 또한 노사관계제도에는 관행과 문화, 태도, 전략 등의 '연성(soft)제도'와 법이나 행정적 절차 등의 '강성(hard)제도'가 모두 포함된다.

노사관계제도는 국가별로 상당한 차이가 있다. 예를 들어 프랑스에서 노동조합(이하 노조) 조직률은 약 8%이지만 노조가 사용자단체와 체결한 단체협약의 적용을 받는 노동자는 90%에 이른다. 이 때문에 프랑스에서는 노조조직률보다는 노조 대표성이 중요하다. 비조합원까지 포함한 모든 노동자는 자신이 지지하는 노동조합을 투표를 통해 선택하고, 일정 수 이상의 득표를 하여 대표성을 확보한 노조들이 사용자단체와의 교섭권을 갖는다. 반면 덴마크는 노조조직률과 단체협약 적용률이 각각 80% 수준이다. 프랑스와 달리 노조 가입이 매우 중요하며 가입에 따른 실익 역시 크다. 예를 들어 일자리를 잃었을 때 실업급여를 제공하는 실업보험기금(한국의 고용보험)을 덴마크에서는 노조가 운영하고 따라서 노조조직률과 실업보험 기금 가입률은 긴밀한 연관이 있다. 이처럼 노동조합에 의해 실업보험이 운영되는 것을 겐트(Ghent) 제도라고 하는데, 이 제도는 덴마크, 스웨덴, 핀란드 등 북유럽 국가들의 특징이다.

국가별 차이에도 불구하고 단결권, 단체교섭권, 단체행동권(파업권) 등의 노동3권이 노사관계의 근간을 이룬다는 것은 동일하며, 이것은 제2차 세계대전 직전 선진국 노사정이 합의한 '필라델피아 선언'을 통해 공식적으로 천명된다. "노동은 상품이 아니다"라고 밝힌 이 선언은 이후 전 세계 노동기본권의 토대가 되는 한편 노동과 복지를 결합하는 복지국가의 본격적 출발에 기여했다.

한국 역시 선언의 정신을 그대로 이어받아 대한민국 헌법 제33조 1항은 "근로자는 근로조건의 향상을 위해 자주적인 단결권·단체교섭권 및 단체행동권을 가진다"고 규정하고 이를 위해 필요한 노사관계제도를 대부분

법률로 규정한다. 또한 헌법 제34조 등을 통해 사회보장을 국가의 의무로 간주한다.

다른 한편 노사관계제도는 몇 가지 유형으로 나뉜다. 첫째, 노사관계제도의 '목적'에 따라 크게 두 가지 유형으로 구분되는데, 노사 간의 이익분배 및 권력배분을 목적으로 한 '단체교섭제도'와 생산 및 노동과정에서의 노사 간의 협력과 생산성 향상을 위한 노동자의 의사 반영에 초점을 맞춘 '경영참가제도'이다. 둘째, '교섭구조'를 중심에 놓을 경우 '단체교섭제도'와 '조정 혹은 협의제도'로 나뉜다. 산별교섭과 기업별교섭 등으로의 분류가 전자의 대표적인 예라면 사회적 협의 혹은 사회적 조합주의 등이 후자의 실례이다. 셋째, 노사관계가 이루어지는 방식이나 형성되는 영역에 따라 노사 자율적인 교섭과 협의로서의 '자치', 노사뿐만 아니라 정부 혹은 시민단체까지를 포괄하는 사회적 교섭이나 협의로서의 '협치', 노동3권의 보장 및 위법 행위에 대한 지도 감독 등의 '법치'로 나눌 수 있다. 이 외에도 노사관계의 '주체'에 따라 노동조합과 사용자단체가 집단적으로 노사 갈등을 조율하는 '집단적 노사관계'와 노동자와 사용자 개인이 노사관계를 조율하는 '개별적 근로관계'로 구분할 수 있다. 또한 노사관계의 '성격'에 따라 협력적 노사관계와 갈등적 노사관계로의 유형화하거나, 혁명적 노사관계와 실리적 노사관계, 정치적 노사관계와 경제적 노사관계로 구분한다.

이 장은 관행이나 이념(성격) 혹은 전략보다는 제도화된 노사관계에 초점을 맞춘다. 그리고 개별적 근로관계보다는 집단적인 노사관계에 주목하며, 경영참가제도보다는 단체교섭제도에 초점을 맞추는 한편 자치와 협치, 법치의 영역을 모두 다룬다. 더불어 한국과 외국의 노사관계제도 간의 차이점을 설명하고 노사관계의 특징과 주요 쟁점을 살펴본다.

필라델피아 선언

선진국 노사정은 1944년 5월 10일 '형제애라는 뜻을 가진 미국의 도시 필라델피아에서 '국제노동기구(ILO)의 목적에 관한 선언'을 채택하는데 이 선언은 네 가지 기본 원칙으로 구성되어 있다. 첫째, 노동은 상품이 아니다. 둘째, 표현의 자유와 결사의 자유는 부단한 진보의 필수불가결한 조건이다. 셋째, 일부의 빈곤은 전체의 번영을 위태롭게 한다. 넷째, 결핍과의 전쟁은 각국에서 불굴의 의지로, 그리고 근로자 대표와 사용자 대표가 정부 대표와 동등한 지위에서 공동선의 증진을 위한 자유로운 토의와 민주적인 결정에 함께 참여하는 지속적이고도 협조적인 국제적 노력에 의해 수행되어야 한다.

2. 주요 노사관계제도

1) 노사관계제도 국제비교

노사관계는 노조조직률과 사용자단체의 구성 정도, 단체교섭의 수준, 단체협약의 포괄범위에 의해 상이한 구조와 형태를 지닌다. 노조조직률과 사용자단체의 형성 정도는 노사관계의 당사자가 존재하는가를 좌우한다는 점에서 노사관계의 시작이다. 다음으로 단체교섭이 분권적, 즉 기업수준에서 이뤄지는가 아니면 중앙집중적, 즉 산업이나 전국 수준에서 이뤄지는가에 따라 기업별, 산별, 전국 노사관계로 나뉜다. 동시에 단체교섭수준은 교섭에 의해 체결되는 단체협약의 적용을 받는 노동자의 수, 즉 포괄 범위와 밀접한 관련이 있다.

〈그림 10-1〉은 노조조직률과 단체협약의 포괄범위에 따른 노사관계의 특성을 국가별로 비교한 것이다. 이에 따르면 한국은 미국, 일본 등과 더불어 조직률이 10%대로 매우 낮고 기업별교섭을 하며 단체협약의 포괄범위도 기업의 노동자로 한정되고 단체협약을 다른 업종이나 산업까지 넓히는 효력확대 제도가 취약한 국가군(A)에 속한다. 때문에 한국은 노동조합의 힘이 약하고 노사관계를 통한 보호 수준이 낮은 것으로 평가된다. 반면 프랑스나 독일, 스페인 등은 조직률이 상대적으로 낮거나 중간수준이지만 교섭이 산업 수준에서 이뤄지고 단체협약의 포괄범위 역시 산업수준에서 이뤄지는 국가군이다(B). 또한 스웨덴, 덴마크 등은 조직률이 높고 교섭이 산업 혹은 전국 수준에서 이뤄지고 단체협약의 포괄범위 역시 산업 혹은 전국 수준인 국가군이다(C). B와 C처럼 산업별 노사관계 국가군은 노동조합의 영향력이 크고 보호 정도도 높다.

또한 분권적 기업별 노사관계제도와 중앙집중적 산별 노사관계제도는 임금격차, 임금 형평성, 소득불평등, 경제성장이나 실업률에 상이한 영향을 끼치는 것으로 나타난다. 하지만 연구 결과가 일치하는 것은 아닌데 예를 들어 소스키스(Soskice), 빈(Bean) 등은 협력적이며 집중적인 노사관

<그림 10-1> 노조조직률과 단체협약 포괄범위에 따른 노사관계 국가별 비교

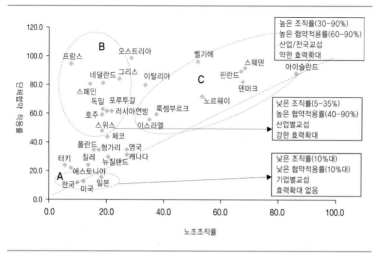

자료: OECD; ILO 홈페이지(2010) 참고.

계가 경제성장을 촉진하고 실업률을 떨어뜨린다고 하는 반면 그리어 (Grier), 잭만(Jackman)은 노사관계가 분권적일수록 경제성장률이 높고 실업률이 낮다고 한다. 그래서 대부분의 학자들은 노사관계제도와 경제적·사회적 효과 간의 상호관계를 한마디로 단정할 수 없다는 입장이다. 다만 노사관계가 분권적일수록 임금격차가 커지고 중앙집중적일수록 임금격차가 줄어 소득 불평등이 줄어든다는 것에는 대체적으로 동의한다.

2) 단체교섭·단체협약제도

한국 노사관계제도를 구체적으로 살펴보면 한국에서는 기업이나 사업장별 노사가 기업 혹은 사업장 단위 조합원의 임금 및 근로조건을 교섭하고 결정한다. 또한 하나의 기업이라 하더라도 사업장별로 따로 교섭을 하고 단체협약을 체결한다는 점에서 매우 분권적이다.

기업별·분권적 노사관계는 노동법에 의해 뒷받침된다. 한국의 「노동조합법」 제29에 따르면 단체협약의 적용을 받는 노동자는 해당 사업 혹은

10 노사관계의 구조와 제도 267

직접고용과 간접고용

직접고용은 노동자를 고용하는 사람(고용주)과 사용하는 사람(사용주)이 같다. 정규직이 대표적인 유형이며 비정규직 중에서도 기간제나 시간제의 일부가 직접고용 노동자이다. 반면 간접고용은 고용주와 사용주가 다르다. 예를 들어 A회사(원청)에서 청소경비업무를 하는 노동자가 근로계약은 B용역업체(하청)와 체결하는 경우이다. 노동쟁의를 통해 사회적으로 알려진 대학 청소노동자가 대표적이며 노동유연화에 따라 증가하는 추세이다. 간접고용은 크게 파견과 사내하도급이 있으며 용역, 위탁, 사내하청 등은 모두 사내하도급을 지칭하는 현장 실무 용어이다.

사업장의 모든 노동자가 아니라 조합에 가입한 노동자이다. 물론 조합원의 비중이 해당 사업 혹은 사업장 노동자의 50%가 넘을 경우 단체협약을 전체 노동자에게로 확대 적용하는 일반적 구속력 제도(「노동조합법」 제35조)를 갖고 있다. 하지만 일반적 구속력을 통해 단체협약이 확대될 때에도 용역, 위탁, 파견, 사내하청 등 다양한 이름을 가진 간접고용 노동자는 단체협약 적용 대상이 아니다. 예를 들어 자동차나 조선업체에서 일하는 사내하청 노동자는 사용주인 원청업체에서 일을 하지만 근로계약은 고용주인 하청업체와 맺는다. 고용주와 사용주가 동일한 직접고용 노동자와 달리 고용주와 사용주가 나뉘기 때문에 원청업체 단체협약의 적용을 받을 수 없다. 결국 한국의 노동조합은 정규직 등 직접고용 노동자이자 조합원만을 위해 활동해야 한다. 현행 법제도가 정규직 이기주의를 양산하는 측면이 있는 것이다.

일반적 구속력 조항 외에도 지역적 구속력 조항(「노동조합법」 제36조)이 있다. 특정 지역에 종사하는 동종 노동자 3분의 2 이상이 하나의 단체협약의 적용을 받을 때 해당 지역 다른 동종의 노동자에 대해서도 단체협약을 적용할 수 있다는 것이다. 하지만 한국과 같이 노조조직률이 낮고 단체협약 적용 역시 사업장별로 한정되는 기업별 노사관계 시스템에서는 법적인 조항일 뿐 적용하기 어렵다. 때문에 기업별·분권적 노사관계제도는 노동유연화에 따른 노동시장 환경변화와 불일치하여 노동3권의 시각지대를 확대시킬 가능성이 크다.

다음으로 한국의 단체교섭에서 중요한 것은 사용자의 부당노동행위 규정이다. 사용자의 단체교섭 거부, 노동조합의 조직 또는 운영에 대한 사용자의 개입, 파업 등 단체행위 참가를 이유로 한 사용자의 제제 등은 부당노동행위에 해당한다. 사용주의 부당노동행위가 발생했을 경우 노동조합은 노동위원회에 구제 신청, 법적 소송, 파업 등을 통한 권리 보호가 가능하다.

세 번째로 단체교섭의 대상은 임금, 근로시간이나 기타 근로조건 등으로 제한되어 있다. 정리해고, 구조조정, 민영화 등 경영상의 자유로 인정

268 제3부 노사관계: 협력과 갈등의 동학

되는 사항이나 정치적 요구는 교섭대상이 될 수 없다. 이 때문에 단체교섭권을 과도하게 제한하는 것이고 노동유연화 등 환경 변화에 부합하지 않다는 지적이 있다. 예를 들어 2008년 한국 사회에서 미국산 소고기 광우병이 사회적 쟁점이 되었을 때 보건의료 노사는 병원의 환자 및 가족, 노동자 등의 식사에 한국산 재료를 사용하거나 미국산 소고기를 사용하지 않는다는 단체협약을 체결한 적이 있다. 이때 일부 언론이나 사용자는 해당 의제가 정치적인 성격을 띠기 때문에 단체교섭의 대상이 되지 않는다고 주장하여 노동조합과 갈등을 빚은 바 있다. 정리해고나 구조조정 문제를 단체교섭 대상으로 할 경우에도 유사한 문제가 발생할 수 있다. 노사관계가 협력적이면 정리해고나 구조조정 시 노사협의를 거친다는 단체협약이나 고용안정협약을 체결할 수 있지만 그 반대의 경우 쌍용자동차나 한진중공업 사례와 같이 격렬한 갈등을 낳을 수 있다.

네 번째로 단체교섭에서 중요한 역할을 하는 것은 노동조합 전임자이다. 단체교섭뿐만 아니라 노동조합의 일반적 활동을 위해서는 조합 업무만을 전적으로 하는 사람이 필요한데, 이때 전임자의 인건비를 노동조합과 사용자 중 누가 부담하는가가 중요하다. 한국에서는 사용주가 전임자 인건비를 부담하는 것을 2010년 개정 노동법에 의해 원칙적으로 금지하고 다만 7월 1일부터 시행된 근로시간 면제제도, 혹은 타임오프(time-off) 제도에 의해 제한적으로 허용할 뿐이다.

법 개정 전까지 노동조합 전임자의 인건비는 사용주가 암묵적으로 혹은 단체협약에 의해 부담했다. 이것은 1987년 노동자대투쟁 이후 일종의 관행으로 정착하여 노동조합은 사용주의 전임자 인건비 부담을 전리품으로 간주하기도 한다. 물론 노동조합 전임자의 임금을 사용주가 부담하는 것은 노동조합 활동에 사용자가 개입할 수 있는 여지를 만든다. 하지만 국제노동기구에서는 그것을 개별 국가 노사관계의 특성에 따른 노사 자율적인 선택의 문제로 보며 굳이 법적으로 명문화할 것은 아니라고 한다. 때문에 외국에서는 근로시간 면제제도만을 법적으로 규정하고 그 이외의 사항은 노사의 단체협약이나 암묵적 합의에 맡겨두는 경우가 있다.

근로시간 면제제도

2010년 1월 1일 개정된 법에 따르면 노동조합 업무를 하는 전임자의 임금을 사용자가 지급할 경우 노동조합의 조직 또는 운영에 대해 사용자가 개입할 수 있기 때문에 이것을 원칙적으로 금지한다. 다만 단체교섭, 고충처리, 산업안정 등의 활동은 노사의 공통적인 이해이고 사용자 업무의 일부를 수행하는 것이기 때문에 그에 필요한 시간을 근로시간으로 인정하고 사용자가 임금을 지급한다. 즉, 총 근로시간 중 노동조합 업무도 근로시간으로 인정하여 면제하기 때문에 근로시간 면제제도라고 부른다. 근로시간 면제 한도는 노동부 산하 근로시간 심의위원회에서 결정한다.

다섯 번째로 2011년 7월 1일부터 시행된 창구단일화 제도이다. 기존에는 사업장 단위에 노동조합이 있으면 새로운 노조 설립을 허용하지 않았다. 물론 조합원이 중복되지 않거나, 기업별노조가 있는 사업장에 산별노조의 지부가 결성될 경우 혹은 기업 합병 등에 따라 두 개 이상의 노조가 생길 경우에만 부분적으로 허용했다. 하지만 2011년부터 복수노조가 허용되면서 교섭 비용이 늘고 노사갈등이 커질 것이라는 우려가 제기되었다. 때문에 복수노조 허용과 동시에 과반수 창구단일화 제도가 도입되었다. 창구단일화 제도는 하나의 사업장에 여러 개의 노동조합이 있다 하더라도 하나의 교섭 단위만을 허용하는 것인데, 그 운영방식에 따라 여러 가지 유형으로 나뉜다. 조합원 수(혹은 지지 노동자 수)가 과반수를 차지하는 노조가 교섭권을 독차지하는 과반수 교섭대표제, 조합원 수에 비례하여 교섭권을 주는 비례대표제, 전적으로 노사에게 맡기는 자율교섭제 등이 그것이다. 한국에서는 조합원 수가 과반수인 노조가 교섭권뿐만 아니라 노조사무실, 전임자 등을 독차지하는 방식이 도입되어 승자독식형이라는 비판이 존재한다.

3) 노동쟁의 관련 제도

헌법상의 노동3권 중 단체행동권으로 불리는 노동쟁의, 즉 파업은 다양한 이유로 발생한다. 외형상으로는 노동조합이 사용자에게 단체교섭을 요구했지만 사용자가 이것을 거부하거나 단체교섭이 결렬될 경우 노동조합은 파업을 통해 단체교섭을 강제하려 한다. 하지만 실제 파업이 일어나는 경우는 좀 더 복잡하며 특히 주요 갈등요인이 무엇인가에 따라 파업의 양상이나 기간은 상당히 다르다.

예를 들어 2010년 노동부 발표 노동쟁의는 총 86건이다. 하지만 공식적 노동쟁의는 1일 8시간 이상 파업을 하거나 1일 4시간 2일 이상 파업을 한 경우 등으로 한정되며 화물연대와 같이 노동자로 인정받지 못하거나 파업을 하기 어려운 비정규직의 시위나 점거 농성은 파업횟수에 들어가지 않는다. 따라서 이와 같은 것까지 모두 포괄할 경우 총 154건이다. 이 파업을 요구사항별로 보면 일상적인 임금 및 단체교섭 결렬이 47.1%이고 전임자 문제를 둘러싼 갈등이 22.4%이다. 또한 고용승계나 불법파견 정규직화, 외주화 문제로 인한 파업이 9.9%, 단결권 관련 파업(조합 인정, 조합원 범위확대, 복수노조 등)과 정리해고 및 매각 문제가 각각 7.6%, 기타 사항(징계, 단체협약 해지, 직장폐쇄 등)이 5.4%의 순이다.

대개의 경우 파업은 단기적으로 끝난다. 하지만 고용승계나 외주화 혹은 불법파견 관련 파업은 기륭전자 농성처럼 길면 5년 이상씩 지속되기도 한다. 또한 정리해고나 매각 문제 역시 유사하여 약 반수 정도의 파업이 1개월 이상 길어지는 경우가 있다. 2000년대 이후 본격적으로 이루어진 비정규직의 확산 및 고용불안정, 사회적 양극화 등에 따라 새로운 유형의 파업이 발생하고 있는 것이다.

다음으로 한국에서 파업의 주체는 노동조합이며 노동조합으로 인정받지 못한 단체나 개인은 파업을 할 수 없다. 또한 노동조합은 직접·비밀·무기명을 원칙으로 하는 파업 찬반투표 결과 조합원 과반수의 찬성을 얻으면 파업을 결의할 수 있지만 몇 가지 예외가 있다. 사회질서를 위반하거나 폭력을 사용한 파업, 구조조정이나 아웃소싱 등 경영상의 자유로 인정되는 사항에 대한 파업, 정치적 목적의 파업은 금지된다. 그리고 공무원 역시 법률에 의해 일부 공무원의 노동3권이 제한되며 주요 방위산업체에 근무하는 노동자도 마찬가지로 단체행동권에 대한 제한을 받는다.

또한 파업을 해도 필수유지업무는 존속시켜야 하는 조항(「노동조합법」 제42조의 2)을 통해서도 파업은 제한을 받는다. 과거 한국에서는 공익사업 가운데 철도, 수도·전기·가스·석유정제 및 석유공급사업, 병원, 한국은행, 통신사업을 공중의 일상생활과 긴밀한 사업을 필수공익사업으로 구분하여 파업권을 제한했다. 그런데 지나치다는 국내외 비판의 목소리가 커지자 2006년 노사정위원회는 2008년부터 필수공익사업장의 파업 제한을 폐지하는 것에 합의하고 보완책으로 필수유지업무 제도를 도입했다. 해당 업무에 관한 한 파업을 하더라도 최소한의 인원을 유지하여 업무 중단이

필수유지업무

필수유지업무는 파업이 일어날 경우 공중의 생명·건강 또는 신체의 안전이나 공중의 일상생활을 현저히 위태롭게 할 가능성이 있는 업무를 말한다. 필수유지업무의 유지 수준과 대상 직무, 인원 등 구체적 운용 방법은 노사가 자율적으로 정하되 노사 합의가 이뤄지지 않으면 노동위원회가 결정한다.

발생하지 않도록 한다는 것이다.

예를 들어 병원의 응급실 업무가 전부 중단될 경우 시민의 생명이나 사회유지에 심각한 문제가 발생할 수 있다는 사실을 고려한 것이다. 하지만 필수유지업무의 범위나 유지 수준을 지나치게 넓게 잡을 경우 파업권과 충돌할 수 있고 노사 간에 힘의 불균형 상태 혹은 노동위원회가 중립적이지 못할 경우에도 그와 같은 가능성이 열려 있다.

또한 사용자는 무노동 무임금의 원칙에 따라 파업을 하는 기간 중 임금을 지불하지 않으며 노조의 파업에 대해 '직장폐쇄'라는 대항권을 갖는다. 사용자 측은 노조가 파업에 돌입했을 경우 행정관청과 노동위원회에 직장폐쇄 신고를 할 수 있다. 또한 노조가 파업을 멈추면 사용자도 직장폐쇄를 멈추어야 하며 파업 이전에 직장폐쇄를 하는 것은 공격적 직장폐쇄라 하여 불법이다.

더불어 파업과 관련하여 노동위원회의 역할에 주목해야 한다. 노조는 노동위원회의 '조정' 혹은 '중재' 절차를 거친 후에야 실제로 파업을 할 수 있기 때문이다. 단체교섭이 결렬되고 파업 찬반투표에서 쟁의가 결정되면 노조나 사용자 중 어느 한 편이 지방노동위원회(이하 지노위) 혹은 중앙노동위원회(이하 중노위)에 쟁의조정을 신청해야 하는데 이것을 '조정전치주의'라고 한다. 만약 이것을 지키지 않으면 불법 파업으로 간주되어 각종 제재를 받는다.

쟁의조정 신청을 받은 지노위나 중노위는 민간사업 10일, 공익사업 15일간의 조정 기간을 두고 노사 양측의 갈등을 조정한다. 이때 민간사업과 달리 공익사업은 특별조정위원회를 두어 조정을 한다. 조정 기간은 1회 연장할 수 있지만 반드시 연장에 대한 노사 양측의 합의가 있어야 한다. 그리고 조정 기간 중 노사가 모두 조정안을 받아들이면 조정이 성립되어 그에 기초하여 협약을 체결하지만 한 쪽이라도 거부하면 노조는 파업에 들어갈 수 있다. 이 외에도 노동위원회가 조정안을 제시하지 않고 조정을 종료할 경우 파업이 가능하다.

조정과 유사한 것으로 중재제도가 존재한다. 조정이 노사 어느 한 쪽의 신청에 의한 것이라면 중재는 노사 쌍방이 신청한 경우이다. 노동쟁의가 중재에 회부되면 그날부터 15일간은 쟁의행위를 할 수 없으며 기타 사항은 조정과 유사하다. 더불어 파업이 국민경제를 위태롭게 할 요인이 현저하다고 판단하면 중노위 위원장의 의견을 들어 노동부장관이 긴급조정을 결정하는데 이때 30일간 쟁의행위를 금지한다. 때문에 노동위원회의 조정이나 중재 특히 긴급조정이 파업권을 지나치게 제한하는 것이라는 주장도 있다.

이처럼 노동위원회는 조정이나 중재뿐만 아니라 부당해고나 부당 노동행위에 대한 판정을 할 수 있다는 점에서 준법률기관의 성격을 갖고 있다. 그런데 최근 중노위 혹은 지노위 위원장에 노동부 출신 공무원이 임명되면서 정부와의 독립성 시비가 불거졌다. 준법률기관이라는 점에서 행정부로부터의 독립성이 중요한데 그것이 훼손된다는 우려이다. 또한 노동위원회 위원 구성에서 전문성과 공정성이 보장되기 어렵다는 지적도 있다. 현재 노동위원회 위원은 근로자를 대표하는 위원, 사용자를 대표하는 위원, 공익을 대표하는 위원으로 구성된다. 이때 공익위원을 구성하는 과정에서 실제 노동문제 전문가가 대다수 배제될 수 있고, 불법파견 등의 중요한 사안에 대해 노동부의 의견이 지배적 역할을 하기 때문에 노동부의 입장으로부터 자유롭지 않다. 예를 들어 대법원에서는 2008년 이후 계속 제조업 사내하청을 불법파견으로 규정했지만 지노위와 중노위에서는 합법으로 판정하여 사회적 쟁점이 되었다. 결국 노동3권과 관련한 결정을 독립성, 전문성, 공정성이 의심스러운 기관에 맡겨서는 안 된다며 노동위원회를 폐지하고 노동법원을 만들자는 목소리가 커진 것이다.

4) 노사협의회와 무노조 기업 노사관계

이미 지적한 것처럼 2009년 현재 한국의 노조조직률은 10.3%이며 계속 줄어드는 추세이다. 또한 기업규모별 격차가 커서 전체 노동자의 13.7%를 차지하는 300인 이상 기업의 조직률은 42.4%이지만 전체 노동자의

50%가 넘는 30인 미만 기업의 조직률은 0.2%이다. 고용형태별 격차 역시 큰데 2009년 정규직의 조직률은 17.4%이지만 비정규직의 조직률은 3.4%이다. 따라서 노조가 없는 기업의 노동3권 보호와 노사갈등의 해결이 매우 중요한데 이를 위한 제도가 노사협의회이다. 법적으로는 상시적으로 일하는 30명 이상의 노동자가 있는 모든 사업장에 노동조합의 존재 여부와 무관하게 '노사협의회'를 설립해야 한다. 노사협의회는 임기 3년에 연임이 보장되는 근로자위원과 사용자위원으로 구성되며, 해당 위원은 무보수 비상근이라는 점에서 노동조합의 전임자와는 구분된다. 또한 노사협의회는 근로자의 고충처리, 채용·교육훈련·배치전환과 해고 등 근로조건에 대한 협의하거나 일부 의결할 수 있다.

문제는 노사협의회가 사실상 노동자의 이익을 대표하고 노동3권을 보호하는 기제로 작동하는가이다. 2006년 한국노동연구원 조사에 따르면 무노조 기업 중 노사협의회가 없는 사업체가 27.4%이다. 또한 노사협의회가 있는 경우 여기서 임금인상 및 근로조건에 관한 협의를 하는 비율이 52%이고 5% 정도는 전임자가 있다. 하지만 노사협의회는 단체교섭이나 쟁의권이 법적으로 보장되어 있지 않기 때문에 만약 사용자가 이를 거부할 경우 강제하지 못한다. 그리고 대다수 노사협의회가 형식적으로 운영된다는 조사 결과이다. 반면 노조가 있는 경우에는 노사협의회 역시 활성화되어 사실상 노조 활동의 일환으로 간주된다.

따라서 무노조 기업에서 노사관계를 형성하고 노동3권을 보호하기 위해서는 다른 대책이 필요하다. 현재까지 제안된 몇 가지 대안을 살펴보면 첫째, 기업별 노사관계에서 산별 노사관계로의 전환을 통해 무노조 사업장의 노동3권을 보장하자는 의견이다. 기업별 노동조합과 달리 산별 노동조합은 산업 혹은 업종의 다양한 노동자를 망라하기 때문에 기업별노조가 없는 사업장의 노동자도 산별노조에 가입할 수 있다. 또한 노조가 조합원 수가 너무 적어 교섭이 어려운 사업장이 산별교섭에 참여하거나 대각선 교섭, 즉 산별노조 대표가 기업의 사용자와 교섭을 할 수 있기 때문에 노사관계를 통한 보호와 조율의 수준이 높아진다.

둘째, 법적으로 단체협약 효력확대를 강제하는 것이다. 노동유연화와 다양한 고용형태의 확산, 중소영세사업장의 증가 등은 노동조합의 가입을 어렵게 하는 요인이다. 이것이 기업별 노사관계제도 및 법적 제한과 결합하여 노조조직률을 떨어뜨린다. 또한 2000년대 이후 본격적으로 시작된 산별 노사관계로의 전환 노력 역시 아직까지는 성공적이지 않다. 때문에 노동조합의 대표성을 조합원에서 임금노동자로 바꾸는 등의 법개정을 통해 현재 효력확대 조항의 현실성을 높이자는 의견이다. 다른 한편 단체협약 효력확대를 위한 법조항을 신설하는 것도 한 가지 방법이다.

셋째, 노동조합이 없는 경우에 한해 노사협의회의 근로자 대표에게 교섭권을 부여하는 방안이다. 물론 해당 사업장에 노동조합이 만들어지면 노동조합에게 교섭권이 우선적으로 부여된다. 그런데 노사협의회에 교섭권을 준다 해도 사용자 측이 노사협의회의 교섭에 응하지 않을 경우 부당노동행위로 인정할 것인지, 노사협의회는 쟁의를 할 수 있는지 등의 문제가 남는다.

넷째, 프랑스에서와 같이 노조가 없는 사업장의 노동자들이 교섭을 대신해줄 노조를 선택하는 방법이다. 한국에서도 2000년대 이후 산별노조가 생겼기 때문에 사업장에 노조가 없을 경우 동종 유사업종이나 산업의 노조를 선택할 수 있는 조건은 열렸다. 하지만 이것은 노사 모두가 노사관계를 통해 문제를 해결하겠다는 적극적 의지가 강하며, 정부가 일관되게 노사관계를 통한 조율을 지지할 때만 가능하다는 점에서 한국처럼 사용자의 노조 회피 경향이 크고 노사관계에 대한 정부 정책 변화의 폭이 큰 경우는 적용하기 어려운 문제가 있다.

5) 사회적 합의제도

노사관계는 기본적으로 세 가지 영역으로 구분할 수 있다. 노사 자율에 의한 '자치', 법적인 노동3권의 보호와 규율의 '법치', 노사뿐만 아니라 정부 및 시민단체까지를 포괄하는 사회적 합의인 '협치'이다. 이 세 영역은 상호 긴밀하게 연관되어 있을 뿐만 아니라 간혹은 하나가 다른 하나의 조건이기도 하다.

1987년 이전까지만 해도 한국의 노사관계는 세 가지 영역 모두 거의 존재하지 않는 국가주도형 노동배제적 성격을 띤다는 점에서 노사관계의 형성 이전의 시기라 하겠다. 하지만 1987년 민주화 이행 이후 한국노총으로부터 독립한 민주적 노동조합이 탄생하고 이것이 전국노동조합협의회(전노협)를 거쳐 1995년 민주노총 창립으로 이어지면서 자치의 영역이 활성화되었다. 또한 노동조합 외에도 다양한 사회집단이 시민단체를 결성하고 새로운 이슈를 제기하면서 제반 측면에서의 갈등 해소와 의견 조율을 위한 새로운 메커니즘이 요구되었다. 또한 정부 역시 일방적인 통제가 불가능해지고 노조와 시민단체의 요구나 이해를 반영할 수밖에 없는데 그 직접적 계기는 1997년 IMF 위기이다. 국가부도 사태에 직면하여 전국적 해결책 모색을 위해 노사정 조율 시스템이 필요했고 대표적인 사례가 노사정위원회의 출범이다. 또한 지역이나 업종별로 시민단체까지 참여하는 확대된 조율 시스템이 등장했다.

사회적 대화(social dialogue), 사회적 합의주의(사회적 코포라티즘; social corporatism), 사회적 협의(사회적 합의; social concertation) 등 다양한 이름으로 불리는 노사정 조율 시스템, 즉 사회적 합의 기구는 크게 세 가지 유형으로 나뉜다. 가장 강한 형태가 '사회적 합의주의'이며 가장 약한 형태가 '사회적 자문(social consultant)'이다. 전자가 노동과 관련된 제반 문제에 대해 노사단체와 정부 3자가 공동결정을 할 뿐만 아니라 집행의 권한까지 갖는 것을 의미한다면, 후자는 정부 정책에 대한 노사의 협조나 자문에 국한된다. 양자의 중간 형태가 사회적 합의 혹은 사회적 협의로서 자문에 그치는 것은 아니지만 그렇다고 3자 공동결정, 공동집행을 하는 것도 아니다. 다만 임금 등 특정 사안에 대해 노사정이 정책을 협의하고 이와 같은 협의를 보장하는 사회협약 혹은 협약의 내용을 사회적 협의라고 한다. 1998년 결성된 노사정위원회는 중간 수준의 사회적 합의 기구라고 볼 수 있으며 조율을 목적으로 한 최초의 법적 기구이다.

노사정위원회 이전에도 유사한 협의 경험이 없었던 것은 아니다. 1975년 10월부터 시작된 중앙노사간담회, 1980년대 초 결성된 중앙노사협의회, 1990년 4월 발족한 경제사회협의회, 1993년 중앙노사임금조정합의서 등이 그것이다. 하지만 당시의 노사정 합의 기구는 전노협이나 민주노총 등 비제도적인 노조조직의 참여를 원천적으로 봉쇄하고 노사단체의 자발성과 자율성, 대표성이 적었다. 왜냐하면 당시 정부나 경제단체와의 협의에 참여했던 한국노총이 독립성이나 대표성이 떨어진다는 지적을 받았기 때문이다. 그러나 민주노총까지 참여했던 1996년의 노사관계개혁위원회(이하 노개위)는 사회적 협의 제도의 단초를 연 계기로 평가할 필요가 있다. 노개위는 1998년 2·8사회협약을 타결한 노사정위원회와 달리 사회협약에 실패했고 법적인 기구도 아니지만 노사정위원회 제도의 시초라고 할 수 있기 때문이다.

현재 사회적 합의 기구로서 노사정위원회 등은 몇 가지 해결 과제를 안고 있다. 첫째, 사회적 합의 기구의 전제조건 형성이다. 강한 형태의 조율시스템을 사회적 합의 기구의 전형으로 간주하는 시각에 따르면 노사단체 모두가 높은 조직률과 충분한 대표성을 갖고 구성원을 통제하며 노사 간 균형 및 상생관계(positive-sum game)가 전제될 때만 사회적 합의가 가능하다. 따라서 노조조직률의 확대 등이 전제조건으로 등장한다. 반면 약하거나 중간 수준의 조율까지 사회적 합의 기구로 간주하는 시각에서는 이해대표구조와 관행이 존재하지 않아도 노사정 당사자의 전략적 선택에 따라 사회적 합의가 충분히 가능하다. 때문에 노사정이 사회적 합의 기구에 긍정적인 입장을 취하고 적극적으로 협의를 하는 관행이나 태도가 중요하다. 한국의 노사정위원회의 경우 전자뿐만 아니라 후자의 측면에서도 매우 취약한 것은 해결 과제라 할 것이다.

둘째, 지금까지 노사정 합의가 노동계의 일방적 양보에 불과하다는 지적을 간과하기 어렵다. 2·8사회협약 및 그 이후부터 최근까지의 사회협약 중 일부 혹은 상당부문이 노동유연화를 지지했다는 견해가 있다. 또한 이것이 민주노총의 지속적 불참을 낳았고 한국노총 역시 간혹 노사정위원회에의 불참을 선언한 바 있다. 또한 이 견해에 따르면 노사정위원회는 노동통제 수단이며 신자유주의적 노동정책이나 구조조정을 정당화하기 위한 이데올로기 장치로 간주된다. 따라서 노사정위원회의 운영방식에서 부터 사회협약의 내용 등에 대한 전반적인 검토가 이루어져야 할 것이다.

셋째, 전국적 수준의 노사정위원회뿐만 아니라 지역, 업종, 산업별로 각종 노사정위원회를 촉구해야 한다는 것이다. 예를 들어 의료민영화나 병원의 공공성 확보를 위한 보건산별 노사정위원회 요구에서부터 지역이나 업종별 비정규직 문제 해결을 위한 사회적 협의 시스템의 안착 등이 대표적이다. 2011년 쟁점이 된 한진중공업 정리해고 역시 사회적 협의 방식으로 풀어야 한다는 의견이 있다는 사실에 주목해야 할 것이다.

3. 노사관계제도의 변화와 주요 쟁점

1) 산별노조와 산별교섭

2000년대 중반 이후 기업별 노동조합과 사용자 간의 단체교섭을 근간으로 하는 기업별 노사관계제도를 산별 노사관계제도, 즉 산업별 노동조합과 산업별 사용자단체 간의 교섭으로 바꾸려는 시도가 본격적으로 이루어졌다. 이것이 모든 산업으로 확산되기 시작한 것은 2006년 6월 30일 현대자동차를 포함한 금속노조 산하 13개 노조(조합원 8만 7,000여 명)가 산별노조로의 전환을 투표를 통해 가결한 직후이다. 또한 산별전환을 주도한 것은 민주노총이며 2010년 현재 전체 노동자의 반수 정도가 산별에 가입했다.

몇 가지 관련 쟁점을 살펴보면 첫째, 한국의 산별전환과 중앙집중적 산별교섭 시스템으로의 전환은 전 세계적인 분권화 추세를 거스르기 때문에 성공하기 어렵다는 진단이다.

1990년대 이후 전 세계적으로 분권화 추세가 지배적이며 따라서 한국

〈표 10-1〉 지배적인 교섭의 수준과 단체협약 적용률

	교섭 수준의 중요성			단체교섭 적용률	노사정협의의 영향력
	전국 수준 혹은 다산업 수준	산업/업종 수준	기업 수준		
전국 혹은 다산업 수준의 교섭 지배력					
벨기에	XXX	X	X	〉90%	Yes
핀란드	XXX	X	X	+/- 90%	Yes
아일랜드	XXX	X	X	〉44%	Yes
산별교섭이 지배적					
오스트리아	·	XXX	X	98-99%	No
덴마크	X	XXX	X	+/- 77%	No
독일(서독)	·	XXX	X	+/- 70%	No
이탈리아	·	XXX	X	+/- 90%	Yes
네덜란드	X	XXX	X	+/- 80%	Yes
스웨덴	·	XXX	X	〉90%	No
어떤 수준의 교섭도 명확히 지배적이 아님					
프랑스	X	XX	XX	+/- 90%	No
기업별교섭이 지배적					
체코	·	X	XXX	25-30%	Yes
헝가리	(XXX)	X	XXX	+/- 40%	Yes
폴란드	·	X	XXX	+/- 40%	Yes
영국	·	X	XXX	〈 40%	No

주: X = 기존 임금교섭 수준; XX = 중요하나 지배적이지 않은 임금교섭 수준; XXX = 임금교섭의 지배적 수준.
자료: EIRO(2004), 배규식(2007)에서 재인용.

에서의 산별노조 및 산별교섭의 확산은 예외적인 현상이라고 한다. 하지만 한국과 일본을 제외한 대부분 나라에서 지배적인 노조 형태가 산별이기 때문에 기업별노조 형태를 갖는 경우와는 분권화의 양상이 다르다. 또한 〈표 10-1〉에서와 같이 기업 수준의 교섭이 이루어진다 하더라도 여전히 산별교섭이 지배적이거나 산별을 넘어선 다산업 혹은 전국적 수준의 교섭을 하는 나라도 있다. 이전 시기에 비해 기업별교섭이 늘어나긴 했지만 여전히 산별 혹은 전국 수준의 교섭과 병행하고 있기 때문에 분권화 추세에 대한 조심스러운 접근이 필요하다.

물론 양대 노총에 가입하지 않은 독립노조가 2010년 현재 20% 수준에

육박하며 이 대부분이 기업별노조이고 다른 한편 한국노총이 산별전환에 적극적이지 않은 것은 주목해야 한다. 하지만 이것은 전 세계적인 분권화 추세와는 다른, 한국의 특수한 요인이라 하겠다.

둘째, 한국에서 노조 형태와 교섭 수준에서의 집중화 요구가 발생하는 원인에 대한 의견이다. 가장 중요하게 거론되는 것은 노사관계와 노동시장 간의 불일치에 따른 노동권의 훼손과 사회적 비용의 증가이다.

기업별 노사관계는 정규직 중심의 장기근속, 내부인력 육성형 전략과 제도 및 아웃소싱의 최소화를 특징으로 하는 기업별 내부노동시장과 조화를 이룬다. 하지만 IMF 이후 정규직에 대한 정리해고와 비정규직 활용 비중이 높아지고 아웃소싱이 활성화하면서 기업별 내부노동시장이 줄어들고 보호를 받지 못하는 주변부 노동시장이 커졌다. 즉, 기업을 넘어선 노동시장의 확대와 기업 내부를 규제하는 노사관계가 불일치하는 것이다. 또한 임금격차 및 각종 차별의 확산, 비정규직 노동쟁의 확대는 기업별 노사관계로 조율하기 어려워 사회적 비용을 키운다.

특히 OECD의 분석결과에 따르면 교섭구조가 집중화되거나 단체협약의 효력이 기업을 넘어서 업종, 산업, 전국으로 확대될수록 소득불평등이 개선되고 취약계층의 임금 및 근로조건이 개선된다. 따라서 비정규 및 저임금 근로자의 비중이 OECD 1, 2위 수준인 한국에서 교섭 및 협의를 집중하고 단체협약 적용률을 높이려 하는 것은 당연한 귀결일 수 있다.

또한 한국 보건의료 노사는 2007년 산별교섭에서 정규직 임금인상분의 30%를 비정규직 정규직화 재원으로 사용하여 약 4% 정도 비정규직 비중을 낮춘 바 있어 산별전환을 통해 사회적 불평등을 줄일 수 있는 가능성이 있다는 의견이다.

셋째, 산별노조로의 전환 및 산별교섭이 일시적인 현상인가 아니면 지속적인 추세인가 역시 중요한 쟁점이다.

이에 대해서는 의견이 엇갈린다. 부정적 견해는 한국에서 산별교섭의 경험이 적고 기업별교섭 관행이 정착되어서 산별노조가 결성되어도 산별교섭은 어렵다고 한다. 반면 긍정적 견해는 기업별교섭 관행에도 불구하

〈표 10-2〉 교섭구조가 임금에 미치는 효과: 1970~2000년

	임금비중	소득불평등	청년 상대 소득	고령 상대 소득	여성 상대 소득
노조조직률	-0.0002	-0.0088	0.0018	-0.0007	-0.0004
단체협약 적용률	-0.0007	-0.0052	0.0012	0.0003	0.0027
교섭·협의 집중	0.0030	-0.1747	-0.0120	0.0324	-0.0178

자료: OECD Employment Outlook(2004).

고 노동시장 및 노사관계 환경이 바뀌었기 때문에 산별교섭은 지속적이고 장기적인 추세라고 한다. 그런데 양자 모두 노사관계 환경에서 중요한 것이 정부요인이라는 사실에 동의하며 정부가 산별교섭에 최소한 중립적일 경우 교섭이 좀 더 확장되겠지만 부정적일 경우에는 어려움에 부딪힐 것이라고 한다.

2) 비정규 노사관계와 사내하도급

2000년대 이후 비정규직 노동쟁의가 중요한 쟁점으로 떠올랐으며 그중에서도 불법파견 정규직화, 고용승계 보장, 차별시정 등 사내하도급 관련 요구가 핵심적이다. 대우캐리어, 하이닉스-매그나칩, 현대 하이스코, 기륭전자, KM&I, 르네상스호텔, 한국철도유통(KTX여승무원), 대구 경북·포항·울산·광양의 건설 및 플랜트, 현대 및 기아·GM대우 자동차 그리고 코스콤과 이랜드 그룹의 노동쟁의에서부터 2011년의 홍익대나 이화여대 청소용역 노동자들의 쟁의에 이르기까지 2000년대 이후 발생한 노동쟁의의 상당수가 사내하도급 문제이다. 이것은 자동차·전자·조선·철강 등 제조업에서 주로 사용하던 사내하도급이 서비스산업 및 공공부문으로까지 확대된 현실을 반영한다.

사내하도급을 비롯하여 비정규직 노동쟁의 및 노사관계와 관련하여 몇 가지 쟁점이 존재하는데 첫째, 위법한 사내하도급과 적법한 사내하도급의 구분과 위법한 사내하도급의 규제이다. 앞에서 설명한 것처럼 사내하도급은 사내하청, 용역, 민간위탁 등으로 다양하게 불리는 간접고용의 한

형태이며, 원청 사업체의 지휘명령을 받지 않아야 한다는 점에서 파견과 구분된다. 따라서 사내하도급 노동자에 대해 원청업체가 지휘명령을 하면 불법파견으로 규제를 받는다. 그리고 현행법에 따르면 2년 이상 불법파견을 했을 경우 사용자는 직접고용의 의무를 진다. 여기서 두 가지 문제가 존재하는데 하나는 지휘명령 여부의 판단이 어렵다는 사실이다. 원청 사용자가 사내하도급 노동자에게 노골적으로 지휘명령을 하기보다는 그것을 은밀히 행하기 때문이다. 따라서 외국에서와 같이 파견과 사내하도급에 대한 엄격한 구분 기준을 마련하여 불법 여부를 판단할 수 있어야 한다. 그런데 2011년 노동부가 사내하도급 가이드라인을 발표하면서 그 내용에 적법한 사내하도급과 위법한 사내하도급(불법파견)의 구분을 하지 않고 사내하도급 노동자의 임금 및 근로조건 개선, 고용불안정을 개선만을 명시했다. 이 때문에 위법한 사내하도급을 사실상 허용한다는 비판을 받는 것이다. 다음으로는 2년 이상 불법파견을 사용할 경우 직접고용 의무를 지는 것은 사용자의 행위를 규제하는 것으로 너무 약하고 또한 2년 미만 불법파견에 대해서는 사용자가 책임이 없기 때문에 불법파견으로 판정된 즉시 직접고용으로 간주하는 법개정이 필요하다는 의견이다.

둘째, 적법한 사내하도급에 대한 보호이다. 적법한 사내하도급이라 하더라도 원청업체와 하청업체와 짧게는 3개월부터 길게는 2년까지 계약을 체결하기 때문에 노동자의 근속이 최대 2년까지만 보장된다. 또한 대개의 경우 업체만 바뀔 뿐 하청 노동자는 기존의 원청업체에서 일하기 마련이다. 예를 들어 홍익대학교 청소노동자는 업체가 계속 바뀌긴 하지만 수년간 홍익대학교의 청소를 담당한다. 그런데도 업체가 바뀔 때마다 바뀐 업체와의 재계약 문제가 발생하고 신규채용 형식이라서 기존 임금이나 경력을 인정받기 어렵다. 이에 대해 유럽 법원은 임금 및 근로조건의 저하 없는 고용승계를 명시했다. 한국에서도 이와 같은 보호 장치가 필요하다는 지적이다.

셋째, 기간제든 사내하도급이든 대부분의 비정규직이 사실상 노동3권을 갖고 있지 못하다는 사실이다. 장기근속이 보장되지 않는 비정규직은 차별 등의 부당한 대우를 받아도 순응할 수밖에 없다. 저항을 하면 그 다음해 계약 갱신이 안 되거나 다른 업체로의 고용승계가 어렵기 때문이다. 또한 가까스로 노동조합을 만들어도 그 때문에 해고되거나 재계약이 이루어지지 않는다. 그리고 노동조합 가입자 수가 작기 때문에 독자적인 단체교섭이나 단체행동을 하기 어렵다. 특히 정규직 노동자의 지지 없이는 노동3권을 행사하기 어렵다는 지적이다. 때문에 이것을 보완할 수 있는 법제도 개선이나 산별노조로의 전환이 중요하다는 의견이다.

넷째, 비정규입법의 개정·보완 필요성이다. 1999년부터 노사정 간의 논의가 시작된 비정규입법은 2006년 11월 30일에야 3자가 합의할 수 있는 최소선에서 국회를 통과했다. 이 법의 핵심적 내용은 두 가지인데, 하나는 정규직 전환 조항으로 기간제 및 단시간 근로 노동자 혹은 파견노동자를 2년 이상 사용할 경우 사용자는 정규직으로 바꾸어야 한다. 다른 하나는 차별시정제도로 기간제, 단시간 근로 그리고 파견노동자를 해당 사업장에서 동종 유사업무를 하는 정규직과 차별해서는 안 된다. 또한 노동위원회 산하에 차별시정위원회를 두고 차별을 받았다고 생각하는 개별 노동자가 차별시정 신청을 할 수 있다.

비정규입법이 시행되면서 기간제 노동자의 수와 비중은 줄었지만 몇 가지 면에서 한계가 있다는 지적이다. 우선 차별시정제도의 효과가 나타나지 않는다는 점이다. 이것은 차별시정 신청 주체가 개별 노동자이기 때문에 차별신청을 하기 어렵고, 차별시정의 대상에서 용역 및 사내하청 등 기타 다양한 근로형태가 빠져 있다는 것, 차별시정의 범위가 사업장으로 한정되어 있어 한 사업장에서 특정 직무를 비정규직만으로 사용할 경우 비교 가능한 정규직이 없어 차별시정을 할 수 없다는 점이다. 다음으로 사내하도급 등 간접고용에 대한 규제가 존재하지 않고 파견법을 완화시켰다는 의견도 있다. 더불어 입법만으로는 비정규 문제를 해결할 수 없는데 노사정 모두가 법에만 매달렸다는 사실에 대한 비판도 존재한다. 따라서 비정규입법의 효과에 대한 전반적인 검토와 개선이 이루어질 뿐만 아니라 정규직 전환 지원 등 법 이외의 정책적 대안이 마련되어야 한다는 의

건이다.

3) 복수노조 허용과 전임자 임금지급 금지

1963년 4월 박정희 정부 시기에 복수노조 금지조항이 만들어진 이후 오랫동안 한국에서는 한 사업이나 산업에 두 개 이상의 노조를 만들 수 없었다. 1987년 민주화 이후 복수노조 허용이 중요한 쟁점으로 떠올랐으며 국제노동기구(ILO)와 OECD는 1993년 이후 지속적으로 복수노조 금지조항의 삭제를 권고한 바 있다. 1996년 5월 구성된 노사관계 개혁위원회에서 노동법 개정이 논의되면서 복수노조 금지조항의 삭제는 최대의 쟁점이 떠올랐고 특히 1995년 출범한 민주노총의 합법화 요구에 따라 복수노조 금지조항은 1997년 3월 삭제되었다. 그러나 「노동조합법」 부칙 제5조 1항에 기업별 수준에서의 복수노조 설립을 금지하여 복수노조는 산별 혹은 초기업별 수준에서만 허용된다. 원래 이 조항은 한시적이어서 2007년에는 복수노조가 전면적으로 허용될 예정이었지만 다시 3년간 유예되어 2010년에 접어들어서야 합의가 이루어졌다.

복수노조의 허용과 더불어 가장 문제가 된 것은 이미 앞에서 지적한 것처럼 창구단일화 제도이고 한국에서는 과반수의 조합원을 갖은 노조에게 교섭권을 부여하는 창구단일화 제도가 시행되었다. 이에 대해 몇 가지 쟁점이 존재한다. 우선 소수노조의 권리를 인정하지 않아 위헌의 소지가 있다는 주장이다. 또한 사업장뿐만 아니라 산별 수준에서도 창구단일화 제도의 적용을 받는가 하는 문제 역시 해결해야 한다. 그리고 창구단일화의 대상을 조직대상이 같은 두 개 이상의 노조(예를 들어 같은 생산직으로 대상으로 한 두 개 노조)에만 한정하지 않고 중복되지 않는 한 사업장에 있는 모든 노조(예를 들어 사무직 노조와 생산직 노조)까지 포함한 것 역시 과도하다는 지적이다.

또한 전임자 임금지급 금지(근로시간 면제제도) 역시 논란이 있는데 근로시간 면제제도가 사실상 전임자의 수를 줄여 노동조합 활동을 위축시킨다는 지적이다. 특히 외국에서는 전임자 임금이 노사 양측의 합의 사항인 경우도 꽤 많은데 노조조직률이 낮고 비정규직 노조나 중소영세사업장 노조의 대부분은 조합비로 전임자 임금을 지급할 수 없는 한국에서 이것을 도입한 것이 주요 문제제기이다. 예를 들어 프랑스는 2008년 8월 그동안 산별협약 사항이었던 타임오프 외의 전임자 임금지급을 법률로 보장하는 노동법 개정을 했다.

또한 전임자 임금지급 금지에 대한 양대 노총의 대응 방식의 차이도 향후 노사관계와 관련하여 흥미로운 지점이다. 민주노총은 전임자 임금지급 금지를 반대하는 한편 산별전환을 통해 전임자 임금을 조합비로 지급할 수 있는 능력을 끌어올리려 한다. 하지만 소규모 노조의 비중이 높고 기업별노조가 대부분인 한국노총은 근로시간 면제제도에 동의하되 이를 보완할 수 있는 정부의 지원책을 요구한 바 있다.

4. 맺음말

지금까지 한국 노사관계제도의 특징 및 쟁점을 살펴보았다. 한국은 기업별 노사관계가 지배적이며 노조조직률과 단체협약 적용률이 10%대로 낮아 노조의 힘이 약할 뿐만 아니라 노사관계를 통한 노동3권 보호가 취약하다. 이것은 1997년 이후 정규직 이외의 다양한 고용형태가 급증하고 주변부 노동시장이 확대되는 현상과 불일치하며 비정규직의 노동쟁의와 노동3권 사각지대의 확산을 낳았다. 또한 필수유지업무 제도, 복수노조 창구단일화 제도, 비정규입법 등 중요한 법개정이나 새로운 입법이 도입되어 다양한 갈등이 불거지고 있다. 한국의 노사관계를 '과도기적 불안정성'이라고 지칭하며 자치, 협치, 법치의 제반 영역에서 노사관계가 여전히 미성숙하다고 진단하는 이유가 여기에 있다.

또한 쌍용자동차와 한진중공업의 정리해고는 노사관계에서 새로운 쟁점을 제기한다. 한국에서는 단체교섭과 단체행동의 대상을 임금 및 근로조건과 관련한 사항으로 좁게 제한한다. 정리해고나 구조조정, 아웃소싱은 경영상의 자유에 해당하는 것으로 사실상 교섭 대상이 아니다. 하지만 경영상의 자유를 너무 넓게 정의할 경우 노동3권을 훼손시킬 수 있다. 때문에 희망버스를 계기로 법개정이나 사회적 협의를 강조하는 목소리가 커졌다. 사실 독일과 같은 유럽 국가에서는 아웃소싱 등의 사안에 관해 노조와 반드시 합의해야 할 뿐만 아니라 사내하도급의 경우 적법 여부를 노조가 검토할 수 있다. 동시에 하청기업의 노동자가 원청업체의 경영에 참여하는 것이 가능하다. 노동유연화에 따른 사회적 비용과 노동3권의 사각지대 형성 가능성을 노사관계를 통해 줄일 여지가 있는 것이다.

이 외에도 노동시장의 급격한 변화는 미래지향적 노사관계를 필요로 한다. 법이나 사회적 책임만으로는 사회적 불평등을 완화할 수 없기 때문이다. 그리고 정규직 중심의 파업은 줄어들지만 비정규직 파업은 지속적으로 발생하는 현상을 그대로 방치할 경우 사회의 유지와 발전이 어렵다. 시장이나 기업은 경쟁이나 효율성을 최고의 가치로 간주하는 상품 사회를 형성한다. 하지만 시장이나 기업을 포함하고 있는 사람 사회는 경쟁이나 효율성만으로는 유지하기 어렵다. 상품 사회는 사람 사회의 일부분일 뿐이다. 그래서 사람 사회의 가치와 기준으로 정의나 연대가 거론된다. 지구인의 몸속에 기생하던 에일리언이 몸 밖으로 튀어나와 지구인을 지배하면 지구가 살아남기 어려운 것처럼 사회 속에 있는 시장이나 기업이 튀어나와 사회를 지배하면 사회는 존속할 수 없다. 헌법이나 노동법이 있고 사회권이나 시민권이 있는 이유가 여기에 있다. 미래지향적 노사관계는 상품 사회의 폐해를 줄이고 사람 사회를 유지하기 위한 수단이다. 자치, 협치, 법치의 세 영역에서 다양한 고용형태의 확대와 사회적 위험의 확산을 완화시킬 수 있는 새로운 시각이 필요하다.

이를 위해서는 다음과 같은 문제를 적극적으로 검토해야 한다. 첫째, 기존의 노동자와 다른 새로운 노동자, 정규직이 아닌 다양한 고용형태에서 일하는 사람도 노조를 만들 수 있어야 한다. 청년구직자가 대부분인 청년 유니언이나 실업자까지가 포함되어 있는 여성 노조가 여전히 불법으로부터 자유롭지 않은 것은 「노동조합법」이 노동시장의 변화와 일치하지 못하기 때문이다. 둘째, 노조가 조합원만이 아닌 노동자 전체를 대표할 수 있어야 한다. 조합원만을 대변하는 현재의 법체계와 노사관계제도는 정규직 이기주의를 강제하는 것이다. 이것을 그대로 둔 채 조합원을 대변하는 노조를 손가락질하는 것은 적절하지 않다. 또한 조합원만을 대변하는 노조로는 다양한 고용형태의 확산에 따른 사회적 위험을 줄일 수 없다. 노동자면 누구나 노조에 가입할 뿐만 아니라 단체협약의 보호를 받을 수 있어야 한다. 그때만 경영도 자유롭게 이루어질 수 있다. 셋째, 기업별노조나 기업별교섭만이 아니라 산별노조와 산별교섭이 자유롭게 이루어질 수 있도록 장애물을 제거해야 한다. 이와 동시에 무노조 기업의 노동3권 보호를 위한 조치 역시 함께 강구되어야 한다.

이야깃거리

1. 기업별 노사관계와 산별 노사관계의 공통점과 차이점을 살펴보자.

2. 한국의 노동조합 조직율과 단체협약 적용률이 낮은 이유가 무엇이며, 그것이 끼치는 효과가 무엇인지 이야기해보자.

3. 노동3권이란 무엇이며 그것이 자유, 민주, 평등과 어떤 관계가 있는지 살펴보자.

4. 비정규직의 노동3권 보장이 어려운 이유를 사례를 찾아 확인해보자.

5. 2012년 2월 대법원은 현대자동차 사내하청이 불법파견이라고 했다. 파견과 불법파견의 차이를 이야기해보자.

읽을거리

『레알 청춘』. 청년유니언. 2011. 삶이보이는창.

이 책은 39세 이하 청년 구직자와 실업자, 청년 비정규직 등을 조합원으로 하는 청년유니언이 일하고 꿈꾸고 저항하는 청년들의 고군분투기를 직접 발로 뛰면서 취재한 것이다. 저임금·장시간 불안정 노동에 시달리는 청년들의 현실이 노동기본권과 노동3권의 보장을 역설적으로 웅변한다.

『비정규직과 한국노사관계 시스템 변화 II』. 은수미·윤진호·오학수. 2008. 한국노동연구원

이 책은 한국, 미국, 일본의 노동시장과 노사관계를 비정규노동에 초점을 맞추어 소개한다. 개념이나 정의가 어렵긴 하지만 비정규노동에 대한 기본적 이해를 도울 뿐만 아니라 노동시장과 노사관계의 국가별 쟁점 및 사례를 알 수 있다.

『**한국형 노사관계 모델 1**』. **임상훈 외. 2005. 한국노동연구원.**

이 책은 한국의 노사관계의 형성 및 전개과정을 한국의 자본주의 발전, 노동운동, 노동자 경영참가, 사회적 대화 등의 다양한 측면에서 살펴본다. 한국의 노사관계 제도와 구조가 어떤 과정을 거쳐 정착되고 바뀌어왔는지를 확인할 수 있다는 점에서 개설서로서 도움을 준다.

『**좌우파 사전**』. **구갑우 외. 2010. 위즈덤하우스.**

대한민국을 이해하는 두 개의 시선이라는 부제처럼 민주주의에서부터 노자갈등, 공공성에서부터 신자유주의에 이르기까지 광범위한 주제를 다루고 있는 이 책은 노사관계제도와 구조에 영향을 끼치는 현실 사회의 다양한 쟁점을 쉽게 다루고 있다. 왜 노사관계의 균형이 중요하고 그것이 자유, 민주 그리고 평등과 어떤 관계가 있는지를 살펴보는 데 도움을 줄 것이다.

11

비교노사관계: 노사관계체제의 다양한 유형

주요 용어
단체교섭, 파업 및 산업 갈등, 경영참여, 자원주의, 자본주의의 다양성, 조정시장경제국가, 자유시장경제국가

앞 장들에서 살펴본 바와 같이, 노동을 사고파는 과정에서 발생하는 다양한 문제를 탐구하는 노사관계 연구는 근본적으로 해당 국가가 처한 특수한 상황에 영향을 받지 않을 수 없다. 특히 노사 간 힘의 균형을 결정짓는 정치경제적 상황과 사회문화적 특성은 국가마다 많이 다르다. 오랜 기간 장인노동자의 저항에 직면했던 초기 산업화의 주역 영국과 압축성장을 통해 빠른 산업화를 이룩한 한국, 노동계급 친화적인 사회민주당이 장기 집권한 경험이 있는 스웨덴과 거대 보수당인 자민당이 권력을 놓치지 않았던 일본이 어떻게 유사한 노사관계를 보일 수 있겠는가? 물론 이러한 구조적 상이성에도 불구하고 유사한 노사관계 특성을 보이는 국가들도 있다. 산업화의 시기와 기간이 전혀 다른 미국과 한국의 노조조직률과 정치권력은 상당히 유사하다. 전반적으로 유럽 국가들은 '조정'된, 그리고 영미권 국가들은 '자유주의'적인 유사한 노사관계체제를 보유하고 있다. 비교노사관계는 단지 이러한 차이나 유사성을 발견하는 것에 그치지 않고, 그러한 결과를 가져온 근본적인 원인에 주목한다. 이러한 다양한 비교노사관계 이론의 발전은 그 과정을 통해 자국의 노사관계체제를 더 잘 이해할 수 있는 기회를 제공한다. 그러나 노사관계는 근본적으로 '실용'적

응용학문이다. 비록 성공률은 매우 낮으나, 경제적으로 더 높은 성과를 보이는 해외 노사관계체제를 자국에 이식하고자 하는 정책적 필요를 통해 비교노사관계에 대한 관심은 나날이 증가하고 있다.

1. 노사관계체제의 다양성에 대한 비교적 분석틀

각국의 노사관계에 대한 비교연구는 사회학뿐 아니라 노사관계학, 정치학, 그리고 경제학 등 다양한 학문 분야에서 연구되는 다학문적 성격을 갖는다. 물론 학문 분야마다 특징적인 접근방식상의 차이가 있다. 사회학은 좀 더 넓은 사회의 계급구조와 연결하여 노사 간 권력의 차이에 주목한다는 점에서 타 학문들과 구별되며, 그 분석의 깊이와 유용성을 인정받아 왔다. 비교노사관계는 두 개 혹은 그 이상의 국가의 노사관계체제를 분석적으로, 또 체계적으로 탐구하고자 하는 모든 학술적 행위를 일컫는다.

여기서 '분석적'이라는 부분에 주목할 필요가 있다. 단순히 여러 국가의 노사관계체제를 서술해놓은 것은 '비교'노사관계의 정의에 맞지 않는다. 물론 기존에 잘 알려지지 않은 국가의 노사관계에 대한 상세한 설명에 주력하여 이러한 분석적 틀을 유지하지 않는 경우도 상당수 있다. 그럼에도 이러한 비교적 분석틀의 확립은 비교노사관계 연구가 학술적 기반을 확충하기 위해 취한 가장 대표적인 방식이다. 이러한 분석적 접근에서 특히 중시되는 요인들은 다음과 같다.

1) 산업화 시기

산업화가 언제 진행되었는가는 한 국가의 노사관계를 이해하는 데 중요한 단초를 제공한다. 이것은 발전중인 개발도상국뿐 아니라, 발전된 산업국가에게도 마찬가지이다. 영국이나 미국과 같이 초기에 산업화를 이룩한 국가에 비해, 독일과 스웨덴 등 후발산업화 국가들은 상당히 다른 노사관계 특성을 보인다. 무엇보다도, 이들 후발국가들에서는 자유주의 시장경제에 대한 확신이 덜한 대신 산업화를 이끌어가는 국가의 역할이 두드러지는데, 이는 곧바로 노사관계에 대한 국가 규제의 강도와 연결된다.

또한 초기 산업화 국가의 경우 장인노동자와 직능노동조합(craft union)의 영향력과 직종별 분화가 그대로 유지되는 경향이 있는 반면, 집중적으로 짧은 시기에 산업화가 이루어진 국가에서는 상대적으로 중·저 기술을 지닌 노동자의 수가 빠르게 증가하여 산업별 노동조합의 발전을 더욱 촉진시키게 된다. 파편화되고 경쟁적인 단체교섭을 실시하는 경향이 있는 직능노동조합은 소속 조합원의 혜택을 극대화하는 과정에서 좀 더 갈등적 노사관계를 가지게 되는 반면, 한 노조 안에 다수의 다양한 조합원을 포괄하는 산업별 노동조합은 진보적인 정당정치에 관여하여 노동계급 일반에 혜택을 주는 정책을 이끌어내려 노력하는 특징을 보인다.

2) 정치체제: 다원주의 대 조합주의

다원주의적 정치체제로 대표되는 국가는 사회조합주의의 전통을 가진 국가와 비교하여 상당히 다른 노사관계 전통을 가지게 된다. 다원주의적 민주주의의 원칙하에서는 노동조합이 이익집단의 하나로 간주되기 때문에 정치 영역에서 노동조합의 역할이 최소화된다. 반면, 노동조합을 주요한 정치적 행위자로 인정하고 정책 결정과정에 깊숙이 개입시킨 국가들은 분배 면에서 좀 더 나은 성과, 그리고 조직 노동을 배제시킨 경우에 비해 좀 더 협조적이고 덜 갈등적인 노사관계를 유지해왔다.

3) 사회구조적 특성

부와 소득의 분배구조, 인구구조, 경제활동에 종사하는 여성의 비율, 이민노동력 활용의 정도 등 수많은 다양한 구조적 요인들 역시 국가 간 다양한 노사관계의 형태를 결정하는 데 영향을 미친다. 특히 일정한 연령대의 남성이 지배적이었던 노동시장에 청년 및 고령노동자, 그리고 여성노동자가 유입되면서 동질성에 기반을 둔 노동운동 조직의 연대 형성 및 조직률이 크게 위협받고 있다. 그럼에도 어떤 국가들은 다른 국가들보다 이러한 노동시장구조의 변화에 덜 민감하다. 이러한 현상의 원인을 탐구하는 것 역시 비교노사관계 연구의 주요 주제가 될 수 있다.

2. 비교노사관계에 대한 주제별 탐구

1) 노동조합의 조직력: 노조조직률 및 중앙집중도

노조조직률은 가장 기초적인 노동자 권력자원의 지표이다. 높은 조직률은 노동조합의 무임승차자(free-rider) 문제를 해결해준다. 따라서 높은 조직률을 가진 노동조합은 집합행동의 강한 파괴력을 통해 노동자에게 유리한 임금과 근로조건을 획득할 수 있다. 이러한 노조조직률은 〈표 11-1〉에 잘 나타나 있듯이, 유사한 발전 정도를 지닌 선진 산업국가들 내부에서도 큰 차이를 보인다. 노동자의 조직할 권리에 대한 법제적 지원의 정도, 상대적으로 조직률이 높은 제조업 대비 그렇지 않은 서비스업의 비중, 그리고 노동조합이 실업보험과 같은 주요한 복지제도의 실질적 운영을 담당함으로써 다수 조합원을 유지할 수 있도록 해주는 겐트체제(Ghent system)의 존재 여부 등이 노동조합 조직률 차이에 영향을 미치는 요인들이다.

〈표 11-1〉은 또한 경제세계화와 신자유주의 경제이념의 확산이 가속화되었던 1980년대 이후 노조조직률이 전반적으로 하락했음을 보여준다. 그러나 여기서도 국가군별 차이가 두드러진다. 가장 급격한 탈규제와 노동시장의 유연화를 겪은 영미권 국가들의 경우 그 하락세가 특히 두드러졌던 반면, 북유럽 국가의 대부분은 이전의 조직률을 유지했고, 특히 핀란드와 같이 오히려 조직률을 상승시킨 경우도 있었다.

<표 11-1> 노동조합 조직률의 변화: 1970~2000년 (단위: %)

		1970	1980	1990	2000
유럽 대륙	독일	32	35	31	25
	오스트리아	63	57	47	37
	프랑스	22	18	10	10
	이탈리아	37	50	39	35
	네덜란드	37	35	25	23
	벨기에	41	54	54	56
북유럽	스웨덴	68	80	80	79
	덴마크	60	79	75	74
	노르웨이	57	58	59	54
	핀란드	51	69	72	76
영미권	영국	45	51	39	31
	미국	27	22	15	13
	캐나다	32	35	33	28
	호주	44	48	40	25
	뉴질랜드	56	69	51	23
아시아	일본	35	31	25	22
	한국	13	15	17	11

자료: OECD(2004: 145), Table 3.3 재구성.

노조조직률과 더불어 주목해야 할 또 다른 지표는 단체협약 적용률이다. 산별교섭을 실시하는 국가의 경우 단체교섭의 효력 확장을 통해 조직되지 않은 기업에까지 산별 단체협약의 적용을 강제할 수 있다. 〈그림 11-1〉에서 유럽 대륙국가의 경우 낮은 노조조직률에도 불구하고 상당히 높은 수준의 단체협약 적용률을 보이고 있음을 확인할 수 있다. 이에 대비되는 국가군은 기업 수준의 교섭이 지배적인 영미권 국가들과 한국과 일본 등 아시아 국가들로, 특히 한국과 일본은 파편화된 교섭구조로 인해 노조조직률보다도 단체협약 적용률이 낮다.

그러나 노조조직률과 같은 지표로는 노동자계급의 권력자원의 정도를 충분히 살펴보기 어렵다. 에스핑-엔더슨(G. Esping-Anderson)의 연구에 따르면, 교섭구조의 중앙집중도가 높을수록 노동자계급 친화적인 노동당과 사회민주당과의 협력적 관계를 통해 노동운동의 정치권력을 강화할 수 있게 된다. 따라서 어느 수준에서 단체교섭이 이루어지는가 역시 노동자계급의 권력자원을 파악할 수 있는 중요한 지표이다.

<그림 11-1> 노동조합 조직률 대비 단체협약 적용률: 2000년

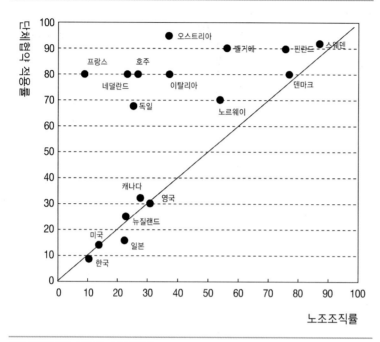

자료: OECD(2004: 146), Chart 3.4 재구성.

<표 11-2>는 바로 이러한 단체교섭 중앙집중도의 변화를 국가군별로 살펴볼 수 있게 해준다. 유럽 대륙국가들이 꾸준하게 산별 차원의 교섭을 진행해온 반면, 북유럽 국가들은 노사 대표가 전 산업을 포괄하는 국가 수준에서 단체교섭을 실시해왔다. 스웨덴과 덴마크의 경우 1980년대 후반부터 국가 수준의 단체교섭 대신 산별교섭으로 약간의 분권화를 겪었으나 노르웨이와 핀란드는 계속해서 가장 높은 수준의 중앙집중도를 유지해왔다.

영미권 국가들은 대체로 기업 수준의 분권화된 교섭구조를 갖고 있으며, 특히 1990년대부터는 상대적으로 높은 수준의 중앙집중도를 보였던 호주와 뉴질랜드에서도 단체교섭구조의 급격한 분권화를 겪게 된다. 일본과 한국의 경우는 가장 파편화된 교섭구조를 가진 국가로 평가되며, 해

〈표 11-2〉 단체교섭의 중앙집중도: 1970~2000년

		1970~1974	1975~1979	1980~1984	1985~1989	1990~1994	1995~2000
유럽 대륙	독일	3	3	3	3	3	3
	오스트리아	3	3	3	3	3	3
	프랑스	2	2	2	2	2	2
	이탈리아	2	2	(3.5)	2	2	2
	네덜란드	3	3	3	3	3	3
	벨기에	4	(3.5)	3	3	3	3
북유럽	스웨덴	5	5	(4.5)	3	3	3
	덴마크	5	5	3	3	3	2
	노르웨이	(4.5)	(4.5)	(3.5)	(4.5)	(4.5)	(4.5)
	핀란드	5	5	(4)	5	5	5
영미권	영국	2	2	1	1	1	1
	미국	1	1	1	1	1	1
	캐나다	1	1	1	1	1	1
	호주	4	4	4	4	2	2
	뉴질랜드	3	3	3	3	1	1
아시아	일본	1	1	1	1	1	1
	한국	1	1	1	1	1	1

주: 1= 기업 혹은 사업장 수준에서 발생하는 교섭이 지배적
   2= 산업 혹은 기업별교섭, 그러나 상당수의 종업원은 기업별교섭에 적용됨
   3= 산업별교섭이 지배적
   4= 산업별교섭이 지배적, 그러나 최고 수준의 중앙교섭도 실시
   5= 최고 수준에서 실시되는 중앙교섭이 가장 중요한 임금결정의 수단
   * 괄호 안의 숫자는 해당 연도의 평균적인 교섭 수준에 벗어나는 경우가 적어도 2년간 있음을 의미
자료: OECD(2004: 151), Table 3.5 재구성.

당 기간 동안 큰 변화가 없는 것으로 나타난다. 단, 2000년대 이후의 한국
은 산업별교섭도 기업별교섭과 병행된 기간으로 주목된다.

2) 파업과 산업 갈등

파업과 산업 갈등은 노사관계의 불가피한 구성요소로, 이와 관련된 국
가 간 차이와 시기별 변화를 설명할 수 있는 요인에 대해 많은 학자들이
관심을 가져왔다. 하지만 파업이 매우 복합적인 사회적 현상인 만큼, 특히
국가별로 비교가 가능할 수 있도록 이를 측정하는 데에는 많은 어려움이
따른다. 지금까지 파업 현상을 파악하기 위해 사용되어온 지표들을 〈표
11-3〉에 정리해보았다.

〈표 11-3〉 파업의 정의 및 지표

	정의	지표
빈도(frequency)	해당 분석단위 내 그동안 발생한 파업 수	100,000명의 노동자당 발생한 파업 수
규모(breadth)	파업에 참여한 노동자의 수	1,000명의 노동자당 참여율
영향(impacts)	근로손실일수	1,000명의 노동자당 손실된 근로일수

지금까지 국가 간 파업의 비교를 위해 발전된 이론은 크게 세 가지로 나누어 살펴볼 수 있다.

첫 번째는 노사관계 '제도화'의 정도 및 성격을 중심으로 파업을 설명하려는 이론이다. 제도화 이론은 단체교섭이나 고충처리와 같은 노사관계의 제도가 정비될수록 파업과 같은 노동자의 저항은 줄어든다고 가정한다. 그중에서도 특히 중앙집중화된 교섭구조와 안정되고 통합된 노동운동은 불필요한 파업을 줄이는 데 큰 기여를 하게 되는데, 이러한 이론에 따르면 프랑스나 이탈리아에서 파업률이 높은 것은 노조조직률이 낮고 노동운동 내 이데올로기적 분화가 심하기 때문이다.

두 번째 이론적 전망은 노동운동의 조직력과 정치력에 중점을 둔다. 스웨덴은 단지 중앙집중화된 교섭구조를 가져서가 아니라, 노동운동이 권력자원을 바탕으로 정치적인 성과를 거둘 수 있었고 그에 따라 파업을 통해 정치에 영향을 미칠 필요가 없어졌기 때문에 낮은 파업률을 유지할 수 있었다. 피조르노가 이야기한 '정치적 교환(political exchange)'을 통해 노동운동의 분배를 둘러싼 갈등이 산업 현장에서 정치적 영역으로 이전된 것이다.

세 번째 설명은 주로 경제적 요인들에 주목한다. 사회학자보다는 경제학자에 의해 더 많이 사용된 이러한 이론들은 노동조합이 조합원들의 손실을 최소화하기 위해 주로 호경기에, 또 노동시장의 상황이 노동자한테 유리한 경우 파업을 더 많이 시도하는 경향이 있음을 밝힌 바 있다.

〈표 11-4〉 노동자 경영참여의 다양한 형태

	자본주의		사회주의	공산주의
	산업민주주의	경제민주주의		
직접 참여	QC써클(일본) QWL(미국) 반자율작업집단 (독일, 스웨덴)	생산자협동체 (스페인 몬드라곤)	자주관리	자발적 결사체 내에서의 우애적 노동
간접 참여	단체교섭(각국) 노동평의회(독일) 노사협의회(일본) 공동결정제(독일)	종업원지주제(영국) 임노동자기금(스웨덴)		

자료: 이승협(2005: 13), 〈표 2-1〉.

3) 산업민주주의: 노동자 경영참여의 다양한 유형

산업민주주의의 개념은 특히 노동자의 '참여'를 어떻게 정의 내리는가에 따라 다양하게 발전해왔다. 여기서는 산업민주주의를 노동자가 이전에는 경영권의 배타적 영역으로 인정되었던 분야에 참여하는 것으로 광범위하게 정의 내리고자 한다. 〈표 11-4〉에서 살펴볼 수 있는 것과 같이, 노동자의 경영참여 형태는 매우 다양하다. 일단 노동자가 직접 경영사안의 결정에 참여하는 경우와 노동자가 대표기구를 통해 간접적으로 참여하는 형태로 구분할 수 있다.

간접참여 중에서는 단체교섭 자체가 가장 기초적인 경영참여의 제도로 평가될 수 있으며, 몇몇 유럽 국가들의 경우 1970년대를 거치며 단체교섭과는 별개 조직을 통한 경영참여와 공동결정, 그리고 노동평의회(Works Councils)와 관련된 법제적 기반을 마련하기도 했다. 〈표 11-4〉에서 직접참여의 사례로 제시된 팀 작업조직들에 대해서는 노동의 역량강화에 미치는 효과와 관련하여 엇갈린 평가가 존재한다. 특히 영미권 국가나 일본에서 실시되는 공동작업 팀들의 경우 생산성 향상을 위한 목적에 훨씬 더 큰 중점이 두어지고 있는 현실이 지적되기도 했다.

국가마다 경영참여 혹은 산업민주주의의 형태가 왜 다른가에 대해서는

국가	독일	네덜란드	프랑스	스페인	스웨덴	이탈리아
이사회대표권	강	취약	약	없음	약	없음
정보권	○	○	○	○	○	○
협의권	○	○	○	○	○	○
공동결정권	○	○			○	

자료: Rogers and Streeck(1995: 341), Table 11.1.

다양한 논의가 존재한다. 이 논의를 노동운동의 성격에 국한시켜 살펴보자면 두 가지 요소가 부각되는데, 첫째는 노동운동의 이데올로기적인 지향이며, 두 번째는 단체교섭구조이다. 몇몇 노조, 특히 좀 더 급진적인 노동운동은 노동자의 경영참여로 인한 노동운동의 개량화와 무력화를 염려하여 현실적 경영참여 기제에 대해 비판적인 입장을 취하기도 한다. 또한 단체교섭이 분권화되어 기업 차원에서 실시될 경우, 협력적인 참여보다 갈등적인 교섭이 더 많이 부각되는 반면, 산별교섭은 기업이나 사업장 차원에서의 협력과 참여를 증진시킬 수도 있다.

3. 국가 간 노사관계 비교연구

여기서는 노사관계 비교연구에 주요한 시사점을 주는 네 국가의 노사관계 발전과정과 실태를 살펴보고자 한다. 영국은 최초로 산업화를 경험한 국가로, 다른 국가들과는 달리 외부적인 준거 틀 없이 독자적인 노사관계 모델을 구축했을 뿐 아니라, 앵글로색슨형 국가의 대표로서 그 특징을 파악할 필요가 크다. 독일과 일본은 막강한 경제대국으로서 특히 제2차 세계대전 이후 급속한 성장을 가능하게 한 이들 국가의 노사관계 모델에 대한 많은 평가가 이루어진 바 있다. 스웨덴은 중앙집중화된 교섭구조와 사민당과의 협력을 통해 가장 안정적이고 높은 경제성과를 가져온 스웨덴 모델의 대상국가로, 또 1980년대 경제위기 이후 새로운 노사관계 모델을 성공적으로 확립한 국가로서 지속적인 관심의 대상이 되어왔다.

유럽의 노동평의회

비교노사관계는 국가 간 차이를 설명할 수 있는 이론의 탐구와 좀 더 나은 해외 제도의 이식을 위한 정책적 의도, 이 두 가지의 상이한 목적으로 발전되어왔지만, 이들을 서로 분리시킬 필요는 없다. 하버드 대학의 노동경제학자 프리만(R. Freeman)은 국가 간 노동시장 및 노사관계제도의 다양성(Working and Earning under Different Rules) 프로젝트를 통해 미국과 여타 유럽 OECD 국가의 제도를 비교·분석하고, 좀 더 나은 유럽의 제도적 성과를 미국에 이식하고자 하는 시도를 했다. 이 프로젝트에서 유럽의 노동평의회에 대한 연구는 큰 중요성을 차지했는데, 그 이유는 미국의 노조조직률이 역사상 가장 낮은 10%대 초반으로 떨어짐에 따라 노동자 이해대표의 부족상태를 극복하고자 노동평의회와 같은 사업장 차원의 새로운 대표체제에 대한 관심이 제고되었기 때문이다. 유럽의 노동평의회의 경우 모든 관련법이 제2차 세계대전 이

후 통과되었다. 이전의 협의권은
전적으로 경영진의 결정에 달려
있었기 때문에 노동자와 조합의
신뢰를 얻지 못했던 반면, 점차 협
의권과 대표권이 조화를 이루면
서 1970~1980년대 노동평의회
의 위상이 강화되어갔다. 특히 독
일과 스웨덴의 경우에는 공동결
정권까지 가지고 있었기 때문에
가장 바람직한 경영참여의 모델
로 인식되었다.

1) 영국

100여 년이 훨씬 넘는 기간 동안 서서히 완성된 영국 노사관계의 가장
큰 특징은 자원주의(voluntarism) 전통이다. 개인주의적인 자유시장원칙
을 강력하게 구현한 영국 관습법(common law)의 영향으로 이러한 전통이
영국의 노사관계에서 유지되어왔다. 다른 국가의 경우 노동자의 단결, 단
체교섭, 단체행동권을 적극적으로 법이 보장하는 데 비해, 영국에서는 관
습법의 영향력을 노사관계에 한해서는 인정하지 않는 소극적인 방식을
택했다. 따라서 영국의 경우 초기 노사관계의 발전단계에서 단체교섭과
합의의 내용은 노사가 상호 '명예'롭게 지키는 것일 뿐, 법으로는 보장되
지 않는 특징을 가지고 있었다. 이러한 이유로 계급 간 격차와 갈등이 큰
영국과 같은 국가의 노사관계가 '자발적인' 게임의 규칙을 지키는 신사적
행동에 의해 불안정하게 유지되는 결과를 가져오게 된다. 이러한 법적 규
제의 부재 상태를 '자원주의'라 일컫는데, 이러한 자원주의 전통하에서는
정부의 역할이 주로 노사관계 행위자들을 보조해주는 데 그친다. 1893년
만들어진 노동부는 노사 양측에 단순히 통계적 정보를 제공해주기 위해
설립되었다. 영국 정부의 노사관계 조정 중재 기구인 조정 중재 서비스
(Advisory Conciliation and Arbitration Service: ACAS) 역시 어떠한 강제중재
도 실시하지 않는다.

영국의 노동조합은 중세 길드시스템으로부터 시작되었다. 따라서 초기
영국의 노동조합은 주어진 노동시장 내 독점적 통제력을 지닌 장인협회
적인 성격을 지녔다. 노동시장이 확대되고 직무분화가 가속화됨에 따라
영국 노조는 일반노동자들도 포괄하기 시작했고, 제2차 세계대전 직후 그
수가 수백여 개에 이르게 된다. 이는 단 십여 개의 산별노조로 구성된 독
일의 경우와 크게 대비되는 수치이다. 하지만 대부분의 조합원이 소수의
대규모 노조에 소속되어 있는 반면, 소규모 노조에 가입된 조합원 수는 얼
마 되지 않는 이중구조의 특성을 보여주고 있다.

오랜 기간 영국에는 단 하나의 노동조합총연맹(Trade Union Congress:

TUC)만이 있었다. TUC는 1868년 처음 설립된 이후 1920년대에 조직기구를 완비해 사용자단체인 영국 기업가연맹(the Confederation of British Industry: CBI) 및 정부에 대한 의사소통의 창구로, 또 노동조합 전체의 정책연구조직으로 기능하고 있다. 대부분의 앵글로색슨 국가와 같이 영국의 사용자도 노조에는 적대적이며, 작업장에서의 노조 영향력을 무력화하려 노력한다. 영국 노조는 적대적이었던 법과 판사에 대한 거부감에서 법적인 해결책을 적극적으로 찾지 않았다. 그 대신 자유로운 단체교섭에 노동조합 활동의 큰 무게가 실리게 되었다.

1980년대까지만 해도 산업 차원에서, 혹은 복수의 사용자를 대상으로 이루어졌던 단체교섭은 1990년대 후반에는 대부분 기업 차원의 교섭으로 그 구조가 급격히 분권화되었다. 분권화와 더불어 주목할 만한 현상은 단체교섭에 포괄되는 노동인구의 수가 급격히 감소했다는 점이다. 이는 노조조직률의 하락과 밀접히 연결되어 있는 현상이다. 1970년대 50%에 이르렀던 영국의 노조조직률은 대처로 상징되는 강력한 보수정부가 실시한 1979년부터 1997년까지의 반노조적 개혁의 결과로 2001년에 약 30%까지 떨어졌다. 그나마 이도 공공부문의 조직률을 포함한 것으로, 사부문의 조직률은 현재 10% 안팎에 불과하다. 현재는 사용자들의 단체교섭 회피 현상도 두드러진다.

영국에서도 국가 수준에서 노동조합 정치참여를 위한 노력이 없었던 것은 아니다. 전후 타협(postwar settlement)의 일부로 완전고용에 뒤따르는 인플레이션을 억제하기 위해 보수당과 노동당 모두 TUC를 여러 정부 협의기구에 참여시키려 했으나 다른 유럽 대륙국가들의 경우와는 달리 아무런 성과 없이 끝나고 말았다. 영국노총이 소속 노조에 대한 통제력을 결여하고 있었을 뿐만 아니라, 영국의 노동운동 자체가 정부의 임금결정 개입을 극도로 경계했기 때문이다. 영국의 노동조합운동은 또한 노동자의 경영참여에 대해서도 의구심을 가지고 적극적으로 추진하려 하지 않았다.

영국의 노사관계는 노동조합이 만든 노동당이 '제3의 길'을 내세우며 다시 정권을 장악한 1997년 이후에도 크게 변화되지 않았다. 이러한 노동운동의 무기력은 영미권 노사관계에서 흔히 관찰되는 현상이다. 비록 사회주의적 계급운동이 여타 영미권 국가보다 더 많이 발전한 영국이긴 하지만, 실질적인 노동운동의 핵심인 노동조합들이 단체교섭을 통한 소속 조합원의 단기적·물질적 이익 증진에 더 많은 중점을 두었기 때문이다. 이는 다른 영미권 국가 노동운동의 실리적 노동조합운동(business unionism)의 특징을 보여주는 것이다.

2) 독일

독일의 늦은 산업화는 영국의 직능노동조합과는 달리 다수의 동질적인 노동자로 구성된 산업별 노동조합의 발전을 촉진시켰다. 좀 더 적극적인 법적 규제가 존재했다는 점도 영국과 구분되는 특징이다. 노동자의 단결권은 독일 헌법에 의해 보호되며, 산업 내 50% 이상의 노동자에게 단체협약이 적용되는 경우 그 효력이 나머지 노동자에게 확대되는 단체협약의 효력확장, 그리고 작업장 수준에서 합의된 협약보다 낮은 수준의 임금 및 근로조건이 적용될 수 없도록 한 유리한 협약 우선의 원칙(favorableness principle) 역시 법으로 보장되어 있다.

이러한 법적인 보호 외에, 독일 노사관계는 여타 국가에서 찾아보기 힘든 노동조합과 노동평의회(works council)라는 이중의 이익대표체제로 큰 주목을 받아왔다. 단체교섭을 체결할 권한은 노동조합만이 갖는다. 노동평의회는 단체협약 및 단체행동권을 부여받지 못한다는 점에서 노동조합 조직은 아니나, 사업장 차원에서 단체협약의 실행에 관여하며 산별 협약의 내용을 사업장의 현실에 맞게 조정하는 역할을 한다. 독일의 노동운동을 대표하는 산업별노조는 영국의 노동조합과는 달리 단체교섭뿐 아니라 정치참여를 통해 복지정책을 수립하는 데에도 큰 관심을 갖고 있다. 물론 이러한 산별노조의 정치성은 그 자체로 노동운동의 계급적 기반을 확대할 수 있으나, 지나친 관료화로 현장의 요구에 민감하게 반응하지 못한다는 비판을 받아왔다. 독일의 노동평의회는 산별노조의 이러한 경직성을 완화하여 노동자의 이익대표제도를 다변화하고, 사업장 차원의 노사관계를 협조적으로 유지하는 데 큰 기여를 한 것으로 평가받는다.

독일의 단체교섭은 주로 산별 차원에서 대표적인 산별노조와 사용자단체 사이에 이루어진다. 독일의 10여 개 산별노조 중 주도적인 역할을 하는 노조는 금속산별노조(IG Metall)이다. 독일은 스칸디나비아 소국과는 달리, 인구가 많은 연방제 국가로서 국가 수준에서의 임금결정 전통은 부족하지만 금속산별노조가 임금교섭에서 타 산업의 교섭에 영향을 미치는 신중한 조정자 역할을 수행해왔기 때문에 영국과는 달리 노동조합이 거시경제정책에 영향을 미치는 주요한 행위자 역할을 해왔다.

그러나 독일 역시 경제세계화로 인한 노동운동의 쇠퇴로부터 자유로울 수 없었다. 특히 독일은 통독으로 인한 높은 실업률로 인해 산별 차원에서 결정된 임금 및 근로조건을 특정 사업장에는 적용하지 않는 '예외조항(hardship clauses)'을 허용함으로써 교섭구조의 분권화를 경험하게 된다. 유럽연합으로 상징되는 노동시장의 세계화로 독일 노동자와 달리 차별받는 외국인노동자의 유입, 그리고 노동시장에 대한 규제가 적고 노동비용이 싼 외국으로 이주하려는 독일 사용자들의 공세로 인해 독일 노동조합운동은 1990년대 이후 상당한 어려움에 처하게 되었다. 이로 인해 한때 40%에 이르렀던 노동조합 조직률은 2000년대 20% 중반으로 하락했다.

지나치게 높은 노동비용과 경직적인 노동시장으로 인해 독일의 노사관계는 종종 고용창출을 막는 주범으로 비난받으며 영미권 국가의 유연성을 강요받기도 하지만, 독일의 산별노조가 이룩한 노동시간 단축과 고기술 노동력의 재생산은 앞으로도 계속 노동운동의 좋은 모델로 남을 것이다. 독일의 가장 큰 문제는 노동조합에 가입하지 않은 '유연한 노동자들'이 노사관계 규제로부터 보호받지 못하는 '외부자(아웃사이더)'로 존재해 전체적인 노동조건을 장기적으로 악화시킬 것이라는 점이다. 이러한 내부자-외부자 문제는 독일을 비롯한 유럽 노동운동의 가장 큰 약점으로 남아 있다.

3) 스웨덴

스웨덴도 독일과 유사하게 산업화가 늦게 시작되어 장인노동자에 기초한 직능별 노동조합보다는 산업별 노동조합이 활성화되었다. 스웨덴 노사관계의 가장 큰 특징은 강력한 노동조합총연맹(LO)의 존재이다. 스웨덴 사회민주당과의 밀접한 협조하에 LO는 급격히 조직력을 확대시켜나갔다. 이렇게 강력한 LO와 그에 대항해 역시 강력한 조직력을 갖추게 된 스웨덴 사용자단체(SN, 이전 SAF)는 최고 수준(peak-level)에서 실시되는 여러 차례의 역사적 계급타협과 단체교섭을 실시하게 된다. 스웨덴의 경우 노사관계의 근간을 이루는 단결권과 단체교섭권은 1906년의 첫 타협에 의해 획득되었다.

이처럼 산업화 초기부터 강력한 노사단체 및 노사관계가 형성됨에 따라 스웨덴 정부는 철저히 비개입 원칙을 고수했다. 노사관계를 규율하는 법률에 대한 의존도가 높은 프랑스나 스페인과 달리, 스웨덴 정부는 노사가 합의한 사항에 대해서만 법제화를 추진할 뿐, 노사관계에 대한 간섭을 최소화했다. 따라서 스웨덴에서는 최저임금에 대한 규제가 없으며, 특히 사부문의 경우에는 거의 모든 근로조건이 단체협약을 통해 규제된다.

가장 널리 알려진 노사 간 타협은 1938년의 잘츠요바텐 협약(Saltsjo-baden Agreement)이다. 이러한 계급타협이 가능하게 된 것은 90%에 가까운 높은 조직률과 사회민주당의 정치적 지원에 힘입어 노동조합이 타협을 통한 혜택을 충분히 확보할 수 있었기 때문이다. 거시정치적인 타협이 이루어진 이후 스웨덴 노동운동은 렌-마이드너 모델(Rehn-Meidner Model)을 통해 실업문제의 근본적 해결을 시도했다. 노동조합의 임금인상 자제와 정부의 완전고용정책의 교환으로 요약되는 이 모델은 기업 이윤의 규모에 상관없이 동일노동에 대해서는 동일임금이 지급되어야 한다는 연대임금의 원칙에 기반하고 있다. 연대임금에 따른 고임금을 지불할 수 없는 회사의 도산으로 인해 발생하는 실업자는 재훈련을 통해 이윤율이 높은 기업에 재배치함으로써 실업문제를 해결했다. 이러한 적극적 노동시장정책과 연대임금정책을 가능하게 한 사회민주당의 장기집권, 그리고 노사의 타협에 힘입어 스웨덴 노사관계는 1970년대 초반까지 안정적으로 중앙집중화된 단체교섭의 3중 구조와 노사 간 힘의 균형에 기초한 산업평화를 성취했다.

이러한 스웨덴 모델도 1970년대 중반부터 경제위기와 유럽통합으로 인한 변화의 도전에 직면했는데, 가장 큰 변화는 물론 교섭구조의 분권화였다. 1956년부터 1982년까지는 국가적 차원에서 조직된 노사단체인 LO와 SAF의 교섭에 의해 생산직 노동자의 임금이 결정되었으나, 점차 산별 혹은 부문별교섭으로 대체되기 시작했다. 이러한 변화를 주도한 것은 금속부문의 노사였다. 1983년 엔지니어링 사용자단체(VF)는 스웨덴 금속노조(Metall)와 함께 중앙집중화된 교섭을 거부하고 산별 협약을 체결했다. 이후 1990년 전국 수준에서 조직된 사용자단체가 교섭 부서를 해체함으로써 중앙 차원의 교섭이 더 이상 불가능하게 됨에 따라, 스웨덴 교섭구조의 분권화는 완결되었다(Wallerstein and Golden, 2000). 이 분권화의 배경에는 스웨덴 경제의 세계화와 대규모 다국적기업의 증가로 인한 렌-마이드너 모델의 경제적 적합성 약화, 그리고 기존의 노사 간 힘의 균형에서 나타난 미묘한 변화, 특히 고기술 노동자를 필요로 하던 금속부문 사용자들의 유연한 임금구조 확보를 위한 적극적 공세가 자리 잡고 있다.

1980년대 및 1990년대 스웨덴의 경제상황 악화와 유럽연합(EU)으로의 통합 결정으로 인한 어려움을 고려해볼 때, 스웨덴 노동운동의 분권화 결정은 어느 정도 합리적인 선택이었다고 판단할 수 있다. 실제로 분권화된 이후의 스웨덴 모델은 아직도 전 세계적인 기준에서 살펴볼 때 여전히 집중화된 교섭구조를 갖고 있다. 산업 간 임금인상률의 형평성 있는 조율능력을 통해 스웨덴 노동운동은 단체교섭구조의 큰 변화에도 불구하고 스웨덴 모델의 실질적 연속성을 보장하고 있다.

4) 일본

　일본의 뒤늦은 산업화와 군사력에 기초한 제국주의 국가의 강압은 일본의 노동운동이 이데올로기적으로나 정치적으로 파편화되고 약화된 주된 원인이다. 농업부문의 광범위한 존재로 극심한 노동력 부족을 겪었던 일본 산업이 온정주의적 노사관계를 통해 노동력을 유지하기로 한 것 역시 노동운동의 성장에 방해가 되었다. 가장 대표적인 온정주의적 기제는 연공에 따른 임금결정과 평생고용을 보장한 넨코(nenko) 임금체제였다. 이는 이후 기업별노조와 함께 일본 고용관계를 결정짓는 중요한 특징의 하나가 된다.

　일본의 노동운동이 항상 약했던 것은 아니다. 제2차 세계대전 패배 이후 일본 제국주의 국가의 힘이 약해졌을 때, 또 패배한 전쟁으로 인해 극심한 경제적 침체와 높은 인플레이션으로 고통 받았던 전후 시기에는 일본 노동조합의 조직률이 급격히 증가하여 41%를 넘어서게 되었으며, 공장 점거와 같은 급진적인 노동운동이 광범위한 호응을 받았다. 또한 산별 노동운동이 활성화되어 과격한 전면 파업도 발생한 바 있다.

　이러한 급진적 공산주의 노동운동에 큰 위협을 느꼈던 일본의 사용자와 정부는 이를 억제하기 위한 반공산주의 운동을 실시했고, 산별노조의 힘을 약화시키기 위해 사업장 차원에서 어용노조인 기업별노조를 설립하기 시작했다. 한국전쟁으로 인한 경기 활성화와 급격한 실질임금 인상 역시 일본의 사용자들이 어용노조를 통한 노동운동의 협조를 얻어내는 데 크게 기여했다. 사용자들은 이러한 '제2노조'에 모든 혜택을 집중시켰으며, 이들은 이후 일본의 대표적인 기업별노조로 성장하게 된다. 기업별노조는 정규직만이 가입자격을 갖지만, 회사와의 협력적 노사관계를 위해 하위 관리직도 노조원으로 포괄하는 정책을 사용했다.

　일본의 단체교섭은 따라서 기업별 차원에서 이루어지지만, 춘투(春鬪, Shunto) 임금협상을 통해 독일이나 스웨덴에서 가능했던 단체교섭의 조정효과를 얻을 수 있었다. 춘투는 1955년 급진적 노동조합총연맹 소효

(Sohyo)의 주도로 시작되어 15%대의 높은 임금인상률을 얻어내는 데 성공했다. 중화학공업의 주요 기업, 특히 철강기업이 임금인상률을 결정하면 여타 산업 소속 기업들이 그러한 패턴을 따라 임금인상률을 결정하는 것이 춘투의 방식이다. 그러나 1970년대 초 오일 쇼크 이후 정부 및 일본경영자총협회(Nikkeiren)는 소효의 높은 임금인상 요구에 반대했으며, 1975년부터는 소효 대신 낮은 임금인상률을 유지했던 온건한 금속 사부문 노동조합연맹(IMF-JC)이 주도적 역할을 하게 되었다. 이 춘투를 계기로 온건한 노동운동의 대표를 포함한 삼자협의주의가 실시되었으나, 일본의 국가 수준 사회적 대화는 대체로 노동자계급의 이해가 제대로 대변되지 않는 '노동 없는 조합주의'로 불린다. 1970년대 중반 이후 일본의 노동운동은 더더욱 보수화·무력화되어갔다. 온건한 사부문 노동조합들이 일본 노동운동을 재편성하여 현재는 이러한 노동조합운동을 이끄는 일본노동조합총연합회(Rengo)가 노동운동을 대표하고 있다. 렌고에 반대하는 두 급진적 총연맹, 전국노동조합총연합(Zenroren)과 전국노동조합연락협의회(Zenrokyo)가 있으나, 총 660만 명에 이르는 일본노총에 비해 이들은 각각 80여만 명과 14만 명의 조합원을 보유하고 있을 뿐이다. 또한 정규직 위주의 보수적인 노동운동에 반대해 1980년대 중반 이후부터 비정규직을 포괄하는 작지만 의미 있는 지역노동운동이 일본에서 활성화되고 있다. 그러나 반대세력이 일본 노동운동의 방향과 노사관계에서의 종속성을 탈피하게 할 수 있을지는 의문이다.

4. 노사관계체제의 수렴 혹은 분화?: 역사적 접근

비교노사관계 연구를 이론화한 첫 시도는 커 등(Kerr et al., 1960)이 발표한 저서, 『산업주의와 산업노동자(Industrialism and Industrial Man)』이다. 이들 논의의 핵심은 자본주의의 황금기를 특징짓는 기술발전이 궁극적으로는 각국의 노사관계를 유사한 하나의 모형으로 수렴하게 할 것이라는 것이다. 물론 산업화 이전의 정치경제적 상황으로 인해 약간의 다양성이 존재할 것이라는 점을 부정하지는 않는다.

그러나 이 이론은 1960년대 말 유럽을 비롯한 발전된 산업국가에서 노동자의 급진성과 전투성, 조직력이 증대됨에 따라 진보적인 사회학자들에 의해 비판받게 되었다. 그에 따라 1970년대에는 사회학자와 정치학자들에 의해 노조조직률이나 성장률이 인플레이션, 고용 등의 거시경제지표에 미치는 영향을 탐구하는 다양한 비교연구들이 대거 실시되기 시작했다. 이러한 연구들은 이전에 경제학자들이 주장해온 명제인 '강한 노조는 경제적 성과에 악영향을 미친다'는 경험적 연구를 반박했다. 이들은 강한 노동운동에 기초한 집중화된 교섭구조가 임금인상 자제를 통해 인플레이션을 억제하고 완전고용을 성취하는 경향이 있다고 주장한다.

1970년대 이후 비교노사관계 연구는 노사관계의 국가 간 차이를 자본주의의 다양성에서 찾기 시작했다. 즉, 자본주의체제는 하나의 단일한 모형이 아니라, 이를 구성하는 다양한 제도로 인해 국가 간 상이한 모형을 가지고 있으며, 이러한 제도적 차이는 경제적 성과는 물론 노사관계제도에서도 상이성을 불러올 수 있다는 것이다. 이 모델은 시장 자체를 제도로 간주하며, 서로 다른 자본주의 간의 경쟁을 상정한다.

미국으로 상징되는 앵글로색슨형 모델의 핵심은 주주이해를 극대화하는 과정에 필수적 요소인 '탈규제된 시장의 유연성'이다. 기술습득이나 해고 역시 개인적으로 해결해야 할 문제이지, 노동조합이나 국가의 큰 관심이 아니라는 것이다. 이 모델에서는 높은 경제적 성과가 봉건주의의 유산에 얽매이지 않는 합리적이고 개인적인 선택에서 나온다고 여긴다.

독일이나 일본형 모델은 공동체적 가치를 중시하며, 단기적인 주주의 이해보다는 좀 더 포괄적인 이해당사자(노동도 포함)의 장기적 이해를 확보하는 데 주력한다. 고숙련 노동자를 확보하기 위해 기술훈련을 사회가 책임지며, 단기적인 수량적 유연성을 강조하지 않는다. 이를 유지하면서도 시장경제의 경쟁력을 강화하기 위해서 국가는 적극적으로 산업 및 고용정책에 개입한다.

<그림 11-2> 단체교섭구조의 변화: 8개국 비교연구

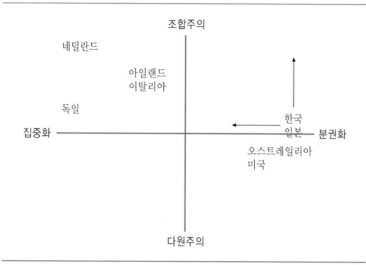

자료: Katz et al.(2004)의 내용을 기반으로 필자 재구성.

단체교섭구조 변화의 방향

경제세계화로 인해 다시 한 번 등장한 질문은 세계 각국의 노사관계체제가 하나의 모델로 ─ 영미형 모델로 ─ 수렴하고 있는가의 여부였다. 이를 검토하기 위해 미국 코넬 대학교 해리 카츠(Harry C. Katz)와 한국노동연구원의 이원덕·이주희는 아일랜드, 네덜란드, 이탈리아, 독일, 일본, 한국, 오스트레일리아, 미국 등에 대한 국제비교연구를 실시한 바 있다. 연구의 결과는 수렴보다는 다양성의 유지 명제를 지지한다. 〈그림 11-2〉에서와 같이, 이들 8개 국가는 조합주의적 혹은 다원주의적 정치체제를 가지는가, 그리고 집중화 혹은 분권화된 교섭구조를 가지는가, 이 두 차원에 의해 분명히 구분된다. 1990년대와 2000년대 초반의 변화를 추적한 이 비교연구는 비록 교섭구조의 분권화가 진행되고 있다 하더라도, 조합주의적 전통을 가지고 상대적으로 집중화된 교섭구조를 가진 국가들의 경우 '조정된 분권화'가 진행 중임을 밝힌 바 있다. 사회적 대화와 같은 국가적 차원의 조정 기구가 다양하게 활용되는 한편, 교섭구조의 분권화는 노사 간 타협과 조정에 의해 경제에 순기능적으로 이루어졌다. 그러나 이와는 반대되는 사분면에 위치한 영미권 국가들의 경우 교섭구조는 더욱 더 파편화되었으며, 사회적 대화의 시도는 형식적이거나 실

이러한 자본주의의 다양성 이론에도 불구하고, 1980년대 이후 전 세계적인 파급력을 보이고 있는 신자유주의의 등장, 그리고 케인스주의의 쇠퇴와 통화주의로의 전환은 다시 한 번 노사관계의 수렴 여부에 대한 논쟁에 불을 붙였다. 급격한 자본이동의 증가와 이민노동력의 활용, 좀 더 낮은 임금을 제공할 수 있는 곳으로의 공장 이전은 노동조합의 교섭력을 현저히 저하시켰다. 그로 인한 실업 및 고용의 불안정성은 이전의 안정된 전후 타협(postwar settlement)을 와해시켰으며, 전 세계적인 자본 및 금융시장에서의 우위를 점하는 미국과 영국의 유연화 모델이 지배적으로 등장하게 되었다. 이 모델의 특징은 낮은 노조조직률, 단체교섭의 쇠퇴, 그리고 높은 수준의 탈규제로 요약된다.

이러한 전반적인 추세 속에서도 자본주의 국가 간 노사관계 및 고용체제의 다양성이 지속되리라는 데 대해서는 별다른 이견이 없다. 비록 단체교섭이 이전에 비해 분권화되고 규제력이 전반적으로 약화된 것은 사실이나, 조정된 분권화(organized decentralization)를 경험하고 있는 조정시

장경제국가와 그렇지 않은 파편화된 분권화(disorganized decentralization) 추세가 변화하지 않거나 악화되는 자유시장경제국가 사이에는 분명한 차이가 있다는 것이다. 조정시장경제국가에서는 적어도 산업 전체를 포괄하는 단체교섭이 이루어지며, 노동의 작업장 혹은 경영참여를 국가가 어느 정도 보장해준다. 비록 자유시장경제국가가 단기적 유연성으로 높은 고용률을 자랑한다고 해도, 높은 수준의 불평등, 그리고 광범위한 저임금 불안정 고용층이 존재하기 때문에 결코 그 성과를 높이 평가할 수 없다는 것이다.

패하게 된 경우가 두드러진다. 여기서 주목할 만한 사례는 한국이다. 한국은 조합주의보다는 다원주의적 전통에 더 가깝고, 연구된 국가 중 가장 파편화된 교섭구조를 가진 국가였으나, 같은 사분면에 속한 여타 국가, 특히 일본과는 정반대로 1990년대 후반 외환위기로 인한 경기침체와 노동시장의 유연화에 대응하여 산업 차원으로 교섭구조를 집중화하려는 노력과 비록 형식적이라 하더라도 노사정위원회를 통한 사회적 대화 노력이 가속화되었다.

이야깃거리

1. 독일이나 스웨덴과 같은 조정시장경제국가의 노사관계가 미국과 같은 자유시장경제의 노사관계와 어떻게 다른지 토론해보자.

2. 일본 노사관계의 어떤 차원들이 한국의 노사관계와 유사 혹은 상이한가?

3. 경제세계화는 각국의 노사관계체제를 더욱 유사하게 만들 수 있을까? 그렇다면 혹은 그렇지 않다면 그 이유는 무엇일까.

4. 각국의 산업민주주의의 발전 정도에 차이를 가져오는 원인에 대해 논의해보자.

5. 노사관계체제가 해당 국가의 사회정책 형성과정에 어떤 영향을 미칠 수 있는지 토론해보자.

읽을거리

『국제비교 노사관계』. 그래그 뱀버·러셀 란즈베리. 이태헌 외 옮김. 1993. 한국노동연구원.
이 책은 영국, 미국, 캐나다, 호주 등 영미권 4개국, 이탈리아, 프랑스, 독일, 스웨덴 등 유럽 4개국, 그리고 일본의 노사관계를 비교한 책으로, 한국어판에는 한국의 노사관계에 대한 내용이 추가되어 있다.

『Global Unions』. Kate Bronfenbrenner ed. 2007. Cornell Univ. Press.
이 책은 경제세계화로 인해 어려움을 겪고 있는 세계 각국의 노동조합과 노동운동이 어떠한 전략적 협력을 통해 위기를 극복하고 있는가를 심층적으로 분석한다.

『The New Structure of Labour Relations』. Harry C. Katz · Wonduck Lee · Joohee Lee eds. 2004. Cornell University Press.

호주, 독일, 아일랜드, 이탈리아, 일본, 한국, 네덜란드, 미국 등 총 8개국에서 발생하고 있는 최근 노사관계체제의 변화를, 특히 삼자 협의주의와 단체교섭 구조의 분권화에 초점을 맞추어 검토한다.

『Unions, Employers, and Central Banks』. Torben Iverson · Jonas Pondusson · David Soskice. 2000. Cambridge University Press.

이 책은 스웨덴과 독일 등 조정시장경제국가에서의 노사관계체제 변화가 어떻게 거시경제적 조정과 조율에 영향을 미치는가에 대한 다차원적인 분석을 담고 있다.

『From Tellers to Sellers』. Marino Regini · Jim Kitay · Martin Baethge eds. 1999. The MIT Press.

비교노사관계에 대한 연구는 국가뿐 아니라 산업별로도 실시할 수 있다. 이 책은 경제세계화로 변화하고 있는 은행 산업에서의 고용 및 노사관계를 미국, 호주, 뉴질랜드, 영국, 이탈리아, 프랑스, 스페인, 네덜란드, 독일 등 9개국 사례연구를 통해 파악한다.

12

노동운동과 노동정치

주요 용어
차티스트운동, 마르크스주의, 사회민주주의, 아나코-생디칼리즘, 수정주의, 코포라티즘, 산업별노조,
실리적 노조주의, 사회운동 노조주의, 사회적 합의주의, 1987년 노동체제

　한국 사회에서 노동운동의 영향력은 그다지 크지 않다. 영향력이 작을
뿐만 아니라 노동운동에 대한 부정적인 사회적 인식이 팽배한 것이 현실
이다. 이런 현실은 노동자들은 물론이거니와 전체 사회의 발전에 커다란
걸림돌이 되고 있다. 앞에서 우리는 산업사회에서의 노동과정, 노동시장,
노사관계의 이론과 현실을 공부했다. 산업사회의 특성과 문제점은 그 사
회를 살아가는 노동자들에게 수많은 억압과 고통을 부과했고, 노동자들
은 자신의 현실을 개선하기 위해 끊임없이 노력해왔다는 점이다. 이러한
노력과 투쟁은 자본주의가 출현한 이후부터 시작되었고, 어느 나라에서
나 보편적으로 전개되었으며, 지금도 쉬지 않고 계속되고 있다.

　이 장은 자본주의 사회의 발전과 함께 진행된 노동운동·노동정치의 발
전과정을 서구와 제3세계 노동운동의 역사를 통해 살펴보는 것을 목적으
로 한다. 먼저, 서구 노동운동의 이념과 이론을 자세히 살펴보고, 다음으
로 해방 이후 한국 노동운동의 간략한 역사를 통해 노동운동의 발전과정
과 과제를 검토한다.

1. 머리말

오늘날 우리 사회에서 많은 젊은이들의 가장 큰 관심사는 단연 취업문제이다. 거의 전쟁과도 같은 대학입시를 거쳐 좋은 성적으로 대학을 졸업하지만 미래는 여전히 불투명하다. 입시처럼 취업 경쟁에서 승리하는 이도 있지만 그보다 훨씬 많은 젊은이들은 자신이 원하지 않는 일자리로 내몰릴 수밖에 없는 것이 현실이다. 개인의 노력 여부와는 무관하게 전체 일자리가 턱없이 부족하고 그나마도 비정규직 일자리가 태반이기 때문이다.

곰곰이 생각해보면 취업난은 개인들에게 책임을 물을 수 없는 문제임이 분명하다. 1998년 외환위기 직후 수십만 명의 신규 취업지원자들이 자신의 의사와 무관하게 실업자가 되었던 것은 그 좋은 사례이다. 또 '88만원 세대'라는 표현처럼 비정규직 노동의 확산은 개인적 노력과는 별개인 사회구조적 산물인 것이다. 그러므로 문제를 해결하기 위해서는 사회적 차원의 집합적 노력이 반드시 필요하다.

근대 자본주의 출현 이후 서구에서도 동일한 문제가 발생했으나, 서구의 노동자들은 여러 가지 집단적 보호 장치들을 만들 수 있었다. 실업자는 사회보장을 통해서 물리적 생존과 최소한의 삶의 질을 유지할 수 있다. 또 비정규직 노동이라 하더라도 임금이나 노동조건에서 정규직과 별반 차별이 없어 충분히 생계를 유지할 수 있게 된 것이다. 서구에서 실업, 비정규직 노동 확산과 같은 사회적 문제를 일정하게 제어할 수 있었던 것은 무엇 때문인가? 많은 사회학자들은 노조와 정당을 중심으로 노동운동이 장기간의 투쟁과 제도개선 노력을 통해서 다양한 사회적 보호 장치를 만드는 데 성공했기 때문이라고 본다.

이와 같은 서구의 경험을 염두에 둔다면 노동운동에 대한 부정적 인식이 팽배한 한국 사회의 미래는 결코 낙관적일 수 없다. 흔히 노동운동은 반사회적 행위로 인식되며 심지어 노동조합과 노조 간부는 노동귀족, '철밥그릇'으로 비난받는다. 또 노동자들의 합법적 파업은 그것이 헌법적 권리임에도 불구하고 집단 이기주의나 불법 파괴행위로 매도되는 것이 현실이다. 반면에 결코 귀족이나 집단 이기주의로 볼 수 없는 저임금 비정규노동자들의 투쟁이나 요구는 흔히 무시되며 외면당한다.

이러한 상황은 1970년 청년 노동자 전태일의 분신에 대해 젊은 대학생들이 분노하며 공감을 표시했던 것과 크게 대비된다. 그 연대의식은 1970년대와 1980년대의 노학연대(勞學連帶)로 발전하여 민주노조운동을 건설하는 주요한 힘이 되었고 당시 저임금·장시간 노동에 고통 받던 노동자들의 상황을 크게 개선시켰다. 또 그것은 한국 사회를 군부독재의 질곡으로부터 해방시키는 민주화의 주요한 동력으로 작용하기도 했다.

그러나 1990년대 이후 상황은 크게 역전되었다. 분신자살과 같은 비정규노동자들의 항거가 뉴스로 보도되더라도 젊은이들은 이를 애써 무시한다. 취업문제로 고통 받는 젊은 세대들 자신이 노동운동을 외면하는 현실이 우리 사회의 미래를 더욱 어둡게 만들고 있는 것이다.

사실 현대사회에서 노동운동은 자본주의 시장경제와 민주정치에서 중요한 기능을 담당하고 있다. 역사적으로 노동운동의 성격과 영향력은 노사관계뿐만 아니라 국가와 시민사회의 관계, 자본주의 경제의 성격, 민주주의의 발전에 커다란 영향을 미쳐왔다. 노동운동의 역사와 이론을 공부하는 것은 자본주의 시장경제의 문제점을 극복하기 위한 실천적·이론적 노력들을 검토하는 것이며, 대안을 모색하는 과정이다.

노동조합의 가장 중요한 역할은 자본주의 시장경제에서 나타나는 불평등을 교정하는 것이다. 시장 메커니즘은 불가피하게 경제적·사회적 불평등을 초래하며, 노동시장에서 사용자에 비해 약자일 수밖에 없는 노동자들은 항상 불평등으로 인해 고통을 당해왔다. 노동조합은 노동자들의 집합적 단결을 통해 개별적 노사관계에서 야기되는 불평등을 극복하고 노동력의 적정가격이 유지될 수 있도록 보장한다. 이를 통해서 자본주의 시장경제에 내재하는 불평등한 소득분배와 빈곤을 예방한다. 노동운동이 취약하다면, 노동자들의 경제적·사회적 조건을 향상시킬 수 있는 제도를 확립할 수 없으며, 노동운동이 파편화되어 있다면 노동시장의 불평등은 해소되기 어렵다.

또한 노동조합은 경제적 행위자일 뿐만 아니라 작업장과 전체 사회에서 민주주의를 확대하는 기능을 수행한다. 노동조합은 다원주의 사회에서 사회적 약자들의 이익을 대표함으로써 이익 결집과 대표의 기능을 수행하는 시민사회의 가장 주요한 부분이다. 또한 노동조합은 정치활동을 통해 시민들의 정치적 참여를 고무하고, 정치적 다원주의와 이념적 균형을 유지하는 데 기여한다. 특히 노동조합은 사회협약을 통해 임금과 복지 관련 법률과 제도를 형성하고 노동자들의 사회적 시민권을 강화하는 데 중요한 역할을 수행해왔다.

이러한 측면에서 노동운동은 자본주의 경제의 핵심적 주체이자 민주적 시민사회의 일부이며 민주정치에서 사회적 약자를 대표하는 행위자라고 할 수 있다. 현대사회에서 노동운동의 이러한 역할을 염두에 두면서 이 장에서는 서구와 제3세계 노동운동의 역사와 이론을 검토할 것이다. 그리고 해방 이후 한국 노동운동의 역사를 간략히 정리하여 우리의 어두운 노동현실을 좀 더 객관적으로 인식하고자 한다.

2. 노동운동의 역사

1) 초기 노동운동의 발생과 계급형성

초기 노동운동의 발생은 자본주의적 산업화와 근대적 노동계급의 형성에 그 기원을 두고 있다. 자본주의적 산업화의 역사적 과정을 가장 전형적으로 보여주고 있는 나라는 영국이었으므로 근대적 노동계급과 노동조합운동 역시 영국에서 처음으로 출현했다. 18세기 중반의 산업혁명은 수공업과 매뉴팩처 시대를 마감하고 대공장제도에 기초한 자본주의생산을 보편화시켰다. 과거와 달리 공장제하에서 노동자들은 작업방식과 작업속도를 결정할 수 있는 자율성을 상실하게 되었고, 공장 내 열악한 작업환경에서 장시간 노동에 종사하게 되었다. 저임금과 장시간 노동, 실업과 빈곤은 자본주의 초기의 노동자들에게 엄청난 고통을 안겨주었으며 10년을 주기로 반복된 공황은 노동자들의 경제적 생활을 파탄으로 몰아넣었다.

영국에서의 급속한 자본주의 발전과 임노동의 확대, 그리고 노동자들의 빈곤과 고통은 필연적으로 저항과 투쟁을 불러일으켰다. 영국의 초기 노동운동은 자연발생적인 것이었고 두 가지 형태로 나타났다. 하나는 실업과 질병, 산업재해와 같이 자본주의의 비참과 고통으로부터 스스로를 보호하기 위해 노동자들이 단결하여 만든 상호부조, 공제조합이었다. 그리고 다른 하나는 자신들의 일자리를 빼앗아가고 노동의 고통을 심화시킨 기계에 대한 폭력적 저항이었다. 자본과 기계에 대한 폭력적 저항인 러다이트 운동(Luddite movement)은 1811~1816년 사이에 섬유공업에서 대규모로 발생했다.

그러나 점차 노동자들은 근대적 산업노동, 공장제 노동에 적응해갔다. 자본주의 산업화 자체를 거부하고 과거로 돌아갈 수 없다는 점을 깨달았기 때문이다. 이제 그들은 적극적으로 이 체제 내에서 자신들의 경제적·사회정치적 권리를 확보하기 위한 노력을 벌이기 시작했다. 노동자들이 임금과 근로조건을 개선하기 위해 가장 많이 사용한 방법은 노동조합을 결성해 파업을 벌이는 것이었다. 노동자들은 1800년에 제정된「단결금지법」을 폐지하기 위해 투쟁했고, 1824년에는 비로소「단결금지법」을 폐지시킴으로써 노동조합운동의 역사를 열어나가기 시작했다.

임금인상 투쟁에서 국가의 가혹한 억압을 체험했던 노동자들은 자신들의 열악한 근로조건을 규제하고 노동시간 단축을 강제하는 법률의 필요성을 절감했다. 당시 노동자들은 투표권 행사로부터 사실상 배제되었다. 1801년 1,500만 명의 영국 인구를 대표하는 254명의 하원의원은 단지 5,723명의 유권자에 의해 선출되었고, 1829년 1,600만 명의 인구 가운데 유권자는 16만 명에 불과했다. 노동자들은 시민권 권리를 확보하기 위한 정치운동에 눈을 돌리기 시작했다. 이는 1839년 이후 1848년까지 성인 남자의 보통선거권을 요구하는 차티스트 운동(Chartist movement)으로 표출되었다. 보통선거권의 확대를 둘러싼 격렬한 갈등과 투쟁 과정에서 노동

러다이트 운동

러다이트란 이름은 기계파괴자들이 로빈 후드 이야기와 비슷한 '네트 러드'라는 가공의 인물을 내세워 운동을 시작한 데서 비롯되었다. 기계의 도입으로 어려움에 처한 숙련 직인노동자들은 직물 기계를 조직적으로 파괴하거나 공장을 폐허로 만들곤 했다. 러다이트 운동은 공공연한 반란과 폭동으로 발전하기도 했고 일부에서는 이 운동으로 임금인상을 얻어내기도 했으나 대부분 가혹한 탄압을 받았다. 노동자들은 자신들의 고통이 자본주의적 산업화와 공장노동이 가져온 변화 때문이라고 생각했고, 과거의 공동체적 노동과 생활양식을 복구하고자 열망했다.

단결금지법

1789년 프랑스대혁명 이후 자코뱅파의 공포정치가 영국에 파문을 일으키면서, 급진적 운동에 대한 일련의 탄압정책이 취해졌다. 1799년과 1800년 여러 가지 탄압법률의 일부로서「단결금지법」이 통과되어 모든 형태의 노동조합이 법률적으로 금지되었다. 공포의 분위기가 계속되는 동안 이 법률의 폐지를 위한 조직적 운동이 일어나지 못했으며, 1824년 마침내 폐지됨으로써 파업과 노동조합 결성이 자유롭게 되었다.

자들은 동질적인 정치적 이해관계를 공유하는 노동자'계급'으로 빠르게 성장해갔다.

2) 자본주의의 발전과 혁명적 노동운동

1848년 혁명 이후 차티스트 운동이 좌절한 데 비해 빅토리아 시대 영국 자본주의의 번영으로 노동자들의 생활 상태는 크게 개선되었다. 노동운동은 점차 우경화하기 시작했고 자본주의체제의 개량을 목표로 하는 '순수하고 단순한 노동조합운동'의 성격을 띠게 되었다. 한편 영국에 비해 산업화에서 뒤처져 있던 유럽 대륙에서도 19세기 중반 이후 부르주아혁명과 산업화의 충격을 받기 시작했다. 유럽 대륙에서 조직화된 노동운동이 출현한 것은 유럽 대륙을 휩쓸었던 1848년 시민혁명을 전후한 시기였다.

특히 프랑스에서는 대혁명 이후 50년간의 파업금지 입법에도 불구하고 많은 파업이 발생했고 정치적으로는 다양한 형태의 사회주의운동이 발생했다. 자본주의의 질곡으로부터 벗어나고자 하는 노동자들의 열망은 곧 다양하고 이질적인 사회주의 사상들과 결합되었다. 초기 사회주의운동은 사회주의적 노동공동체를 건설하려는 협동조합사상, 무정부주의적 생디칼리즘, 음모적인 무장테러주의 운동 등 매우 다양한 조류들을 포함하고 있었다. 1870년 '파리코뮌'은 초기 사회주의운동의 성과와 한계가 집약된 이 시기 마지막 혁명적 노동자 정치운동이었다. 노동조합운동 역시 계속 발전했지만 「단결금지법」하에서 아직은 합법화되지 못하고 있었다.

노동자들의 국제적인 단결과 자본주의체제에 대한 투쟁을 위해 1864년 국제노동자협회(제1인터내셔널)가 창립되었고, 마르크스주의는 노동운동의 지도적인 이념으로 부상했다. 마르크스는 자본주의 사회에서 국가권력을 부르주아 계급의 이익에 봉사하는 정치적 도구로 규정하면서 이를 대체할 노동자 국가인 프롤레타리아독재를 주장했다. 그는 계급이익의 대표자로서 노동자정당의 지도적 역할을 강조했고 노동자들의 생활을 개선하고 계급의식을 높이기 위한 노동조합의 파업투쟁을 지지했다.

1870년대 이후 유럽 노동운동의 중심은 독일이었다. 비스마르크 집권기 자본의 집중과 산업의 독점화는 노동운동이 성장할 수 있는 기반을 강화했고 노동자들의 계급의식은 급속히 발전했다. 이미 독일의 노동자들은 1860년대부터 노동조합과 파업을 조직하기 시작했다. 1863년 라살레(Lassalle)는 전독일노동자협회를 결성했고 베벨(Bebel)과 리프크네히트(Liebknecht)는 1869년 사회민주노동자당을 결성했다. 두 정당은 1875년 독일사회주의노동자당으로 통합했다. 독일 국가는 성장하는 노동운동을 제압하기 위해 질병, 노령, 재해에 대한 국가 복지라는 당근과 「사회주의자탄압법」이라는 채찍을 함께 동원했다. 1878년 시행된 「사회주의자탄압법」은 사회민주당을 불법화하고 노동조합의 정치활동에 엄격한 제한을 가했다. 그럼에도 사회민주당의 득표는 매년 증가하여 「사회주의자탄압법」이 폐지된 1890년에는 142만 표, 19.7%의 득표율을 기록했고 1912년에는 34.8%로 원내 제1당이 되었다.

3) 사회민주주의 노동운동과 계급타협

독점자본의 성장에 따라 독일 노동운동은 직업별노조로부터 산업별노조로 조직형태를 전환하여 광범위한 반숙련·미숙련 노동자들을 조직하고자 했다. 그 결과 조합원 수는 1892년 32만 9,000명에서 1905년 134만 명으로 급속히 증가했다. 정치적으로도 독일 사민당은 의회에서 다수를 점하게 되었고, 선거를 통해 합법적으로 집권하는 것이 가능하다는 인식이 확산되었다. 이에 베른슈타인(Bernstein)이 주창한 수정주의 흐름은 독일 사민당 내 지배적인 흐름으로 정착되어갔다. 계급양극화와 자본주의의 붕괴를 예측했던 마르크스(Marx)의 주장과 달리, 베른슈타인은 자본주의가 붕괴하지 않을 것으로 보았다. 그는 사민당이 의회민주주의를 활용하여 혁명이 아니라 선거를 통해 권력을 장악할 준비를 해야 한다고 주장했다.
사회민주주의자들은 보통선거권의 획득 이후 의회에서 다수파가 되었고 제1차 세계대전을 전후로 프롤레타리아 혁명을 포기하고 의회민주주의 노선을 선택했다. 이어 1917년 러시아 혁명 이후 사민당은 프롤레타리아독재론에 근거한 레닌주의에 반대해, '의회민주주의의 틀 내에서 선거를 통해 국가권력을 장악하고, 국가 개입을 통해 자본주의의 모순을 점진적으로 수정하여 사회주의'를 성취하고자 했다.

또한 1930년대 대공황을 경험하면서 사회민주주의자들은 생산수단의 사적소유를 폐지하는 국유화 강령을 포기하고 케인스주의 복지국가를 통해 자본주의체제의 개혁을 선택했다. 케인스주의는 높은 임금과 고용증대로 유효수요를 창출하고 이것이 다시 이윤동기와 투자를 증가시킴으로써 경제 활성화의 선순환을 가져올 수 있다고 보았다. 즉, 사회민주주의자들은 정부의 경제개입을 정당화하고 국가 복지 확대를 통한 재분배정책을 강조했다. 사회민주주의 복지국가는 결국 노동계급의 정치적 지배와 자본가계급의 경제적 지배가 병존하는 계급타협의 정치경제를 의미했다.

사회민주주의 노동운동의 대표적인 사례는 스웨덴 노동운동이었다. 스웨덴 사회당은 1938년의 잘츠요바덴 협약(Saltzjobaden Agreement)으로 농민과 동맹을 맺고 집권에 성공했다. 이들은 자본가계급과 대립하기보다 그들의 경영권을 보장하는 계급타협 정책을 추진했다. 전후 1950년대에 실시된 완전고용정책과 진보적 조세체계, 건강·보육·교육·주택 등 집합적 서비스의 사회화, 연대임금정책과 적극적 노동시장정책은 스웨덴 노동운동의 성과였다. 그리고 1960년대 이후에는 산업민주주의와 집합적 자본형성(산업투자를 위한 연기금, 임노동자 투자기금)을 중심으로 경제민주주의 프로젝트를 추진했다. 스웨덴 경제는 1950~1960년대를 통해 완전고용과 경제성장, 균등한 소득분배와 복지국가를 달성하는 데 성공했다. 그러나 1970년대 이후 스웨덴 모델은 세계화 및 노동계급 내부의 분화가 심화되면서 새로운 도전에 직면했다.

4) 계급형성의 실패와 실리적 노동조합운동

유럽의 계급적 노동운동과 크게 대비되는 것이 미국의 실리적 노동운동이다. 미국의 노동조합은 전체 노동계급이 아니라 조합원들만의 경제적 이익을 대표하는 경향이 있었다. 단체협약은 노동조합에 가입한 조합원들에게만 적용되었으며 노동조합은 이익집단의 성격을 벗어나지 못했다. 또 미국 노동운동이 5월 1일 노동절과 8시간 노동제 투쟁을 주도했고 1828년 세계 최초로 노동정당을 창립한 나라였음에도, 미국에서는 계급에 기초한 정당체계가 발전하지 않았다. 미국의 이 같은 특수성은 어디에서 기원하는가?

역사적으로 미국에는 유럽과 달리 봉건제가 존재하지 않았고 일찍부터 보통선거권이 주어졌다. 민주주의혁명에서 노동계급이 별다른 역할을 수행하지 못해 정치적 정체성을 형성하지도 못했다. 또한 광범위한 개척지와 끊임없는 이민 등으로 인해 개인주의와 업적주의를 강조하는 자유주의가 미국의 지배적 이념이자 생활양식으로 뿌리내렸다. 노동자들은 이민자 집단을 통해 인종과 민족 집단으로 분열되었고 연방제하에서 지역적으로 파편화되었다. 더욱이 정부와 사용자들의 강력한 억압에 직면해 계급적 노동운동은 성장에 어려움을 겪었다.

남북전쟁 이후 미국에서는 본격적인 산업화가 진행되었다. 1869년 결성된 노동기사단(Knights of Labor)은 숙련, 미숙련 노동자와 흑인과 여성, 중소상공인, 농민 등 다양한 집단들을 포괄하는 일반노조였다. 그러나 노동기사단은 내부의 분열 및 갈등과 함께 1886년 8시간 노동제 파업과 시카고 헤이마켓 사건 이후 정부의 탄압으로 붕괴되었다. 이를 대신해서 같은 해 미국노동총동맹(AFL)이 결성되었다. AFL은 노동기사단이 정치적 사회개혁운동에 중점을 두어 정부의 억압을 초래했고 노동자들의 구체적인 현실문제에 대응하지 못한 점을 비판했다. AFL은 정치적 수단이 아니라 사용자와의 단체교섭 및 파업을 통해 노동자들의 경제적 이익을 확보하는 것을 목표로 삼았다. 또한 AFL은 백인 숙련공 위주의 폐쇄적인 직업별 노동조합주의를 선택했다. AFL의 실리적 노동조합주의는 1930년대까지 미국 노동운동의 지배적 조류로 자리 잡았다.

1930년대 대공황의 여파로 출현한 산별노조회의(Congress of Industrial

헤이마켓 사건

1886년 5월 1일 미국에서는 1일 8시간 노동을 요구하는 역사적 총파업이 전국적으로 진행되었다. 35만 명의 노동자가 파업에 참가한 시카고에서는 헤이마켓에서 노동자집회가 개최되었는데, 집회에서 일어난 폭탄투척사건을 빌미로 경찰은 노동자들을 탄압했고 4명의 노동자가 교수형에 처해졌다. 1889년 파리에서 창립된 제2인터내셔널은 미국 노동자들의 투쟁과 희생을 기념해서 이날을 세계노동자의 날, 곧 메이데이로 정했다.

Organization: CIO)는 AFL과 달리 미숙련 노동자들을 광범위하게 조직하는 등 계급적 성격을 보였다. 그러나 제2차 세계대전 이후 반공 냉전주의의 여파로 미국 노동운동은 다시 실리주의로 돌아섰다. 1947년 「태프트-하틀리법」이 제정되어 노동조합 승인 선거가 도입되고 클로즈드숍과 동정파업이 불법화되어 미국 노동운동은 크게 위축되었다. 1955년 AFL과 CIO가 통합된 이후 미국에서는 점차 단체교섭에 의존하며 관료적 관행이 지배적인 실리적 노조체제가 고착화되었다.

5) 제3세계 코포라티즘 노동체제와 새로운 노동조합운동의 출현

일찍이 19세기 말에 노사관계와 계급정치의 기본 틀이 형성된 선진국들과 달리, 식민지 지배를 경험한 제3세계 나라들에서의 노동운동 양상은 크게 달랐다. 여기서 노동운동은 그 출발부터 제국주의에 반대하는 '민족해방운동'의 성격을 지녔다. 그러나 정치적 독립을 획득한 이후에도 노동운동은 오랫동안 권위주의체제에 의해 통제되거나 억압받는 대상일 뿐이었다.

브라질, 아르헨티나, 멕시코 같은 중남미 나라들에서 노동운동은 1930년대 이후 포퓰리즘(populism) 성향의 권위주의적 정부에 의해 강력히 통제되는 동시에 특혜적 지원을 받았다. 브라질의 바르가스 정권, 아르헨티나의 페론 정권, 멕시코의 제도혁명당은 수입대체 산업화를 통해 민족주의적인 발전전략을 추구했다. 국가와 집권당은 노동조합을 적극 후원하면서 통제하는 코포라티즘(corporatism) 노동체제를 형성했다. 이는 국가와 지배정당이 노동조합 조직을 후원함으로써 계급갈등을 억제하고 농촌과두제에 대항하는 정치적 지지기반으로 활용하기 위한 장치였다. 노동운동은 합법화되고 제도화되었으나 국가의 강력한 규제체계 아래 포섭되었다. 노동조합의 국가 등록은 공식노조의 독점적 대표권과 조직적 확대를 가능하게 했으나 동시에 국가통제에 종속되는 결과를 초래했다. 국가통제를 거부하는 것은 노동조합운동의 고립화와 불법화를 의미했다. 국가는 공식노조에 대한 재정적·행정적 지원과 함께 조합간부들을 공직에 임명하기도 했으며 조합원들에게는 사회보장제도의 혜택을 제공했다. 그 대가로 공식 노동조합은 선거에서 여당후보를 지원하는 선거기구로서 기능하거나 주요한 정치 국면마다 정부나 정당을 지지하는 역할을 담당했다. 결국 국가-노동의 후원관계 속에서 노조운동가들은 어용 노동귀족이 되었으며 이를 거부하는 자주적 노동운동은 국가의 강한 탄압을 받았다.

그러나 제3세계국가들이 노동운동을 동원하고 통제하는 방식은 나라에 따라 차이를 보였다. 먼저 정당이 주도하는 '포섭적 코포라티즘'은 노동운동 통합의 주요 담당자가 정당이거나 정치운동이었다. 아르헨티나와 멕시코에서 코포라티즘 노동체제는 진보적 사회정책과 정치적 동원을 수반했기 때문에 이후 노동운동은 중도정당으로 통합되는 양상을 보였다. 특히 멕시코는 전형적인 포섭적 코포라티즘 체제를 유지해왔다. 1910년 멕시코 혁명에 뿌리를 두고 1930년대 까르데나스 대통령하에서 형성된 코포라티즘 노동체제는 국가-제도혁명당(PRI)-노동조합을 수직적으로 연결하는 이익대표체계이자 경제적·정치적 포섭 기제였다. 이 체제는 높은 제도화 수준, 혁명적 민족주의 이데올로기, 국영기업과 사회보장제도를 결합한 물적 기반, 포괄하는 노동자의 규모 등에서 아주 정교한 것이었다. 멕시코의 코포라티즘 노동체제는 국가가 정당을 매개로 노동부문에게 상당한 정치적 대표성과 정책참여의 권한을 부여하고 있다는 점에서 권위주의체제하의 브라질이나 한국, 대만에서와 같은 '배제적' 노동체제와 구분된다.

둘째로 '배제적 국가코포라티즘'에서 노동운동 통합의 주요한 담당자는 국가 관료기구이다. 브라질의 경우 권위주의 국가는 노동운동을 탈정치화하면서 복지를 제공하는 통제구조를 발전시켰다. 동시에 그것은 자주적 노조운동 세력에 대한 강력한 억압을 수반했다. 1964년 이후 군부 집권하에서 산업화가 본격화되면서 노동운동은 더욱 철저한 통제의 대상이 되었다. 그러나 '배제적 국가코포라티즘'은 민주화 과정에서 크게 약화되었다. 억압적인 노동통제체제 외부에서 새로운 노동운동 세력이 등장해

코포라티즘 (조합주의)

코포라티즘은 노조와 기업가단체의 독점적 대표, 위계적 조직, 전국적 집중화, 포괄성을 특징으로 하는 이익매개의 양식으로서, 집중화된 이익대표의 독점구조를 지칭한다. 또 국가의 정책을 결정하는 양식으로서 이익단체들의 국가기구에의 참여, 집중화된 교섭과 협상의 패턴을 지칭하기도 한다. 코포라티즘은 조직된 노동계급을 자본주의 국가에 편입시키기 위해 고안된 정치구조로서 노동자들의 이익대표체계이면서, 노동에 대한 국가의 통제체제를 의미한다. 그것은 노동계급조직의 상층부를 정치적으로 포섭하면서 조합원들을 관리하는 국가의 노동통제전략이면서 동시에 노동조합이 산업평화를 대가로 정책형성에 참여할 수 있는 정치적 이익대표기구였다.

영향력을 확대했기 때문이다. 1960~1970년대 종속적 산업화는 필연적으로 민중부문의 저항을 불러일으켰고 새로 등장한 독립노조운동은 정치민주화투쟁의 주도세력으로 부상했다. 이들은 국가의 후원과 통제를 거부하고 독립적이고 자주적인 노동조합을 선언했으며, 파업투쟁과 밑으로부터 참여에 기초한 내부민주주의를 실현하고 다른 사회운동과의 연대를 추구했다. 새 노동조합운동은 1979년 노동자당(PT)을 결성하고 독자적인 계급적 정치세력화를 추진했으며 이후 국민적 지지를 확대함으로써, 2002년 대선에서 룰라 대통령을 당선시키는 데 성공했다.

한편 남아프리카공화국에서는 흑백 인종차별(Apartheit)에 대한 저항과 민주화투쟁이 전투적 노동조합운동으로 발전했다. 남아공에서 흑인노동자들의 노조 가입은 인정되지 않았으며 이들의 임금은 사용자와 국가의 대표로 구성된 임금위원회에서 일방적으로 결정되었다. 흑인노동자들의 열악한 노동조건과 생활환경은 1973년 대규모 파업투쟁을 불러일으켰고 독립노조들의 총연맹인 코사투(COSATU)의 결성으로 발전했다. 이들은 민족민주주의 이념, 현장조직에 기초한 직접민주주의, 흑인 아프리카주의를 주창했다. 1980년대 인종차별 반대투쟁은 시민전쟁 수준으로 발전했고, 노동조합은 이를 지도하는 중추적 세력이었다. 1994년 아프리카 민족회의(ANC)의 집권 이후 아파르트헤이트가 폐지되었고 코사투는 공산당 등의 정치세력과의 긴밀한 협의를 통해 그 영향력을 확대했다.

남아공의 노동조합운동은 브라질과 함께 제3세계 사회운동 노조주의의 대표적 사례이다. 이들은 모두 기존의 노동체제 외부에서 성장했고 밑으로부터의 대중동원과 직접민주주의 전통을 공유했다. 그러나 1990년대 들어 신자유주의의 물결은 노동운동의 지형을 크게 바꾸어놓았다. 많은 나라에서 대외개방과 산업 구조조정, 경기침체와 실업, 비정규고용의 증가, 공공부문 민영화, 복지서비스 감축, 작업장 수준의 생산합리화 등이 확산되었다. 그 결과 오늘날 제3세계 나라들에서 노동운동은 커다란 도전에 직면하고 있다.

3. 노동운동의 이론

노동운동의 이론들은 각국의 역사적 조건과 운동의 경험, 다양한 사상적 논쟁을 통해 발전해왔다. 운동의 목표로서 개혁과 혁명, 노동조합 투쟁과 사회주의의 관계, 노조와 노동정당의 기능과 역할, 정치투쟁과 경제투쟁의 관계 등이 주요한 이론적 쟁점이었다. 자본주의 경제체제의 틀 내에서 노동자들의 삶의 개선이 가능한가, 만약 가능하지 않다면 자본주의 경제체제의 틀을 넘어서는 것이 가능한가, 이 과정에서 노동조합의 의의와 한계는 무엇인가 등의 문제가 초기 노동운동가들에게는 중요한 이론적 과제였다.

1) 마르크스주의와 레닌주의

역사적으로 노동운동에 가장 큰 영향을 미친 사상과 이론은 마르크스주의였고 이를 프롤레타리아혁명으로 구체화한 것이 레닌주의였다. 마르크스는 오랫동안 자생적으로 발전해오던 노동운동에 처음으로 체계적인 이론을 제시했다. 핵심적인 요지는 자본주의의 가혹한 노동착취와 억압에 맞서려면 노동조합과 노동자정당을 두 축으로 하는 프롤레타리아혁명이 필요하다는 것이다.

마르크스는 1848년 『공산당선언』을 통해 처음으로 노동계급운동의 이론적 기초를 제시했다. 그는 근대 부르주아사회가 계급으로 분열된 사회이므로 보편적 인간해방은 물질적 관계를 변화시키는 사회주의혁명에 의해서만 가능하며, 오직 프롤레타리아만이 이를 수행할 수 있는 혁명적인 계급이라고 보았다. 자본가들의 이윤은 노동자들이 생산한 잉여가치를 착취함으로써만 획득될 수 있기 때문이었다. 마르크스는 착취의 기반이 되는 생산수단의 사적 소유를 폐지하고 생산수단을 사회화하는 것을 계급해방의 가장 중요한 요건으로 보았다. 사회주의혁명으로 자본주의 국가가 타도된 이후에는 혁명적 독재 형태의 노동자 국가를 건설해야 한다고 주장했다.

마르크스는 노동조합의 기능과 역할을 사회주의로의 이행과정에서 노동계급이 담당할 역사적 사명과 연관해서 설명했다. 노동조합은 사회주의를 위한 학교로서 노동자들을 계급적으로 훈련시키는 계급조직으로 인식되었다. 그는 노동조합 투쟁이 자본주의 틀 내에서 임금과 근로조건의 개선을 위한 것이지만 동시에 노동계급의 단결을 불러오고 정치투쟁으로 발전한다고 보았다. 즉, 경제적 이익을 추구하는 과정에서 정치투쟁이 불가피하며 이는 프롤레타리아 계급이익의 대표자로서 노동자정당의 결성으로 나아가게 된다는 것이었다.

마르크스의 이론은 1870년대 이후 유럽의 많은 노동조합과 사회민주당에 수용되었으며, 독일과 러시아, 스칸디나비아 국가들에 강한 영향을 미쳤다. 특히 1917년 러시아혁명의 지도자였던 레닌(Lenin)은 자본주의가 이미 독점단계로 변화된 조건에서 마르크스주의 혁명 전략을 구체화했다.

노동운동에 대한 레닌의 가장 중요한 이론적 주장은 자생성과 의식성, 노동조합의식과 사회민주주의의식, 경제투쟁과 정치투쟁의 구분이다. 레닌에 따르면 노동자들은 투쟁하는 과정에서 노동조합으로 단결해야 한다는 의식을 자연스럽게 획득하지만, 그것은 계급이익과 사회체제의 적대관계에 관한 사회민주주의의식으로 발전하지는 못한다. 그러므로 노동자들의 혁명적 정치의식은 외부의 전위정당에 의해 노동운동 내부로 도입되어야 한다는 것이다.

또한 레닌은 프롤레타리아의 계급투쟁이 정치투쟁과 경제투쟁의 결합으로 발전해야 한다고 주장했다. 그는 노조로 대표되는 경제투쟁이 자본주의적 착취의 결과에 대한 투쟁일 뿐이므로 착취의 원인을 제거하는 정치투쟁이 필요하며 이것이 좀 더 중요하다고 강조했다. 여기서 정치투쟁은 계급지배와 노동착취에 기초한 전체 사회질서에 대한 혁명투쟁을 의미한다. 그는 경제투쟁이 정치투쟁으로 발전하기 위해서는 직업적 혁명가들로 구성된 혁명정당을 조직하는 것이 불가피하다고 주장했다.

2) 무정부주의와 아나코-생디칼리즘

이데올로기적으로 마르크스주의의 가장 강력한 경쟁자는 무정부주의 (anarchism)였다. 노동운동 내부에서 무정부주의와 혁명적 생디칼리즘은 상대적으로 자본주의 발전이 늦었던 남부유럽 지역에서 지배적인 이론 조류로 자리 잡았다. 무정부주의는 국가를 거부하며 자본주의 사회를 폐지하고 협동조합들의 느슨한 연계에 기초한 자치사회를 지향했다.

무정부주의는 1840년대 프루동(Proudhon)으로부터 비롯된다. 프루동은 생산자와 소비자로 구성된 협동조합의 체계로서 사회주의를 주장했다. 그는 국가와 계급투쟁을 거부한 대신에 자율적 생산단위들 사이의 공평한 교환체계를 주장했다. 이후 바쿠닌(Bakunin)은 프루동과 달리 자본가의 재산에 대한 혁명적 몰수를 주장했고 피억압계급의 자연발생적 봉기를 통해 국가를 폐지할 것을 주장했다. 그는 국가가 폐지된 이후에는 느슨하게 연결된 자율적 코뮌(Communes)들이 국가를 대체할 것으로 보았다. 바쿠닌은 1871년 파리코뮌을 국가에 대한 부정으로서 혁명에 대한 무정부주의적 모델에 근접한 것으로 평가했다.

바쿠닌은 제1인터내셔널 내에서 마르크스와 경쟁했고 갈등을 빚었다. 마르크스가 의회활동을 포함한 프롤레타리아의 정치행동과 정당이 필요하다고 보았던 반면, 바쿠닌은 모든 형태의 정치적 개량이나 정당결성에 반대했던 것이다.

무정부주의운동은 파리코뮌의 패배 이후 그 영향력이 쇠퇴했으며 다양한 분파로 분열되었다. 그러나 1920년까지 무정부주의는 아나코-생디칼리즘(anarcho-syndicalism)을 통해서 노동운동에 강한 영향력을 행사했다. 생디칼리스트들은 노동조합이야말로 노동계급의 유일한 조직이고 그것만이 노동자의 이익을 대표할 수 있다고 생각했다. 이들은 대체로 대중의 자발성과 전투성을 강조했다. 그들은 노동자들이 선거나 의회활동이 아니라 총파업을 통해서 부르주아들의 생산수단과 분배·교환수단을 접수해야 한다고 보았고 나아가 국가권력을 장악하는 것이 아니라 오히려 국가

생디칼리즘

생디칼리즘은 1906년 프랑스 아미앵에서 열린 프랑스 노동총동맹(CGT) 대회에서 정식으로 노동운동의 한 정파로 인정받았다. 아미앵 헌장은 자본주의를 넘어선 완전한 해방을 위한 수단은 총파업이며, 오늘날의 저항조직인 노동조합은 장래에 생산과 분배의 조직, 사회를 재편성하는 기초가 될 것이라고 선언했다. 이 아미앵 선언은 혁명적 생디칼리즘, 혁명적 직접행동의 지침서가 되었다. 러시아 혁명 이후 레닌주의와 생디칼리즘은 양립 불가능했다. 볼셰비키 혁명에 반대한 생디칼리스트들은 레닌주의적 정당이나 소련의 노동자국가 모델을 거부하고 노동자 자주관리를 주장했다.

를 폐지해야 한다고 주장했다.

오스트로-
마르크스주의

오스트로-마르크스주의는 19세기 말과 20세기 초에 걸쳐 오스트리아를 중심으로 이론적으로 활약하고 있던 마르크스주의자들의 사상을 지칭한다. 이들은 칸트의 인식 비판을 기초로 마르크스주의에서 변증법의 세계관적 요소를 폐기하고 경험과학의 방법론에 기초하여 엄밀한 사회과학으로서의 마르크스주의를 확립하고자 했다. 힐퍼딩(R. Hilferding)은 그 대표적인 인물로서 마르크스의 노동가치론을 기초로 하여 자본주의 발전의 새로운 국면에서 사회주의혁명의 필연성을 논증하고자 했다.

3) 페이비언 사회주의와 사회민주주의

마르크스-레닌주의와 대비되는 사회민주주의 노동운동은 영국의 페이비언 사회주의(fabian socialism)와 독일의 수정주의(revisionism), 오스트로-마르크스주의(austro-marxism) 등 다양한 이론적 조류들을 포괄하고 있다. 사회민주주의 노동운동은 사상적으로 프롤레타리아독재를 핵심으로 하는 마르크스-레닌주의에 반대해 의회민주주의를 옹호하고 점진적이고 평화적 방식의 사회주의 이행을 주장하는 흐름을 지칭한다.

먼저 페이비언 사회주의는 1880년대 영국에서 마르크스주의와 토지사회주의의 영향을 받아 발전한 사회주의 사상이다. 한니발의 침략에 맞서 지구전으로 승리한 로마의 명장 파비우스의 이름을 빌려 스스로를 페이비언이라고 지칭했던 이들은 개량적 사회민주주의를 주장하며 영국 노동당의 창당이념에 직접적인 영향을 미쳤다. 페이비언 이론가들은 사회주의로의 필연적 이행을 인정했지만, 사회적·경제적 변혁은 계급전쟁이나 혁명을 통해서가 아니라 선거와 같은 민주적 수단에 의해 점진적으로 이루어질 수 있다고 주장했다. 또한 토지 사유의 폐지를 주장했지만 이들의 사회주의는 임금제도의 폐지와는 거리가 먼 것이었고 오히려 복지 확대와 사회정책, 기회균등 및 개인의 자유를 강조했다.

사회민주주의의 또 다른 이론적 기초는 베른슈타인의 수정주의로부터 유래한다. 독일 사회민주당의 이론적 지도자였던 베른슈타인은 당시 마르크스주의자들의 핵심적 전제였던 자본주의의 필연적 붕괴에 대한 믿음을 부인했다. 그는 자본주의의 자기조절능력으로 인해 공황은 더 이상 발생하지 않을 것이라고 생각했다. 이는 계급양극화와 계급투쟁에 대한 마르크스주의의 근본적 수정으로 발전했는데, 그는 중간계급의 감소와 노동계급의 동질성에 대한 마르크스의 주장을 반박했다. 정치적으로도 베른슈타인은 계급국가론을 거부하고 의회민주주의를 활용하여 선거를 통해 권력을 장악할 수 있다고 주장했다. 그러므로 사민주의자의 과제는 혁명을 준비하는 것이 아니라 노동계급을 정치적으로 조직하고 국가를 민주적으로 변화시킬 수 있는 개량을 위해 투쟁하는 것이다. 결국 사회민주주의는 첫째, 프롤레타리아독재를 거부하고 의회민주주의하의 선거에서 승리함으로써 국가권력을 장악하고자 하며, 둘째, 산업의 국유화를 사회주의의 한 수단으로 인정하지만 자본주의체제의 전면철폐가 아니라 그 안에서 점진적인 개혁을 추구하며, 셋째, 국가의 경제개입과 사회정책적 개입을 통해 자유와 평등, 연대의 가치를 실현하고자 하는 이념이었다.

이러한 시각에서 사회민주주의 노동정치는 노동조합을 통한 근로조건 개선과 정치적 지지 확보, 노동자정당을 통한 선거정치와 계급동맹, 복지국가를 통한 사회개혁을 세 축으로 하여 전개되어왔다. 사회민주주의 노동운동은 경제주의, 점진적 개량주의(reformism)를 기치로 한다는 점에서 실리적 노동조합주의와 비슷한 것으로 보인다. 그러나 단순히 조합원들의 경제적 이익만을 대표하는 것이 아니라 사회보장, 완전고용, 공평한 분배, 산업민주주의, 산업의 공공적 통제와 사회적 서비스의 개선을 포함하는 전체 사회의 민주적 개혁을 추구한다는 점에서 실리적 노동조합주의와 구분된다.

4) 실리적 노동조합주의

실리적 노동조합주의(business unionism)의 기원은 역사적으로 제1인터내셔널 시기의 '순수하고 단순한 노동조합주의(pure and simple unionism)'로까지 거슬러 올라간다. 1860년대 영국 자본주의는 제국주의 단계에 진입했고 숙련 노동자들의 생활이 크게 개선되어 혁명적 분위기는 많이 약화되었다. 이 시기 영국 노동조합운동에서는 '순수하고 단순한 노동조합주의'가 지배적인 흐름이었다. 노동조합은 정치에 무관심했으며 법적 규제를 피하기 위해 정치적으로 자유당에 의존했다. 이들의 활동원칙은 각각의 직업별 노동조합에 가입된 숙련 노동자들을 보호하는 것이었으며,

실리적 노조주의는 다음과 같은
AFL의 이념과 강령으로 요약될
수 있다.

①노조는 일체의 유토피아적 혁
명행동에 참여하지 않는다. 조직
약화를 초래하기 때문이다.
②독점기업에 반대하는 농민, 중
소기업과 제휴하거나 협력하지
않는다.
③혁명사상, 혁명집단과 단절하
며 미국에서 받아들여질 수 있는
노선의 배양에 노력한다.
④지식인의 노동운동 참가는 신
중하게 수용한다. 유토피아적 혁
명사상을 가진 자들이 많기 때문
이다.
⑤정부의 지배를 강화할 수 있는
개혁 입법, 최저임금, 노동자 재
해보상, 실업보장에 반대한다.
⑥노동자정당을 결성하지 않으
며 노동자의 정치참여는 기존 정
당을 통해서 한다.
⑦정부의 보호에 의해서만 유지
되는 노동조합, 노동단체의 조직
화를 인정하지 않는다.
⑧조합원의 임금을 보호하기 위
해 이민법의 자유화에 대해 강력
하게 반대한다.
⑨노사 간 단체교섭을 중시하며,
합법적이고 구속력 있는 단체협
약의 체결을 목표로 한다.
⑩자본주의, 자유기업체제의 틀
내에서 온건한 노동조합주의를
지지한다.

전체 노동자들의 연대와 단결에는 무관심했다.

영국에서 시작된 '순수하고 단순한 노동조합주의'는 미국에서 오랫동안 강한 영향력을 행사했다. 1886년 결성된 미국노동총동맹(AFL)의 지도자 곰퍼스(Gompers)는 영국식의 '순수하고 단순한 노동조합운동'을 주창했다. 그는 국가에 대한 극도의 불신을 갖고 있었고 일체의 정치운동에 반대했다. 노동조합은 노사 간의 힘 관계를 기초로 직접 사용자와 교섭해야 한다고 주장했다. 곰퍼스의 주장에 따라 AFL은 숙련 노동자만을 구성원으로 한 직능별 노동조합의 원칙을 유지했고, 단체협약을 통해 노동조건을 개선하는 활동에 주력했다.

AFL은 1930년대에 이르기까지 미국 노동운동의 주류로 뿌리를 내렸고, 이후 미국 노동운동은 실리적 노동조합주의의 특성을 갖게 되었다. 실리적 노조주의는 본질적으로 계급의식보다 직업의식(trade consciousness)에 기초하며, 전체 노동계급의 이익이 아니라 특정 직업이나 산업에 속한 노동자들의 이익을 대표한다. 실리적 노조주의는 해당 직업 혹은 산업의 조직노동자들을 위해 좀 더 높은 임금과 나은 근로조건을 획득하는 것을 목표로 하며, 자신들의 경제적 목표에 영향을 미치지 않는 한, 정치적·사회적 쟁점에 관심을 갖지 않는다. 실리적 노동조합주의는 노동조합을 단체교섭에서 경제적 목표를 추구하는 교섭대리인으로 간주하며 소유권과 계약의 구속력, 자본주의제도와 임금체계를 불가피한 것으로 받아들인다는 의미에서 보수적인 성격을 갖고 있다.

5) 사회운동 노동조합주의

1990년대 이후 많은 노동운동가들과 연구자들은 서로 상이한 맥락에서 '사회운동 노동조합주의(social movement unionism)'라는 개념을 사용하기 시작했다. 그것은 서구와 제3세계에서 제도화된 노동조합을 대신하는 새로운 노동조합운동의 이념으로 주목받았다.

먼저, 사회운동 노동조합주의는 1970년대 이후 남아공과 브라질, 한국 등에서 출현한 새로운 노동운동이 보여준 역동성과 사회적 연대, 변혁적 성격을 포착하는 개념이었다. 이들 새로운 노동조합운동들은 모두 기존 노동체제 외부에서 발생하여 민주화와 사회경제적 변혁을 요구하며 국가권력에 대항하는 전투적 성격을 보여주었다. 그것은 단체교섭 중심의 전통적인 노동조합 모델과 크게 달랐다, 그 주요한 특징은 사회적 쟁점에 대한 적극적 개입, 조합원 참가에 기반을 둔 민주적 운영, 다른 사회운동과의 긴밀한 연대로 요약될 수 있다.

둘째로, 1990년대 중반 미국노총(AFL-CIO)의 스위니(Sweeny) 집행부는 실리적 노조주의의 서비스모델 대신 조직화모델(organizing model)과 새로운 사회운동 노조주의를 주창했다. 미국 노동운동의 재활성화라는 맥락에서 이들은 미조직 노동자의 조직화를 중심으로 평조합원들의 적극적인 참여와 동원, 직접행동과 전투성 전략, 지역사회 사회운동과의 연계를 주장했다. 이러한 주장은 제도적인 단체교섭과 조합원들에 대한 서비스에 집중하는 실리적 노조주의로는 노동운동의 위기를 극복할 수 없다는 반성에서 출발했다.

셋째로, 유럽에서도 1990년대 이후 노동운동의 침체와 사회민주주의 노동운동의 한계를 극복하기 위한 이론적 모색이 시도되었다. 예컨대 하이만(Hyman)은 단체교섭과 사민당의 정치적 개입에 의존했던 사회민주주의를 '정치적 경제주의'로 규정하고, 세계화와 고용구조의 변화의 맥락에서 사회민주주의를 대체할 새로운 연대적 노동운동을 검토했다. 또 노동운동이 시민사회 내부의 '새로운 사회운동', 해방적 가치를 추구하는 정치세력들과 수평적으로 결합하여 사회구조를 더욱 민주적·다원적·협동적 방향으로 변화시켜야 한다는 주장도 제기되었다.

이처럼 사회운동 노조주의는 1990년대 이후 세계 각국의 역사적 맥락에 따라 다양하게 정의되고 있다. 그러나 다양성에도 불구하고 이들은 모두 지역공동체나 다른 사회운동과의 연대, 조합민주주의와 밑으로부터의 동원, 단체교섭의 틀을 넘는 사회운동 방식의 활동, 민주주의나 시민권과 같은 전체 사회의 공통의제에 대한 관심을 공통적으로 포함하고 있다.

6) 노동조합운동의 재활성화 전략

1980년대 중반 이후 세계화와 신자유주의 공세로 인해 크게 약화된 노동조합운동을 재활성화하기 위한 여러 가지 노력들이 확산되고 있다. 2000년대 들어 특히 시장근본주의의 대대적인 공세에 맞서서 공공성과 사회적 연대를 강화하고, 노동조합의 정체성과 전략을 새로이 정립하려는 움직임이 다양한 형태로 나타나고 있다. 그것은 기존의 단체교섭 중심의 제도화된 노동운동을 극복하기 위한 노력이었다. 재활성화는 노사관계제도를 개선하려는 노력과 함께 조직률, 교섭력, 정치권력의 측면에서 조합의 힘을 강화하려는 각종 전략을 의미한다.

노동운동 재활성화 전략들은 주로 좀 더 광범위한 조직화, 노사파트너십의 확대, 정치세력화, 노동조합 조직 혁신, 사회운동과의 연대 및 국제연대 등을 포함하고 있다. 나라마다 직면한 위기가 다르다는 점에서 노동조합 재활성화를 위해 강조되는 전략은 나라에 따라 다양하다. 영국에서는 전투주의자와 '새로운 노조주의' 주창자, 사회적 파트너십 옹호자들 간에 노동운동 재활성화를 위한 다양한 논쟁이 벌어졌고, 미국에서는 새로운 노조지도부들이 광범위한 조직화와 정치행동, 연대를 강조하는 혁신적 재활성화 전략에 상당한 노력을 기울였다. 그 결과 서비스 노동자들에 대한 조직 확대와 동원이 극적인 성공을 거두기도 했고 생활임금 운동이 확산되기도 했다. 공동결정과 산별교섭이라는 제도적 기반으로 노조의 영향력을 유지할 수 있었던 독일에서조차 내부적으로는 개혁을 둘러싸고 현대화주의자들과 전통주의자들 간의 논쟁이 치열하게 진행되었다.

이처럼 노동조합운동의 재활성화는 노동조합의 전략적 선택을 포괄하고 있고, 기존의 관성을 넘어서 조직의 목표와 적절한 전략, 내부 민주주의 등 노동조합 정체성의 재구성을 포함하고 있다. 이러한 논쟁들에서 공통된 것은 노동조합의 전투적 동원과 제도적 교섭지위 중 어디에 강조점을 둘 것인가 하는 점이다. 전체적으로 미조직·비정규 노동자의 새로운 조직화는 노동조합 혁신전략의 주요한 요소로 부각되고 있고, 노조가 아주 취약하거나 제도적으로 강력한 경우에는 사용자와의 파트너십이 대안으로 부상하고 있다. 정치행동은 국가의 경제규제가 높은 곳에서 많이 활용되며 시장 동원력이 취약한 곳에서도 하나의 대안으로 활용되고 있다. 또한 자본 세계화의 물결 속에서 노동조합의 국제연대를 강화하려는 움직임도 확산되고 있다.

4. 한국의 노동운동과 노동정치

1) 한국 노동정치와 노동운동의 특징

자본주의 발전에 따라 노동운동이 태동하고 성장한다는 일반적인 원리를 제외한다면 사회마다 노동운동 발전양상은 서로 다르게 나타난다. 예를 들어 자본주의 발전의 시기적 차이에 따라 선진자본주의 국가와 제3세계의 노동운동 양상은 크게 달라진다. 또 같은 선진국 내에서도 자본주의 발전의 특성, 경제 규모와 계급 지형의 차이, 정치구조와 역사적·문화적 특성에 따라 운동의 양상은 서로 다르게 나타난다. 그러므로 한국의 노동운동을 이해하기 위해서는 우리 노동정치의 고유한 특성을 정리해둘 필요가 있다.

한국은 식민지 지배를 경험하고 전후 자본주의 발전이 본격화된 제3세계 사회의 특성을 공유하고 있다. 제3세계 국가는 지주계급 및 식민지 세력에 대항하여 근대국가를 형성했고, 이후 국가 주도의 급속한 산업화과정을 경험했다. 이 과정에서 국가는 근대국가 형성을 위해 노동자계급을 정치적으로 동원했지만, 동시에 성장하는 자본가 세력과 연합하여 노동자들을 가혹하게 착취하고 억압했다. 라틴아메리카의 국가코포라티즘체제에서 보는 바와 같이 국가는 나름의 노동배제체제를 제도화했고 노동운동의 양상을 크게 규정했다. 결국 노동계급은 근대국가 형성에 기여했음에도 가장 억압받고 배제된 집단이 되었다. 제3세계 노동운동의 구조적 취약성과 잠재적 가능성은 이런 노동정치구조 환경과 그 산물이라고 할 수 있다.

그러나 한국의 노동운동은 제3세계 일반의 속성을 공유하면서도 독특한 양상을 보여주었다. 그것은 전후의 특별한 역사적 과정과 고도의 자본주의적 성장을 경험한 한국 사회의 특성에 기인했다.

먼저, 한국 노동운동에 가장 큰 영향을 미친 요인은 해방 이후의 고유한 정치적·사회적 환경이었다. 세계적 냉전 속에서 한국은 동서 이데올로기 대립의 최전선이 되었다. 해방 직후부터 진행된 좌우세력 간의 치열한 대립은 한국전쟁으로 확대되었고 엄청난 동족살육으로 귀결되었다. 결과적으로 이 과정에서 전국노동조합평의회(전평)를 비롯해서 좌익세력이 주도한 노동운동은 철저하게 파괴되었다. 또 전후 장기간에 걸친 반공규율사회 속에서 계급적 노동운동은 거의 절멸될 수밖에 없었다. 노조는 좌익세력과 등치되어 그 활동이 크게 제약받았으며 노동자정당은 애초에 불가능해졌다. 권력에 순응하거나 경제적 요구로 자신의 활동을 제한하지 않는 노조는 존립하기 힘들었다.

다음으로, 1960년대 이후 본격화된 자본주의 발전과정은 매우 압축적인 방식으로 급속하게 진행되었다. 그러나 국가 주도의 성장전략, 가혹한 장시간·저임금체제 속에서 노동운동의 발전은 불가능했다. 좌파세력이 소멸된 가운데 노동운동은 철저하게 억압되었고 여러 가지 반노동적 장치들이 제도화되었다. 기업별노조체제가 구조적 특성으로 완전히 자리 잡았으며 각종 노동기본권은 부정되었고 노동법은 통제장치로 전락했다. 특히 중요한 것은 시민사회에서 반노동자 이데올로기가 일반적 정서로 자리 잡은 점이었다.

셋째로, 노동운동에 대한 국가 또는 국가정치(state politics)의 영향력이 매우 크다는 점도 한국 노동정치의 주요한 특징이다. 중앙집권적인 전통 속에서 대규모의 전쟁과 국가 주도 경제성장 시기를 거치면서 국가는 무소불위의 힘을 얻었고 노동운동을 실제 주조하는 역할을 수행했다. 노동운동은 사용자와의 노사관계 이전에 국가의 억압에 맞서는 노정관계에 집중하지 않을 수 없었다. 대체로 국가권력이 위기에 처했던 시기에 자주적 노조운동이 발흥하거나 성장했던 것도 바로 이 때문이었다.

이상과 같은 불리한 정치사회적 환경 속에서 독립적인 노동조합과 계급적 노동운동을 새로 건설하는 일은 지난한 과정을 거칠 수밖에 없었다. 전태일과 함께 재건된 한국의 독립노동운동, 곧 민주노조운동은 1987년 노동자대투쟁으로 크게 성장했으나 여전히 내부적으로 많은 어려움에 봉착해 있다.

2) 1970년대 민주노조운동의 출현

일제 치하에서 가혹한 탄압을 견디면서 성장했던 계급적 노동운동은 해방 이후 거의 절멸되었다. 1946년 결성된 대한노총은 전평을 제압하기 위해 급조된 우익 정치기구에 불과한 것이었다. 이승만 정권 시기에 대한노총이 권력에 굴종했던 것은 이 때문이었다. 또 4·19 혁명 직후 등장했던 새로운 자주적·민주적 노조운동의 흐름도 5·16 군사쿠데타로 다시금 단절되고 말았다. 그러나 박정희 군사정권이 추진한 경제개발정책은 새로운 노동운동의 출현을 예고하고 있었다.

1960년대 섬유와 가발 등 노동집약적 경공업 중심의 급속한 경제성장 과정은 동시에 저임금·장시간 노동체제가 구조화되고 노동자들의 고통과 빈곤이 축적되는 과정이었다. 극도로 열악한 노동환경에서 하루 16시간이나 일했던 여성노동자들은 어떤 보호 장치도 없이 착취당했다. 1970년 11월 13일 재단사 전태일의 분신은 노동자계급 전체의 누적된 불만을 대표하는 거대한 저항이었고 1970년대 민주노조운동의 출발을 알리는 선언이었다.

수출부문 여성노동자들은 유신체제의 혹독한 정치적·사회적 환경 속에서도 억압적 노동체제에 대한 저항을 멈추지 않았다. 전태일 사건 이후 노동문제에 깊은 관심을 가졌던 종교단체, 학생들은 민주노조들의 투쟁을 도왔고 각종 연대활동으로 이들을 지원했다. 소박한 노동조건의 개선을 원했던 노동자들은 곧 중앙정보부와 경찰 등 억압적 국가기구와 어용노조의 강한 탄압에 직면했다. 그러나 이들은 국가에 종속된 한국노총을 거부했으며 국가권력의 억압에 굴하지 않는 민주노조를 끝까지 포기하지 않았다. 이는 1974년 현대조선쟁의와 같은 남성 중심의 자연발생적·폭발적 투쟁이 민주노조로 이어지지 못한 것과 크게 대비되는 일이었다. 민주화운동과 연대한 민주노조들의 투쟁은 결국 유신정권을 무너뜨리는 단초가 되었다. 원풍모방, 동일방직, 반도상사, YH무역, 콘트롤데이타, 청계피복노조 등은 대표적인 민주노조들이었다.

한편 1970년대 민주노조운동은 경제적 요구에 국한하는 경제주의와 기업별노조활동의 문제 등 여러 가지 한계를 표출했다. 그러나 가혹한 탄압에도 굴하지 않고 투쟁하고 자주적 민주노조를 건설했던 점은 그 모든 한계를 뛰어넘는 성과였다. 현장노동자 중심의 민주적 의사결정, 어용노조의 배격, 이웃 노조와의 연대투쟁, 국가 억압에 대한 비타협적 저항 등 민주노조정신이 형성된 것은 이후 노동운동 발전과정에서 중요한 의의를 가진다.

3) 1987년 노동체제와 전투적 노동조합주의

1970년대 민주노조들은 1980년대 초반 군사정권의 한층 강화된 노동탄압으로 거의 파괴되고 만다. 초법적 방법으로 쟁의는 물론 노동조합의 조직마저 불가능하게 노동법을 개정한 이후 이른바 '노동계 정화 조치'와 민주노조 파괴공작을 체계적으로 진행한 결과였다. 민주노조의 맥은 1983년 이후 단절된 듯이 보였으나 그것은 곧, 더 큰 물결로 되살아났다. 광주항쟁 이후 좀 더 과학적인 운동이념을 노동 현장과 접목시키고자 했던 각성된 학생들의 노동 현장 투신이 커다란 역할을 수행했다.

1987년 여름의 노동자대투쟁은 한국의 노동운동 역사에서 획을 긋는 전환점이었다. 약 두 달에 걸친 짧은 기간 동안 3,300건 이상의 파업투쟁이 전국을 휩쓸었으며 그 양상도 이전과는 크게 다른 모습을 보여주었다.

처음으로 다양한 업종의 중공업 대사업장의 남성노동자들이 매우 전투적이고 조직적인 방식으로 자신의 요구를 표출했다. 대부분의 쟁의는 당시 노동법의 규제를 거부하는 점거 농성, 시위, 연대투쟁의 양상을 띠었으며 단순한 생존권 요구를 넘어 민주노조 인정을 주요한 요구로 포함했다. 8월 중순 이후 국가권력과 자본의 탄압이 거세지면서 쟁의는 급속히 마무리되었지만 전국적으로 수많은 민주노조들과 마창노련 등 지역 연대조직이 속속 결성되었다.

1987년의 노동자대투쟁

노동자대투쟁은 직접적으로 보면 1987년 6월 시민항쟁이 열어준 정치적 공간의 산물이었다. 그러나 좀 더 본질적으로 그것은 노동자계급의 민주화투쟁이라는 성격을 갖고 있었다. 제5공화국 억압체제의 최대 희생자들이었던 노동자들은 생존권을 확보하기 위해서라도 국가권력의 민주화를 일차적으로 요구하지 않을 수 없었기 때문이다. 그러므로 군부독재에 저항하는 정치적 연대파업이었던 1985년의 구로동맹파업은 노동자대투쟁을 미리 알리는 서곡으로 해석할 수 있다.

한편 대투쟁에서 제기된 노동자들의 최소한의 생존권과 노동기본권 요구는 받아들여지지 않았다. 시민사회와 정치사회의 자유화·민주화와 억압적 노동사회가 공존하게 된 이 모순은 이른바 '1987년 노동체제(the 1987 labour regime)'라는 독특한 노동정치 지형을 만들었다. 그것은 정치적·사회적 민주화에도 불구하고 노동자에 대한 초과 착취체제만은 그대로 유지하기를 원했던 국가·자본의 노동배제전략의 산물이었다. 그 상징적·제도적 표현이 민주노조 불인정정책이었다.

이후 1997년까지 약 10년 동안 민주노조들은 최소한의 생존권을 확보하고 시민권을 인정받기 위해 치열하게 싸우지 않을 수 없었다. 민주노조들은 국가와 자본의 탄압에도 불구하고 자주적인 민주노조를 결성·유지했으며 전국노동조합협의회(전노협, 1990), 민주노총(1995) 등의 상급 연대조직을 결성했다. 국가 억압에 맞서는 것과 함께 작업장에서는 자본과 어용노조의 지배 개입을 철저히 차단했다. 이 과정에서 민주노조들은 노조의 민주성, 자주성, 연대성, 변혁성 등 '전투적 노동조합주의(militant unionism)'의 고유한 이념적 특성을 제도화할 수 있었다. 전투적 노동조합주의는 서구학자들이 주목했던 제3세계 사회운동 노조주의의 한 유형으로 볼 수 있다. 결국 민주노조들은 1997년 초 김영삼 정부의 노동법 개악에 맞서 겨울총파업을 성사시킴으로써 노동자대투쟁의 요구를 스스로 실현하고 1987년 노동체제를 해체할 수 있었다.

4) 신자유주의의 도전과 노동운동의 과제

민주노조운동이 정치적·사회적 시민권을 획득한 1997년 하반기 한국 노동운동은 또 하나의 중요한 전환점을 맞이했다. 갑자기 들이닥친 IMF 외환위기로 말미암아 노동자들은 1960년대 초반 이래 처음으로 심각한 고용위기에 처하게 되었다. 경제위기에 기인한 대규모 실업사태와 함께 정부가 추진한 신자유주의 경제정책으로 말미암아 고용불안이 일반화되었고 노동운동은 이에 적절히 대응할 수 없었다. 특히 기업별노조체제의 한계 속에서 노동조합은 기업의 정리해고와 구조조정 요구에 속수무책으로 당할 수밖에 없었다. 조합원의 의식은 보수화되었고 경제주의 의식과 기업의식이 확산되었다.

정리해고가 집중되었던 제조업과 공공부문 노동조합들은 구조조정 저지투쟁을 전개했으나 불리한 경제 환경과 여론지형 속에서 그 성과는 제한적이었다. 노조들은 양보교섭으로 정규직 조합원의 고용을 방어하는데 급급했고 결과적으로 노동조건은 후퇴했으며 노조들 간의 연대활동은 크게 위축되었다. 민주노조운동은 사회적 합의주의의 추진, 산별노조의 건설, 정치세력화 등 세 가지 방향에서 대응전략 마련에 부심했으나 그다지 성공적이지 못했다.

먼저 노사정위원회로 대표되는 사회적 합의주의의 시도는 많은 경우 정부의 노동시장 유연화정책이 관철되는 것으로 귀결되었다. 예컨대 1998년 2월 1기 노사정위원회는 민주노조들의 기대와는 반대로 국가의 의도대로 정리해고와 파견노동자제도가 쉽게 법제화되는 결과를 가져왔다. 특히 참가 문제 둘러싸고 노동운동 내부의 균열이 심화된 것도 커다란 문제였다.

다음으로 산별노조로의 조직 전환 시도도 1998년 이후 본격화되었다. 산별노조 전환이 본격화된 것은 기업별노조로서는 고용불안에 대응할 수 없다는 절실한 필요성 때문이었다. 2006년 금속산업과 공공부문 노조들을 중심으로 산별노조 건설이 속속 이어지고 있으나 여전히 기업 울타리를 넘는 산업별 연대활동은 미진한 상태이며 조합원의 의식과 활동은 크게 바뀌지 않고 있다.

마지막으로 노조의 정치세력화 시도는 1997년 국민승리21로 시작해서 2000년 민주노동당 건설과 2004년 국회의석 확보로 이어져 상당한 성과를 가져왔다. 고용문제에 대응하기 위해서는 경제정책을 수정하는 등 거시정치적 차원의 개입이 불가피했기 때문이다. 그러나 2008년 대선과 총선거 경험에서 나타났듯이 노동조합의 정치적 역량은 여전히 매우 제한적인 수준에 머무르고 있다.

특히 이 시기에는 비정규직 노동자와 노동운동이 급속히 확대되는 중요한 변화가 나타났다. 그것은 1987년 체제의 급속한 해체와 신자유주의 경제정책으로 1998년 이후 노동운동의 가장 중요한 과제가 되었다. 외환위기 이후 기업의 비정규직 이용이 급속하게 늘어난 것과 함께 경제위기 상황 속에서 노동자 내부의 격차가 크게 확대된 탓이었다. 조직 노동이 시민권을 얻어 스스로를 보호할 수 있게 된 조건에서 정규직과 비정규직 노동의 구조적 분절은 사회적 양극화를 심화시킨 주요한 요인이 되었다.

2003년 이후 비정규직 노동자들은 분신과 단식농성, 장기파업 등 극한적 투쟁을 계속하면서 전체 노동운동을 주도하고 있다. 그러나 불리한 경제 환경과 제도적 장치, 억압적 정치권력의 포위 속에서 그 해결은 쉽지 않은 상황이다. 이런 조건을 감안하면 조직노동인 민주노조운동과 정규직 노동자의 지원이 절실했다. 민주노조운동이 산별 전환, 정치세력화를 시도한 것도 노조조직화, 연대활동을 비정규노동에까지 확대하기 위한 조직적 노력이었다. 그러나 정규직 중심의 기업별노조로 구성된 민주노조운동은 현재 비정규노동문제를 적절히 해결하지 못하고 있다. 여기에는 조직구조의 한계와 민주노조운동 지도부의 전략적 오류가 함께 작용했다.

이야깃거리

1. 노동계급의 형성에서 노동조합의 의의와 역할에 대해 생각해보자.
2. 노동운동의 역사와 성격이라는 측면에서, 영국과 미국, 북유럽과 남유럽, 일본의 차이에 대해 토론해보자.
3. 노동운동의 이념에서 실리적 노조주의와 사회민주주의, 사회운동 노조주의의 차이와 함의에 대해 토론해보자.
4. 한국의 민주화 과정에서 노동운동의 역할과 그 한계는 무엇이었는지 토론해보자.
5. 1997년 이후 노동체제 변동과정에서 전투적 노동조합주의와 사회적 합의주의의 가능성과 한계, 대안에 대해 토론해보자.

읽을거리

『노동계급 형성과 민주노조운동의 사회학』. 조돈문. 2011. 후마니타스.
마르크스주의 계급론의 관점에서 한국 노동계급 형성의 부침을 분석했다. 1987년 이후 조직력과 사회적 영향력을 꾸준히 확대했던 민주노조운동은 1997년 이후 쇠락했다. 이 과정에 관련된 요인과 노동계급의 변화과정을 규명한다.

『노동조합 민주주의』. 조효래. 2010. 후마니타스.
1987년 이후 노동조합운동의 전개과정을 전투성과 사회적 합의를 둘러싼 노동조합운동의 전략 선택, 이러한 전략 선택을 둘러싼 노동조합의 내부정치와 조합민주주의의 변화, 노동운동에 대한 새로운 도전과 실천으로서의 비정규직 노동운동의 특성을 분석한다.

『전노협 청산과 한국 노동운동』. 김창우. 2007. 후마니타스.

전노협으로부터 민주노총으로 이어지는 1987년 민주노조운동의 전개과정을 비판적으로 재검토한 책이다. 급진적 노동운동을 대표했던 전노협이 해산되고 민주노총이 건설되는 과정을 구체적으로 검토하면서, 1987년 이후 한국 노동운동의 자주성, 민주성, 투쟁성, 연대성, 변혁지향성이 약화되었다고 평가한다.

『정치가 우선한다』. 셰리 버먼. 2010. 후마니타스.

이 책은 사회민주주의에 대해서 정치를 통해 사회를 변화시킬 수 있음을 강조하는 적극적 민주주의자들의 비전으로 이해한다. 노동운동의 이념으로서 사회민주주의가 유럽의 역사에서 어떻게 등장하게 되었으며, 자유주의와 자본주의의 모순과 문제를 넘어서기 위한 노력과정에서 어떻게 주요한 대안으로 자리 잡게 되었는가를 분석한다.

『신자유주의적 구조조정과 노동운동』. 경상대 사회과학원. 2003. 한울아카데미.

1987년 노동체제가 해체된 이후 신자유주의 노동사회의 변화양상을 추적한 연구서이다. 노동체제, 노동정책, 노동조합의 교섭과 투쟁, 작업장과 노조민주주의, 정치세력화, 노동자 의식 등의 주제를 포괄적으로 분석했다.

제4부

노동세계의 쟁점들

13

노동자 문화

주요 용어
문화, 노동자 문화, 대중문화, 문화산업, 여가, 소비, 취향, 상징적 지배

이 장에서는 노동자 문화와 일상생활의 문제를 다룬다. 우리는 문화를 흔히 예술이나 높은 정신 혹은 문화유산 등으로 간주하지만, 여기서는 그러한 일반적 이해를 넘어 문화가 지배와 저항의 실천으로 구성되는 갈등의 영역이라는 점에 주목할 것이다. 노동자 문화를 이해하기 위해서는 근대적으로 형성된 여가와 소비문화, 그리고 대중문화에 대한 비판적 성찰이 필요하다. 근대 자본주의 사회는 이전과 달리 문화를 상품화하고 인간의 삶을 노동과 여가로 분리시켰다. 그리고 대중의 감각에 부응하는 평준화된 대량의 상업적 문화를 문화산업을 통해 만들어냈다. 이러한 문화적 상황에서 문화를 통한 계급적 지배가 어떻게 이루어지는지를 상징권력에 대한 논의를 통해 살펴볼 것이다. 마지막으로 노동자 문화의 의미와 그 고유성은 어디에서 찾을 수 있으며, 그것이 지배문화에 대해 가지는 가능성은 무엇인지를 함께 고민해볼 것이다.

1. 노동자와 문화

1) 문화를 정의하기

문화란 가장 정의하기 어려운 개념 중의 하나로 얘기되곤 한다. 그 이유는 문화가 매우 다양한 차원과 의미를 포괄하고 있고, 또 접근법과 정치적 입장에 따라 상이한 내용을 포함하고 있기 때문이다. 그래서 역사학자이자 영국 문화연구의 초기 이론가였던 톰슨(E. P. Thompson)은 "문화란 꼴사나운 용어이다. 그것은 무수한 활동과 속성들을 하나의 공통의 묶음으로 뭉뚱그려놓아 실로 혼란스럽거나 차이를 숨겨버린다"고 불편한 심정을 토로하기도 했다. 하지만 역설적으로 이렇게 다의적이고 불명확한 개념이기 때문에 문화라는 개념은 인간의 욕망, 신념, 미학적 태도, 상징, 의례 등을 포괄하는 매우 생산적인 개념이 되었고, 이로부터 문화를 핵심 주제로 다루는 수많은 이론들이 발전했다. 특히 영국 문화연구(cultural studies)나 프랑스 구조주의 이론 등은 1960년대 이후 문화에 대한 관심을 대표하고 주도하는 연구의 전형이다. 이 절에서 우리는 문화의 개념을 간략히 살펴보고 문화연구의 주요 흐름들, 그리고 문화연구 내에서도 가장 미발달한 연구 영역이라 할 수 있는 노동자 문화에 대한 연구를 살펴볼 것이다.

앞서 말한 바와 같이 문화를 정의하는 것은 쉽지 않은 일이지만, 단순화를 무릅쓰고 문화에 대한 정의를 크게 네 가지로 구분해보자.

첫째, 근대 대중문화의 발달 이전의 시기를 대표하는 문화 개념이자, 현재에도 문화를 정의하는 대표적인 시각으로, 예술 혹은 고급문화로서의 문화 개념이 있다. 문화는 지적인 것, 우아한 가치, 정신적인 태도를 핵심으로 하며, 저급한 것, 속물적인 것, 산업적인 것에 대한 반감을 표시한다. 특히 대중문화가 형성되고 산업주의가 확대되던 19세기에 이 고급문화 개념은 문화를 대표하는 가장 강력한 이념으로 확립되었다고 할 수 있다.

둘째, 인류학이 형성시킨 문화 개념으로, 문화를 '인간 삶의 총체적 양식'으로 이해하는 입장이다. 대표적으로 인류학자 타일러(E. B. Tylor)는 문화를 "사회의 성원으로서 인간이 획득한 지식, 신념, 예술, 도덕, 법, 관습 및 여타의 능력들을 포함하는 복합적 전체"로 정의한다. 이 인류학적 문화 개념은 의례, 상징, 기호의 중요성을 강조하는 가장 영향력 있는 문화 개념이지만, 동시에 지나친 포괄성으로 인해 문화와 문화 아닌 것의 구분을 모호하게 만들었다는 비판을 받기도 한다.

세 번째 문화 개념은 마르크스주의 및 비판적 문화연구의 전통에서 문화를 이데올로기와 유사한 것으로 정의하는 것이다. 이데올로기란 특정한 목적으로 만들어진 관념, 지배 집단의 이해관계에 봉사하는 사고를 지칭한다. 이 이데올로기는 정치적 지배와 왜곡, 현실의 은폐, 상징의 조작 등의 관념을 핵심으로 한다. 마르크스의 이데올로기 개념에서 출발하여 그람시(A. Gramci)의 헤게모니(hegemony), 알튀세르(L. Althusser)의 이데올로기적 국가장치(ideological apparatus), 롤랑 바르트(R. Barthes)의 신화(myth), 부르디외(P. Bourdieu)의 상징폭력(symbolic violence) 등은 모두 문화의 이데올로기적 성격을 강조하는 개념들이라 할 수 있다.

마지막으로 영국 문화연구는 문화를 실천을 통해 구성되는 것으로 간주하는 구성주의적 접근법을 발전시켰다. 특히 영국 문화연구를 오랫동안 대표해온 홀(S. Hall)은 문화와 정치적 지배의 관련성을 강조하고, 문화란 지배와 저항이라는 실천을 통해 구성되는 것, 즉 문화적 실천이 그 핵심이라고 간주한다. 이런 관점에서 의미화(signification)나 헤게모니, 재현(representation) 등이 강조되어왔다.

이상의 네 가지 문화 정의가 공통적으로 내포하는 것은 문화라는 현상이 그 고유성과 자율성을 가진다는 점이며, 또한 문화는 강한 의미에서 지배와 저항이라는 정치적인 것과 관련되어 있다는 사실이다. 그리고 이런 관점에서 접근할 때 문화 개념은 좀 더 구체적이고 현실적인 의미를 갖게 될 것이다.

이데올로기적 국가장치

프랑스의 구조주의 이론가이자 마르크스주의 이론가인 알튀세르는 국가가 억압적 기능과 함께 이데올로기적 기능을 수행한다고 주장했다. 교회, 대중매체, 학교 등은 대표적인 이데올로기적 국가기구로서, 이들은 대중을 순응시키고 사회의 지배질서를 재생산하는 기능을 수행한다. 이러한 기구들을 통해 작동하는 이데올로기의 특징은 개인을 주체로 호명함으로써 스스로 자유로운 주체로 상상하게 만드는 데 있다.

신화

프랑스 구조주의 기호학자인 롤랑 바르트는 그의 저서, 『신화』에서 역사적인 것을 자연화시키고 자연스러움을 가장하는 현대의 모든 담론 및 텍스트들을 신화라고 비판했다. 신화가 가진 특징은 우리가 일상적으로 사용하는 언어를 통해 끊임없이 재생산된다는 데 있다.

의미화

홀은 문화란 문화적 실천이기 때문에 이것의 핵심은 바로 언어나 상징 등 담론을 통해 의미를 구성하는 데 있다고 주장한다. 이러한

2) 노동자 문화

우리가 노동자와 문화의 관계를 이야기하는 이유는 두 가지이다. 하나는 노동과 문화가 체계적으로 연결되어 있다는 것, 즉 노동의 자본주의적 변형은 새로운 근대적 문화 현상과 긴밀하게 얽힌 역사적 현상이라는 점이다. 근대적 공장노동은 시간윤리의 확립과 전통적 공동체 윤리의 해체를 통해 달성되었다. 이 때문에 또한 근대적 노동자의 출현과정은 도시의 출현과정이자 현대의 지배적인 문화 형태인 대중문화의 출현과정이기도 했던 것이다. 두 번째 이유는 정치적인 지배와 저항을 그 속성으로 하는 문화 현상의 한가운데에 노동자 문화가 존재하기 때문이다. 산업화 및 도시화와 함께 역사적으로 출현한 대중의 대부분은 노동자였다. 또한 이 '대중'의 모습에 한결 같은 우려의 목소리를 보내는 이유 중의 하나는 역사적으로 노동자들의 러다이트(Luddite) 운동과 같은 집합적이고 폭력적인 실천에 그 원인이 있기도 했다. 하지만 이런 깊은 관련에도 불구하고 노동 혹은 노동자와 문화의 문제는 오랫동안 학문적 관심에서 소외되어 있었던 것도 사실이다.

이런 점에서 영국 문화연구를 확립하는 데 크게 기여했던 톰슨의 문제의식에 주목할 필요가 있다. 산업화 시기 노동자 문화의 특징은 명백히 공동체적인 것이었는데, 그것이 가지는 중요성은 중간계급의 개인주의나 봉사 등의 윤리와 구분되는 '상호 호혜성의 에토스'에 있으며, 이것은 오로지 노동자들의 집단적 체험에서 비롯된 것이었다. 즉, 노동자 문화는 문화를 고급한 것으로 정의하는 고급문화라는 엘리트적 관점을 비판하며 '아래로부터 만들어진' 일상의 문화의 중요성을 확인하게 해주는 것이다. 더 나아가 영국 문화연구의 일원인 윌리스(P. Willis)는 문화를 "일상생활의 자료, 우리의 진부한 이해, 감정, 반응의 벽돌과 몰타르"로 간주하면서 이런 관점에서 노동은 문화의 가장 핵심적인 의미를 차지한다고 주장한다. 왜냐하면 많은 사람들이 자신의 깨어 있는 대부분의 시간을 노동에 투여하고, 직업처럼 자신의 정체성의 기초를 노동행위에서 찾으며, 타인들이 나를 규정할 때도 노동과의 관계를 강조하기 때문이다.

노동과 문화의 관련성과 함께 간략히 살펴보아야 할 것은 노동자 문화의 형성은 어떤 역사적 과정을 거쳤는가 하는 문제이다. 자본주의 사회와 함께 새롭게 등장한 대중문화와 달리, 노동자 문화는 이전의 민중문화(popular culture)와 연결되어 있다. 이 민중문화와의 공통점은 공동체적 경험의 유산을 갖고 있고, 지배집단과 대립하는 행태와 신념의 관계망이 내부에 존재하며, 산업자본주의적 질서와는 다른 시간·공간 개념을 내포하고, 청교도적 노동윤리와는 다른 윤리를 공유한다는 사실이다. 이것은 근대 자본주의의 금욕적 노동윤리와 강하게 충돌하는 것으로, 엄격한 시간규율에 따라 기계적으로 노동하는 산업노동과 달리 자신의 노동 리듬과 노동방식을 스스로 정의하는, 그래서 때로 비윤리적이고 나태하게 보이는 것이 바로 노동자계급 문화의 특징이라 할 수 있다. 또한 이와 함께 산업혁명 시기에 출현했던 노동자단체, 예컨대 공제조합이나 노동조합은 종교나 자본가들이 강조한 금욕윤리와 달리, 내부의 공동체적 규율로서의 절제를 표현하고 있다. 농업 및 수공업으로부터 산업으로, 농업지역으로부터 도시 변두리로의 공간적 변형에도 불구하고, 노동자 문화와 민중문화는 모두 문화적으로 '생산자 문화, 물질적 실천의 문화'를 공유한다는 공통점과 연속성도 내포한다. 그래서 노동자 문화란 곧 이들 내부의 모든 사회적 상호작용과 의사소통행위의 대부분이 여전히 노동의 영역 내에서 그리고 그것을 둘러싸고 구성되는 문화를 의미하는 것이다.

2. 여가와 노동자 문화

여가(leisure)는 공적 생활인 노동 시간에 대비되는 사적 생활, 자유의 시간을 가리킨다. 자본주의의 도래와 함께 사회의 모든 영역이 생산을 중심으로 조직되고, 생산 이외의 영역인 여가는 노동의 고단함을 달래주고 삶의 의미를 되새기며 개인의 자유를 확인하는 시간으로, 일종의 노동에 대한 보상으로 자리 잡았다. 또한 여가는 생산과정에 기능적으로 연결되어 있는 노동력 재생산 역할을 담당하는데, 여기에는 두 가지 측면이 있다. 그 첫 번째 기능은 노동력의 생리적인 재생산, 즉 지속적으로 건강한 노동력의 지출을 위한 휴식과 생활, 나아가 다음 세대의 건강한 노동력을 재생산하는 것이며, 다른 한 측면은 매일의 노동에 규칙적으로 성실하게 참여하는 충성스런 노동자 태도의 재생산이다. 생리적인 재생산은 소비 행위와 관련이 있고 성실한 노동 태도의 재생산은 현대사회의 지배적 문화인 대중문화와 연결되어 있다. 이 절에서는 여가의 핵심으로서 이 소비와 대중문화에 대해 살펴보고자 한다.

1) 여가와 소비

오늘날 노동자 문화의 한 특징은 소비주의, 즉 소비문화에서 찾을 수 있다. 그 이유는 소비문화가 모든 인구를 아우르는 지배적인 문화이기 때문이다. 먼저 근대적 소비의 특징이란 무엇이며, 이것이 생산, 여가, 그리고 노동자 문화와 어떻게 연관되어 있는지를 검토해보자.

근대 이전의 소비의 주된 양상은 기능적 소비였다. 기능적 소비란 생존과 삶의 필요에 근거하여 이루어지는 소비이며 가족 구성원의 집단적 필요를 충족시키는 경향이 강하고 소비 물품에 대한 의미 부여가 두드러지지 않는다. 이 기능적 소비가 근대적인 개인적 소비로 바뀌기 위해서는 상품, 즉 만들어진 물건에 대한 새로운 의미 부여가 필요했다. 상품이 인간의 삶에 필요한 기능적 필수품을 넘어서서, 그 자체로 가치 있고, 그것을 소유했을 때 개인의 삶에 어떤 새로운 의미가 부가되거나 창출되어야 한다. 상품과 개인과의 기능적 관계가 아닌, 소비의 의미에 관련된 새로운 관계로 탈바꿈해야 하는 것이다.

이 최초의 형태가 바로 '새로움(novelty)'의 가치를 부각시키는 것이다. 지금은 일반화되어 있는 새로움이라는 가치가 항상 긍정적인 것은 아니었다. 근대 이전에는 오히려 고색창연함(antiquity), 즉 오래되고 세월의

혼적이 남아 있으며, 희소하여 결과적으로 그 물건의 소유가 신분의 표지가 되는 가치가 더 귀중한 것으로 여겨졌다. 하지만 근대사회는 산업적 생산물, 즉 새로이 만들어지는 낯선 물건의 소비를 필요로 하기 때문에 새로움의 가치는 근대적 소비의 관건이 되는 것이다.

근대적 소비가 언제부터 시작되었는가에 대해 역사가들의 합의가 존재하는 것은 아니다. 하지만 적어도 산업혁명이 그에 필요한 소비혁명을 필요로 했다는 것은 자명하다. 왜냐하면 만들어진 상품은 반드시 팔려야 하기 때문이다. 이러한 소비혁명이 어떤 모습이었는가를 보기 전에, 우선 소비혁명에 관련된 사회경제적 조건의 변화가 무엇이었는지를 먼저 살펴볼 필요가 있다.

첫째, '유행의 상업화'라는 새로운 흐름을 지적할 수 있다. 유행 현상은 역사적으로 항상 존재했지만, 근대적 유행이 이전 것과 다른 점은 그 유행의 사이클이 매우 짧아졌다는 점이다. 근대 이전의 전형적인 유행 현상은 귀족 → 신사계급 → 중간계급 → 하층계급의 순으로 모방이 진행되며, 귀족은 이 모방으로부터 다시 차별을 만들어내서 유사한 사이클을 반복한다. 따라서 그것은 상당히 긴 시간을 통해 이루어졌다. 유행은 그래서 그 자체로 모순적인 현상인데, 그 이유는 '모방'과 '차별'이라는 상이한 두 힘의 교직을 통해 지속되기 때문이다. 한편으로 새로운 유행에 대해 사람들은 모방의 심리를 표출하는 반면, 다른 사람들과 차별적이고자 하는 욕구를 통해 새로운 유행을 선도한다.

특히 베블렌(T. Veblen)이 『유한계급』에서 밝히고 있듯이 유한계급은 과시적 소비를 통해 다른 계층과 차별을 만들고자 한다. 의복 유행의 경우 이 과시적 소비는 지위를 표현한다는 점에서 차별적인데, 그 방법은 '현저하게 비싸고 불편해야 할 뿐만 아니라 동시에 최신 유행의 것'이라는 점에 있다. 유행의 상업화는 이러한 모방과 차별을 충족시켜줄 수 있는 소비 물품을 많은 사람이 구입할 수 있는 상품으로 만들고, 이를 대량으로 빠르게 공급하는 것을 의미한다. 이 유행의 상업화는 대략 18세기 유럽에서 본격화된 것으로 얘기된다. 유행의 상업화는 상품의 소비를 촉진하는

사용가치와
교환가치

사용가치란 물건의 고유한 쓰임, 즉 인간에 어떤 기능을 제공하는 가치를 지칭한다. 마르크스는 자본주의적 상품 생산의 특징을 사용가치 대신에 상품의 가치량, 즉 교환가치가 전면에 나서는 것에서 찾는다. 예를 들어 겨울에 담요가 아무리 필요하다 하더라도 지불능력이 없어 담요가 시장에서 거래되지 않으면 더 이상 만들어지지 않는다. 이처럼 시장에서 거래되지 않는 상품을 만드는 노동은 평가절하된다. 이것이 모든 소외의 근본적인 원인인 것이다.

박람회와 볼거리

1851년 런던에서 열린 만국박람회는 일명 '수정궁 박람회'로 불리며 6개월 동안 600여만 명의 관람객을 끌어들였는데, 이 박람회는 철근과 유리로 지어진 수정궁이라 불린 압도적인 건조물을 통해 새로운 볼거리를 제공했다. 박람회는 오늘날에도 여전히 '엑스포' 등의 이름으로 지속되고 있다.

효과를 가진다. 즉, 끊임없이 새로운 상품에 대한 욕구를 창출하게 되는 것이다. 유행 현상은 현대사회로 올수록 매스미디어의 작용에 힘입어 점점 더 주기가 짧아지고 또 그 영향력이 강해지고 있다.

둘째, 산업혁명을 통해 생산되는 상품 품목의 변화, 정확히는 다양화라는 조건이 만들어졌다. 18세기는 소비 품목의 폭발적인 증가가 이루어진 시기인데, 이전과 달리 가구, 도기, 은제품, 거울, 포크와 나이프, 정원 용품, 애완동물, 직물 등의 다양한 상품이 풍부하게 거래되기 시작했다. 이것은 유행의 상업화와도 밀접한 연관이 있는 현상이다. 즉, 기능적 소비가 아닌 개인적 소비, 자기 자신을 위한 소비가 유행 현상과 함께 출현한 것이다. 이러한 변화는 사회경제적으로 귀족계급이 아니라, 대중들이 소비의 주체로 등장하면서 벌어진 현상이라 할 수 있다. 근대적 소비가 대중을 소비 주체로 만드는 과정에는 아케이드(arcade)의 출현, 거대 박람회를 통해 소개된 새로운 물건들의 호소력, 그리고 백화점의 탄생 등의 요소들도 중요하게 작용했다.

셋째, 이러한 변화가 미디어를 통해 대중에게 즉시 알려지는 조건이 형성되었다는 점이다. 유럽에서 신문과 잡지 등 미디어가 본격적으로 등장한 것은 18세기 후반이며 여기에 새로운 상품들에 대한 광고가 실리기 시작했다. 광고는 물건과 소비자를 연결해주고, 상품의 세계를 사람들에게 번역하여 전달하는 매체로서 중요한 역할을 했다. 이를 통해 새로운 상품에 대한 정보를 광고를 통해 얻는 근대적 소비 형태가 자리 잡은 것이다.

산업혁명이 만들어낸 이 새로움에 대한 열광과 열망은 일종의 볼거리(spectacle)의 등장과 관련이 있다. 새로운 근대적 소비 품목들이 다양한 박람회나 아케이드, 그리고 백화점을 통해 전시되고 소비를 자극함으로써 이 볼거리들은 사람들의 여가 속으로 깊숙이 스며들었다. 결국 근대적 소비란 소비되는 새로운 상품들에 긍정적인 의미를 부여하고, 상품의 소비가 곧 개인의 사회적 지위나 삶의 의미 등과 관련이 있으며, 상품을 구경하고 소비하는 것이 즐거움인 새로운 문화적 문법을 만들어낸 것이다.

한편 제2차 세계대전을 거치면서 완성된 새로운 소비문화는 바로 대량소비(mass consumption) 문화이며, 소비의 정도가 양적·질적으로 커지고 소비를 통해 자신의 정체성을 구성한다는 점에서 새로운 소비의 등장이었다. 무언가를 소비한다는 것은 곧 자신의 모습과 이미지, 의식을 만들어내는 적극적인 행위가 되며, 이것은 성, 인종, 세대, 하위집단별로 소비 품목이 전혀 다른 스타일 현상을 만들어내기도 했다. 대량소비는 대량생산을 전제로 하며 대량생산 역시 대량소비를 필요로 한다는 점에서 양자는 일종의 기능적 등가물이다. 1920년대에 포드자동차의 창업자인 헨리 포드(H. Ford)가 컨베이어 벨트 시스템에 기초한 대량생산을 완성한 후 이것이 전 산업과 전 세계로 퍼졌고, 규모의 경제가 확립되었다. 하지만 이것은 생산한 만큼 소비해야만 유지할 수 있는, 즉 대규모의 소비가 뒷받침되어야만 가능한 시스템이다.

대규모 소비를 위한 해결책은 간단했다. 실질임금상승을 통해 개인의 소비능력을 키우는 한편, 사람들이 거리낌 없이 소비할 수 있도록 대량소비의 규범을 창출하는 것이다. 이 과정에서 사람들의 소비 성향을 억제하는 금욕적 청교도 윤리와의 투쟁이 이루어지기도 했다. 보수적 이론가인 다니엘 벨(D. Bell)은 1960년대 소비주의, 즉 낭비와 물질적 소유욕이 미국을 지탱해온 두 가지 정신인 프로테스탄티즘과 퓨리터니즘을 공격하면서 검약, 자기 억제의 생활신조가 무너진 것을 개탄했다. 하지만 실제로 대량생산 자본주의가 필요로 한 것은 '소비가 미덕'이라는 새로운 소비문화와 생활양식이며, 이것은 자본주의의 일관된 모습이다. 또한 화려한 소비의 세계를 통해 대중을 사로잡고, 공사 영역의 분리를 통해 사적 세계를 소비로 규율하고자 했던 자본주의적 발전의 당연한 귀결이라 할 것이다.

이러한 대량소비 문화는 모든 계급과 계층을 아우르는 형태를 띤다. 특히 노동계급은 초기 자본주의하에서 소비로부터 배제되어왔던 계급이었지만, 대량생산 자본주의하에서는 적극적인 소비 주체로 등장하게 된다. 이것은 노동자들의 임금상승이 개인적 소비를 가능하게 할 만큼 높아졌기 때문인데, 조절이론가인 리피에츠(A. Lipietz)에 따르면 제2차 세계대전후 대량생산 자본주의는 생산부문에서의 지속적인 생산성 상승과 함께,

이 생산성 향상에 상응하는 실질임금의 상승이 동반됨으로써 높은 생산성 → 고임금 → 대량소비 → 높은 생산성의 호순환 구조를 만들어낼 수 있었다고 지적한다. 하지만 노동자들의 소비 향상이 어떤 효과를 미쳤는가에 대해서는 논쟁적인 주장들이 존재한다. 하나는 노동자들의 임금상승과 소비 규모의 고도화 및 노동계급 의식의 약화로 인해 노동자들이 부르주아지화(embourgeoisment), 즉 노동귀족이 되었다는 주장이다. 주로 계급이론에 의해 제기된 이 주장은 제2차 세계대전 이후 노동운동 및 노동계급 의식의 급격한 약화와 소멸을 야기한 원인이 노동자계급의 물질적 부가 커진 것과 관련이 있다고 한다. 또 다른 쟁점으로 소비문화의 고도화가 가져온 동질화 효과를 들 수 있다. 소비자본주의의 발전은 모든 계급과 계층을 아울러 하나의 동질적인 소비 대중으로 만들어버리는 경향이 있다. 대량생산의 발전은 동질적인 상품들을 제공하고 이에 대한 동일한 소비 양태를 조장한다. 이 역시 노동자 계급의식의 약화를 초래한 한 원인으로 지목되기도 했다.

노동계급의 소비문화는 한편으로 노동자를 전체 소비의 한 부분으로 포섭하는 자본주의 사회의 재생산 시스템을 통해 획일화되며, 동질적인 대중적 소비의 형태를 취한다. 컨베이어 벨트를 도입하여 최초로 대량생산 방식을 실현한 포드는 공장에서 일하는 모든 노동자들이 스스로 생산한 자동차를 타고 다니는 날을 기원한다고 발언했지만, 이것은 엄밀히 말하면 생산자인 노동자가 동시에 양질의 소비자여야만 지속될 수 있는 대량생산체제의 비밀을 누설한 것에 다름 아니다. 대량소비는 노동자들의 기계화된 단순반복 노동에 의해 지탱되는 대량생산의 지지기반이며, 노동자를 생산자이자 동시에 충실한 소비자로 이끄는 새로운 시스템인 것이다.

2) 노동자와 대중문화

대중문화는 전적으로 새로운 근대적인 문화 형태다. 대중문화는 대중이라는 새로운 인구의 출현과 함께 등장한, 대중들이 향유하거나 혹은 대중들이 선호하는 문화를 가리킨다. 우선 역사적으로 대중문화가 형성되어온 과정을 간략히 살펴보자. 유럽의 근대화는 정치혁명을 통한 신분집단의 변동에서 시작한다. 정치혁명의 결과 과거의 구세습귀족의 세력은 급격히 약화되었고, 반면 신흥 부르주아지는 계속 상승하여 새로운 지배 세력으로 부상했다. 특히 상업 활동의 발전에 따른 은행업 등 금융자본가의 출현, 산업화와 함께 새로운 자본가의 출현은 문화적으로 신흥 부르주아지를 구귀족과 동등한 수준의 지배 세력으로 만들었다. 이와 함께 새로운 대중이 출현하기 시작했는데, 그것이 중류층 시민계급이다. 18세기에 이르면 중류층 시민계급은 교양계급을 대표하는 계급으로 성장하여 문화의 주된 담당자가 된다. 이들은 새로운 독자층을 형성하는데, 새로운 독자층이란 "정기적으로 책을 읽고 사며 그럼으로써 일정 수의 작가들이 개인적 은덕에 힘입지 않고 생계를 꾸려나가도록 보장해준 비교적 광범한 계층"을 지칭한다. 이 독서 대중(reading public)은 상인, 법조인, 정치가, 그리고 대개 런던의 커피숍에서 만나 새로 유행하게 된 커피나 홍차를 마시고 파이프를 피우며 이야기하고 신문을 읽는 그런 부류들이다. 새로운 독서 대중의 형성은 물론 문자 해독률의 상승에 기인하는 것이지만, 또한 구귀족의 몰락과 함께 동시에 새로이 등장한 문화적 환경, 그리고 부르주아지라는 새로운 주체의 형성을 의미하는 것이기도 하다.

대중문화의 형성에 결정적인 계기가 된 것은 신문의 폭발적인 성장이다. 1833년에 처음 등장한 염가 일간지는 1881년에 이르러서는 파리에서만 23종의 신문을 발행할 정도로 커졌고, 1899년에는 60종으로 늘었다. 정기간행물은 1882년 프랑스에서만 3,800종을 발행했고 10년 후에는 6,000종으로 늘었다. 염가 신문은 대중문화의 틀을 만들어내고 대중의 일상의 삶을 조직하기 시작했다. 신문은 극장 개관, 경마, 정기적으로 열리는 장터에 대한 기술, 소설과 문예면, 잡보기사, 르포, 인터뷰 등과 같은 새로운 신문 장르를 만들어내면서 대중의 관심을 끌었다. 정치에 대한 기사들은 이들 기사에 비해 항상 뒷전이었으며, 로맨스 기사, 범죄자 이야기, 진기한 사건 등에 대중들은 열광했다.

이런 대중문화의 특징 때문에 대중문화는 그 형성기부터 경멸적인 의미를 내포했다. 구귀족이나 교양계급은 대중의 형성과 함께 대중의 문화적 욕구를 표현한 대중문화 현상 자체를 '야만적인 것'으로 간주했다. 영국의 대표적인 교양주의자인 매슈 아널드(M. Arnold)는 "심성과 정신의 내적 조건으로서 완벽을 향한 사상이어야 하는 문화"가 급속한 산업화에 압도당하는 현상에 우려를 표명하면서, "대중의 수준에 맞게 만들어진 조작적인 대중문화는 진정한 문화일 수 없다"고 단언했다. 이런 태도는 대중을 '정신 수준이 낮은' 존재로 간주하고, 공중의 수가 많을수록 그에 비례하여 취향은 저급해진다는 귀족주의, 엘리트주의적 편견을 그대로 반영하는 것이다.

문화를 위계적인 것으로 규정하고, 대중문화를 수준 낮은 문화로 간주하는 관점은 사회 계급별로 서로 다른 문화를 향유한다는 견해로 이어진다. 대표적으로 갠스(H. Gans)는 '취향문화'라는 개념을 통해 계급들 간에 취향문화가 상이하게 분포한다고 주장했다. 그는 취향문화를 고급문화, 중상급문화, 중하급문화, 하급문화, 유사민속적 하급문화로 구분했다. 그에 의하면 문화는 고급에서 저급까지 위계적으로 분포하며, 이 각각의 문화향유자는 계급적으로 상층에서 하층까지의 분포와 일치한다는 것이다. 특히 가장 높은 수준의 문화인 고급문화란 향유자가 창작자의 논리를 이해할 정도로 높은 심미안을 가진 문화를 의미한다. 이런 점에서 갠스의 문화 개념은 가장 높은 형태를 예술과 창작에 두고 있는 것이다. 하위의 문화들은 문화 형태들에 대한 향유와 향유의 방식에서 위계적인 차이를 보이는 문화들이다.

노동계급이 향유하는 문화는 하급문화와 유사민속적 하급문화인데, 먼저 하급문화를 향유하는 집단은 숙련공이나 준숙련공, 서비스 노동자, 준숙련 사무원 등이다. 하급문화는 노동계층의 전통적 가치를 고수하는 내용이 주류를 이룬다. 선악의 구분이 좀 더 명확하고 권선징악적 도식이 강조된다. 같은 서부극이라 해도 예컨대 중하급문화의 서부극은 자기 상황에 대해 어느 정도 회의하고 고민하는 주인공이 등장하지만 하급문화의 서부극에 등장하는 주인공은 일말의 회의도 없이 싸움의 성공을 하늘의 뜻으로 여기고 정부나 제도적 권위를 믿지 않는 인물로 묘사된다. 하급문화의 수용자들은 배우와 이미지를 구분하지 못한 채 스타를 숭배하는 경향이 있다. 이들은 유명인사의 사생활을 다룬 조잡한 내용의 타블로이드 신문이나 주간지, TV시트콤을 즐기며 화려하고 원색적인 장식과 치장을 좋아한다.

유사민속적 하급문화는 비숙련 노동계층이나 서비스업에 종사하며 초등학교 정도의 학력밖에 없는 사람들로 농촌에 살거나 도시 변두리에 사는 유색인종이 선호한다. 이들은 신분이 낮고 구매력이 낮아 문화산업의 주목 대상이 아니다. 따라서 차별적인 문화내용을 가지고 있기보다는 하급문화의 거의 같은 문화를 수용하되 좀 더 단순한 내용의 문화를 선호한다. 빈민가의 삼류영화관에서 상영하는 낡은 서부영화, 대도시 주변의 낙서 같은 데서 이들의 문화취향이 드러난다.

현대사회에서 노동자 문화는 대중문화 내에서도 하급문화의 위치를 점했다. 하지만 이것이 전적으로 노동자 문화가 열등하다는 것을 의미하지는 않는다. 그 이유는 노동자 문화의 역사적 뿌리는 시민계급, 즉 부르주아의 출현과 달리, '민중문화(popular culture)'에 있기 때문이다. 노동자 문화에 대한 애정 어린 시선을 견지하는 톰슨이나 바흐친(M. Baktin) 등에 의하면 민중문화의 특징은 중세의 카니발(Carnival)에서 드러나는 것과 같이 교양계급의 엄숙주의와는 다른 노골적인 현실주의, 의도적인 괴기스러움과 유희에 있었다. 바흐친은 이를 그로테스크 리얼리즘이라 칭하기도 하는데, 그 문화의 핵심은 지배계급에 대한 풍자와 저항, 한바탕의 떠들썩함을 통해 다시 노동으로 복귀하는 건강한 의례 등 바로 민중들의 일상경험에 있는 것이다.

톰슨은 이러한 민중문화의 역사가 산업화 시기의 노동 경험을 통해 노동자 문화로 이어진다고 보았다. 기계의 도입이 이루어진 대규모 공장제 노동 이전에는 노동패턴이 매우 불규칙했다. 공장노동자들은 노동자일 뿐만 아니라 농부, 어부기도 했고, 동일한 작업에서도 수분에서 수일까지 리듬이 들쭉날쭉했다. 또 원료의 공급 상황이나 판매 상황에 따라 노동의 주기와 리듬은 달라지는 것이 일반적이었다. 이런 상황에서는 노동자들에게 오늘날과 같은 엄격한 시간 관리와 규율을 바라는 것이 불가능한 것이었다. 사실상 자본주의적 노동시간의 규율이 아직 형성되지 않은 노동 현장은 '한바탕 일을 하고 노는 것의 반복'이었다. 이러한 노동문화를 시간표에 의해 관리하고, 시간표를 엄수하지 않는 노동자 문화를 '비윤리적인 것'으로 만든 것은 근대적 시간규율의 윤리였다. 근대적 시간규율은 인간을 시계나 톱니바퀴 기계처럼 노동자를 노동하는 기계로 만들고자 했던 것이다. 톰슨은 『영국 노동계급의 형성』에서 이러한 산업화에 대한 대응으로서 노동자들의 아래로부터 만들어낸 자발적 결사를 노동자 문화의 핵심 요소로 간주한다. 노동계급은 만들어진 만큼이나 스스로를 만들어냈으며, 여기서 결정적인 것은 노동자들의 경험과 일상생활, 그리고 의식이다.

우리 사회에서도 노동자 문화를 하위적인 것으로 간주하는 현상은 서구의 경험과 별반 다르지 않다. 대중문화는 현대사회의 지배적인 문화형태가 되었고, 이는 모든 계층을 그 소비자로 포섭하는 위력을 발휘하고 있다. 예컨대 2008년의 한 연구 결과에 따르면 한국의 노동자들은 대부분 대중매체를 오락적으로 이용하고 있고, 갠스가 지적한 바와 같은 액션영화 선호 등의 낮은 취향이 지배적인 것으로 나타났다. 또한 노동자들의 자생적 문화라 할 수 있는 다양한 풍물패, 노동가요 및 민중가요 선호 등의 문화 양식들이 노동자 문화 내에 존재하지만 그것이 대중문화와의 관계에서 의미 있는 문화로까지 확립된 것은 아니었다.

그렇지만 높은 수준의 문화향유를 좋은 것으로, 그리고 저급한 대중문화 선호를 나쁜 것으로 정의함으로써 문화를 위계화하는 것은, 계급 간의 문화적 위계, 우수한 것과 열등한 것의 차이를 정당화시킨다는 문제점이 있다. 이것은 노동자계급 및 농촌 인구를 문화적으로 '열등한 계급'으로 만들어버리는 효과가 있다. 노동자계급이 저속한 문화를 향유하는 것은 이들의 존재가 열등함을 반영하는 것이 아니라, 이들을 열악한 문화 환경으로 내모는 자본주의 대중문화의 모순을 보여주는 것이다.

3. 매스미디어와 문화산업의 지배

대중문화는 전적으로 근대적인 문화이며 매스미디어를 매개로 하여 위로부터 만들어진 문화이다. 20세기에 들어서면 미디어는 질적으로 새로운 형태를 만들어내는데, 1920년 미국 피츠버그에서 최초의 정규 라디오 방송국이 개통했고, 1926년 영국에서 텔레비전 시험방송에 뒤이어 1939년 미국 뉴욕에서 정규 텔레비전 방송이 시작되는 등 매스미디어를 매개로 한 대중문화를 거대한 규모로 재조직하기 시작했다. 즉, 대중문화의 거대산업화가 시작된 것이다. 비판이론가인 호르크하이머(Horkheimer)와 아도르노(Adorno)는 이것을 '위로부터 부과되는 문화'인 대중문화, 상품화된 문화라는 의미에서 '문화산업(culture industry)'이라 부른다. 그런데 문화산업은 단지 문화가 산업적으로 생산된다는 것 이상의 문제를 안고 있다. 이들은 근대 서구 문명을 발전시켜온 계몽이 자연의 공포로부터 인간을 해방시키고 인간을 주인으로 세운다는 목표를 추구하지만 결국은 새로운 야만의 상태에 빠진다는 진단을 내린다. 즉, 계몽이라는 개념에 집약되어 있는 근대적 합리성과 이에 기초하여 만들어진 자본주의 문명은 자연과 대립하면서 자연에 의한 인간 지배로부터 인간에 의한 자연 지배를 완성하지만, 인간이 발전시켜온 기술합리성은 결국 인간에 의한 새로운 인간 지배를 초래한다는 것이다. 그러한 새로운 야만적 결과의 하나가 바로 문화산업의 발전이다. 거대한 규모의 문화산업이 출현함으로써 사회 전체를 기술합리성이 지배하는 엄격히 관리되는 사회로 바꾸고, 대중은 그것에 지배되는 수동적인 존재로 전락해버렸다.

문화산업이 수백만 사람들의 의식과 무의식 상태를 진지하게 받아들인다 해도 대중들은 일차적인 것이 아니라 부차적인 대상이 된다. 이들은 계산의 대상, 기계의 부속품이다. 문화산업이 우리를 믿도록 원하는 바처럼 고객은 왕이나 그 주체가 아니라 대상에 불과하다(아도르노, 『문화산업 재론』).

문화산업의 지배는 인간 노동의 기계화, 물화, 소외라는 자본주의 노동의 특징에 정확히 대응하는 문화적 현상이다. 테일러주의, 포드주의로 대표되는 노동의 기계화가 노동자의 사적 영역에서 산업적으로 생산되는 문화상품이라는 결과를 낳은 것이다. 문화산업이 만들어낸 결과로 첫째, 문화산업은 대중을 획일적이고 수동적인 존재로 만들어버린다는 사실을 지적할 수 있다. 문화산업은 완성된 형태의 문화상품들을 대중에게 제공하며, 대중이 할 수 있는 일은 단지 그러한 상품 목록에서 무언가를 선택하는 것뿐이다. 외견상 문화산업은 다양한 문화를 제공함으로써 대중들이 개인의 개성을 발휘할 수 있도록 하는 것으로 보인다. 전근대 시기와 비교할 때 일반 대중은 높은 문자 해독률을 갖고, 귀족만이 누리던 문화와 예술을 자유롭게 향유하기 때문에 정신적으로 한층 고양된 것으로도 볼 수 있다. 하지만 호르크하이머와 아도르노는 이와 같은 문화의 민주화가 역설적으로 대중을 획일화시킨다고 비판한다. 대량으로 생산된 문화상품은 다양한 목록을 제공함으로써 대중의 개성적 선택과 문화적 향유를 가능하게 하는 것처럼 보이지만, 실상 대중은 규격화된 목록 속으로 끌려 들어가는 것에 지나지 않는다는 것이다. 그 속에서 대중이 느끼는 자신의 개성은 결국 획일화된 형태의 사이비 개성, 가짜 개성에 불과한 것이다.

둘째, 문화산업은 예술의 원본성을 훼손한다. 작품을 예술로 만드는 것은 작품이 가지고 있는 유일무이한 현존성, 즉 아우라(Aura)인데, 문화산업은 이를 기계화된 형태로 바꿈으로써 예술의 고유한 가치를 없앤다는 것이다. 문화산업이 제공하는 기계화된 문화는 그 외양만을 보존할 뿐 실질적인 문화의 의미를 제대로 전달할 수 없다. 예컨대 고야(Goya)의 「마야」는 뛰어난 회화 작품이지만, 이것이 성냥갑에 인쇄되었을 때는 그저 음란한 누드화에 지나지 않는다. 이것은 예술이 자신의 아우라를 보존하지 못한 채 상품의 일부분이 되어버렸기 때문이다. 호르크하이머와 아도르노는 이러한 예술의 타락이 진정한 예술 감상을 통해 경험할 수 있는 '불일치의 전율'을 박탈한다고 비판한다.

또한 문화산업이 약속하는 욕구의 충족은 항상 거짓된 것으로, 줄거리나 겉포장이 제공하는 즐거움을 계속 바꾸어가기 때문에 약속은 끊임없이 연장된다. 예컨대 문화산업이 자극하는 성적 충동은 대담한 묘사를 통해 대중을 유혹하지만 실상 이러한 욕구는 승화하지 못한 채 억압된다. 소비자는 자신을 영원한 소비자로서, 즉 문화산업의 객체로 느끼는데 이것이 바로 문화산업 체계의 논리이다. 문화산업은 사실상 유흥(amusement)이다. 문화산업이 제공하는 유흥은 즐거움을 즉각적으로 제공하고, 그 자극의 수용은 단지 문화산업에 몸을 맡기고 수동적으로 향유하는 것에 불과한 것이다. 따라서 진정한 즐거움이라기보다는 노동의 연장에 불과하다. 사적 영역의 특권으로 인정되는 여가는 문화산업이 제공하는 생산물의 소비에 다름 아니고, 이렇게 문화산업의 지위가 강화되면 될수록 그것은 소비자의 욕구를 생산, 통제, 훈련시키는 결정적인 힘을 갖게 되며, 심지어 소비자들의 관심까지도 전적으로 좌우한다.

산업화된 문화생산은 또한 의식산업(consciousness industry)이기도 하다. 의식산업은 지배 질서를 공고화하기 위해 의식을 생산하고 관리하고 조직화하고 통제한다는 점에서 인간의 의식을 만들어내는 산업이다. 즉, 매스미디어가 생산하는 것은 상품이 아니라 비물질적인 것, 즉 모든 종류의 의식 내용, 의견, 판단, 편견과 같은 것이다.

문화산업 혹은 의식산업으로서의 미디어는 대중을 기만하고 획일화하며 사이비 개성을 만들어낸다. 호르크하이머와 아도르노는 대중매체가 약속하는 환상의 세계가 거짓된 것이며, 대중의 욕구 충족은 항상 유보되고, 결국 대중은 문화산업의 전일적 지배하에 놓이게 될 뿐이라 비판한다. 이것은 대중문화가 자발적으로 아래로부터 만들어진 것이 아니라 위로부터 조작된 상품에 다름 아니기 때문이다. 문화산업을 통해 충족되는 거짓 욕구란 개인을 억압하는 것을 통해 이익을 얻는 특정의 사회적 세력이 개

문화자본

부르디외는 문화자본이 세 가지 형태를 취한다고 말한다. 첫 번째는 제도화된 문화자본으로 학력이나 자격증 등이 대표적이다. 두 번째는 예술작품과 같이 소유할 수 있는 문화자본이 있다. 마지막으로 체화된 문화자본이 있는데, 이는 오랜 교육과 훈련의 결과 획득되는 취향이나 행동방식을 지칭한다.

인에 대해 부과하는 욕구를 말한다. 그것은 고역, 공격성, 궁핍한 상황 및 부정을 영속시키는 욕구이며, 이것은 결국 문화산업의 지배를 영속화시킬 뿐인 것이다.

4. 노동자계급, 문화취향과 상징적 지배

앞서 문화의 위계화가 가지는 효과를 살펴보았는데, 이것은 현대사회에서 새로운 계급 현상을 낳는다. 지금까지는 계급을 경제적이고 정치적인 측면, 즉 생산수단의 소유 여부, 사회적 분업 속에서의 위치, 권력의 분배, 조직에서의 위치와 기능 등에 따라 구분했다. 하지만 계급 현상은 문화와 밀접한 관련이 있다. 즉, 계급구조는 문화적으로 재생산될 뿐만 아니라, 문화를 위계적으로 구성함으로써 문화를 통한 계급지배를 유지하는 기능을 하는 것이다. 프랑스 사회학자 부르디외(P. Bourdieu)는 문화를 단순한 관념적 형태가 아니라 뚜렷한 물질적 실체로 간주하며, 그래서 이를 문화자본(cultural capital)이라 부른다. 문화자본 개념이 보여주는 것은, 문화 영역이 물질적·경제적 영역에 대해 자율성을 가진 하나의 독립된 영역이며, 문화자본을 소유한다는 것은 특정한 지배 형태와 관련이 있다는 것이다. 우선 그가 구별짓기(distinction)라 부른 문화적 실천의 논리에 대해 살펴보자.

경제적 자본은 고용관계나 지배/피지배 관계를 통해 '착취(exploitation)'에 의한 경제적 이익을 획득하는 반면, 문화자본은 고유한 문화적 실천을 통해 구별의 이익을 전유하는 것으로 나타난다. 구별의 이익이란 소유한 문화자본의 차이를 통해 얻을 수 있는 유무형의 이익을 지칭하는 것이다. 예컨대 바른 언어를 말할 수 있는 능력은 언어를 통한 문화적 영향력과 지배를 만들어낸다. 앞서 유한계급(leisure class)의 과시적 소비가 자신의 과시적 문화를 준예절이라는 형태로 정당화할 수 있음을 지적했다. 옷을 고르는 안목, 식사의 예법 등이 이 준예절에 해당되는 것인데, 이것은 강한 구속력을 갖지는 않지만 구별짓기를 통해 행동의 모범, 존경의 대상이 된다.

이러한 예절 혹은 준예절은 단기간에 형성될 수 없고 장기간의 훈련과 습득이 필요한데, 이렇게 개인의 행동지침처럼 만들어져 개인에게 내면화되는 것을 일컬어 부르디외는 아비투스(habitus)라는 신조어를 통해 개념화한다. 아비투스는 세대를 걸쳐 형성되는 개인적이고 계급적인 성향으로 문화적 취향, 습속, 행동양식, 예절 등과 같은 형태로 형성·유지되거나 세대를 통해 계승된다. 문화자본은 이 아비투스를 통해 형성·유지·재생산되는 특징을 가진다. 부르디외는 문화자본을 제도화한 형태와 제도화하지 않은 것으로 구분하는데, 아비투스를 통해 유지되는 성향은 제도화하지 않은 문화자본을 지칭하며, 졸업장이나 자격증 등은 제도화한 문화자본에 해당된다.

문화자본을 통해 만들어지는 구별의 이익은 단지 상대적 이익의 획득이라는 차원을 넘어선다. 그것은 사회질서의 유지 및 지배와 관련이 있으며, 이를 부르디외는 '상징적 지배' 혹은 '상징폭력'이라 칭한다. 상징적 지배란 일종의 정당화로서, 현재 존재하는 세계와 그 의미 질서를 당연한 것, 자연스러운 것으로 만들어 전체 사회의 통합에 기여하며 동시에 피지배계급들의 무관심 혹은 허위의식을 만들어내는 한편 기존의 위계적 질서에 정당성을 부여한다. 이것은 다른 의미에서 상징폭력이기도 한데, 왜냐하면 피지배자들이 점잖고 비가시적인 형태의 폭력이라고 잘못 인식(오인, miscognition)할 뿐만 아니라, 복종해야 할 것으로 생각하기 때문이다. 상징폭력이 가지는 특징은 폭력으로서 행사됨에도 불구하고 폭력으로 인식되지 않는다는 점에 있다. 더 나아가 피지배자들은 그 본질을 잘못 이해하고 거기에 적극적으로 공모하는 경향마저 존재한다. 즉, 오인은 상징적 지배와 상징폭력을 재생산하는 중요한 메커니즘이라 할 수 있다.

우리는 예절과 같은 사례에서 이러한 상징폭력의 작동을 확인할 수 있다. 포크와 나이프를 순서대로 사용하는 방법은 문화적 절차를 지키는 것으로 보이지만, 실은 상층계급의 과시가 관습화되어 지배의 수단으로 작용하는 경우다. 베블렌은 예절을 유한계급의 과시를 정당화하는 것으로 이해했으며, 이러한 예절을 지킬 수 있는 능력은 곧 문화적으로 우월함을 의미하는 것이며, 문화적 지배를 관철하는 것이다.

5. 노동자계급 문화의 의미

우리는 이 장에서 문화를 정치적·권력적 속성에 주목하여 정의했고, 이를 토대로 노동자 문화의 특징과 문화적 지배의 양상들을 살펴보았다. 현대사회는 대중문화가 지배적인 문화로 자리 잡고, 노동자계급 문화의 주된 부분은 이 대중문화 속에 위치하고 있다. 오락과 유흥을 본성으로 하는 대중문화에 대해서는 두 가지 시각이 존재한다. 한 입장은 대중문화의 본성을 오락으로 파악하고, 이 오락이 인간 정신에 어떻게 관계하는가 하는 문제를 제기한다. 몽테뉴는 인간의 본능적 욕구는 변화할 수 없으며 따라서 그러한 본능적 욕구를 최대한 발현하도록 하는 것이 최선이라고 여겼다. 오락과 쾌락은 본능적 욕구를 만족시키는 것이기 때문에 그것을 전적으로 부정해서는 안 된다는 것이다. 이런 점에서 대중적 오락은 좀 더 긍정적으로 평가되어야 할 필요가 있다. 반면 파스칼은 오락과 현실도피가 인간이 가진 불가피한 욕구이지만 인간만이 갖고 있는 좀 더 고상한 노력으로 그러한 욕구를 억제해야 한다고 주장했다. 내면화된 도덕적 자아는 오직 금욕의 고독 속에서만 더 고양될 수 있는 것이며, 오락의 유혹을 물리칠 수 있고 그로부터 구원의 길로 인도될 수 있다.

노동자계급 문화는 이 양자의 어느 중간쯤에 위치할 것이다. 그렇지만 분명한 것은 어떤 문화를 만들어내거나 문화를 향유하는 것은 인간 본성의 계발이자 실현이기 때문에 모든 문화는 민주적 소유 및 접근의 대상이 되어야 하다는 당위성을 가진다는 것이다. 문자 해독률이 높아지면서 문화는 기존의 귀족 독점에서 부르주아지, 중류층, 노동자계급으로 그 향유의 범위가 넓어진 반면, 이것이 전반적인 보편적 문화향유의 상태로 나아가지 못하고 새로운 위계와 차별성을 드러냈다. 이런 점에서 노동자계급의 문화 향유를 지속적으로 확대시켜야 할 민주주의적 의제로 설정해야 하는 것이다.

　다른 한편으로 대중문화는 항상 그 내부에 긴장적인 요소들을 갖고 있다는 사실 또한 지적되어야 한다. 노동자 문화는 상층계급의 문화나 대중문화와 구별되는, 그렇지만 여전히 잠재적인 긍정적인 내용을 갖고 있다. 노동자 문화는 지배적인 대중문화에 대한 저항의 의미를 가지는 문화적 변주를 끊임없이 만들어내고 있다. 또한 노동자 문화에 역사적으로 선행하는 민중문화 역시 대중문화나 지배계급의 문화와는 다른 독특성을 갖고 있으며, 이것은 노동자계급 문화의 잠재적인 부분으로 남아 있다. 한 계급이 역사적으로 형성시켜온 다양한 삶의 방식은 언제나 독특한 문화로 표출될 수 있는 상징적 저장고의 역할을 수행한다. 역사적으로 보면 대중들이 선호하는 문화가 고급예술을 자극하여 팝아트와 같은 새로운 예술을 낳기도 했고, 노동자계급에 의해 선호되는 통속소설이 지배적인 점잖은 문학에 대한 '낯설게 하기(defamiliarization)'의 효과를 발휘하기도 했다. 즉, 대중문화나 노동자 문화는 기존 문화에 대해 때로 저항의 의미를 가지며 이로부터 문화를 혁신할 잠재력을 발휘할 수도 있는 것이다. 이런 점에서 노동자계급 문화를 저급한 문화로만 인식해서는 안 되며, 그 내부에 새로운 창조적 가능성과 지배적인 대중문화를 낯설게 만들 가능성을 보유하고 있음을 주목할 필요가 있다.

낯설게 하기

슈클로프스키(V. B. Shklovsky)를 비롯한 러시아 형식주의자들이 사용함으로써 유명해진 이 개념은 미(美)의 발생형식에 대한 탐구의 한 결과를 반영하는 개념이다. 인간은 익숙하게 사용하는 관습적 언어보다는 낯선 언어들에서 아름다움을 느끼기 때문에, 의도적인 낯설게 하기는 습관적 감각보다 음미의 시간과 절차를 제공함으로써 미학적 의미를 부여할 수 있다는 것이다. 이와 유사하게 브레히트(B. Brecht)도 관객이 연극으로부터 새로운 의미를 자각할 수 있도록 만드는 장치로서 낯설게 하기를 적극적으로 활용했다.

이야깃거리

1. 찰리 채플린의 영화 〈모던 타임즈〉를 보며 자본주의적 노동의 의미를 생각해보자.
2. 문화와 권력의 관계를 생각해보자.
3. 문화를 고급과 저급으로 구분할 수 있는가, 또 저급문화를 향유하는 것이 저급한 집단임을 의미하는 것인가를 생각해보자.
4. 대중문화의 문제점을 미디어 프로그램들과 관련하여 비판적으로 검토해보자.
5. 우리 사회의 노동운동의 역사와 노동자 문화는 어떤 관계에 있는지 생각해보자.

읽을거리

『영국 노동계급의 형성』. E. P. 톰슨. 나종일 외 옮김. 2000. 창비.
영국의 역사가인 톰슨이 저술한 기념비적인 저작으로, 18~19세기 영국 노동자계급의 주체적이고 정치적인 계급실천을 분석한다. 이 책은 기존의 계급연구들이 경제적이고 구조적인 조건들을 강조했던 것에 반대하며, 노동자계급의 자생적인 문화와 주체적·정치적 실천을 강조한다.

『계몽의 변증법』. 호르크하이머·아도르노. 김유동 옮김. 2001. 문학과지성.
이 책은 20세기 자본주의 문명이 왜 야만의 모습으로 나타나는지를 철학적으로 성찰한다. 이 중 「문화산업」 장은 매스미디어가 만들어낸 대중문화가 개인들의 욕망을 자극하고 가짜 개성을 만들어내는 획일화된 상품에 지나지 않음을 비판한다. 현대 자본주의가 초래한 대중문화의 어두운 부분을 비판적으로 성찰하는 비판이론의 대표적 저서 중 하나다.

『**구별짓기**』. 피에르 부르디외. 최종철 옮김. 2005. 새물결.

이 책은 문화와 예술이 어떻게 계급별로 차이를 발생시키는지, 그리고 그러한 차이가 지배와 어떻게 연결되어 있는지를 분석한다. 부르디외는 이 책에서 우리가 일상적으로 경험하는 취향이나 예술에 대한 이해, 향유하는 문화가 단지 개인의 차이에 그치는 것이 아니라 계급별로 오랜 기간을 거쳐 체계적으로 형성됨을 미술, 음악, 주거 등의 구체적 사례를 통해 밝히고 있다. 또 이러한 차이는 계급 간 위계와 지배-복종의 관계를 만들어내고, 구별의 이윤을 형성함을 보여준다.

『**문화연구와 문화이론**』. 존 스토리. 박이소 옮김. 1999. 현실문화연구.

영국 문화연구는 문화연구의 새로운 지평을 연 중요한 학문적 흐름이다. 이 책은 버밍엄 대학의 '현대문화연구소(Center for Contemporary Cultural Studies)'를 중심으로 형성된 문화연구의 역사, 주요 연구 주제와 접근법, 쟁점들을 소개하는 개론서이다.

14

젠더와 노동

주요 용어

젠더, 감정노동, 돌봄노동, 노동시장분절, M자형 참여, 성별 직업 분리, 비정규직, 일-가족 양립, 일-삶 균형, 직장 내 성희롱, 1.5인 소득자 가족 모델, 남성중심적 노동규범

여성의 취업이나 맞벌이가족은 이제 보편적인 현상이 되고 있다. 학업을 마친 사람은 누구나 노동시장에서 일자리를 구하고 자신의 생계를 꾸려가야 하며, 그 책임은 여성이라고 해서 면제되지 않는다. 그러나 취업을 준비하는 많은 여성들은 노동시장에 나서는 것이 두렵다. '여성이라는 이유로 차별받지 않을까?' 그들의 우려를 뒷받침하는 근거도 적지 않다. 전문직 여성의 성공담이 실린 신문기사의 뒷면에서는 저임금 여성노동자의 실태가 나란히 소개된다. 기업의 임원으로 승진한 여성이 있는가 하면 구조조정 1순위로 해고된 여성노동자들도 무수히 많다. "가장 늦게 채용되고 가장 먼저 해고된다(last hired, first fired)"라는 여성의 노동시장 지위는 서구 사회의 경우 상당히 개선되어온 것으로 평가된다. 우리 사회 여성의 노동시장 지위는 어떻게 변해왔는가? 이 장에서는 한국 노동시장에서 여성들이 처한 위치가 어떻게 달라져 왔는지, 문제점은 무엇인지 살펴보고 실천과제를 생각해본다.

1. 여성의 관점에서 바라본 노동

초등학교 교사의 80% 이상은 여성인데, 왜 부장교사나 교감, 교장선생님은 남자가 많을까?

기업에서 경리나 안내, 청소 업무를 하는 사람들은 왜 모두 여성일까?

여성들은 왜 취업을 위해 다이어트나 성형수술을 하려고 할까?

이런 의문을 품어본 적이 있는 사람이라면 '젠더와 노동'은 흥미로운 장이 될 것이다. 단순히 여성노동에 대한 설명이 아니라 '여성'의 관점에서 노동을 이해하고 여성과 남성의 노동시장 조건을 새롭게 해석하려는 것이 이번 장의 목적이기 때문이다. 여성의 관점 또는 젠더적 시각(gender perspective)▼에서 노동을 이해한다는 것은 단지 여성노동자에 대한 통계를 모으고 해석하는 작업이 아니다. 여성을 남성과 같은 존재로 보고 분류적 차원에서 구분하여 다루는 것은 보통 '소재주의'라고 평가된다. 여성노동자에 대한 문제 인식 없이 단순한 소재로서 접근한다는 지적이다.

여성노동자는 노동자이기에 앞서 여성이기 때문에 여성과 남성 사이에 발생하는 권력과 기회, 자원의 불평등성에 대한 충분한 고려에 기초해 접근해야 한다. 노동시장에 들어오기 이전에 우리는 여성 또는 남성으로 길러지며, 이렇게 축적된 차이는 노동시장에서 직업과 산업, 고용형태와 임금 등 노동조건을 결정하는 데 중요한 영향을 미친다. 또 노동시장 안에서도 여성과 남성에 대한 차별적인 관행과 의식이 자리 잡고 있으며 성차별의 폐지와 개선을 위한 노력에도 불구하고 쉽게 사라지지 않고 있다.

위에서 제시한 세 개의 질문은 각각 유리천장(glass ceiling), 노동의 성별분업(gender division of labor), 숙련과 섹슈얼리티에 관련된 것들이다. 첫 번째 질문은 한국 사회에서 여성들은 관리직으로 승진하기 어렵다는 사실과 깊은 관련이 있다. 유리천장이라고 불리는, 눈에 보이지는 않지만 조직 내 상향 이동에서 여성들이 겪는 성차별이 그것으로, OECD 국가에서 관리직 여성의 비율은 평균 28.3%인 데 비해 한국은 9%에 그치고 있

▼ 젠더적 시각이란 젠더(gender)의 문제의식을 가지고 현상을 이해하려는 입장을 말한다. 젠더란 여성과 남성의 의식과 행동, 성역할, 사회적 지위, 규범 등과 관련된 차이는 단순히 생물학적 차이에서 비롯된 것이 아니라 사회문화적으로 형성된 것이라는 개념이다. 젠더는 남성중심적 사회에서 여성에 대한 차별과 불평등을 정당화하고 재생산하는 기제가 된다.

다는 보고가 이의 존재를 알려준다(OECD, 2009). 두 번째 질문은 여성과 남성이 하는 일의 차이로, 여성은 남성을 보조하는 업무나 비교적 단순한 업무, 가사노동과 유사한 업무를 하는 것이 당연하다는 믿음과 관련된 것이다. 성별에 따라 하는 일이 달라져야 한다는 이러한 고정관념은 노동시장에서 여성을 단순반복적인 저임금 노동에 배치하고 그것을 정당화하는 효과를 낳는다. 세 번째 질문은 여성은 남성에 비해 외모로 인한 불이익을 더 크게 겪으며, 업무능력보다는 외모가 중요한 채용의 기준이 되는 저숙련의 일자리에 취업한다는 사실과 관계가 있다.

노동시장에서 여성이 처한 이러한 상황은 객관적인 지표의 분석만으로는 이해하기 어렵다. 따라서 노동자로서 여성이 직면한 현실적 조건을 살피기 위해서는 노동시장 안팎에 존재하는 성 불평등의 관행과 인식, 제도들의 효과를 숙고하면서 각 지표들이 의미하는 바를 탐구해야 한다. 이장에서 우리는 한국 사회에 존재하는 젠더 체제(gender regime)와 성별 불평등에 대한 인식을 토대로 여성노동자의 조건을 살펴볼 것이다.

2. 노동 개념의 남성중심성

1) 여성노동의 배제

"'노동자'라는 단어에서 떠오르는 이미지는 어떤 것인가요?"

이런 질문을 받는 많은 사람들은 건설 현장이나 자동차공장에서 땀 흘리며 일하는 남성의 모습을 연상할 것이다. 마찬가지로 '일하는 여성(a working woman)'이란 단어도 자주 사용되지만, 곰곰이 따져보면 심각한 편견을 내포하고 있음을 알 수 있다. '일하는 남성'이라는 단어 자체가 존재하지 않는 데 비해 굳이 이 단어를 사용하는 이유는 여성은 주로 집에서 가족을 돌보는 사람들이므로 임금노동을 하는 여성은 '일하는' 집단으로 따로 분류해야 한다는 고정관념 때문이다. 이러한 '일' 또는 '노동' 개념은 사회(公)와 가정(私)을 분리하고 사회적인 영역에서 수행되는 활동만을 일이나 노동이라고 규정해온 남성중심적 사고에서 형성된 것이다.

역사적으로 어느 시대 어느 사회에서나 여성은 사회적 생산노동의 많은 부분을 담당해왔다. 인류가 '노동'이란 것을 시작한 최초의 시기인 수렵채집사회(the hunting-gathering society)에서 생산노동의 60~70%를 차지하던 채집활동의 주 담당자는 여성이었다. 동물의 포획은 시기적으로나 양적으로 제한되어 있고 위험을 감수해야 했기 때문에 대부분의 부족들은 여성이 채집해온 풀, 열매나 뿌리 등을 주요 식량자원으로 삼았다. 여성은 또한 일상생활에 필요한 다양한 도구들을 만들어내기도 하고 갖가지 식물들의 약효(藥效)를 터득하여 환자를 치료하는 의료행위를 전담했다. 고대 노예제 사회와 중세 봉건제 사회에서도 여성은 가내 노예나 농민, 수공업자로서 농업노동을 비롯한 다양한 물질 생산노동을 수행했다. 우리나라의 경우 조선시대 여성이 전담한 밭농사는 전체 농업 활동의 60~80%를 차지했으며, 여성들이 짠 베나 면포, 비단 등 직물은 현금과 같은 지위를 가졌다.▼

근대사회에 이르러 여성은 가족을 중심으로 한 노동력의 세대적·일상적 재생산에 전념하기 시작했지만, 20세기 후반으로 가면서 점점 더 많은 여성들이 노동시장에 들어가게 되었다. 자본주의 근대사회는 산업생산의 폭발적 증대의 결과 여성이 가정 안에서 돌봄노동만을 수행할 수 있는 역사상 최초의 가능성을 열어주었다. 부르주아계급의 여성들은 가정 안에서 출산이라는 세대적 재생산과 함께 남성과 아이를 돌보는 일상적 재생산활동에 전념하게 되었다. 그러나 노동인구의 풀(pool)을 넓혀가려는 자본의 요구와 가족 수입원의 다원화 필요성, 대중교육의 확대와 여성들의 경제적 독립 욕구 등 수요 측과 공급 측의 요인들이 맞물리면서 여성들의 노동시장 참여율은 계속 향상되어왔다. 21세기에 이르면 서구 선진사회의 경우 여성들의 노동시장 참여율은 60%를 넘어서고 있으며 스웨덴과 같은 나라는 70%를 상회해 남성과의 격차도 줄어드는 모습을 보인다.

그러나 현실적인 기여와는 달리, 노동시장에서 여성의 지위는 여전히

▼ 조선 사회는 쌀의 생산, 즉 논농사를 중요시했지만, 논과 밭의 비율이 조선 초기에는 2:8로 밭농사가 압도적이었으며, 정부의 지속적인 관개사업으로 논의 면적이 증가한 후기에도 3:7의 비율에 그쳤다. 따라서 농민들은 식량의 대부분을 밭농사에서 얻었다(한국여성연구소 여성사연구실, 1999).

불안정하다. '노동'의 의미가 가정 밖에서 이루어지는, 돈벌이를 위한 활동으로 한정되기 때문이다. 보통 취업이나 고용(employment)과 같은 뜻으로 사용되는 '노동' 개념은 공식 노동시장 안에서 발생하는 고용관계를 전제로 하기 때문에 그 외부에 존재하는 다른 일들을 배제시키는 위험이 있다. 가족이나 친족 등 소규모 공동체 안에서 이루어지거나 시장에서의 판매를 목적으로 하지 않는 생산활동들은 여성의 몫인 경우가 많고 상당 부분 노동으로 계산되지 않는다. 또한 가족 안의 돌봄(care)에 대해서는 노동이라는 인식조차 성립되지 않고 있다. 생명의 유지와 존속을 위한 활동이지만 '노동'으로 간주되지 않는 활동의 담당자는 여성이다. 따라서 가사와 양육 노동, 노인이나 환자의 돌봄, 가정 안팎에서 가족의 소비나 시장 판매를 위해 수행하는 무급노동과 지역사회 구성원을 돌보는 여러 가지 활동들을 전담하고 있지만, 여성은 노동자이기보다는 주부나 어머니 또는 다른 이름으로 불린다.

그러므로 어떤 활동이 '노동'인지 아닌지를 판단하는 구분 기준 자체가 문제가 될 수 있다. 여성주의 연구자들은 우리 사회의 '노동' 개념이 두 가지 측면에서 남성중심적이라고 비판한다. 첫째, 노동 개념의 정의에서 '노동'과 '노동이 아닌 것'의 구분이 인간 활동 자체에 내재되어 있는 것은 아니며 남성중심적인 사회적 합의의 산물이라는 것이다. 대표적인 예로, 19세기 경제학의 성립 과정에서 나타난 가사노동 가치 논쟁을 들 수 있다. 가사노동을 경제적 가치를 생산하는 활동(생산노동)에 포함시킬 것인가 하는 문제를 두고 찬반론이 대립했던바, 결국 비경제활동으로 분류된 것은 당시 학계를 지배하던 남성 학자들이 지닌 경험의 한계 때문이라는 것이다. 우리는 일상의 가사노동 없이는 살아갈 수 없지만, 그 의무를 지지 않는 남성들의 관점에서 볼 때 그것은 가치 있는 인간 활동으로 보기 어렵다.

둘째, 노동 개념이 남성중심적인 또 다른 이유는 노동이라는 활동 안에서 무엇을 가치 있는 것으로 인정할 것인가 하는 노동의 구성요소와 관련된다. 우리에게 익숙한 정신노동과 육체노동의 구분을 생각해보면, 노동이라고 불리는 활동은 정신적 요소(지식, 이성 등 정신적 능력을 사용하는 활동)와 육체적 요소(손, 근육 등 몸을 사용하는 부분)로 이루어지며, 노동에 대한 보상, 즉 임금은 일하는 사람이 그녀(그)의 정신적·육체적 능력을 사용한 대가로 주어진다. 이러한 노동 개념은 지적 노동(학자, 작가)이나 기능적 노동(목수, 기계공)을 주로 하는 남성의 활동을 설명하는 데 유용하다. 그러나 여성이 수행하는 많은 일에는 정신과 육체뿐만 아니라, 인간의 감정(感情)을 돌보는 요소가 중요한 비중을 차지한다. 어머니가 아이를 돌볼 때, 그녀의 노동을 정신적·육체적 요소로만 환원할 수 있을까? 아이의 마음을 읽고 이야기를 나누고 지지해주는 정서적 돌봄 역시 중요한 요소는 아닐까? 같은 활동을 어린이집의 보육교사가 할 때, 그녀에게 역시 이것은 매우 중요한 '노동'이 된다. 여성주의 연구자들은 여성이 하는 일 중 상당한 부분이 이와 같은 '감정노동'의 성격을 띠지만, 노동시장에서 이것은 가치 있는 요소로 인정되지 않기 때문에 여성의 일을 저평가하는 결과를 낳는다고 해석한다. 역사적으로 여성은 늘 노동을 해왔지만, 노동 개념이나 관련된 이론과 분석도구들은 여전히 남성중심적이라는 사실을 알 수 있다.

2) 여성노동의 특징

감정노동

여성노동자들이 수행하는 업무에 내포된 두드러진 특징 중의 하나는 감정과 관련된 것이다. 여성노동자들은 기업의 이윤 창출을 위해 고객과 자기 자신의 감정을 관리하는 임무를 부여받는다. 보통 판매직이나 서비스직 노동자들의 업무에서 많이 필요한 이러한 행위에 대해 혹실드(Hoch-schild)는 감정노동(emotional labor)이라는 이름을 붙이고 이것은 정신노동과 육체노동이라는 과거의 노동 개념으로 포착할 수 없는 요소라고 규정했다(Hochschild, 1983). 감정노동이란 다른 사람들(고객들)에게 적절한 마음의 상태를 만들어내는 외적 모습을 유지하기 위해 노동자가 자신의 어떤 감정을 이끌어 내거나 억압하는 행위를 가리킨다. 그것은 단순히 개인이 자기감정을 조절하는 차원을 넘어 임금을 위해 팔리는 상품과 같은 교환가치를 갖는다.

한 예로, 백화점 판매직 여사원들은 물건을 팔기 위해 고객의 감정을 살피고 지지하여 구매를 결정하도록 이끌어간다. 이 과정에서 간혹 고객과 갈등을 빚거나 고객의 무리한 요구에 마음을 상할 수도 있지만 유능한 노동자라면 자신의 감정을 숨기고 고객의 감정을 다치지 않게 하여 구매행위를 유도해낼 것이다. 그 결과 노동자의 이러한 행위와 능력은 백화점의 매출액을 늘리고 기업의 이윤 창출에 기여하게 된다. 또 다른 예로, 비행기 승무원의 경우 운항 중에는 늘 미소를 짓도록 훈련받는데, 이는 그들의 미소를 통해 비행의 안전성에 대한 확신을 고객에게 전달하기 위해서이다. 그러나 미소 짓는 얼굴을 보여주기 위해 승무원들은 때로 자신의 자아를 억누르고 감정을 조절해가지 않으면 안 된다. 나아가 이런 모든 과정이 결코 힘들지 않다는 것을 보여주는 일까지 수행해야 하는데, 승무원들의 이 같은 감정노동은 탑승객들이 가질 수 있는 불안감이나 동요, 피로감을 억제하는 데 중요한 기능을 한다.

혹실드는 감정노동이 한 측면에서는 서비스의 전달이지만, 다른 측면에서 보면 노동자를 자신으로부터 소외시키는 과정이라고 해석한다. 승무원들은 표면적 수준에서 '올바른(right)' 감정을 보여주기 위해 개인적으로 느낄 수 있는 다른 감정들을 억압하거나, 업무에서 요구되는 감정 이외에 다른 느낌들을 회피함으로써 결국 감정이나 느낌에 대한 능력 자체에 손상을 받을 수 있기 때문이다. 혹실드 이후 감정노동의 중요성에 대한 연구가 진행되면서 감정노동도 노동의 중요한 요소라는 점이 점차 인정되기 시작하고 있다. 감정노동은 개인의 주관적 느낌이 아니라, 사회적으로 설계되고 위에서부터 철저히 조직된다는 데 특징이 있다. '감정노동의 사회적 설계', 즉 개인의 감정 관리가 노동시장으로 끌어들여져 인간의 노동으로 팔릴 때 그것은 표준화된 사회적 양식으로 규격화된다. 서비스직이 아니더라도, 대부분의 기업은 노동자의 감정 관리에 대한 명시적 또는 암묵적인 규칙을 가지고 있으며 노동자들은 개인의 의사와는 무관하게 그러한 규칙들을 준수해야 한다. 혹실드는 미국의 경우 약 1/3의 노동자들이 실질적으로 감정노동을 하고 있고, 여성노동자 중에는 약 1/2이 감정노동을 포함하는 직업을 갖는다고 보았다. 한국에서도 판매직이나 서비스직에 종사하는 다수의 여성노동자들이 감정노동을 수행하고 있다.

돌봄노동

보육교사, 간병인, 간호사, 사회복지사와 같은 직업들에 내포된 또 다른 특징은 다른 사람들을 돌보는 일(care work)이라는 점이다. 혼자서 일상생활을 수행하기 어려운 어린아나 노인, 환자, 장애인 등 의존적인 상황에 처한 사람들의 의·식·주를 돌보고 몸과 마음의 건강을 보살피는 노동이다. 이처럼 일상적 삶을 돌보는 일은 보통 '가사노동'이라는 이름으로 가족 안의 여성 — 주로 주부나 어머니 — 이 수행해왔다. 그러나 점차 이러한 역할의 많은 부분이 사회적 영역으로 이전되면서 돌봄노동은 임금노동의 한 분야가 되었고 여성들의 일자리가 되었다.

인간은 누구나 태어날 때부터 죽을 때까지 생애주기에 걸쳐 상황에 따라 누군가에게 의존하지 않으면 안 된다는 점에서 돌봄은 인간 실존에 필수적인 요소라고 할 수 있다. 또 현대사회에서 가족규모가 작아지고 여성들도 노동시장에 나가게 되면서 가정 안에서 수행되던 돌봄 기능이 사회화되어야 한다는 사실 역시 분명해지고 있다. 그러나 사회적 영역으로 이전된 돌봄노동은 여성들이 해왔던 일이고 노동시장에서도 여성들이 주로 한다는 이유로 가장 낮은 임금을 받는 직무가 되고 있다. 보육이나 간병 업무의 경우 정부가 자격증 소지를 의무화하고 일정한 교육을 수료해야 하지만, 저임금 일자리에서 벗어나지 못하고 있다. 보육이나 간병 노동의 임금 결정에서 중요한 역할을 하는 사회적 규범은 이 노동이 전통적으로 여성들이 가정에서 수행하면서 체득한 자연스런 일이라는 인식을 전제로 하기 때문이다. 이러한 인식을 기초로 정부도 돌봄노동자의 교육훈련과 자격조건을 낮은 수준에 제한하고 있어 저임금을 지속시키는 결과를 낳고 있다. 나아가 돌봄노동은 사람에 대해 수행되는 노동이므로 직무 측정이 어렵고 직무에 대한 적절한 평가도 이루어지지 못하고 있다. 그리고 돌봄노동이 갖는 대면적이고 인간지향적인 속성이 돌봄노동자들 스스로 낮은 임금을 수용하도록 작용하기도 한다.

이처럼 여성들이 수행하는 돌봄노동의 많은 부분은 그것들을 전통적으로 여성이 전담해왔다는 이유로 인해 평가절하되며, 돌봄대상자의 요구에 따른 가변성으로 인해 적절한 직무평가가 이루어지지 못하고 있다. 또한 돌봄노동자는 그녀가 보살피는 돌봄대상자(노인이나 아동 등)와 맺는 정서적 관계로 인해 저임금을 참고 받아들이는 상황에 놓이기도 한다.

3. 노동시장과 성별 차이

1) 노동시장분절과 차별 요인으로서 젠더

최근 전개되는 노동시장의 변화는 노동 상품화의 새로운 단계를 예고하는 것으로 이해되고 있다. 울리히 벡(U. Beck)은 이를 노동의 탈표준화 테제(Destandardization of Labor Thesis)로 정의하는데, 서구 사회에서 산업혁명과 노동운동의 성과로 구축된 노동조직과 노동자보호시스템이 점차 붕괴되고 있다는 것이다. 노동자에게 주어진 일정 수준 이상의 임금과 고용보장, 조직행동의 권리 등이 급격히 약화되고 있는 현상이 그것이다. 따라서 벡은 블루칼라 노동자와 화이트칼라 노동자의 분리라는 전통적인 구분이 풀타임 정규직 노동자와 유연하고 미조직된 저고용(underemployment) 노동자 사이의 구분으로 대체되고 있다고 본다. 단순하게 표현하면, 정규직과 비정규직이 노동자계급의 새로운 분리선(경계)이 되고 있다는 것이다. 이러한 노동의 탈표준화는 고용의 질을 저하시키며 노동조직과 관행에서 이질성을 증가시키고 있다.

이러한 변화는 노동시장구조가 전통적인 기업 내부노동시장(Internal Labor Market: ILM) 모델에서 핵심-주변 모델(Core-Periphery Model)로 바

꾀고 있음을 보여준다. 기업 내부노동시장이란 별도의 입직구(入職口)의 존재, 저숙련에서 고숙련으로의 지속적인 경력 향상(직무 사다리), 내부적으로 통합되고 투명한 임금 구조, 해고로부터의 보호, OJT(현장훈련) 등의 특징을 갖는 기업 내 노동시장을 가리킨다. 지난 1990년대 이후의 상황은 이러한 내부노동시장의 배경적 요인들이 약화되거나 사라지면서 고용주가 주도하는 시장 해법(new employer-led 'market solutions')이 지배하게 된 결과라고 할 수 있다. 전 세계적 차원으로 확대되는 신자유주의 시장경제와 기업 간 경쟁은 전통적인 내부노동시장을 무너뜨리고 기업에 필요한 인력과 기술 등 자원의 상당 부분을 외부화(externalization)하는 전략을 확산시켜왔다. 그 결과 형성된 것이 핵심-주변 모델로서 이는 소수의 핵심 인력을 내부화하는 대신 그 밖의 자원과 활동을 외부로 돌리는 전략이다. 그리고 그 결과 형성된 산물이 노동시장분절(labor market segmentation)이다.

핵심-주변 노동시장 모델에서 기업은 극소수의 핵심 기술을 가진 노동력만을 보유하려는 경향성을 가지기 때문에 여성노동력의 외부화는 더욱 더 뚜렷해진다. 이러한 방향으로의 변화는 상대적으로 규제된 노동시장 체계로부터 명확한 논리나 원칙이 없는 상태로의 변화를 의미하는 것이다(Grimshaw, Ward, Rubery and Beynon, 2001). 불확실성(uncertainty)이 탈규제화한 노동시장에서 새로운 규범이 되고 있다. 그리고 누가 이러한 불확실성의 지배하에 들어가게 될 것인가 하는 문제에서 성(gender)은 전통적이고 그래서 '자연스러운' 차별의 요인이 될 위험성이 크다.

2) 한국 노동시장에 존재하는 성별 격차

한국의 노동시장은 성(gender)에 의해 분절되어 있다. 여기서 '분절'이란 노동시장이 노동자들이 지닌 여러 가지 차이로 인해 나뉘어 있고 그것들 사이에 엄격한 위계와 경계가 설정되어 서로 다른 분절에 속하는 노동자들 사이의 이동은 매우 제한되어 있다는 개념이다. 한국 노동시장에서 노동시장의 분절을 초래하는 여러 가지 요인들이 있지만, 성은 가장 대표적인 요인의 하나로 꼽힌다. 여성과 남성은 산업과 직업, 기업규모, 종사상 지위 등의 노동시장 구조적 측면에서 분절되어 있다. 2000~2010년 사이 추세를 살펴보면, 여성은 주로 보건 및 사회복지사업, 사업서비스업, 도소매업, 교육서비스업, 금융서비스업에서 일해 왔으며, 65% 이상이 30인 미만의 영세사업체에 속한다. 직종별로는 사무직이 가장 많고 전문가와 준전문가, 장치 및 기계·조립공, 단순노무직, 서비스직에 집중되어 있다. 종사상의 지위에서는 여성노동자의 다수가 비정규직이다. 뒤에서 살펴보겠지만, 노동시장에서 여성이 지닌 이러한 위치는 남성의 위치와는 매우 다르다. 그 결과 1990년대 이래 성별 임금격차는 지속적으로 감소되고 있지만 여성의 평균임금은 남성 평균임금의 60%를 조금 넘는 수준에 머물러 있다.

생애주기와 노동시장 참여의 불연속성

① 성별 경제활동참여율과 참여 유형

2010년 현재 여성의 경제활동참여율은 49.4%로 10년 전인 2000년의 48.8%에 비하면 조금 늘어났지만 그 증가세는 매우 약하다고 할 수 있다. 〈그림 14-1〉에서 여성의 경제활동참여율은 2005년 50%를 넘어섰지만 다시 떨어져 여전히 50%선을 밑돌고 있음을 볼 수 있다. 같은 기간 남성의 경제활동참여율은 74.4%에서 73%로 감소하여 성별격차가 완만하게 감소하고 있으나 역시 여성의 참여율과 비교할 때 그 폭은 매우 크다. 또 OECD 국가 여성의 경제활동참여율이 대부분 60%를 넘는 것과 비교해볼 때 한국여성의 경제활동참여율은 매우 낮은 수준이라고 할 수 있다.

여성의 경제활동참여율이 이처럼 낮은 것은 무엇 때문일까? 〈그림 14-2〉는 이와 관련된 중요한 답변을 제공한다. 2000년부터 2010년 사이 여성의 연령별 경제활동참여율을 살펴보면 전체적으로 M자형 곡선을 그리고 있다. 여성은 25~29세에 가장 높은 경제활동참여율을 나타내지만 상

<그림 14-1> 성별 경제활동참여율   (단위: %)

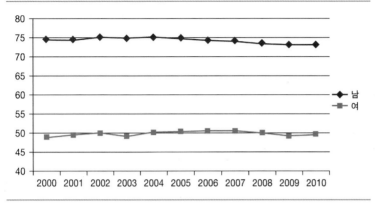

<그림 14-2> 여성의 연령별 경제활동참여율: 2000~2010년   (단위: %)

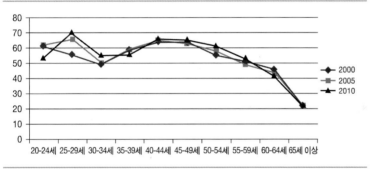

자료: 사회통계국 고용통계과.

당수가 30대에 노동시장을 떠났다가 40대 초반에 다시 돌아온다. 이는 여
성이 생애주기(life cycle)에 따라 노동시장에의 진입과 이탈, 재진입을 경
험하기 쉽다는 사실을 알려준다. 학교를 졸업하고 취업한 후 결혼과 임신,
출산, 육아 시기에 노동시장을 떠났다가 초기 양육기를 지나면 다시 취업
하는 것이다. 이러한 M자형 경제활동유형은 여성의 노동시장 참여가 불
연속적인 것임을 보여주는데, 남성의 경제활동유형은 물론 선진국 여성
의 경제활동유형도 M자형에서 벗어나 전 생애기간에 걸쳐 취업하는 연속

14 젠더와 노동 379

적인 특성으로 바뀌어왔다. OECD 국가 중에는 한국과 일본이 대표적인 M자형 참여 국가인데, 가부장적 문화의 영향력이 사라지지 않고 출산과 양육을 지원하기 위한 사회제도가 제대로 갖추어져 있지 않은 데 그 이유가 있다.

이러한 경력단절형 노동시장 참여는 여성의 노동시장 지위를 하향 이동시키는 것으로 알려져 있다. 젊었을 때 정규직으로 근무하던 여성들은 40대에 재취업할 경우 임시직이나 자영업 등 노동조건이 나쁜 일자리를 갖기 쉽다. 학력별로 구체적인 취업형태는 달라질 수 있는데, 중졸 이하의 경력단절 여성은 일용직이나 자영업, 무급가족종사자로 일하기 쉬운 반면, 대졸 이상의 여성은 임시직이나 자영업, 고용주로 재취업하는 경향이 있다. 직종이나 취업형태는 다르더라도 20대의 근로조건에 비해 더 나쁜 일자리를 갖는다는 점에서 경력단절 효과는 부정적일 가능성이 크다.

② 성별 근속년수

여성의 이러한 노동시장 참여 유형은 근속년수에서도 남녀 간 격차를 가져왔다. 근속년수, 즉 한 기업에 지속적으로 근무해온 시간에 대한 성별 차이를 살펴보면, 2007년 현재 여성은 1~3년 미만 근속자가 다소 많을 뿐 전 기간에 걸쳐 비교적 낮은 비율을 보인다(〈그림 14-3〉). 이는 남성의 경우 10년 이상 근속자가 압도적으로 많은 것과 대조적이다. 이러한 현상은 노동시장 참여 유형을 둘러싼 성별 차이가 초래한 결과이다. 남성은 학교를 졸업한 후 노동시장에 들어가 퇴직할 때까지 지속적으로 일을 하거나 구직활동을 하는 등 경제활동 상태를 유지하지만, 여성은 생애주기에 따라 취업과 퇴직, 재취업을 되풀이한다. 남성의 연속적 참여와 여성의 불연속적(또는 단절적) 참여가 근속기간의 격차를 가져온 것이다.

여성의 근속년수가 이렇게 짧은 데에는 법적으로는 위법이지만 아직 노동시장의 관행으로 남아 있는 결혼퇴직제나 임신·출산퇴직제의 영향도 무시할 수 없다. 결혼이나 임신, 출산을 앞두고 자발적으로 노동시장을 떠나는 여성들도 있지만, 회사의 비공식적 관행상 원치 않는 퇴직을 해야 하는

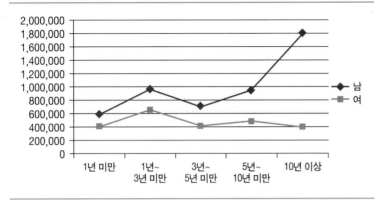

〈그림 14-3〉 성별 근속년수: 2007년   (단위: 명)

자료: 고용노동부 고용정책실 노동시장분석과.

여성들이 점점 더 늘고 있다. 한국여성노동자회에서 운영하는 '고용평등 상담실'에는 1년에도 수십여 건의 불법적 조기퇴직 사례가 접수되고 있다.

직종별 분화와 성별 직업 분리

① 직업별 분포

2006년 여성들이 일하는 직종별 분포를 살펴보면 〈그림 14-4〉와 같다. 여성은 사무직에 가장 많이 취업하고 있으며, 전문가, 장치·기계조립공, 기술공 및 준전문가, 단순노무직, 서비스직, 기능직, 판매직, 고위임직원 및 관리자, 농림어업직의 순서로 분포하고 있다. 과거에 생산직과 단순노무직이 많았던 것과 비교하여 전문가와 준전문가층이 늘어나고 있음을 볼 수 있다. 전문직과 준전문직, 사무직 여성노동자의 증가는 주로 20대 여성을 중심으로 일어나며, 40대와 50대 이상 여성노동자들이 주로 생산직과 단순노무직, 하위 서비스직과 판매직에 집중되어 있는 현실과 대조를 이룬다. 이러한 현상을 두고 최근 '여성노동시장의 이원화(二元化) 또는 양극화'라는 주장이 대두되고 있다. 1960년대 이래 공업화 과정에서 생산직과 단순노무직, 사무직을 중심으로 여성노동인구가 급증해왔고 이

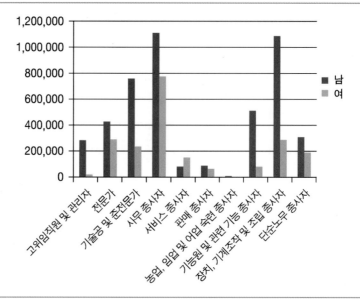

〈그림 14-4〉 성별 직업별 분포: 2006년　　　　　　　　　　　　(단위: 명)

■ 남
■ 여

자료: 고용노동부 고용정책실 노동시장분석과.

들이 현재 40대 이후 중년 여성노동자로 일하고 있는 데 비해, 최근 대졸 이상의 20대 여성들은 전문직이나 준전문직으로 노동시장에 들어가고 있기 때문이다. 이러한 연령별, 학력별 여성노동시장의 분화는 이들이 취업한 직종의 임금 및 노동조건 격차와 함께 여성노동시장 내부의 격차를 확대시키고 있는 것으로 추정된다.

② 성별 직업 분리

20대를 중심으로 한 전문직과 준전문직 여성의 증가에도 불구하고, 성별 직업 분리(occupational gender segregation), 즉 성별에 따라 직업이 나누어지는 현상은 여전히 뚜렷하다. 성별로 직업이 구분되는 현상은 수평적 분리와 수직적 분리로 나누어진다. 수평적 분리란 여성과 남성의 일자리가 산업별로 구분되는 것을 가리키며, 수직적 분리란 동일한 산업이나

〈표 14-1〉 성별 직업 분리와 직업 수   (단위: 개, %)

	직업 수	비중
여성 집중 직업	34	16.3
혼성 직업	37	17.8
남성 집중 직업	137	65.9
계	208	100.0

자료: 권혜자(2004), 한국중앙고용정보원, '산업/직업 고용구조조사(WIC-OES)' 분석 결과.

직업군에서도 지위의 높낮이에 따라 노동자의 성별이 달라지는 현상을 가리킨다. 이처럼 성별 직업 분리, '여성 직업' 또는 '남성 직업'을 구분하는 노동시장 관행은 여성의 일자리를 제한하고 여성을 저임금 노동자의 지위에 한정하는 가장 중요한 요인으로 지적되어왔다.

〈표 14-1〉에서 여성 집중 직업(여성 비중이 70% 이상인 직업)은 34개로 전체 직업(208개)의 16.3%에 그친다. 이에 비해 남성 집중 직업(여성 비중이 30% 미만인 직업)은 137개로 65.9%에 이르는 것을 볼 수 있다. 한국 노동시장에 존재하는 성별 직업 분리와 그것이 여성의 일자리를 얼마나 제한하고 있는가를 알 수 있다.

〈표 14-2〉는 34개 여성 집중 직업의 월 평균임금을 제시한 것이다. 여성 집중 직업에는 서비스직과 사무직이 많고 생산직과 전문기술직, 행정관리직이 적은 것을 볼 수 있다. 여성 집중 직업의 임금 수준을 살펴보면, 이 시기 전체 취업자의 월 평균임금이 169만 5,000원인 데 비해, 여성 집중 직업 중 대표적인 직업의 임금 수준은 '경리사무원' 99만 5,000원, '안내접수 전화교환원' 115만 9,000원, '고객상담원' 142만 4,000원, '비서' 165만 4,000원, '사무보조원' 79만 9,000원에 머물고 있다. 반대로 전체 34개 직업 중 평균임금 수준을 웃도는 직업은 4개 ― 약사 및 한약사, 보험모집인, 간호사, 패션디자이너 ― 에 불과하다. 성별 직업분리가 여성의 일자리를 제한할 뿐만 아니라 얼마나 낮은 임금의 일자리에 묶어두고 있는지 알 수 있다. 이러한 사실은 〈표 14-3〉에서 다시 한 번 확인할 수 있다. 〈표 14-3〉은 여성 집중 직업에서 일하는 노동자의 규모는 전체의 19.6%이며

<표 14-2> 여성 집중 직업(34개)의 월 평균임금   (단위: 만 원)

직업코드 / 직업	임금	직업코드 / 직업	임금
232 경리사무원	99.5	815 출판 및 자료편집 사무원	148.1
241 안내접수 전화교환원	115.9	822 사서 및 기록물 관리사	168.7
242 고객상담원	142.4	1041 방문판매원	113.9
251 비서	165.4	852 패션디자이너	175.5
252 사무보조원	79.9	1033 전화통신판매원	113.7
323 출납창구사무원	155.2	1122 파출부 및 가사도우미	81.6
332 보험모집인	181.7	1212 미용사	92.2
453 유치원 교사	103.8	1213 피부미용 및 체형관리사	107.2
464 예능계 학원 강사	94.4	1311 한식 주방장 및 조리사	122.2
465 학습지 방문교사	133.4	1319 기타 주방장 및 조리사	91.8
630 약사 및 한약사	239.0	1331 접객원(웨이터, 웨이트레스)	91.5
640 간호사(조산사 포함)	178.8	1332 주방보조원	83.7
663 치과위생사	132.0	1841 재봉기 조작원	95.4
674 영양사	138.4	1848 의복제품 검사원	93.3
677 간호조무사	99.3	2129 기타 식품가공 관련직	81.7
678 간병인	91.6	2271 생산 관련 단순노무자	61.2
721 보육교사 및 보육사	75.9	2350 농림어업 관련 단순노무자	83.2

자료: 권혜자(2004).

<표 14-3> 여성 집중 직업의 월 평균임금과 저임금 노동자 비중   (단위: 명, 만 원, %)

	분포	월 평균임금	저임금 비중
여성 집중 직업	7,255(19.6)	106.2(54.0)	51.9
혼성 직업	6,784(18.3)	145.4(73.9)	34.8
남성 집중 직업	22,978(62.1)	196.6(100.0)	12.0
계	37,017(100.0)	169.5	24.1

주: '저임금 비중'은 전체 노동자의 임금 4분위수에서 25% 미만인 100만 원 미만의 비중.
자료: 권혜자(2004).

월 평균임금은 전체 노동자 평균임금의 54.0%에 지나지 않음을 보여준다. 따라서 여성 집중 직업에 종사하는 노동자들 중 51.9%가 저임금 노동자(임금 4분위수에서 25% 미만인 계층)로 나타난다. 여성들이 몰려 있는 직업의 임금 수준이 매우 낮으며 성별 직업 분리는 여성들의 임금 수준을 낮추는 결과를 초래한다는 사실을 확인할 수 있다.

성별 임금격차

여성과 남성의 임금격차는 1998년부터 2008년 사이 큰 변화가 없으며

〈그림 14-5〉 임금과 성비(= 여성/남성): 월 평균임금　　　　　　　　(단위: 만 원)

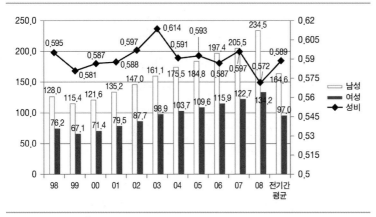

자료: 한국노동연구원, 『한국노동패널조사』(각년도).

경제적 상황에 따라 감소하거나 증가해왔다. 〈그림 14-5〉에서 임금의 성비(남성 임금에 대한 여성 임금의 비율, 여성 임금을 남성 임금으로 나눈 값)는 1998년 0.595에서 2003년 0.614로 높아졌으나 2008년이 되면 다시 하락하여 0.572를 기록한다. 이는 남성 임금을 1로 했을 때 여성 임금의 크기를 보여주는 것으로 1990년대 말 IMF 경제위기가 2003년 다소 회복되면서 성비가 개선되었지만 2008년 경제위기로 인해 다시 악화되고 있음을 보여준다. 그 결과 2008년 남성의 월 평균임금이 234만 5,000원인 데 비해, 여성의 임금은 134만 2,000원으로 남성 임금의 60% 수준에도 미치지 못하고 있다.

　임금의 크기는 노동시간에 따라 달라질 수 있다. 따라서 성별 임금격차의 추이를 좀 더 정확하게 알려면 시간당 임금의 변화를 살펴보아야 한다. 〈그림 14-6〉은 같은 기간 성별 시간당 임금의 격차가 어떻게 달라져 왔는지를 분석한 자료이다. 막대그래프는 임금의 성비가 1998년 0.693에서 2003년 0.704까지 높아졌다가 2008년에는 0.628로 다시 떨어지고 있음을 보여준다. 월 평균임금의 추이처럼 경제적 조건에 따라 변동하는 모습을 보여주지만, 시간당 임금격차는 지난 10년간 오히려 악화되어왔음을 알

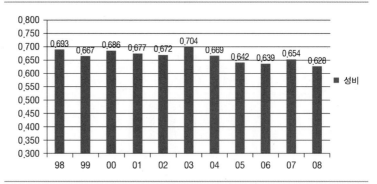

〈그림 14-6〉 시간당 임금 기준 성비(= 여성/남성)의 추이

자료: 한국노동연구원, 『한국노동패널조사』(각년도).

수 있다. 이러한 분석 결과는 지난 10년간 여성의 전문직 진출이 증가했음에도 여성과 남성 사이의 임금격차는 개선되지 않고 있음을 보여준다.

　이 같은 성별 임금격차를 발생시키는 요인으로는 직종과 사업체 규모, 성별 효과 등이 지적되어왔다(이성균·김영미, 2010). 여성은 남성에 비해 저임금 직업군에 몰려 있고, 사업체 규모에서도 30인 미만의 영세사업체에 속하기 쉽다는 사실이 성별 임금격차를 낳는다는 것이다. 여기에 덧붙여 '여성 집중 직업', 즉 여성들이 주로 일하는 일자리라는 인식으로 인해 평가절하되는 가치상의 차별(valuable discrimination)도 중요한 요인으로 지적되어왔다.

　〈그림 14-7〉은 같은 기간 동안 성별 임금격차를 발생시켰던 요인들을 분석한 결과이다. 성별 임금격차는 크게 생산성 격차와 성차별적 요인으로 인한 격차로 구분해볼 수 있다. 성별 임금격차의 54.2%는 생산성 격차로 설명될 수 있는데, 여기에는 남녀 노동자가 지닌 특성의 차이가 반영되어 있다. 이 중 중요한 영향을 주는 요인은 교육기간, 근속기간, 인구 및 가구요인(연령·배우자 유무·가구소득 등), 산업, 정규직 여부, 기업규모 순으로 나타난다. 교육기간과 근속기간이 성별 임금격차를 설명하는 데 가장 중요한 요인임을 알 수 있다.

　비생산성 요인, 즉 남성 또는 여성이라서 받게 되는 이익이나 손해는 여

〈그림 14-7〉 성별 임금격차의 요인: 1998~2008년

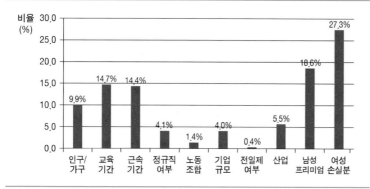

자료: 한국노동연구원, 『한국노동패널조사』(각년도).

성이 자신의 실제 생산성보다 낮은 임금을 받는 손실분이 27.3%이며, 남성이 자신의 생산성 이상으로 더 얻는 프리미엄이 18.6%로 나타난다. 이것은 성차별을 설명하는 부분으로서 여성이 자신의 생산성보다 낮은 임금을 받는 이유 중 상당 부분이 여성노동자에 대한 평가절하에 있음을 보여준다.

4. 비정규직 여성노동자

1) 규모와 추이

최근 한국 노동시장에 나타난 가장 큰 문제는 '노동의 유동화(유연화)'와 비정규직의 증가라고 지적되어왔다.▼ 그러나 이것은 어떤 의미에서 절반의 진실이라고 할 수 있다. 여성의 관점에서 보면 노동시장은 늘 불안정했고 비정규직의 증가는 1980년대 말 이래 지속적인 현상이었다. 활발한 공업화와 고도의 경제성장을 거두던 1970~1980년대에도 국가나 기업이 원하는 특정 집단을 제외하곤 대부분의 여성들은 일자리를 찾기가 어려

▼ 고용관계와 사용관계가 동일하고, 고용기간을 정하지 않은 고용관계를 맺으며, 법정근로시간에 따라 전일제 노동을 하며, 노동의 제공자가 「근로기준법」 등의 법적 보호 대상이 되는 경우를 정규직 노동으로 지칭한다면, 비정규직 노동(irregular work, contingent labor, nonstandard work)은 이러한 성격에서 벗어난 모든 형태의 노동을 지칭한다. 즉, 시간제 또는 단시간 노동, 기간의 정함이 있는 임시직, 계약직, 아르바이트직, 촉탁직 형태의 노동, 사용관계와 고용관계가 분리되어 있는 파견노동, 형식적으로는 독립 계약방식으로 노동을 제공하는 독립계약자(independent contractor) 또는 특정한 양의 일을 위탁, 위임받아 수행하는 노동 등이 비정규직 노동으로 규정된다. 한국 기업에서 진행되고 있는 '구조조정' 전략의 하나는 정규직 노동자를 임시직, 용역직, 파견직, 일용직, 독립계약자, 시간제, 가내 노동자 등으로 대체하는 것이다.

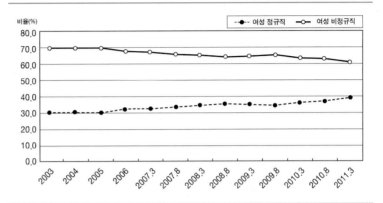

〈그림 14-8〉 여성노동자의 고용형태 추이

비율(%)

- ● - 여성 정규직 - ○ - 여성 비정규직

주: 통계청의 경제활동인구조사 부가조사는 2006년까지 매년 8월에 실시되었으며, 2007년부터 3월과 8월 두 차례에 걸쳐 실시되고 있다.
자료: 통계청, 경제활동인구조사 부가조사.

웠고 평생노동자로 일하는 것은 극소수에게만 가능했다. 저임금 노동력에 의존한 수출주도적 공업화 시대 초등학교나 중학교, 고등학교를 졸업한 10~20대 여성들은 공장에 취업해 생산직이나 사무직 노동자로 일할수 있었지만, 20대 중반이 지나면 회사를 그만두어야 했다. '나이가 너무많다'거나 '결혼해 아이를 키워야 하기 때문'이 그들의 퇴직 사유였다. 극히 소수에 지나지 않았던 공무원이나 교사, 간호사 등을 제외하고 대부분의 기업에서 여성들은 '미숙련의 단기적 노동자'로 취급되었다. 또한 1980년대 말 세계적인 호황이 끝날 무렵 수출기업들이 속속 문을 닫으며 여성노동자들을 대량 방출했고 이후 점점 더 많은 여성들이 임시직이나 용역직, 아르바이트와 같은 비정규직 노동자로 일해 왔다. 따라서 여성들에게노동의 유동화(유연화)나 비규직화는 전혀 새로운 현상이 아니다.

'한국비정규노동센터'에서 추산한 통계자료를 통해 비정규직 여성노동자의 실태를 살펴보면 2011년 3월 현재 비정규직 노동자는 828만 명으로전체 임금노동자의 48.5%를 차지한다.▼ 이 중 여성 비정규직 노동자는440만 명으로 53.1%에 이르며, 전체 여성노동자 중에서는 60.8%를 차지한다. 이러한 수치는 성별 구성에서나 여성노동자 집단 내부에서나 모두

▼ 비정규직 노동자의 규모에 대한 추정은 정부(고용노동부)와 노동계 사이에 차이가 있다. 이 글에서는 한국비정규노동센터에서 추산한 통계자료 「통계로 본 한국의 비정규노동자: 2011년 3월 경제활동인구조사 근로형태별 부가조사 분석」을 사용했다.

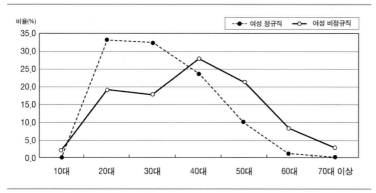

〈그림 14-9〉 여성노동자의 연령별 고용형태 분포: 2011년 3월 현재

자료: 통계청, 경제활동인구조사 부가조사.

비정규직 여성이 높은 비중을 점하고 있음을 보여준다. 한편 2003년 이후의 추세를 살펴보면, 과거에 비해 여성노동자 중 비정규직의 비중이 줄고 정규직이 늘어나고 있음을 알 수 있다(〈그림 14-8〉). 이러한 추이는 노동운동 등 비정규직 문제 해결을 위한 각계의 노력과 2007년 7월 이래 시행된 '비정규 보호입법'을 비롯한 여러 요인이 낳은 산물이라고 할 수 있다. 그러나 실업자가 100만 명을 넘어서고 여성의 다수는 실업인구에도 포함되지 못하는 실망실업자(discouraged worker)라는 점, 아직 60% 이상이 비정규직이라는 사실, 그리고 최근의 변화가 '비정규직의 정규직화'에 의한 것이기보다는 비정규직을 중심으로 한 구조조정과 신규 정규직의 충원이라는 분리된 시스템의 결과라는 지적 등을 고려할 때 비정규직 여성노동자의 지위가 크게 개선되고 있다고 보기는 어렵다.

비정규직 여성노동자의 연령별 분포를 살펴보면, 20대에 다소 높아졌다가 40대가 되면 가장 높은 비율을 나타내는 것을 볼 수 있다(〈그림 14-9〉). 노동시장 진입기인 20대에 정규직이나 비정규직으로 일하다가 결혼이나 출산, 육아로 인해 퇴직한 후, 40대가 되어 비정규직 일자리에 들어오는 여성들이 많다는 사실을 알 수 있다. 과거에 비해 20~30대 정규직 여성들이 늘어나고 있지만, 40대에 이르면 정규직보다 비정규직 여성이

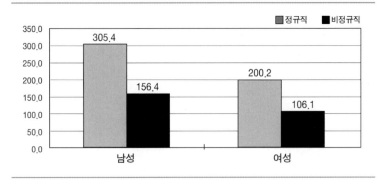

〈그림 14-10〉 고용형태별 임금 비교: 2011년 3월 현재 　(단위: 만 원)

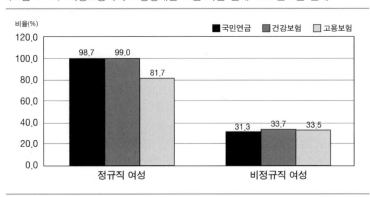

〈그림 14-11〉 여성노동자의 고용형태별 보험 가입 실태: 2011년 3월 현재

더 많은 현상은 여전히 지속되고 있다.

2) 노동조건

2011년 3월 현재 비정규직 여성노동자의 임금은 106만 1,000원으로 정규직 여성노동자 임금의 53.1%, 정규직 남성노동자 임금의 34.7%, 비정규직 남성노동자 임금의 67.8% 수준에 그치고 있다(〈그림 14-10〉). 그 결과 2011년 3월 현재 비정규직 여성노동자의 44.9%(197만 4,000명)가 최저임금에도 못 미치는 수준의 월 평균임금을 받고 있다.▼

비정규직 여성노동자의 사회보험 가입 여부를 살펴보면, 국민연금과 건강보험, 고용보험 모두 정규직 여성에 비해 크게 떨어지는 것을 알 수 있다(〈그림 14-11〉). 정규직 여성노동자가 국민연금과 건강보험 가입률이 90%를 넘고 고용보험 가입률도 80% 이상인 데 비해, 비정규직 여성노동자의 경우 세 보험 모두 30%를 조금 웃도는 수준이다. 이러한 통계자료를 이들의 낮은 임금 수준과 함께 생각해보면, 실직이나 건강 문제를 겪을 때, 또 퇴직 후 노인이 되었을 때 사회적 지원과 보호를 받을 수 있는 노동자가 1/3에 불과하다는 사실을 알 수 있다.

3) 학력과 직업별 구성

비정규직 여성노동자의 학력은 정규직에 비해 낮아 고졸자가 44.5%, 중졸 이하 학력자가 28.4%로 고졸 이하의 학력자가 70% 이상을 차지하고 있다(〈그림 14-12〉). 그러나 이러한 수치는 전체 여성 비정규직 노동자를 대상으로 한 것이며, 학력별로 나누어보면 좀 더 깊이 있는 접근이 필요함을 알게 된다. 〈그림 14-13〉에서 여성노동자의 학력에 따른 고용형태 구성을 살펴보면, 중졸과 고졸 학력에서는 비정규직이 많지만, 전문대졸과

〈그림 14-12〉 비정규직 여성노동자의 학력별 분포: 2011년 3월 현재

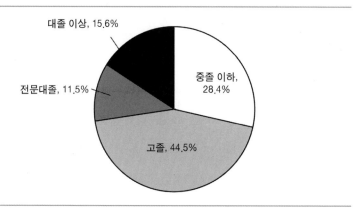

대졸 이상, 15.6%
전문대졸, 11.5%
중졸 이하, 28.4%
고졸, 44.5%

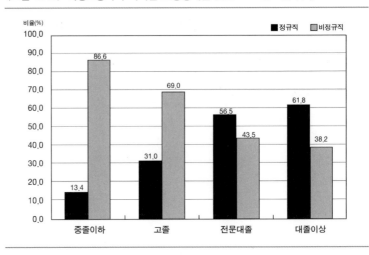

〈그림 14-13〉 여성노동자의 학력별 고용형태별 분포: 2011년 3월 현재

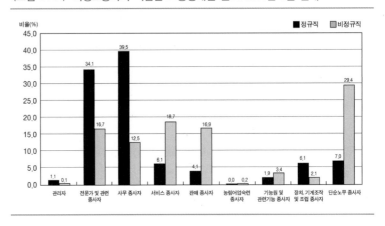

〈그림 14-14〉 여성노동자의 직업별 고용형태별 분포: 2011년 3월 현재

대졸 학력에서도 적지 않은 비중을 차지하고 있음을 볼 수 있다. 전문대졸 학력자의 43.5%, 대졸 학력자의 38.2%가 비정규직으로 일하고 있는 것이다. 전문대를 포함한 대졸 여성의 약 40%는 비정규직으로 취업하고 있음을 알 수 있다.

비정규직 여성노동자의 직업별 분포를 살펴보면, 역시 단순노무직 등

저학력 저기술직에 많으며, 서비스, 판매직과 기능직에서는 정규직보다 더 큰 비중을 차지하는 것으로 나타난다(〈그림 14-14〉). 그러나 전문직과 사무직에서도 적지 않은 수가 비정규직으로 일해, 여성노동시장에서 비정규직은 관리직을 제외한 전 직종에 걸쳐 중요한 비중을 차지하고 있다고 할 수 있다. 비정규직의 해소와 정규직화 문제가 여성노동자에게 얼마나 중요한 과제인지 알 수 있다.

5. 일-삶 균형(work-life balance)의 필요성

여성노동 문제를 다룰 때 빠뜨리지 말아야 할 쟁점은 일과 가족의 양립에 관련된 것이다. 우리는 노동자로서 일을 하고 임금을 받지만 일이 끝나면 집으로 돌아가 가족을 돌보고 휴식을 취해야 한다. 인간의 삶이 건강하고 행복해지려면 일과 가족생활, 개인적 삶 사이의 시간적·물질적·정서적 균형이 이루어져야 한다. 이처럼 일-가족생활-개인생활 사이의 균형이 필요하다는 인식은 여성노동자들에게서 먼저 제기되어 이제 전 세계적인 차원에서 남녀 노동자와 노동자가족의 문제가 되고 있다.

〈표 14-4〉는 일과 가족을 양립하면서 겪는 갈등 경험과 관련해서 한국의 여성과 남성, 그리고 영국과 스웨덴 여성의 응답을 비교한 것이다. 이 표는 비교 대상인 네 집단 중 한국 여성이 갈등의 종류나 정도에서 가장 많은 문제를 겪고 있음을 보여준다. 한국 여성은 가족 내 돌봄노동으로 인해 직장일을 하는 데 시간이 부족하고 업무에 지장을 받으며 이직이나 퇴직을 고려해본 적이 가장 많은 것으로 나타난다. 동시에 근무시간의 불규칙함이나 퇴근 후 회식문화 때문에 가족생활에 지장을 받거나 자녀양육에 소홀하다고 느끼는 정도도 가장 뚜렷하다. 그 결과 한국 여성들은 일과 가족생활을 병행하느라 스트레스가 많고 수면 부족이나 만성피로 등 건강문제도 심각한 것으로 나타난다. 이러한 자료는 한국의 기혼여성 노동자들이 겪는 임금노동과 가족 내 돌봄노동의 이중부담이 얼마나 큰

〈표 14-4〉 성별 일-가족 양립 갈등 경험

	한국 남성	한국 여성	영국 여성	스웨덴 여성
나는 직장일이 많아서 가족을 위해 사용하는 시간이 부족하다고 느낀다.	3.39 (1.00)	3.31 (1.03)	2.88** (1.12)	2.86 (1.29)
가사 및 자녀양육으로 인해서 직장일을 하는 데 시간이 부족하다고 느낀다.	2.33 (0.98)	2.91*** (1.08)	2.83 (1.18)	1.93 (1.06)
일과 가족생활을 병행하느라 자주 스트레스를 받는다.	3.04 (1.06)	3.72*** (1.05)	3.50 (1.03)	3.20* (1.36)
가사 및 자녀양육 문제로 인해서 이직이나 퇴직을 고려해 본 적이 있다.	2.55 (1.14)	3.45*** (1.19)	3.12 (1.24)	1.97* (1.24)
근무시간(연장근무 등)이 불규칙적이어서 가족생활에 지장을 받는다.	2.84 (1.13)	2.67* (1.14)	2.83*** (1.19)	2.51* (1.45)
퇴근 후 회식문화로 인해 가족생활에 지장을 받는다.	2.42 (1.01)	2.16*** (0.95)	2.29** (1.20)	1.32 (0.66)
가사 및 자녀양육으로 인해 직장 내 업무에 지장을 받는다.	2.21 (0.90)	2.53*** (0.93)	2.81 (1.22)	2.16** (1.19)
직장일로 인해 가사 및 자녀양육에 소홀할 때가 있다.	3.27 (1.01)	3.52*** (0.97)	2.96 (1.07)	1.97 (1.15)
일과 가족생활을 병행하느라 수면부족, 만성피로 등의 건강문제를 자주 겪는다.	3.16 (1.04)	3.71*** (0.98)	2.87 (1.16)	2.30*** (1.37)

주: * p<.05, ** p<.01 *** p<.001
자료: 홍승아 외(2009).

것인가를 짐작할 수 있게 한다. 맞벌이가족의 필요성은 늘어나지만, 돌봄 노동의 부담을 덜어줄 기업과 사회의 정책적 지원이 부족하며, 남녀 노동자들 사이에서도 '같이 벌고 같이 돌보는 가족(dual-earners, dual-carers' family)'에 대한 모색과 실천이 이루어지지 않는 데 원인이 있다.

6. 한국 노동시장 내 젠더관계와 관련된 주요 쟁점

지금까지 노동시장의 변화와 여성이 처한 위치에 대해 살펴보았다. 여기서 중요한 사실은 노동시장 내 여성의 지위는 더 광범위한 사회적 맥락 속에서 고찰해야 한다는 점이다. 여성의 노동시장 지위와 조건은 국가정책과 노사관계뿐만 아니라 가족과 사회 전반의 젠더관계와 젠더정치에 영향을 받기 때문이다. 앞에서 노동시장 내 여성의 상황을 살펴보았으므로 여기서는 이러한 상황에 영향을 주는 또 다른 영역으로서 가족과 사회 전반의 문제를 토론 과제로 제시하며 이 장을 맺는다.

1) 여성노동시장의 분화와 알파걸의 신화

더 많은 여성들이 노동시장에 들어가지만(또는 들어가라는 압력을 받고 있지만), 취업의 문을 뚫지 못하는 여성들과, 실업과 취업 사이를 이동하며 불안정하게 일하는 여성들의 수도 그만큼 더 많아질 것이다. 실업자 여성과 비정규직 여성노동자는 「남녀고용평등법」이나 「근로기준법」과 같은 법적 보호의 울타리 바깥에서 노동자가 될 권리와 '노동자성(勞動者性)'을 인정받기 위해 싸워야 한다.

그러나 불안정 노동자군이 확대되는 다른 한편에서는 '커리어우먼'으로 표상되는 전문직과 중간관리직 여성도 점차 확대되어왔다. 한국 노동시장에서 여성노동자의 분화나 양극화가 조심스레 이야기되고 있지만, 적어도 재현(representation)의 정치적 맥락에서는 '여성노동자' 대신 '커리어우먼'이 더 큰 힘을 가지고 있다. 미디어에 등장하는 여성의 모습은 천편일률적으로 의사나 경영자, 예술가와 같은 전문직 여성들이다. 대중 여성들은 그들에게서 알파걸의 모습을 찾으며 자신의 성공을 꿈꾼다. 그러나 10대와 20대에 가족의 전폭적인 지원 속에서 전문직을 꿈꾸던 여성들은 30, 40대가 되어 결혼을 하고 출산을 하면서 일터를 떠난다. 때문에 '알파걸은 있어도 알파우먼은 없다'는 자조적인 이야기도 종종 들을 수 있다. 그러므로 일하는 여성의 모습이 우리 사회에서 어떻게 표상되고 있는가, 여성의 노동자성이 어떻게 부정되며 성공한 개인 여성의 이미지가 어떻게 강한 영향력을 갖게 되는가를 살펴볼 필요가 있다. 다수의 여성들이 불안정한 저임금 노동자로 살아가는 가운데 소수의 전문직 여성들의 성장이 한국의 여성노동시장에 긍정적인 변화를 가져오기 위해서는 이들의 성취가 '개인적 성공을 넘어선 어떤 것'이 되어야 한다.

2) 1.5인 소득자 가족 모델로의 제한

2000년대 들어 정부는 한국의 가족이 '부부공동 부양가족'으로 바뀌어 갈 것이라고 선언했지만, 가족 내부의 젠더관계는 훨씬 더 복잡해지고 있다. 여성들은 노동시장에 나가지만, 출산과 양육, 가사노동 등의 책임으로 인해 남성 임금의 1/2 수준을 받는 생계보조적 노동자에 머물 수 있다. 보통 '1.5인 소득자 가족'이라고 부르는 '주 부양자 남성, 생계보조자 여성'의 형태가 '남성 1인 생계부양자 가족'을 대신할 가능성이 커지고 있으며, 여성은 취업을 하더라도 가사와 육아를 전담하는 상황에 직면하기 쉽다.▼ 여성은 노동자이지만, 여전히 반쪽짜리 노동자이며, 여전히 '주부'이자 '어머니', '며느리'이며 '사적 영역의 관리자'로 살아야 한다. 이러한 여성의 상황은 노동시장에서 이들의 지위를 시간제 노동자나 저임금 노동자로 제한하기 쉽다. 따라서 성평등 의식을 가지고 함께 일하고 함께 돌보는 가족을 만들어가기 위한 실천을 계속해나가야 한다.

3) 남성중심적 노동규범

한국 사회에서는 가족 책임과는 무관하며 가족노동을 면제받은 사람만이 '이상적(理想的) 노동자'가 될 수 있다. 그런 점에서 노동규범은 철저히 남성중심적이다. 한국인들은 OECD 국가 중 가장 긴 시간 일하면서도 더 많이 일해야 한다는 강박관념을 가지고 있으며 퇴근시간을 넘겨 일하는 것은 당연한 직장문화가 되어왔다. 이런 현실에서 여성은 가족노동을 면제받아 이상적인 노동자가 되기도 어렵고 저녁 늦게까지 일하기도 쉽지 않다. 초남성적 발전주의 국가(hyper-masculine state development)에서 강력한 이데올로기적 효과를 발휘해온 일 중심, 일 중독 노동자상은 이제 개발도상국의 딱지를 떼고 '선진사회'로 향하는 21세기에도 여전히 강력한 힘을 행사하고 있다(김현미, 2000). 이러한 남성중심적 노동규범은 여성에게 매우 부정적인 영향을 끼친다. 그것은 노동자의 일상적·세대적 재생산

▼ 실제로 취업한 부부가 보육시설에 다녀온 자녀를 돌보는 시간을 비교해보았을 때 남성이 주로 돌보는 경우는 여성의 경우에 비해 약 1/10에 지나지 않는 것으로 나타나 그 가능성을 보여준다.

노동을 대신하는 다른 사람의 존재―어머니나 부인―를 전제로 해서만 성립될 수 있고 지속될 수 있는 것이기 때문이다. 이러한 이상적 노동자의 기대는 일과 가족을 병행해가야 하는 여성노동자들에게는 실현 불가능한 것일 수밖에 없다. 따라서 법정노동시간을 준수하고 불필요한 야근을 줄이는 등 노동시간 단축을 위한 사회적 실천이 필요하다. 아울러 일과 가족, 개인적 삶의 균형이 인간의 삶에서 차지하는 중요성을 인식하고 이를 사회적·개인적 차원에서 실현해가기 위해 노력해야 한다.

4) 지체된 돌봄의 사회화

돌봄의 사회화에 대한 요구는 1990년대 초 여성운동단체들이 '일하는 어머니의 평생평등노동권' 요구를 제기하면서부터 시작되었다. 그러나 일정한 진전이 있었음에도 현재의 수준은 돌봄노동의 사회화보다는 상품화로 가고 있다고 할 수 있다. 이 같은 현상이 나타난 원인은 돌봄노동의 주요 책임이 어디에 있는가 하는 질문과 그에 대한 해답을 다르게 상정하는 데 있다. 한국 사회에서는 돌봄노동의 1차적 책임이 가족에 있고 그 기능의 일부를 사회화함으로써 사회적 지원시스템을 구축해간다는 인식이 지배적이다. 그러나 가족구조와 가족관계가 급격한 변화를 겪고 있는 현재의 상황에서 돌봄노동의 책임은 근본적으로 사회적인 영역에서 충족되어야 한다. 어린이를 키우고 노인과 환자, 장애자를 돌보는 역할은 남녀 모두 노동시장에 나가지 않으면 안 되는 현재와 미래의 상황에서 더 이상 가족에게 맡겨질 수 없다. 인간 삶의 안정성을 구축하는 일은 어느 사회에서나 우선적인 과제일 수밖에 없기 때문이다. 돌봄노동의 사회적 책임을 인정하지 못하고 이를 사적 영역으로 전가할 경우 낮은 수준의 상품화―돌봄노동에 대한 책임의식은 갖지 못하면서 점점 더 많이 소비하려는 현상―만이 확대될 것이다. 사회적 보육을 양적·질적으로 개선해가고 노인과 장애자를 위한 돌봄의 공공성을 확립하는 일은 노동자가족 전체를 위한 복지이며, 가장 중요하고 시급한 과제라고 할 수 있다.

5) 가족 내 성별분업의 지속

직장 내 성희롱

직장 내 성희롱이란 사업주, 상급자 또는 근로자가 직장 내의 지위를 이용하거나 업무와 관련하여 다른 근로자에게 성적인 언동 등으로 성적 굴욕감 또는 혐오감을 느끼게 하거나, 성적 언동이나 그 밖의 요구 등에 대한 불응을 이유로 고용상의 불이익을 주는 것을 말한다(「남녀고용평등법」, 제2조 2항).

모성보호나 육아휴직 정책의 효과를 검토하면서 서구의 여성학자들은 이런 프로그램들은 여성들을 지원하기 위한 것이지만, 현재와 같은 상황에서는 여성들이 사용하면 할수록 노동자로서 자기 발전에 장애가 된다는 점을 우려한다. 이른바 가족친화적·여성친화적 프로그램들의 이용자가 여성에 국한될 경우, 여성들은 더욱 게토화되고 승진이나 권한 등 조직 내 지위와 관련해서 불이익을 겪게 된다는 것이다. 결국 이러한 시도가 여성들에게 낙인효과를 가져오지 않기 위해서는 남성들도 함께 사용하지 않으면 안 된다는 것이 최근의 결론이다. 따라서 남성의 돌봄과 육아 참여, 배우자 출산휴가와 육아휴직 사용이 적극적으로 확대되어야 한다. 배우자 출산휴가란 부인의 출산 시 남성도 일정 기간 휴가를 얻어 신생아와 출산자를 보살필 수 있도록 하는 제도이며, 육아휴직은 어린 자녀를 둔 남녀에게 자녀를 양육할 수 있도록 휴직을 허용하는 제도이다. 스웨덴이나 핀란드와 같은 선진국에서는 남성이 육아휴직의 일정기간을 반드시 쓰도록 하고 쓰지 않을 경우 자동 소실되도록 규정하고 있다. 남성의 돌봄노동 참여가 갖는 중요성에 대한 사회적 공감대가 형성된 덕분이다.

6) 직장 내 성희롱(sexual harassment)

조직 안에서 여성노동자는 '노동자'이지만 동시에 '여성'의 지위를 지닌다. 여기서 '여성'이란 젠더적 의미에서 여성의 직무를 주로 하는 보조적인 위치를 가리킴과 아울러, 섹슈얼리티의 차원에서 성적 대상화에 열려 있음을 뜻한다. 조직의 주요 구성원이 남성이고 한국의 조직문화가 가부장적·남성중심적 성향을 띠고 있기 때문에서 여성은 조직 안에서 남성의 성적 욕망이 투사되는 이성애(heterosexuality)의 대상이 되기 쉽다. 이에 따라 조직 내 여성은 여러 가지 유형의 성희롱을 경험할 수 있다. 직장 내 성희롱은 주로 업무와 관련해 이루어지며 성적 언동이나 성적 요구에 불응한 것을 이유로 고용상 불이익을 주는 경우(조건형)와, 성적인 언어나 행동 등으로 성적 굴욕감 및 혐오감을 유발하여 결과적으로 고용환경을 악화시키는 것(환경형)을 가리킨다. 여기서 성적 언어나 행동이란 언어적인 것은 물론, 육체적·시각적인 유형을 모두 포함한다. 2009년도 인천여성노동자회 고용평등상담실에 따르면, 20대 직장여성의 절반 이상이 성희롱으로 고민하고 있고 상담자의 73%는 직장에 들어간 지 1년 미만의 여성이었다(≪경향신문≫, 2010.2.10). 성희롱은 특히 고용이 불안정한 파견이나 용역, 아르바이트 여성들이 피해자가 되기 쉬운데, 이들이 지닌 고용상의 취약성을 행위자들이 악용하기 때문이다. 직장 내 성희롱은 현재 예방과 처벌에 관한 법적 규정은 물론 사건이 발생할 경우 적절한 대응조치도 개발되어 있다. 그러나 한국 사회 조직 내 여성의 낮은 지위, 남성중심적 기업문화, 회식 등 빈번한 음주관행 등으로 인해 성희롱의 발생가능성은 늘 존재한다고 할 수 있다.

7) 여성 연대의 필요성

지금까지 살펴본 것처럼 여성들이 직업을 선택하고 준비하여 노동시장에 들어간다고 해서 문제가 해결되는 것은 아니다. 오히려 문제는 그 때부터 시작된다고 할 수 있다. 입직 시 겪어야 하는 고용차별부터 입사 후 직면하는 임금과 배치, 승진 등 근로조건의 문제, 결혼과 임신으로 인한 불이익, 자녀 양육과 가족 돌봄의 책임, 그리고 직장 내 성희롱에 이르기까지 여성들이 평생 직업인으로서 살아가기 위해서는 건너야 할 강(江)도 깊고 넘어야 할 산(山)도 높다. 이러한 어려움을 이겨내기 위해서 꼭 필요한 것은 자신을 지지하고 지원해줄 수 있는 사람들로서, 같은 직장에 근무하는 동료는 물론 선후배와 친지들일 것이다.

그러나 여성노동자에게 가장 큰 힘이 될 수 있는 집단은 노동조합이며, 특히 여성주의적 인식을 공유한 노동조합이면 더욱 도움이 될 것이다. 안타깝게도 한국 사회에서 노동조합의 조직률은 정규직의 경우 20%를 조금 웃도는 수준이며, 비정규직은 훨씬 더 낮은 수준이다. 노동자의 단결권과 교섭권, 단체행동권의 중요성은 두 말할 필요도 없지만, 특히 여성들에게 훨씬 더 어렵고 그만큼 더 중요하다. 또한 여성주의적 인식을 가진 시민 사회단체들, 특히 여성운동단체들의 도움도 반드시 필요한 요소이다. 여성노동자의 문제는 여성들의 노력으로 풀어간다는 인식과 함께 여성들의 연대에 관심을 갖고 실천해나갈 필요가 있다.

이야깃거리

1. 그동안 각자가 경험해본 임금노동(아르바이트, 임시직 등)에서 여성과 남성은 어떤 일을 하고 노동조건은 어떠했는지, 문제점은 무엇인지 사례를 들어 이야기해보자.

2. 여성의 노동시장 경력 단절은 왜 발생하는가? 그것이 노동시장 지위에 미치는 영향은 무엇인가? 예를 들어 생각하고 해결 방안을 토론해보자.

3. 맞벌이 부부 사이에서 가사와 육아는 여전히 여성의 책임이 되고 있다. 이러한 현상이 지속되는 원인은 무엇인지 찾아보고 해결 방안을 논의해보자.

4. 직장 내 성희롱 관련 사례들을 수집하여 성희롱이 발생하기 쉬운 조직의 환경이 어떤 것인지 살펴보고, 사건이 발생했을 경우 대처 방안에 대해 논의해보자.

5. 한국은 세계에서 가장 긴 시간 일하는 나라로 알려져 있다. 장시간 노동이 노동자가족에게 어떤 영향을 주는지 생각해보고, 일-삶 균형을 실현하기 위한 실천 방안을 논의해보자.

읽을거리

『노동과 페미니즘』. 조순경. 2000. 이화여대출판부.

한국 사회 여성의 관점에서 노동에 접근하는 이론적·방법론적 모색을 시도한 책이다. 감정노동 등 서구 여성주의 노동연구에서 이루어진 성과와 개념을 소개했고, 사무직과 생산직, 서비스직 등 직종별 여성노동자들이 직면한 현실에 대한 사례 연구를 수록하고 있다.

『여성과 일』. 강이수 · 신경아. 2001. 동녘.

일이 여성의 삶에서 갖는 의미는 무엇인지, 직업을 갖기 위해 여성들에게 필요한 준비는 어떤 것인지, 한국여성들은 어떻게 일해 왔고 현재 어떤 문제에 직면해 있는지를 포괄적으로 보여주는 개론서이다. 여성노동 관련 기본 개념과 이론, 사례를 제시함으로써 여성노동을 이해하는 데 입문서의 역할을 한다.

『나, 여성노동자』. 이경옥 외. 2011. 그린비.

이 책은 두 권으로 편집되었다. 1권은 산업화 세대 여성노동자들의 기록이며, 2권은 2000년대 비정규직 여성노동자의 삶을 다루고 있다. 다양한 분야에서 일하는 여성노동자 9명의 생애 이야기를 담고 있어 읽기도 쉽고 흥미로운 데 비해, 여성노동자의 삶에 대해 얻을 수 있는 통찰은 그 어떤 책들보다도 풍부하다.

『돈 잘 버는 여자 밥 잘하는 남자』. 알리 러셀 혹실드. 백영미 옮김. 2001. 아침이슬.

미국의 맞벌이 부부 12가족의 삶을 관찰하고 50쌍의 맞벌이 부부에 대한 인터뷰 결과를 토대로 맞벌이 가족의 삶을 보여주고 분석한 책이다. 미국 사회에서 치솟는 이혼율 뒤에 맞벌이 부부의 가사분담 문제가 자리 잡고 있는 것을 감지한 저자가 실제로 맞벌이 부부들이 가사노동을 어떻게 수행하고 어떤 갈등을 겪고 있는지를 분석하여 대안을 제시한다.

『시간을 묻다』. 제리 A. 제이콥슨 · 캐슬린 거슨. 국미애 외 옮김. 2010. 한울아카데미.

성평등을 위한 실천에서 '노동시간'의 문제는 가장 핵심적인 요소이다. 이 책은 제2차 세계대전 이후 미국 사회에서 노동자가족의 노동시간이 더 길어져 왔음을 증명하고 그것이 가족은 물론, 여성과 남성의 삶에 얼마나 부정적인 결과를 가져왔는지를 분석한다. 일 중심적 삶이 노동시장 안팎에서 젠더관계를 어떻게 불평등하게 만드는지, 가족관계를 어떻게 피폐화하는지 보여주면서 일-삶 균형을 위한 정책 대안을 제시한다.

15

노동과 복지

주요 용어
산업복지, 국가 복지, 기업 복지, 노동자 자주복지, 산재보험, 고용보험, 양극화, 근로연계 복지

    산업복지에는 안정적으로 일하면서 삶의 질을 향상시키고자 하는 노동 현장 노동자들의 이상과 꿈이 담겨 있다. 노동자들이 안전하고 행복하게 일할 수 있도록 산업복지를 제공하는 것은 노동자 자신을 위해서 뿐 아니라 기업이나 국가 전체의 발전을 위해서도 반드시 필요하다.

    이 장에서는 산업복지의 개념을 고찰하고 자본주의 사회에서 왜 산업복지가 필요한지, 산업복지는 구체적으로 어떻게 실현되는지, 한국 사회에서 산업복지와 관련된 제도와 법들은 어떤 것이 있는지 살펴본다.

1. 산업복지란 무엇인가?

　　김 씨는 지난 해 6월 회사에 입사한 새내기였다. 2년제 대학을 졸업한 뒤 안정된 직장을 찾아 이 회사에 지원했다. 1년여를 일하며 안정을 찾은 그는 여자 친구와 내년 쯤 결혼할 꿈을 꾸고 있었다. 7일 새벽 그는 여느 때처럼 작업복 차림으로 전기로 주변에서 일하고 있었다. 새벽 1시 20분께 '스프레이 보수작업'이 시작됐고, 김 씨는 전기로 주변 청소를 맡았다. 새벽 1시 40분, 김 씨의 동료는 김 씨가 전기로 입구 옆에 걸쳐 있는 철근 조각을 치우려고 파이프를 들고 애쓰는 모습을 봤다. 그 다음으로 본 것은 김 씨가 섭씨 1,600도의 쇳물 속으로 떨어지고 있는 모습이었다(≪한겨레신문≫, 2010.9.10).

　　산업복지는 왜 필요한가? 한국 사회에서 산업화가 진전되면서 많은 사람들이 노동 현장에서 일하게 되었다. 노동 현장에서는 임금으로 해결할 수 없는 위험이나 장애요인이 존재하고 있다. 노동 현장의 사람들을 위협하는 요인들로는 산업재해, 실업, 건강, 노후대책 등 여러 가지를 들 수 있다.

　　무엇보다도 노동 현장은 특정 제품이나 서비스를 제조하거나 판매하는 곳이기 때문에 사고가 날 가능성이 항상 존재한다. 우리나라에서 한해에 산업재해로 인한 사상자는 연평균 15만여 명으로 한국전쟁 때 한해에 발생한 사상자 규모에 버금간다. 실로 전쟁에 버금가는 규모의 손실을 노동 현장에서 치루고 있는 것이다. 노동과정에서 작업환경 또는 작업행동 등 업무상의 사유로 발생하는 노동자의 신체적·정신적 피해를 산업재해라고 지칭한다. 이러한 산업재해를 당한 노동자들을 치료하고 다시 직장으로 복귀할 수 있도록 만들어주는 제도가 '산재보험'으로서 산업복지의 중요한 내용을 구성한다.

　　산업복지의 필요성은 산재보험 이외에도 많은 분야에서 확인할 수 있다. 노동자들을 자신이 원하는 직장에 취직시켜주고, 실업을 당했을 때 최소한의 생계를 지원해줄 뿐 아니라, 재훈련을 시켜 다시 직장으로 복귀시키는 '고용보험'의 중요성은 아무리 강조해도 지나치지 않을 것이다. 1990

년대 말 외환위기로 인한 대규모 실업 사태를 겪은 이후 우리 사회는 비로소 고용문제가 얼마나 중요한 것인지를 인식하기 시작했다. 이제 전 국민에게 적용되는 '사회안전망(social safety net)'으로서의 고용보험 프로그램이 없는 사회란 생각할 수도 없게 되었다. 이 밖에도 노동자들의 질병을 치료해주는 '건강보험', 퇴직 후의 노년 생활을 보장해주는 '국민연금' 등 사회보험제도는 모두 필수불가결한 산업복지 프로그램이다. 또한 노동자들이 각기 소속된 기업에서도 후생복지, 퇴직금 제도 등 다양한 차원의 기업 복지가 시행되고 있다. 이를 통해 노동자들은 기업에 소속감을 갖고 노동과정에 적극적으로 참여하게 된다. 또한 노동자들이 노동조합을 통해 주체적으로 산업복지 서비스를 마련하는 경우도 많이 있다.

요컨대, 일하는 사람들이 노동 현장에서 안전하고 행복하게 일을 하기 위해서는 산업복지가 필요하다고 할 수 있다. 산업복지란 노동자 집단의 건강과 안전, 조화와 번영이 보장되는 이상적 상태를 추구하기 위한 조직적 노력으로 정의된다. 구체적으로 산업복지는 노동자 및 그 가족의 생활을 향상시키기 위한 다양한 차원의 시책, 시설 및 서비스 활동을 지칭한다. 산업복지는 노동자들이 안전하고 행복하게 일에 몰두할 수 있도록 지원할 뿐 아니라, 해당 기업들의 경쟁력 강화에도 기여한다. 노동자들의 참여가 클수록 생산성, 품질 등 기업 성과의 향상에도 긍정적으로 기여하기 때문이다.

이 장은 산업사회에서 산업복지가 태동하게 된 역사적 맥락을 이해한 후, 산업복지의 주요 내용을 시행 주체인 국가, 기업, 노동자의 순서로 살펴본다. 또한 산업복지의 일반적 내용을 서술적으로 소개하는 데 그치지 않고, 노동시장 유연화와 관련된 산업복지의 쟁점을 동태적으로 살펴보고자 한다.

이 장에서 알아보고자 하는 산업복지의 주요 내용을 정리하면 다음과 같다. 첫째, 자본주의 사회에서 일견 시장 원리와 부합되지 않는 것처럼 보이는 산업복지가 필요한 이유는 무엇인가? 둘째, 국내외의 산업복지는 역사적으로 어떻게 발전해왔는가? 특히 노동시장의 유연화 추세와 관련하여 산업복지는 어떻게 변화하고 있는가? 셋째, 시행 주체별로 볼 때, 우리나라 산업복지제도의 현황은 어떠한가? 넷째, 산업복지의 바람직한 발전과제는 무엇인가?

2. 산업복지의 역사와 이론

이 절에서는 서구 사회의 산업화에 따라 산업복지가 발전해온 과정, 그리고 한국 사회에서 산업복지가 압축적으로 발전해온 과정을 살펴본다. 또한 노동시장의 유연화 추세와 관련하여 국내외 산업복지의 전개 과정에서 부각되는 이론적 쟁점을 소개한다.

1) 서구의 산업복지

먼저, 산업화가 진행된 선진국에서 산업복지가 역사적으로 어떻게 발전해왔는지를 살펴보기로 하자. 산업화 초기에는 농촌에서 도시로 이주하는 노동자들이 많았기 때문에 산업복지의 필요성이 크게 대두하지 않았다. 노동자들은 일정 기간의 용도가 지난 후에는 폐기되는 일종의 '소모품'처럼 여겨졌다. 산업화 초기에는 아동, 여성노동에 대한 별다른 규제가 없었다. 6~7세의 아동노동이 성행했고, 하루 12~14시간의 장시간 노동이 일반화되어 있었다. 공장 내부의 조건도 극도로 전제적이며 숨 막힐 듯한 상황이었다.

산업재해가 발생하더라도 노동자 자신의 부주의로 인한 것이기 때문에 본인이 책임져야 할 것으로 여겨졌다. 노동자들은 자신 외에는 사회적으로 의지할 곳이 없었다. 노동력 공급이 풍부했기 때문에, 국가나 기업이 산업복지를 위해 적극적으로 노력하지 않았던 것이다. 18세기 노동자들의 자조(self-reliance) 운동으로부터 산업복지가 태동하는 것은 이런 맥락에서이다. 우애조합, 공제조합, 생활협동조합 등은 국가의 복지제도가 확립되지 못한 상태에서 노동자 스스로가 생활비를 절약하고 예기치 않은 위험에 대비하기 위한 자조적 노력의 산물이었다. 이와 관련하여 공장 근처에 온정주의에 기초한 지역공동체가 형성되기도 했다. 예컨대, 미국 로웰 직물공장의 여공 기숙사는 여공들을 위해 저녁 10시가 되면 기숙사의 문을 잠그고, 주사위 및 카드놀이를 금지시켰고, 술을 마시거나 안식을 위반하면 해고했다.

18세기 중엽에는 노동자들의 자조적 노력의 차원을 넘어 투쟁을 통해 산업복지의 주요 내용을 제도적으로 보장하려는 입법 활동이 이루어졌다. 이 시기 영국에서 제정된 「빈민법」이나 「공장법」이 대표적이다. 「빈민법」은 빈민에 대한 국가의 보호책임을 명시한 법이고, 「공장법」은 노동자들의 재생산이 가능하도록 일정 연령 이하자의 취업 금지, 노동시간의 제한, 휴일, 휴게시간, 위생시설, 임금보호 등의 규정을 포함하고 있었다.

1920년대 중반 이후 미국의 노동 현장에는 테일러주의라고 불리는 과학적 관리기법이 도입된다. 테일러주의란 시간·동작 연구를 통해 노동자들의 작업을 표준화한 후 그 성과에 따라 임금을 차등화시켜 지급하는 관리기법이다. 테일러주의의 입장에서는 온정주의에 입각하여 제공되는 복지사업을 비효율적인 것이라고 비판한다. 테일러주의의 도입과 확산을 계기로 하여 노사 간의 단체교섭을 통한 산업복지의 제도화가 본격적으로 발전하기 시작했다. 테일러주의가 복지사업과 손을 잡게 된 것이다.

1950년대 이후에는 테일러주의에 기초한 포드주의가 확립되면서 대량생산과 대량소비에 기초한 산업복지가 본격적으로 발전하게 된다. 이 시기에는 서구 자본주의가 전후 부흥을 구가하는 가운데 중산층뿐 아니라 상당수의 노동자들까지 대량생산과 대량소비의 주체가 되었다. 임금인상은 유효수요를 확대하고, 상품에 대한 수요증가는 다시 생산증대와 고용확대라는 선순환을 이루었다. 이에 따라 산업복지는 노동자들의 재생산을 위해 필수적인 영역으로 발전하게 된다. 1970년대에 들어서는 국가 차원에서 뿐 아니라 기업 차원에서도 다양한 산업복지 실천 프로그램들이 만들어지기 시작했다. 종업원들과 그 가족의 약물 남용, 가정·부부 문제,

재정적 문제, 그 밖의 사회적·정서적 문제 등에 대한 상담과 치료를 제공하게 된 것이다.

그러나 1980년대 이후에는 산업복지 영역에서도 신자유주의의 영향이 나타나기 시작했다. 세계화·정보화가 진전되면서 서구 사회가 발전시켜 온 산업복지의 제도적 성취가 위협받고 있는 것이다. 상품에 대한 수요의 포화와 자동화의 진전은 제조업부문에서 숙련 노동자를 제외한 비숙련 일반 노동자의 고용에 한계를 드러나게 했다. 또한 세계적 차원의 경쟁도 산업복지의 하향평준화를 요구하고 있다.

이에 따라 서구의 산업복지 영역에서도 일정한 분화가 나타나고 있다. 스웨덴 등 스칸디나비아 지역의 전통적 복지국가들은 유연화의 압력을 받으면서도 보편적 복지의 틀을 유지하려고 하고 있다. 첫째, 노동시장이 실질적으로 충분한 기회를 제공할 수 있도록 정부를 포함한 사회 전체가 책임을 져야 하며, 둘째, 노동시장 참여는 개인과 가족의 욕구를 고려하는 좀 더 넓고 유연한 맥락에서 이루어져야 한다는 것이다. 이에 비해 영국과 미국 등 자유주의 국가들은 보편적 복지보다는 유연화를 강조하고 있다. 첫째, 사회정책과 경제정책이 충돌할 때 전자는 후자에 맞춰 조정되어야 한다. 둘째, 인적자본에 대한 투자와 이동의 중요성을 강조한다. 셋째, 복지를 대가로 근로의무를 부과하고 불응하면 급여를 삭감 혹은 박탈하는 근로연계복지(workfare) 정책을 추진한다.

2) 한국의 산업복지

우리나라의 산업복지는 어떻게 전개되었는가? 한국의 산업복지는 그 기간이 압축적으로 진행되었음에도 전반적으로는 선진국과 유사한 역사적 과정을 거쳤다. 산업화 과정 초기인 1960년대에는 급속한 이농과 도시화가 이루어지면서 산업복지가 초보적 수준에 머물렀다. 노동력의 공급이 무제한으로 이루어졌기 때문에 산업복지의 필요성을 거의 느끼지 않았던 것이다. 1964년에 우리나라 최초의 사회보험인 산재보험이 도입되었다. 국가가 산업화 과정에서 대규모로 발생하는 산업재해에 대해 최소한의 제도적 보호 장치를 마련한 것이다. 1973년까지 산재보험은 10인 이상 사업장으로까지 확대되었다.

그러나 1970년대 이후 중화학공업화가 본격적으로 진행되면서 노동력 부족 현상이 나타나기 시작했다. 이 시기에는 권위주의 정권의 억압적 노동통제가 이루어졌음에도 기업 복지가 급속히 진전되었다. 우수한 노동력을 확보하기 위해 임금뿐 아니라 기업 복지의 내용도 함께 확충된 것이다. 이 시기의 산업복지는 식당 및 급식시설, 공제조직이나 지정 병의원 제도 등 노동자들의 열악한 임금 수준을 보완하는 생활 보조적 성격을 띠고 있었다.

산업복지가 획기적으로 진전된 것은 1980년대 후반 노동운동이 활성화되면서부터였다. 산업복지는 국가 노동정책의 변화, 기업 복지의 확대와 맞물리면서 획기적으로 진전되었다. 기업 복지는 1997년에 노동자 1인당 월평균 약 159만 원으로서, 1990년에 비해 약 3배 정도 증가했다. 그중에서도 학비 보조와 주거 관련 프로그램이 급속히 성장했다. 또한 1995년에 노동자들의 실업과 재취업을 지원하는 고용보험이 도입된 것도 주목할 만하다. 고용보험은 외환위기를 겪은 후 급속히 진전되어 이 제도를 도입한 지 불과 4년 만인 1998년에 종업원 1인 이상의 전체 사업장으로 확대되었다.

한편, 1990년대 말의 외환위기 이후에는 노동시장의 유연화가 본격화됨에 따라 산업복지도 급격한 변화를 겪고 있다. 노동시장의 양극화에 따라 기업규모별 산업복지의 차이가 확대되었다. 〈그림 15-1〉에서 보는 바와 같이, 기업규모에 따라 기업 복지 지출의 격차가 확대되고 있다. 또한 비정규직 노동자의 비율이 전체 취업자의 절반 이상으로 확대되면서 고용불안의 문제도 심각해지고 있다. 임시직, 계약직 등 안정적 고용을 확보하지 못한 비정규직 노동자들은 정규직과는 달리 고용이 불안한 상태에서 기업 복지의 적용을 제대로 받지 못하기 때문에, 산업복지의 사각지대에 놓여 있다.

<그림 15-1> 기업규모별 기업 복지의 격차

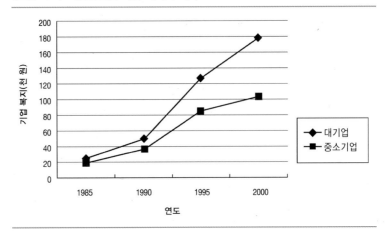

자료 : 노동부 기업체노동비용조사보고서(각년도).

<그림 15-2> 복지 지출 비율: 2001년

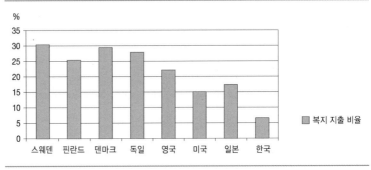

자료 : 양재진 외(2007: 21).

　국내외의 환경 변화에 대응하여 산업복지의 내용이 변화되는 것은 자연스런 현상이다. 특히 21세기 들어서는 세계화와 신자유주의의 추세가 진전되면서 기존의 산업복지가 유연하게 변화될 것을 요구받고 있다. 그러나 우리 사회는 서구와는 달리 아직까지 기본적인 복지제도조차 제대로 마련되지 않았다는 점을 감안할 때, 소득보장과 사회서비스체계의 확립이라는 복지국가의 기본을 내실화해야 한다고 주장하는 견해가 있다. <그림 15-2>에서 볼 수 있는 바와 같이, 한국의 재정 지출에서 복지 항목이 차지하는 비율은 6.1%에 불과하여 주요 선진국의 수준에 크게 못 미치고 있다. 이런 점을 감안할 때, 산업복지에서도 노동시장의 수요 변화에 맞게 유연성을 강화하거나 근로연계 복지정책을 추진하기보다는, 좀 더 충실하게 4대 보험이나 퇴직금 등 산업복지의 기본 프로그램을 확충해야 한다는 것이다.

3) 이론적 쟁점

산업복지와 관련된 이론적 쟁점으로는 신자유주의 세계화에 따른 산업복지의 재편, 시행 주체 간의 상호관계와 우선순위의 문제 등이 있다.

산업복지의 재편

첫 번째 쟁점은 노동력의 상품성을 중요시하는 자본주의 사회에서 산업복지의 필요성이 제기되는 이유와 관련된 것이다. 앞에서도 강조한 것처럼, 산업화의 일정 단계에서 노동력 공급이 제한되면 노동자들이 노동 현장에서 안정적으로 일할 수 있도록 노동력의 재생산을 지원하는 산업복지의 필요성이 제기되는 것은 당연한 일이다. 그러나 과연 노동자들을 보호하는 산업복지 관련 지출이 얼마나 이루어져야 하는가 하는 쟁점에 대해서는 쉽게 답변하기 어려운 것이 사실이다. 산업복지를 위한 국가나 기업의 지출이 직접적으로는 비용구조를 악화시켜 경쟁력을 저해하는 것으로 받아들여지기 때문이다. 신자유주의 사회에서 공기업의 민영화가 추진되거나 종업원에 대한 연금지출이 삭감되는 것은 이런 맥락에서다.

신자유주의의 입장에서는 산업복지를 위한 국가재정 지출의 증가를 부정적으로 파악한다. 또한 실업자의 생계유지를 위해 산업복지 지출을 확대하는 것은 당사자의 노동시장 복귀라는 긍정적 효과를 거두기보다 근로의욕의 상실과 같은 부정적 효과를 초래하는 측면이 크다고 본다. 신자유주의도 기존의 복지국가도 아닌 '제3의 길'을 주장하는 입장에서는 국가가 노동 능력이 있는 사람에게만 복지 지출을 집중함으로써 생산적 성과

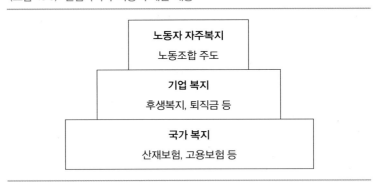

를 극대화해야 한다고 주장하고 있다.

시행 주체

두 번째 쟁점은 산업복지 시행 주체 간의 상호관계와 관련된 것이다. 산업복지는 시행 주체에 따라 국가 복지, 기업 복지, 노동자 자주복지로 구분된다. 〈그림 15-3〉에서 보는 바와 같이 국가 복지는 모든 노동자들이 노동 현장에서 안정적으로 일할 수 있도록 일정 수준의 산업복지를 법으로 제정하여 지원하는 보편적 복지 프로그램이다. 대표적인 것이 산재보험, 고용보험 등의 사회보험이다. 기업 복지는 종업원들의 노동력이 안정적으로 재생산될 수 있도록 기업에서 제공하는 산업복지 프로그램으로서 기업의 성격이나 규모에 따라 일정한 차이가 존재한다. 구체적으로 기업 복지란 임금 등 기본적 근로조건 이외에 부가적 근로조건의 향상을 통해 근로자의 복지를 향상시키는 것을 목적으로 하는 정책이나 활동으로 정의할 수 있다. 대표적인 것이 후생복지, 퇴직금 등이다. 노동자 자주복지는 노동자들이 주체적으로 노동조합을 조직하여 실현하는 복지로서 내용적으로는 기업 복지를 보완하는 것이 대부분이다. 노동자 자주복지는 국가 복지의 경직성이나 기업 복지의 불안정성을 보완하기 위해 요구된다.

요컨대, 산업복지는 시행 주체에 따라 국가 복지, 기업 복지, 노동자 자주복지로 구분되는데, 이들은 상호보완적 관계에 있다. 이 중에서 국가 복지가 가장 보편적이고, 기업 복지는 기업의 성격이나 규모에 따라 일정한 차이가 존재하고, 노동자 자주복지는 노동조합의 활동이 활발할수록 잘 실현되는 편이다.

국가 복지와 기업 복지

다음으로 산업복지를 담당하는 주체 중에서 기업과 국가의 역할 분담을 둘러싼 갈등도 중요한 쟁점이다. 국가는 가능하면 재정 지출의 부담을 덜기 위해 기업에게 산업복지의 책임을 넘기려고 하는 경향이 있다. 예컨대, 한국에서는 많은 기업들이 조합주택이나 임대주택 등의 방식을 통해 종업원들의 주거 문제를 해결하는 데 기여하고 있다. 그러나 이와 같은 기업 복지는 해당 기업의 경영에 부담을 줄 뿐 아니라, 기업 간의 복지격차를 확대해 노동자들 간에 위화감을 조장하는 부작용을 낳기도 한다.

노동시장의 유연화가 진전됨에 따라 노동자들의 고용안정도 중요한 쟁점이 되고 있다. 산업복지의 관점에서는 고용안정성이 대단히 중요하다. 고용안정이야말로 유능한 노동자들이 안심하고 일에 몰입할 수 있도록 뒷받침해주는 기본적 조건이기 때문이다. 기업의 입장에서 해고가 용이하지 않게 되면 노동자들의 평균 근속년수가 높아져 임금 비용이 증가하는 것이 사실이다. 경영자는 경기 변동에 따라 노동자들의 고용과 해고를 자유롭게 하는 수량적 유연성(numerical flexibility)을 선호하는 경향이 있다. 그러나 일부 대기업에서는 노동운동의 활성화가 고용주들이 노동자들을 해고하기 어렵게 함으로써 고용을 안정시키는 데 기여했다. 이에 따라 어떻게 하면 노동자들의 고용이 안정되더라도 경영 부담으로 작용하지 않고 기능적 유연성(functional flexibility)을 발휘하도록 할 것인가 하는 것이 과제로 대두된다. 여기서 기능적 유연성이란 종업원들의 고용과 해고를 자유롭게 하는 수량적 유연성과는 달리, 교육훈련 투자를 강화함으로써 종업원들이 다양한 업무에 종사할 수 있는 능력을 갖추도록 만드는 것을 의미한다.

이와 같은 이론적 쟁점들을 염두에 두면서, 산업복지의 시행 주체별로 최근의 변화 추세를 고려하여 각론의 내용을 서술하고자 한다.

3. 사회보험과 산업복지

이 절에서는 국가가 주도하는 프로그램인 사회보험, 그중에서도 산업복지와 직접 관련된 산재보험과 고용보험을 구체적으로 살펴본다. 또한 이와 관련하여 최근 이루어지고 있는 사회보험의 개편 논의에 대해서도 생각해보고자 한다.

1) 산재보험

산재보험은 산업화가 진전되면서 노동과정에서 발생하는 산업재해로부터 노동자를 보호하기 위해 도입된 사회보험제도이다. 물론 산업재해 자체를 예방하는 것이 가장 바람직하지만, 일단 산업재해가 발생하여 부상 또는 사망한 경우에 해당 노동자와 그 가족을 보호하고 보상해주는 제도가 산재보험이다. 산재보험제도의 목적은 첫째, 신속·공정한 재해보상을 실시하는 것이다. 둘째, 재해를 입은 노동자와 그 가족의 인간다운 생활을 보장하는 것이다. 셋째, 사업주가 과중한 경제적 위험을 부담하는 것을 분산·경감시켜주는 것이다.

산재보험은 다른 법규에 의해 재해보상이 행해지는 공무원이나 사립학교 교원의 경우, 농업·임업 등의 영세 사업장 일부를 제외하고는 모든 사업장에 적용하는 것을 원칙으로 한다. 산재보험의 가입자는 일부 임의적용사업을 제외한 상시 1인 이상의 근로자를 고용한 모든 당연적용사업의 사업주로서, 사업주는 자신의 가입의사와 관계없이 당연히 보험가입자가 되며 보험료를 신고·납부할 의무가 주어진다. 보험료도 보험가입자인 사업주가 전액 부담한다. 즉, 노동 현장에서 발생하는 산업재해에 대처하기

〈표 15-1〉 산재보험 급여의 종류 및 지급 내용

	지급요건	급여 내용	청구자
요양급여	업무상 부상 또는 질병	치료에 소요되는 비용을 치유 시까지 현물로 급여	지정의료기관 및 근로자
휴업급여	임금을 받지 못한 경우	피해근로자와 그 가족의 생활보호를 위해 임금 대신 지급하는 급여	피해근로자
장해급여	업무상 재해가 치유된 후 장해 잔존 시	장해 정도에 따라 지급하는 급여	피해근로자
간병급여	업무상 재해가 치유된 후 간병 필요 시	상시 또는 수시로 간병을 받는 자에게 지급하는 급여	피해근로자
유족급여	업무상 사망의 경우	유족의 생활보장을 위해 지급하는 급여	수급권자(유족)
장의비	근로자 사망 후	피해근로자의 장제에 소요되는 비용	장제의 실행자
상병보상연금	2년이 경과되어도 치유되지 않았을 경우	휴업급여 대신 보상수준을 향상시켜 지급하는 연금으로서의 급여	피해근로자
특별급여제도	사업주의 고의 또는 과실로 재해가 발생했을 경우	신속한 해결을 위해 지급상당액을 사업주가 직접 납부하는 제도	

위해 모든 사업장의 사업주가 의무적으로 산재보험에 가입해야 하고 보험료 전액을 부담해야 하는 것이다.

산재보험의 보험료 산정은 어떻게 이루어지는가? 산재보험의 보험료는 보험년도의 임금총액에 보험요율을 곱한 금액이 된다. 보험요율은 매년 마다 보험급여 지급률이 동등하다고 인정되는 사업집단을 64개로 세분화하여 적용한다. 2008년의 보험요율은 보건 및 사회복지사업의 7/1000부터 석탄광업의 553/1000에 걸쳐 세분화되어 있다. 이처럼 보험요율이 상이한 것은 해당 업종의 특성에 따라 산재 발생 가능성이 다르기 때문이다.

그럼, 산업재해가 실제로 발생했을 때 보험급여는 어떻게 지급되는가? 보험급여는 사용자가 과실이 없다고 하더라도 법률상의 의무로서 보상을 해야 한다고 규정한 「근로기준법」에 근거하여 지불하게 된다. 〈표 15-1〉에서 보는 바와 같이 보험급여의 종류는 산업재해의 성격이나 정도에 따라 요양, 휴업, 간병, 장해 등 다양한 유형의 급여로 지급된다. 또한 급여의 방식도 현금이나, 현물, 연금 등 다양하다.

산재보험은 이러한 보험급여 외에도 피해근로자의 근로 능력을 회복시켜 독립적 생활이 가능하도록 지원하는 재활훈련 서비스를 실시하고 있다. 재활훈련원은 피해근로자가 직업능력개발 및 훈련을 통해 노동시장에 복귀할 수 있도록 기술습득의 기회를 제공하는 기관이다. 훈련비는 무료이며, 매월 훈련수당을 지급한다. 교육기간은 1년이고 교육을 더 원할 경우에는 6개월 연장이 가능하다.

산재보험의 관리운영은 근로복지공단이 담당하고 있다. 근로복지공단은 사업주로부터 산재보험료를 징수하여 업무상의 재해를 신속·공정하게 보상하는 보험 사업, 그리고 보험시설의 설치운영과 피해근로자의 재활 및 복지증진 사업을 담당한다. 이 외에 산업안전공단은 산업재해를 감소시키기 위한 교육과 예방 사업을 담당하고 있다.

2) 고용보험

고용보험은 노동자가 실업을 당했을 때 당사자 및 그 가족의 생활안정과 재취업을 촉진하는 사회보험제도이다. 고용보험은 1995년부터 도입되었지만, 본격적으로 확충된 것은 1990년대 후반 외환위기로 실업자가 대규모로 발생하면서부터이다. 1998년 10월부터는 농업, 임업 등 일부 업종을 제외한 전 사업장으로 고용보험의 적용 범위가 확대되어, 이 제도를 도입한 지 불과 4년 만에 전체 근로자를 대상으로 하게 되었다. 근로자 1인 이상을 고용하는 사업장에서 일하는 모든 근로자는 특정의 경우를 제외하고는 고용보험에 가입해야 한다.

〈표 15-2〉에서 보는 바와 같이, 고용보험의 보험료는 고용안정 사업과 직업능력개발 사업의 경우에는 사업주가 전액 부담해야 하지만, 가장 핵심적인 실업급여의 보험료는 사업주와 근로자가 각각 절반씩 부담해야 한다.

〈표 15-3〉에서 보는 바와 같이, 고용보험의 급여와 관련된 사업은 크게

<표 15-2> 고용보험의 부담주체 및 보험요율 산정

	부담주체	보험요율		보험료 산정
실업급여	사업주와 근로자가 절반씩 부담	사업주 0.5% 근로자 0.5%		
고용안정 사업	사업주가 전액 부담	사업주 0.3%		
직업능력개발 사업	사업주가 전액 부담	150명 미만	0.1%	임금총액 × 보험요율
		150명 이상 (우선지원대상)	0.3%	
		150명 이상~ 1,000명 미만	0.5%	
		1,000명 이상	0.7%	

<표 15-3> 고용보험 급여의 사업체계

	주요 사업	사업 내용
실업급여	구직급여	구직급여, 상병급여, 연장급여
	취직촉진 수당	조기재취직 수당, 직업능력개발 수당, 광역구직 활동비, 이주비
고용안정 사업	고용조정 지원	고용유지 지원금, 채용 장려금, 재고용 장려금
	고용촉진 지원	고령자 고용촉진 장려금, 여성고용촉진 장려금, 직장보육시설 지원금, 직장보육시설 설치비 융자
		건설근로자 퇴직공제부금 지원
직업능력 개발사업	사업주 지원	직업능력 개발훈련 지원, 유급휴가 지원, 직업교육훈련시설·장비자금대부 및 지원, 장기실업자 고용촉진 장려금
	근로자 지원	실업자 재취직 훈련 지원, 수강 장려금 지원, 근로자 학자금 대부
		건설근로자 직업능력개발 지원

세 가지 유형으로 구분된다. 기본적인 것은 실업을 당한 근로자가 다시 취업할 때까지 기본적인 생계를 유지하면서 구직 활동을 할 수 있도록 지원하는 실업급여이다. 그 내용은 실업자의 구직이나 취직촉진 활동을 직접적으로 지원하는 것으로 이루어져 있다. 고용보험 중에서 실업급여가 가장 기본적인 사업이라고 할 수 있다. 그러나 이것은 실업자에게 최소한의 소득을 보장해주는 '소극적' 노동시장정책에 불과하다.

최근 들어 정부는 소극적 노동시장정책에 머물지 않고 구직자들이 다국가가 운영하는 4대 사회보험 중의 하나인 국민연금은 전 국민을 대상으로 의무적으로 보험에 가입하도록 하여 보험료를 납부하게 한 후, 가입자가 65세가 된 후부터 연금을 지급함으로써 최저한의 노후 생활을 보장해주기 위한 제도이다. 그러나 보험료를 내는 것에 비해 지나치게 많은 연금을 지급받게 설계된 나머지 2048년이 되면 연금기금 자체가 고갈될 것으로 우려되었다. 오랜 논란이 벌어진 끝에 2007년 국회에서 국민연금 재편에 대한 합의가 가까스로 이루어지긴 했지만, 근본적인 해결책이라기보다는 미봉책에 불과하다는 평가를 받고 있다. 가입자들이 국민연금을 더 부담하지는 않되 연금액을 2028년까지 현재의 기준인 소득의 60%에서 40% 수준으로 단계적으로 감소하게 된 것이다. 이렇게 되면 물가인상률을 감안할 때 노후 생활을 가능케 하는 연금이라기보다 용돈 수준에 불과한 것이 되고 말 것이라는 비판도 있다.

시 취업할 수 있도록 지원하는 '적극적' 노동시장정책을 함께 실시하고 있다. 적극적 노동시장정책은 다음과 같은 두 가지가 존재한다. 첫째는 실업자가 발생하지 않도록 노력하거나 사회적 약자의 고용을 촉진하는 사업주를 지원하기 위한 고용안정 사업이다. 달리 말하면, 사업주가 고용 능력을 확대하도록 지원하는 사업이다. 둘째는 근로자가 직업능력을 개발하여 재취업할 수 있도록 지원하는 사업이다. 이 경우에는 사업주와 근로자에 대한 지원이 함께 이루어진다.

고용보험의 관리운영체계를 보면 고용정책심의위원회의 심의를 거쳐 노동부와 지방노동관서가 실무를 담당하고 있다. 고용보험의 구체적 업무는 지방노동청 및 지방노동사무소가 운영하는 지역고용지원센터에서 담당하고 있으며, 근로복지공단과 산업인력공단도 임무의 일부를 위탁받아 수행하고 있다.

3) 사회보험의 개편 논의

이상에서 살펴본 것처럼, 국가가 담당하는 산업복지는 노동시장의 경쟁을 보완하여 노동자들이 안심하고 일하고 생활할 수 있도록 만드는 데 필수적 역할을 수행하고 있다. 여기서 강조할 것은 국가 복지의 구체적 내용과 형태는 환경 변화에 따라 지속적으로 변화한다는 것이다. 산재보험의 보험요율이나 급여 유형은 특정 시점의 산업구조나 산업재해 발생률에 따라 지속적으로 변화할 수밖에 없다. 예컨대, 자동차산업 노동자의 고령화에 따라 산업재해로 인정받는 근골격계 질환이 증가한다면, 해당 사업주의 보험요율은 높아질 수밖에 없을 것이다. 고용보험도 마찬가지이다. 사양화되는 화섬산업 같은 경우에는 고용조정에 따라 실업자가 급증할 수밖에 없고, 실업의 충격을 흡수하기 위해서는 보험요율을 높일 수밖에 없다.

장기적으로 보험료 납부와 보험료 지급 간의 균형을 맞출 수 있도록 제도적 설계가 되지 못한 경우에는 최근 문제가 된 국민연금 제도처럼 재편의 경로를 밟게 될 가능성이 크다. 달리 말해 장기적 관점에서 제대로 설계된 사회적 보호 장치가 없을 때, 산업재해나 실업 등 노동력의 재생산을 위협하는 요인들의 파급효과는 훨씬 심각한 양상을 나타내게 될 것이 확실하다.

그렇다고 해서 사회보험을 민영화하는 것이 대안이라고 하기는 어렵다. 사회보험을 이윤을 추구하는 민간 기업에게 넘긴다는 것은 소득재분배의 기능을 포기하고 수익자부담의 원칙에 맡긴다는 것을 의미하기 때문이다. 이와 관련하여 최근 정부가 표방한 건강보험의 민영화 정책이 적절한 것인가에 대해 생각해볼 필요가 있다.

현행 사회보험제도의 운영과 관련하여 가장 우려되는 것은 아직도 사회보험의 혜택을 받지 못하는 사각지대에 놓인 사람들이 많다는 것이다. 여기서는 고용보험의 예를 들어보기로 하자. 공식적으로는 농업, 임업 등 일부 업종을 제외하고는 근로자 1인 이상을 고용한 전 사업장으로 적용범위가 확대되었음에도, 실제로 고용보험의 혜택을 받는 비율은 근로자 전체의 절반에도 미치지 못하고 있다. 상시근로자도 고용보험의 적용 비율이 82% 정도에 불과하다. 이는 영세 사업주가 근로자들과 담합하여 고용보험료를 납입하지 않는 사업장이 많기 때문이다. 이럴 경우에는 근로자들이 실업을 당하더라도 고용보험에서 제공하는 각종 혜택을 받기 어렵다. 또한 비정규직의 고용보험 적용 비율은 31% 정도에 불과하다(〈그림 15-4〉). 또한 고용허가제와 무관하게 불법 취업한 외국인 노동자의 경우에도 고용보험의 혜택을 받기 어려운 것이 현실이다.

정부는 고용보험의 혜택을 제대로 받지 못하는 중소기업이나 비정규직 노동자들의 직업능력을 개발하기 위해 여러 가지 다양한 정책을 실시하고 있다. 첫째는 중소기업 직업훈련 컨소시엄 정책이다. 이는 대기업, 사업주단체, 공공훈련기관, 대학 등의 시설과 전문인력을 활용하여 중소기업 노동자들의 교육훈련을 지원한다. 둘째는 특정 기업에 소속되지 않은 비정규직 노동자들을 대상으로 근로자 능력개발카드제를 도입했다. 이 제도는 연 100만 원, 5년간 300만 원 한도의 금액을 교육훈련에 사용할 수

건강보험 민영화 논의

건강보험도 노동력의 재생산에 기여한다는 점에서 산업복지와 관련된 사회보험에 속한다고 할 수 있다. 노동자들을 질병의 위협에서 안전하게 보호할 수 있다면 산업복지에 크게 기여하는 것이 되기 때문이다. 그런데 최근 정부가 건강보험의 민영화를 검토하고 있다는 사실이 알려지면서 심각한 우려가 제기되고 있다. 건강보험을 민영화하게 되면 어떤 사태가 발생할 것인가? 건강보험을 이윤추구를 목적으로 하는 민간 기업에 맡기게 된다면, 무엇보다도 보험요율이 크게 상승할 것으로 예상된다. 또한 좀 더 많은 사람의 건강을 지키는 공익적 목적이 아니라 좀 더 많은 이윤을 추구하는 것이기 때문에, 환자 수가 작거나 치료가 어려운 질병은 보험에 포함시키지 않으려 할 것이다. 수익자부담의 원칙에 충실할 경우 현재와 같은 소득재분배 효과가 소멸될 것도 분명하다. 현재와 같이 가입자가 받는 혜택과 상관없이 소득 수준에 비례하여 보험료를 납부하고 질병에 따라 공평하게 치료를 받는 공익적 건강보험 시스템은 폐기될 것이 예상된다. 마이클 무어 감독의 다큐멘터리 영화 〈식코(Sicko)〉는 공익적 건강보험이 없는 상태에서 독과점적 민간 의료보험 회사들이 시장을 지배하는 미국의 비참한 의료 현실을 보여주고 있다. 이 영화는

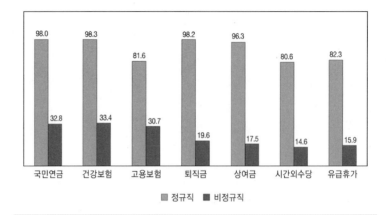

〈그림 15-4〉 고용형태별 사회보험 및 노동조건 적용률 　　(단위: %)

의료보험의 혜택을 받지 못하는 어떤 미국 시민이 천문학적 의료 비용을 감당할 길이 없어 자신의 상처를 스스로 꿰매는 충격적 영상을 보여준다. 이 영화를 보면서 우리는 건강보험이 민영화될 때 어떤 미래가 기다리고 있는지를 예상할 수 있다.

자료: 경제활동인구조사 부가조사, 김유선(2005: 26)에서 재인용.

있는 일종의 바우처(voucher)이다. 셋째는 지역 차원의 노사정이 공동으로 취약계층의 노동자들에게 무료로 교육훈련을 실시할 수 있는 노사 공동훈련 제도이다. 근로자 능력개발카드제나 노사 공동훈련 제도는 아직 초보 단계에 있지만, 정부가 고용보험의 사각지대에 있는 노동자들의 교육훈련을 지원하고자 한다는 점에서 바람직한 시도이다. 이 제도들은 성공적으로 운영되어야 할 뿐 아니라 재정 지원의 규모도 더욱 확대될 필요가 있다.

이상에서 살펴본 것처럼, 자본주의 시장경제의 발전에도 불구하고 국가가 제공하는 사회보험의 필요성은 부정될 수가 없다. 즉, 국가의 산업복지는 노동 현장의 노동자들이 건강하고 안전하게 일할 수 있도록 사고와 실업의 위험을 완화시켜줄 뿐 아니라 최저한의 노후 생활을 보장해주기 때문에 시장경제의 건전한 발전을 위해서도 더욱 확충될 필요가 있다. 국가 복지의 지속가능한 운영을 위해서는 장기적 관점에서 보험료의 납부와 지출이 균형이 맞도록 잘 설계될 필요가 있다.

4. 기업 복지

앞에서도 논의한 것처럼, 산업복지 중 기업 복지는 국가 복지를 보완하여 노동자들이 자신이 속한 기업에 소속감을 느끼고 노동과정에 적극적으로 참여할 수 있도록 도와준다. 기업 복지의 구체적 내용은 주로 노사 간의 단체교섭 또는 노사협의회를 통해 결정된다. 그러나 기업 복지는 기업규모나 고용상의 지위에 따라 커다란 격차를 보이고 있다. 기업 복지에서도 대기업과 중소기업, 정규직과 비정규직 간의 양극화가 심해지고 있는 것이다. 이 절에서는 기업 복지의 대표적 내용이라고 할 수 있는 후생복지와 퇴직금 제도에 대해 살펴보기로 하자. 또한 미시적 차원의 산업복지 프로그램인 종업원지원프로그램(EAP)에 대해서도 소개하고자 한다.

1) 후생복지

후생복지는 기본적으로 법적 의무와는 무관하게 기업이 자율적으로 실시한다는 점에서 법정 외 복지에 속한다. 주요 내용으로는 식사 지원, 주거 지원, 보건의료 지원, 보험 지원, 경조비 지원, 재형저축 등의 장려금, 학비 보조, 사내 근로복지기금, 종업원지주제도 지원, 사내 보육시설 지원 등을 열거할 수 있다.

후생복지는 긍정적 측면에서 볼 때 노동자들에게 고용안정을 제공함으로써 우수한 인력을 기업 내에 확보하는 효과를 나타낸다. 후생복지는 동일한 회사에 근무할 때 동일한 서비스를 제공받기 때문에 임금의 차이를 보완하면서 생활안정을 실현하는 효과를 보이기도 한다. 그러나 후생복지는 기업의 지급능력의 차이를 전제로 하기 때문에 기업규모에 따라 노동자들 간의 불평등이 확대되는 결과가 나타나기도 한다. 〈표 15-4〉의 기업체 노동비용 실태조사 결과를 보면, 규모 간 노동비용의 격차가 큰 것을 알 수 있다. 300인 이상 종업원을 가진 대기업은 300인 미만 중소기업과 직접노동비용(=임금)뿐 아니라 간접노동비용에서도 큰 차이를 보인다. 직

〈표 15-4〉 기업규모별 노동비용 분석: 2006년

	전 규모	300인 미만 (A)	300인 이상 (B)	1,000명 이상 (C)	비율 (B/A)
노동비용 총액	3,393	2,707	4,533	4,943	1.7
직접노동비용(임금)	2,686	2,155	3,569	3,895	1.7
간접노동비용	707	552	964	1,048	1.7
퇴직금	230	179	314	312	1.8
법정복리비(사회보험)	229	187	298	322	1.6
법정외복리비(후생복지)	208	168	274	318	1.6
교육훈련비	27	8	57	73	7.1
기타	13	10	21	23	2.1

자료 : 노동부(2007).

접노동비용에서 1.7배의 차이를 보이는 것과 함께 간접노동비용 중에서도 법정외복리비(=후생복지)가 1.6배의 차이를 보이고 있다. 이는 동일 업종 내에서도 노동자들 간의 격차를 확대함으로써 위화감과 갈등을 조장하게 된다.

최근에는 노동시장의 유연화 추세와 더불어 후생복지도 변화를 겪고 있다. 내부노동시장이 약화되는 가운데 능력 위주의 인사관리체제로 전환되고 있는 것이다. 이에 따라 기업 복지도 임금과 마찬가지로 개인의 업적과 성과에 따라 지급될 것으로 예상된다. 또한 개인의 욕구가 세분화되고 다양화되기 때문에 기업 복지의 내용도 노동자들이 일정한 예산 범위 내에서 자신의 욕구에 적합한 것을 선택할 수 있도록 해주는 카페테리아(cafeteria) 방식이 검토되고 있다.

2) 퇴직금과 퇴직연금

기업체가 자율적으로 실시하는 기업 복지 외에도 국가나 지방자치단체가 근로자와 그 가족의 생활안정을 목적으로 실시하는 공공 산업복지 서비스가 존재한다. 주요 내용으로는 노동부와 근로복지공단이 실시하는 근로자 주거안정지원, 근로자 생활안정지원, 재산형성 촉진, 공공 근로복지시설 설치 및 운영, 문화·체육·오락 등 여가활동 지원, 영유아 보육시설 설치 및 운영 등이 있다. 이는 「중소기업 근로자 복지진흥법」, 「근로자 생활향상 및 고용안정지원에 관한 법률」 등으로 뒷받침되고 있다.

법적으로 지원되는 가장 중요한 기업 복지로는 퇴직금 제도가 있다. 퇴직금은 회사에서 노동자가 기업을 그만두게 될 때 지급하는 급여로서 법에 의해 의무적으로 규정되어 있다. 현행 퇴직금 제도는 5인 이상 사업장에서 노동자가 1년 이상 근무했을 때 지급한다. 퇴직금은 회사가 1년에 한 달분 이상의 평균임금을 적립하여 퇴직 시에 일시금으로 전액 지급하는 것이다. 이는 퇴직 후 노동자의 생존권을 보장하기 위해 국가가 법적 강제조항으로 만들어놓은 것으로서 외국에서는 찾아보기 힘든 특이한 제도이다. 〈표 15-4〉에서 알 수 있는 바와 같이, 퇴직금은 전 규모를 기준으로 할 때 임금을 제외한 간접노동비용 중에서 법정복리비(=사회보험)나 법정외복리비(=후생복지)보다도 큰 비중을 차지한다.

그러나 퇴직금 제도는 고용주가 종업원의 퇴직 시에 일시금으로 지급해야 하는 데서 비롯되는 상당한 부작용을 나타내고 있다. 고용주들이 퇴직금을 고의적으로 빼돌리거나 그렇지는 않다고 하더라도 지불능력을 상실하여 노동자들이 희생을 보는 경우가 자주 발생하는 것이다. 노동자들이 퇴직금을 온전하게 받는다고 하더라도, 이를 노후의 생활자금으로 사용하고자 한 원래의 취지를 살리지 못하고 구직활동을 위한 생활자금으로 사용해버리는 경우도 자주 발생한다.

퇴직연금 제도는 퇴직금 제도의 이러한 문제점을 보완하기 위해 2005년 12월에 새롭게 도입되었다. 퇴직연금 제도는 금융기관에 매년 퇴직금의 해당 금액을 적립하여 근로자가 연금 또는 일시금으로 지급받아 노후 설계가 가능하도록 한 제도이다. 퇴직연금 제도는 믿을 만한 금융기관을 선정하여 퇴직금을 맡겨놓기 때문에 사업장이 도산해도 떼일 염려가 없다. 퇴직연금 제도는 중도 인출을 엄격하게 제한함으로써, 노후재원인 퇴직급여가 생활자금으로 소진되지 않도록 하고 있다.

<그림 15-5> 종업원지원프로그램의 운영 메커니즘

① 규명 문제를 확인	⇒	② 기록관리 치료결과 를 감시, 평가	⇒	③ 사정과 모니터링 조기 판단, 진행과정을 모니터링	⇒	④ 의뢰기제 외부지원 과 연결	⇒	⑤ 재통합 원래 작업장으 로 통합	⇒	⑥ 옹호 우호적 배려	⇒	⑦ 평가 프로그램 의 효과 평가

3) 종업원지원프로그램

종업원지원프로그램(employee assistance programs: EAP)이란 기업체에 고용된 근로자 개인 및 가족의 육체적·정신적 문제를 해결할 수 있도록 도와주는 기업 복지 프로그램이다. 서구에서 도입 초기에는 주된 관심이 알코올이나 약물의 남용과 중독 문제를 해결하는 데 있었지만, 이후에는 정신적 스트레스, 가족 문제 등 다양한 범위로 활동 영역이 확대되고 있다.

최근 들어서는 종업원들의 직무수행에 영향을 미치는 문제들이 약물 남용과 중독만이 아니라 가족상황과 관련된 문제들이 커다란 비중을 차지하고 있다. 맞벌이, 모자·부자 가족, 미혼모 등이 오늘날 노동력의 90% 이상을 구성하고 있다. 따라서 가족과 직장은 불가분의 관계를 맺지 않을 수 없고 상호의존적으로 유지되어야 하는 것이다. 또한 직장생활에서 일상적으로 발생하는 스트레스나 성희롱 등의 문제에 대한 대처 방안도 중요한 과제로 대두하고 있다.

우리나라의 기업들은 종업원지원프로그램을 아직 본격적으로 도입하지 않고 있지만, 산업화의 진행 정도를 감안할 때 곧 도입될 것으로 예상된다. 의사, 간호사, 사회복지 전문가들로 구성된 한국EAP 협회는 직장인 대상의 상담 및 지원 프로그램을 개발하고 직장인 상담 전문가를 양성하면서, 한국 사회에서 종업원지원프로그램의 제도화를 추진하고 있다. 종업원지원프로그램의 구체적인 운영 메커니즘은 <그림 15-5>와 같다.

5. 노동자 자주복지

1) 노동조합

노동자 자주복지는 자발적 결사체인 노동조합이 주체가 되어 산업복지를 실현하는 자원 복지(voluntary welfare)의 일종이다. 노동조합 조직률이 10%에도 못 미치는 우리나라에서는 그 영향력이 상대적으로 크지 않은 것이 사실이다. 노동자 자주복지의 내용은 노동조합의 영향력에 비례하여 발전하는 것이다. 그렇기 때문에 노동조합이 조직된 기업과 미조직된 기업 간에 산업복지의 격차가 확대된다. 노동자 자주복지의 내용은 노사 간의 단체교섭을 통해 결정된다. 구체적 내용은 구매, 주택, 보건, 위생, 금융, 체육오락 등 기업 복지의 영역과 상당 부분 중복된다. 그러나 기업 복지가 부실한 경우에는 소비조합, 신용협동조합, 장학사업, 근로자 주택 사업 등을 노동조합이 독자적으로 추진하는 경우도 있다.

노동조합이 노동자들의 복지 향상을 위해 사회복지 전문가를 채용하여 외부지원과 연결시킴으로써 복지활동의 효율화를 도모하는 경우도 많다. 구체적 내용으로는 상담활동, 정보제공, 교육훈련, 가정간호, 전직훈련 프로그램, 보육 등을 추진하고 있다. 예컨대, 민주노총 울산 지역본부에서는 노사발전재단의 지원을 받아 고령화되는 노동자들의 삶의 질 향상을 위해 '노동자인생재설계' 프로그램을 준비하고 있다. 구체적 내용으로는 가계지출, 보건의료, 사회복지 등에 대한 실태조사, 컨설팅 프로그램을 추진하고 있다. 조사연구 사업을 통해 구체화된 프로그램을 마련한 후에는 일부 조합원들을 선발하여 시범사업을 실시하고 그 성과를 전 조합원들에게 확산시켜갈 예정이다.

2) 지역자활센터

마지막으로 노동시장에 진입하지 못한 취약 근로계층의 자주복지를 위

〈표 15-5〉 지역자활센터의 사업

사업 유형		지원 기준
자활 근로 사업	시장진입형	• 자활근로프로그램 참여욕구가 높은 자 • 일용직·임시직으로 직업경험이 있는 자
	근로유지형	• 노동 강도가 낮은 사업 참여가 가능한 자 • 간병·양육 등 가구여건상 관내 사업만이 가능한 자
자활공동체 사업		• 자활공동체사업에 참여욕구가 높은 자 • 기술습득 정도·노동 강도가 높은 사업 참여가 가능한 자

자료 : 보건복지부(2008).

한 노력을 살펴보기로 하자. 지역자활센터란 1996년 정부의 「국민기초생활보장법」에 의해 설립된 기관으로서 취약계층의 자활사업을 지원하여 이들이 노동시장에 적응할 수 있도록 다양한 프로그램을 제공하고 있다. 이는 물론 정부의 지원을 받는 것이지만, 노동자가 자활할 수 있는 능력의 획득을 목적으로 한다는 점에서 노동자 자주복지에 해당하는 것이라고 할 수 있다.

지역자활센터의 사업은 크게 취약계층의 자활능력을 배양하는 자활근로 사업(시장진입형, 근로유지형)과 시장으로 이미 진입한 자활공동체 사업으로 구분된다. 참여자에게 인건비를 지급하는 자활근로 사업을 한시적으로 지원받은 후에는 의무적으로 자활공동체로 독립해야 한다. 지역자활센터는 15년 이상 시행되면서 전국의 거의 모든 지자체로 확산되었을 뿐 아니라 수많은 취약계층에게 일자리와 심리적 안정감을 제공해주고 있다.

이와 같은 지원 사업은 당사자가 노동시장 복귀라는 긍정적 효과를 거두기 위해 복지 혜택을 제공한다는 점에서 '제3의 길'에 해당하는 복지정책이다. 그러나 현실적으로는 한시적 지원이 끝났을 때 이들이 노동시장으로 복귀하여 자립하는 데 성공하기보다는 실패하는 사례가 대부분이라는 점에서 좀 더 정교한 자활지원 사업 정책의 설계와 운영이 절실히 요구된다.

6. 산업복지의 발전과제

이 장에서 우리는 산업복지의 개념과 역사를 살펴본 후, 노동시장의 유연화 추세 속에서 산업복지가 어떻게 변화되는지를 시행 주체인 국가, 기업, 노동자 자신의 순서로 살펴보았다. 노동 현장에서 일하는 사람들을 위한 산업복지의 필요성에 대해 다시 강조할 필요는 없을 것이다. 노동력의 공급이 한정적일 수밖에 없다면 노동자들이 안전하고 행복하게 일할 수 있도록 산업복지를 제공하는 것은 노동자 자신을 위해서 뿐 아니라 기업이나 국가 전체의 발전을 위해서도 반드시 필요하다.

신자유주의적 세계화의 추세 속에서 진전되는 노동시장의 유연화는 산업복지의 순조로운 확대를 가로막고 있다. 기업 간 경쟁이 세계적 차원에서 이루어지게 됨에 따라 산업복지의 당위성뿐 아니라 효율성까지 함께 고려하지 않을 수 없기 때문이다. 이런 맥락에서 볼 때 산업복지 프로그램은 노동자들의 다양한 수요에 맞춰 유연하게 제공되어야 한다. 그러나 노동시장의 수요 변화에 맞게 일방적으로 유연성을 강화하거나 근로연계 복지정책을 추진하기에 앞서 좀 더 충실하게 4대 보험이나 퇴직금 등 산업복지의 기본 프로그램을 확충해야 할 필요도 있다. 노동시장에서 탈락한 취약계층에 대해서도 복지국가의 기본 프로그램을 내실화하는 것과 아울러, 노동시장에 성공적으로 복귀할 수 있도록 생산적 투자가 이루어질 필요가 있다.

향후 산업복지의 발전과제는 다음과 같이 제시할 수 있다. 첫째, 국가가 주도하는 산업복지는 노동자들의 안정된 직장생활을 위해 반드시 필요할 뿐 아니라 더욱 확충되어야 한다. 이와 관련하여 공익적 성격의 사회보험은 민영화되기보다 사각지대를 축소하면서 보편적 성격을 지닌 것으로 발전될 필요가 있다. 그러기 위해서는 장기적 관점에서 보험료 납부와 지출이 좀 더 안정적으로 이루어질 수 있도록 잘 설계되어야 한다.

둘째, 노동시장의 유연화 추세 속에서 사회보험 프로그램이 좀 더 질적으로 향상될 필요가 있다. 특히 취약계층에 대해 소득보장과 사회서비스

체계의 확립이라는 기본 프로그램을 확충하는 것과 아울러, 직업능력을 향상시켜 노동시장에 안정적으로 복귀하도록 노력할 필요가 있다.

셋째, 노동자들 간의 위화감과 갈등을 유발하는 기업 간 복지격차를 완화하기 위해 국가와 기업이 적극적으로 노력할 필요가 있다. 복지격차를 완전히 해소할 수는 없더라도 상대적으로라도 완화하기 위해 대기업과 중소기업이 함께 참여하는 산업복지 '공동기금'을 마련하는 것도 고려할 수 있다. 기업 복지의 내용에서도 노동자들의 다양한 수요를 반영하기 위해 좀 더 노력할 필요가 있다.

넷째, 노동자들의 자주복지 또한 국가와 기업 복지가 제공하는 산업복지의 부족한 측면을 보완하기 위해 지속적으로 노력할 필요가 있다. 노동자들이 산업복지의 수동적 수혜자에 그치는 것이 아니라 능동적으로 참여하는 주체가 되기 위해 노동조합이나 노사협의회를 통한 자주복지의 확대가 바람직하다.

산업복지에는 안정적으로 일하면서 삶의 질을 향상시키고자 하는 노동현장 노동자들의 이상과 꿈이 담겨 있다. 국가, 기업, 노동자 자신 등 시행 주체들이 모두 함께 산업복지를 발전시켜가기 위해 노력해야 한다.

이야깃거리

1. 한국 사회에서 관찰할 수 있는 노동복지의 예를 들어보자.

2. 경쟁을 기본으로 하는 자본주의 사회에서 왜 복지제도를 통해 노동자들을 지원하게 되었는지 함께 논의해보자.

3. 노동시장이 유연화되는 가운데 직업의 이동성이 높아지고 있다. 이와 관련하여 고용보험이 기여할 수 있는 역할은 무엇인가?

4. 한국의 건강보험이 세계적으로 자랑할 만한 사회보장제도로 평가받는 이유는 무엇일까?

5. 노동복지 제도를 확립하고 유지하는 데에서 노동조합은 어떠한 역할을 해야 할지 논의해보자.

읽을거리

『산업복지론』. 조흥식·김진수·홍경준. 2008. 나남.
이 책은 노동복지의 개념부터 시작하여 노동복지의 발달 과정, 주요 제도에 이르기까지 노동복지에 관한 체계적 이해를 돕는 교과서이다. 이 책을 주제별로 우리 사회의 현안과 연결시켜 공부하면, 노동복지에 관한 심층적 이해에 도달할 수 있다.

『현장에서 읽는 노동연계복지』. 김정원. 2012. 아르케.
용어가 낯설기는 하지만 우리 삶에 깊숙이 들어온 친숙한 복지정책이 바로 노동연계복지다. 노동연계복지는 노동시장 진입에 어려움을 겪는 이들을 노동시장으로 유인하려는 정책을 말한다. 이 책을 통해 자활사업, 노인일자리 사업뿐 아니라 사회적 기업까지를 노동연계복지의 큰 틀 속에서 살펴볼 수 있다.

『비정규노동과 복지』. 이호근. 2011. 인간과복지.

이 책은 비정규노동에 대한 법제도와 복지의 연관성에 관한 연구를 담은 책이다. 국내외의 법제도적 개선 과제와 관련 비정규노동에 대한 사회보험과 사회복지 관련 서비스의 적용과 연계모색에 주안점을 두어 해결방안을 모색한다.

『노동시장 유연화와 노동복지』. 정이환 · 이병훈 · 김연명 · 정건화. 2003. 인간과복지.

이 책은 비정규직 근로자에 대한 종합적인 접근을 시도한다. 2년간 공동연구를 진행한 4명의 필진은 경제학, 사회복지학, 사회학의 다양한 학문적 배경을 갖고 복합적 시각에서 비정규 노동문제에 접근하고 있다. 선진국 비정규노동의 상황과 이에 대한 정책도 함께 소개한다.

16

일과 생활

주요 용어
가부장제, 공장전제주의, 금융화, 불안정 노동, 돌봄노동, 감정노동

 지난 반세기 동안 한국인의 일과 생활은 급격한 변화를 겪었다. 일이
개인과 가족의 정체성을 형성하는 중요한 요소라는 점에서 일은 개인과
가족의 생활에도 직접적인 영향을 미친다. 가부장적인 조직문화 속에서
이루어지는 노동통제는 공장전제주의 형태로 이루어졌다. 1970년대 공장
전제주의에 대한 저항은 여성노동자들에 의해서 이루어졌다. 장시간의
노동과 억압적인 통제로 특징지어지는 공장전제주의는 1980년대 말 노동
운동의 분출로 변화를 겪었고, 외환위기 이후 시작된 신자유주의적 경제
개혁을 통해서 불안정 노동이 확산되면서, 시장에 의한 통제가 동시에 강
화되었다. 그리고 2000년대에 들어서 전 사회적인 금융화가 이루어지면
서 재테크가 중산층의 생활로 자리를 잡았다. 또한 인구 고령화와 서비스
산업의 팽창이 이루어지면서 돌봄노동과 감정노동 같은 새로운 형태의
노동이 크게 증가하고 있다.

1. 머리말

현대인의 삶에서 가장 중요한 축을 구성하는 것은 일(work)이다. 일을 통해 개인이나 가족의 생계에 필요한 경제적 자원을 마련한다. 그리하여 대부분의 사람들은 일을 하는 데 인생의 대부분을 소비하고 있다. 그리고 일을 하기 위해 대부분 10년이 넘는 오랜 기간 교육을 받는다. 독립적으로 일을 하게 되고, 소득을 올릴 수 있는 경우에 결혼과 출산 같은 생애 과정의 전환이 수반되기도 한다.

오늘날 일을 보통 노동(labor)이라고 부른다. 일을 노동이라고 부르는 이유는 일에는 힘이 필요하며 동시에 육체적·심리적 고통을 수반한다는 사실을 함의한다. 오늘날 노동 가운데 노동의 대가로 경제적 보상이 이루어지는 경우를 임노동이라고 부른다. 그러나 임금노동이 지배적이기는 하지만, 자영자나 가사노동과 같이 노동의 대가로 임금이 주어지지는 않는 노동도 있다.

현대사회에서 일은 사회심리학적으로 한 개인의 정체성을 형성하는 데 핵심적인 역할을 한다. 같은 일을 하는 사람들이 집단적인 귀속의식을 공유하거나 더 나아가 단체나 조직을 만들어 활동을 함께 하기도 한다. 그런 점에서 일은 개인의 정체성뿐만 아니라 사회적 수준에서 집단적 정체성 형성과 연대의식을 만들어내는 핵심적인 요소이기도 하다.

역사적으로 일의 내용과 성격은 큰 변화를 겪어왔다. 한국에서 산업화가 본격적으로 일어나기 이전까지 일은 주로 농사와 관련이 있었다. 밭이나 논에서 이루어지는 일은 간단한 농기구를 이용하기는 하지만, 본질적으로 육체노동이었다. 자연적인 계절 변화에 따라 파종과 수확을 하며, 수확은 일기에 크게 영향을 받았다. 그리하여 산업혁명과 더불어 계절과 날씨에 영향을 받지 않고 생산이 이루어지는 공장제 생산이 도입되면서, 생산성이 낮은 농업은 계속해서 축소되고 있다.

한국의 경우에도 마찬가지로 농업 종사자의 규모가 지속적으로 축소되고 있고, 반대로 제조업과 서비스업 종사자의 비율은 지속적으로 높아지고 있다. 산업화의 의미는 제조업이 새로운 산업으로 부상할 뿐만 아니라 경제 전체에서 차지하는 비중이 높아졌다는 것을 의미한다. 공업화라고 불릴 수 있는 공장 생산의 확대가 오늘날 우리가 경험하는 한국의 경제성장과 도시화의 원천이었다.

이러한 거시적인 변화와 맞물려 개인들의 일도 큰 변화를 보였다. 국가 주도로 이루어진 공업화로 산업노동을 담당하는 노동자들이 크게 증가했고, 공장노동을 통해 생계를 유지하는 노동자 가구도 지속적으로 늘었다. 동시에 생산자 서비스를 포함한 다양한 서비스가 발전되면서 제3차 산업 부문도 크게 증가했다. 금융, 법률, 의료, 행정, 도소매, 숙박, 음식 등 다양한 영역에서 서비스를 판매하는 일자리와 종사자들이 크게 증가했다. 서비스사회화라고 불리는 이러한 변화로 인해 농업노동이나 공장노동과는 전혀 다른 감정노동도 등장했다(신광영 외, 2008).

이 장에서는 이러한 거시적인 변화 속에서 일이 어떻게 분화되고 또한 변화했는지 그리고 일의 가치나 일에 대한 기대와 관련하여 어떤 변화가 나타났는지를 다룬다. 그리고 변화하고 있는 일의 성격과 의미가 개인이나 가족의 생활에서 어떤 변화를 가져왔는지를 논의한다. 현재 이러한 일의 변화가 가부장제로 포괄되는 다양한 사회적 관계들(가족 관계, 부부 관계, 자녀 관계, 친인척 관계 등)도 변화시키고 있다는 점에서 이 장에서 다루는 일과 생활의 이해가 현대 한국 사회를 이해하는 데 중요한 요소라는 점을 강조하고자 한다.

2. 경제성장기의 일과 생활의 변화

많은 한국인에게 일은 호구지책만이 아니라 개인과 세대를 넘어서 풍요와 성공을 만들어낼 수 있는 수단으로 여겨졌다. 보릿고개로 상징되는 가난과 굶주림에서 벗어날 뿐만 아니라 추위에도 따뜻하게 지낼 수 있는 '등 따시고 배부른' 상태가 1960년대 사람들이 막연하게 생각했던 안정된 삶 혹은 성공한 삶의 모습이었다. 농사는 가족 단위로 이루어지고, 집에서 돼지나 닭과 같은 가축을 함께 길러서 가족생활을 영위했다. 농사일은 전적으로 밭과 논의 크기에 따라서 필요한 인력이 결정되고 또한 수확이 달라지는 것이 특징이다. 대부분이 소농이었기 때문에 농민 대다수는 생계 자체가 어려운 상황이었다.

이 시기 대부분의 사람들이 정기적으로 현금을 만질 수가 없었기 때문에 정기적으로 월급이 주어지는 직업에 대한 선호가 강했다. 그리하여 공무원이나 교사가 똑똑한 학생들이 선택하는 직업이 되었다. 공장노동자도 공무원이나 교사와 같이 사회적 지위가 인정되지는 않았지만 정기적으로 월급을 받을 수 있었기 때문에 도시의 공장노동자가 되려는 사람들도 많았다. 땅을 경작하는 농사에 비해서 매월 받는 월급은 부러움의 대상이었고, 젊은이들이 도시로 나와서 '현금을 버는 일'을 하는 것이 작은 성공으로 간주되었다.

초기 산업화 과정에서 농사짓는 일 대신에 공장에서 일하는 것이 주는 강력한 '현금 유혹'은 제3세계 사회들의 초기 산업화 과정에서도 나타나는 공통적인 현상이었다. 1960년대에 프란츠 파농(F. Fanon)은 아프리카 농민이 노동자들에 비해서 가장 착취당하는 계급이며, 도시의 노동자들은 안정된 소득과 생계가 유지되는 '노동귀족'이라고 불렀다(Fanon, 1967). 파농의 주장은 가난한 농민과 부유한 도시 노동자라는 이분법적인 논리에 기초하고 있는 점에서 비판을 받았지만, 적어도 산업화 초기 농촌 출신 노동자들이 보여주었던 상대적 이점과 보수적 의식이라는 이데올로기적 특징을 포착하는 데는 도움을 준다. 예를 들어, 2000년 이전까지 중국의 1세대 농민공들이 보여준 체제순응적인 태도도 '현금 욕구'에 근거하고 있다. 농촌에 남아 있는 사람들에 비해서 더 돈을 벌고 있다는 농촌 준거의식으로 인해 도시에서 2등 시민 대우를 받고 있지만, 체제에 대한 불만은 적어도 2000년 이전까지는 대단히 적었다. 농촌에서는 기대할 수 없는 돈을 벌 수 있는 기회가 도시에 있고, 저임금 노동일지라도 그것이 농촌에서 일하는 것보다 낫다는 비교의식이 1세대 농민공들에게 존재했다. 제2세대 농민공들은 오늘날 현실을 더 이상 1세대 농민공들처럼 받아들이지 않음으로써 중국 사회의 불안 요인이 되고 있다(李培林·田丰, 2011). 반면, 제1세대 농민공들은 신분증을 뺏기고, 인격 모독과 임금체불을 당하는 경우가 빈번했지만, 일부 농민공들만이 저항했을 뿐 체계적인 저항과 도전을 하지 않았다(Chan, 2001).

1970년대에 이르러 한국 농촌이 더 이상 도시로 이주한 노동자들의 의식에서 상대적인 준거가 되지 못하게 되었다. 그리하여 이농 노동자들에게 공장노동은 점차 모순적인 모습으로 나타나기 시작했다. 한편으로 공장노동은 농촌에서 벌 수 없는 돈을 벌게 하는 생계 수단을 획득할 수 있는 기회였다. 그러나 다른 한편으로 육체적으로 힘들고 인격적인 모욕과 폭력을 견디어야 하는 힘든 일로 인식되기 시작했다. 이 두 가지 사이에서 남성들의 경우는 군대경험이 공장생활을 견디게 하는 중요한 기능으로 작용했다. 3년 가까이 위계적인 조직생활과 기합과 구타가 빈번했던 군대생활을 경험한 남성들의 경우, 공장은 그에 비해 훨씬 견디기 쉬운 조직이었다. 군대는 고프만(Goffman, 1968)이 말하는 전체주의적 조직(total institution)의 전형으로 대부분의 남성들은 사회와 완전하게 단절된 군대에서 이전에 경험하지 못한 전혀 새로운 집단생활을 경험을 해야 했다. 군대는 엄격한 위계서열과 상명하복의 중심이 되고, 모든 일정은 정해져 있으며, 개인의 자유와 독립적인 활동은 전혀 허용되지 않는 전체주의적 조직이다. 상대적으로 남성이 취업한 공장은 군대보다는 덜 전체주의적이었고 또한 월급까지 받을 수 있었기 때문에, 군대를 마친 남성들에게 공장생활은 견딜 만한 곳이었다. 더 나아가 군가산점 제도로 혜택을 받을 수 있었을 뿐만 아니라 병역이 승진에도 유리했고, 기업문화는 군대문화와 유사하여 적응하는 데 어려움이 적었다(Kim, 1991; Janelli, 1993).

1970년대 공장노동에 대한 저항은 여성노동자들이 주도했다. 전제적 노동통제에 대한 저항이 군경험이 전혀 없었던 여성노동자들에게서 먼저 일어났던 것이다. 주로 섬유산업의 여성노동은 노동착취와 여성 억압을 동시에 경험했다. 여성노동에 대한 통제가 남성 하급 관리자들에 의해서 이루어지면서, 억압적 통제에 대한 저항이 여성노동자들에 의해서 시작되었다(석정남, 1984; 구해근, 2002; 김원, 2005; 전순옥, 2004: 6~7장; 이옥지, 2001: 4~7장).

강력한 가부장제하에서 남성들의 경우는 가족생계 부양의무가 강해서 회사에 충성을 보여 직장을 유지하는 것이 절체절명의 과제였지만, 여성들의 경우 가족생계 부양의무가 없었기 때문에, 직장에 잔류해야 한다는 의식도 남성들에 비해서 약했다. 결혼을 하거나 혹은 그 이전에 대부분의 여성들이 직장을 떠나지만, 남성들은 계속해서 근무하는 것을 원했다. 이러한 차이는 주어진 현실에 대한 반응이 달라지게 만들었다. 이 시기에 한국의 공장은 자본-노동의 대립을 한 축으로 그리고 남성과 여성을 대립·분리시키는 또 다른 한 축으로 구조화되었다.

권위주의 국가는 노동에 대한 억압과 배제를 기본적인 정책 기조로 삼았고, 대기업을 경제성장의 하위 파트너로 선택했다. 자연스럽게 대기업 중심의 경제성장이 이루어지면서, 정경유착 체제가 만들어졌다. 초기 노동자들의 순종적 태도뿐만 아니라 국가가 노동자들의 저항과 반발을 감시하고 통제했기 때문에 기업은 노동자 문제에 대해서 별다른 관심을 기울이지 않았다. 국가가 공안기구를 통해 노동운동에 대한 감시와 처벌을 주도했기 때문에 기업 차원의 노무관리도 필요치 않았던 것이다. 서구 초기 산업화 과정에서 시장 경쟁과 임노동에 의존하여 생계가 유지되었기 때문에 시장을 통해서 노동자들을 통제하는 시장전제주의(market despotism) 체제가 등장했다(Burawoy, 1985). 한국에서 나타난 노동통제는 시장의 동학에 따른 통제가 아니라 국가의 후원하에 경영이 직접 노동을 통제하고, 집단적 움직임을 감시하며, 억압하는 공장전제주의(factory despotism)가 형성되었다(신광영, 1999: 45~49). 노동자들의 동의를 구하거나 교섭을 통해서 합의를 구할 필요가 없이, 기업이 노동자들을 일방적으로 관리하고 통제하는 노동통제 체제가 만들어진 것이다.

1970년대 중반 정부의 중화학공업화가 추진되면서, 대규모 기업들이 등장하기 시작했다. 대규모 생산직 피고용자와 대규모 관리직 피고용자

<표 16-1> 주요 국가들의 연평균 노동시간

국가	1979년	1983년
캐나다	1801	1771
프랑스	1711	1554
서독	1623	1590
그리스	-	1765
헝가리	-	1829
이탈리아	-	1626
일본	2114	2098
한국	-	2734
네덜란드	1591	1530
영국	1750	1652
미국	1816	1809

자료: OECD(2007: 263).

가 동시에 증가했다. 대규모 관리직 피고용자들은 대학을 졸업하고 사무직이나 관리직으로 취업한 사람들로 자신들을 노동자라고 부르지 않았다. 이들은 생산직 노동자들을 관리하고 기업을 경영하는 업무를 담당했기 때문에 생산직 노동자들과는 다른 방식으로 취업이 이루어지고 경력도 다르게 이루어졌다. 이들은 육체노동이 아니라 정신노동을 수행했다. 이들의 일은 생산직과 일의 성격과 내용에서 다르기 때문에 임금도 월급 형태로 주어졌다. 생산직 임금이 시간당 임금이나 개수임금제(piece rate wage)를 바탕으로 하고 있다면, 사무직과 관리직은 노동과정에 대한 통제가 어렵고, 생산성을 측정하는 것이 어렵기 때문에 월급 형태로 주어졌다.

이 시기 노동은 장시간의 노동과 저임금으로 특징지어진다. 노동시간은 세계에서 가장 길었다. 〈표 16-1〉에서 볼 수 있듯이, 1970~1980년대 한국 노동자들의 평균 노동시간은 연간 2,700시간이 넘어 세계 최장 노동시간을 보여주었다. 서독의 노동자들에 비해서 한국의 노동자들은 1년에 137일 더 일을 하는 초장시간 노동을 한 것이다. 서독의 노동자들이 1979년 1,623시간 노동을 한 반면, 1983년 한국의 노동자들이 2,734시간 노동을 했기 때문에, 하루 8시간 노동으로 환산한다면, 연간 137일에 더 일하는 것과 같은 장시간의 노동이었다. 생산의 3대 요소인 자본, 노동과 기술 가운데 노동투입을 극대화함으로써 생산량을 극대화하는 방식의 노동집약적인 산업화가 이루어졌기 때문에, 1970년대 한국의 경제성장은 상당한 수준에서 노동자들의 세계 최장시간 노동의 산물이라고 볼 수 있다.

이러한 장시간 노동은 다른 한편으로 임금이 낮았기 때문에 노동자들이 임금을 올리는 방법의 하나로 택한 초과근무의 산물이었다. 군사정권은 수출경쟁력을 확보하기 위해 임금 가이드라인을 통해서 임금인상률을 규제했다. 정부와 기업은 "임금이 근로자 계층의 생계와 생활안정을 뒷받침하는 유일한 소득원이라는 사회적 측면보다는 기업의 요소 비용으로서 임금상승은 곧 원가상승 요인이 되므로 '임금상승 → 국제경쟁력 약화 → 물가상승 → 기업의 채산성 악화'를 초래한다는 측면만"을 강조했다(김재원, 1989: 352). 생산성 향상분보다 낮은 수준에서 임금을 인상하도록 정부가 임금 가이드라인을 정하여 임금인상을 규제했다. 1980년대 들어서 정부는 노사 자율교섭을 통해 임금조정이 이루어지도록 할 것이라고 선언했으나, 임금조정에 대한 권고 또는 지도를 통해서 개별 사업자의 임금인상률 결정에 계속해서 영향을 미쳤다(김재원, 1989: 375).

장시간 노동은 가족생활에도 큰 변화를 가져왔다. 1950년대에는 일본의 노동시간과 비슷했던 2,200시간에서 1973년에 2,683시간, 1992년에 2,800시간으로 노동시간이 계속해서 늘어나면서, 가족에서 아버지의 역할이 크게 달라졌다. 우선 가족을 단위로 하는 여가생활이 거의 사라졌다. 가족의 생계를 책임지는 남성은 대부분의 시간을 회사에서 보내는 '회사인간'이 되었고, 가사는 여성의 몫이 되면서, 임금노동과 가사노동의 분리가 더 강화되었다. 더 나아가 여성이 자녀의 교육과 친인척 관리 등을 책임지면서 가족 내에서 남성은 사라지는 결과를 낳았다.

노동시간이 길어지면 길어질수록, 가족시간이 줄어드는 결과를 낳았을 뿐만 아니라, 남성의 역할이 '돈을 벌어오는 사람'이라는 도구적 인간으로 인식되면서 가족관계가 새롭게 설정되었다. 이전의 가부장제 가족에서 아버지의 역할이 가족 내 모든 의사결정에서 주도권을 행사하고, 책임지

〈표 16-2〉 직종별, 학력별 월 평균임금

구분	1977		1978		1979	
	한국	일본	한국	일본	한국	일본
대졸	100.0	100.0	100.0	100.0	100.0	100.0
고졸	52.8	82.8	54.1	82.3	60.2	82.5
중졸	30.5	72.3	28.1	71.6	48.3	71.8

자료: 이상곤(1989: 175).

는 역할이었다면, 산업화 과정을 거치면서 아버지의 역할은 생활비를 책임지는 경제적 역할로 축소되었다. 그러므로 그러한 역할을 제대로 하지 못하는 남성 가장의 경우 가족 내에서 권위가 실추될 뿐만 아니라 최악의 경우 존재 이유도 없어지는 결과를 가져오게 된다.

이 시기에 나타나기 시작한 과도한 입시경쟁도 궁극적으로 '벌이가 좋은 직업 획득'과 관련되어 있다는 점에서 노동시장 변화와 밀접한 관련을 맺고 있다. 산업화가 진전되면서 학력이 높은 인력의 수요가 늘어나면서 대학진학률도 높아지기 시작했다. 대학진학자가 급격히 늘어나면서 학력 간 임금격차가 점차 줄어들기는 했지만, 대졸 출신과 고졸 이하 학력을 가진 사람들 간의 절대적인 격차는 여전히 커서 대학진학이 줄어들지 않고 있다. 〈표 16-2〉에서 볼 수 있듯이, 1970년대 후반 일본의 학력 간 임금격차와 비교할 때, 한국의 학력 간 임금격차는 대단히 큰 수준이다. 학력에 따라서 임금이 크게 다르다는 사실을 모든 학부모들이 알고 있는 상황에서 대학진학과 관련된 자녀교육에 대한 높은 관심은 당연한 것이었다. 이런 상태에서 가난을 대물림하지 않겠다는 부모들의 생각은 사교육을 통한 교육경쟁으로 나타났다.

학력경쟁의 심화 현상은 주부들의 역할을 바꿔놓았다. 학생 자녀를 둔 어머니의 주된 역할이 자녀교육이 되면서 어머니의 역할은 자녀들의 학교공부와 방과 후 공부를 관리하는 것이 되었다. 주거지 선택에서부터 가족의 행사 일정에 이르기까지 거의 모든 것이 자녀들의 학교와 학원 일정에 맞추어졌다. 이전 확대가족 체제에서 할아버지와 할머니를 중심으로 가족생활이 이루어졌다면, 1980년대부터 가족생활은 전적으로 자녀교육을 중심으로 이루어졌다. 또한 장시간의 노동으로 아버지가 집에 없는 상태에서 전적으로 어머니가 자녀의 성적관리와 학원 선택 등 자녀교육과 관련된 모든 결정을 담당했다. 일본에서 '교육마마'라고 불렸던 자녀 교육에 전력을 쏟는 어머니들이 한국에서도 등장한 것이다. 8학군과 강남 선호 현상은 1980년대 등장한 과열 입시경쟁의 기표였다. 또한 교육경쟁이 점점 더 어린 시기로 확대되어, 초등학생 때부터 학원을 다니거나 과외수업을 받는 학생들도 늘어났다.

1983년 과학고등학교와 외국어고등학교 같은 특수목적고가 설립되어 대학입시 이전에 고등학교 진학을 둘러싼 경쟁이 중학생들에게도 불어닥쳤다(한국교육개발원, 2010: 14). 특수목적고 졸업생들이 원래의 취지와는 다르게 일반 대학으로 진학하면서 특수목적고는 대학입시에 유리한 고등학교로 인식되었기 때문에 과학고나 외국어고 입시전문 학원들이 생겨나고 교육경쟁은 고등학생에서 중학생으로 확산되었던 것이다. 그리고 중학교 성적이 특수목적고 입시에 반영되면서 중학교 성적으로 올리기 위한 선행학습이 초등학생들에게도 유행하여, 고등학교 교과과정을 중학생 때 먼저 공부하고, 중학교 교과과정을 초등학생 때 먼저 공부하는 선행학습이 일반화되었다. 이제 한국의 초중고 교육의 특징은 한마디로 '선행학습'이라고 할 정도로 서울 강남의 사설 학원교육들이 주도한 선행학습이 전국으로 확산되었다.

3. 경제위기와 일-생활 구조의 변화

1990년대 한국은 민주주의 정치로의 이행 과정과 경제적 자유화를 동시에 경험했다. 1987년 노동자대투쟁 이후 민주화 이행으로 개발독재 시대의 공장전제주의 체제가 더 이상 유지되기 힘든 환경변화가 이루어졌다. 국내 정치 환경의 변화와 경제 환경의 변화는 노동시장과 노사관계의 변화를 불러일으켜 개인들의 삶에 큰 영향을 미쳤다. 노사관계와 노동시

440   제4부 노동세계의 쟁점들

장의 변화로 개인과 가족의 삶에 질적인 변화가 나타났다. 이른바 '97년 체제'는 이러한 새로운 사회시스템을 포착하기 위한 용어였다.

민주화의 결실은 먼저 노사관계의 변화에서 나타났다. 현실적인 힘을 행사하는 대기업 노조들이 설립되면서, "눈에 흙이 들어가도 노조를 인정할 수 없다"던 재벌 총수들도 노동조합을 인정하고 단체교섭을 통해서 임금과 노동조건을 결정할 수밖에 없는 변화가 나타났다. 한편으로는 국제화와 세계화를 외치고 '글로벌 스탠더드'를 부르짖으면서도, 다른 한편으로는 군사정권이 제정한 노동억압적 노동관계법을 유지해오던 김영삼 정부가 1996년 OECD에 가입하면서, 노동관계법을 개정하지 않을 수 없었다. 1980년 신군부의 국가보위비상대책위원회가 만든 노동관계법을 개정하는 조건으로 OECD에 가입할 수 있었기 때문에 김영삼 대통령의 임기가 끝나기 전에 노동관계법을 개정해야만 했다. 김영삼 대통령은 노사정 대표로 구성된 노사관계개혁위원회를 설치하여 노사관계 개혁 합의안을 마련하고자 했으나, 부분 합의에만 이르러 합의안과 합의되지 않은 안을 모두 대통령에게 보고했다. 한나라당(현 새누리당)의 전신인 신한국당은 1996년 12월 26일 새벽, 정부안보다 개악된 노동관계법을 날치기로 처리하여 통과시켰다. 그러나 이에 대한 노동계와 국민적 저항이 커지자 결국 개정 노동관계법은 다시 개정되었고, 재개정된 노동관계법은 1997년 3월 10일 여야 합의로 통과되었다. 개정된 노동관계법이 2달 반 만에 재개정되는 대한민국 역사상 유래가 없는 사태가 발생했던 것이다.

한국에서 세계화는 한국의 OECD 가입과 외환위기라는 극적인 사건으로 가시화되었다. OECD 가입은 한국이 원했던 일이라기보다 미국과 유럽이 이미 1980년대 말부터 가입을 요구했던 일이다(Shin, 2010). OECD 회원국이 되기 위해서는 OECD 협정을 받아들여야 하고, 그것은 발전국가 체제하에서 형성된 국가와 기업의 관행을 대폭적으로 개혁해야 한다는 것을 의미했다. 'OECD 스탠더드'를 새로운 한국의 관행으로 만들어야 하는 과제를 안게 되었다. 그 과제의 핵심은 국가가 주도하는 경제체제에서 시장이 주도하는 경제체제로의 시스템 전환이었다. 즉, 금융시장 개방과 노동시장 유연화를 포함한 경제자유화였다.

1997년 12월 외환위기는 OECD 가입의 즉각적인 결과물이었다. 무엇보다도 고정환율제에서 변동환율제로 바뀐 외환시장의 자유화와 해외차입을 통한 기업들의 무분별한 해외투자가 낳은 결과물이었다. 정부는 외환시장을 관리할 수 있는 수단을 상실했고, OECD 가입으로 신용도가 높아진 한국의 기업들은 해외 금융기관으로부터 쉽게 금융지원을 받을 수 있었다. 국내 대기업들이 과잉투자로 경영상의 어려움을 겪게 되었지만, OECD의 규정대로 관치금융을 할 수 없게 되면서 대우, 한보, 기아와 같은 재벌 기업들이 파산하기에 이르렀다(이천표, 2004; 곽정수 엮음, 2007).

외환위기로 OECD 대신에 구제금융 지원을 조건으로 IMF가 요구하는 신자유주의 경제개혁을 정부가 실행했다. 새로이 등장한 민주적 정권이 신자유주의 경제개혁을 주도하면서, 한국인들의 일과 생활은 또 다시 커다란 변화를 겪게 되었다. 1997년 이전의 한국 사회시스템이 국가와 시장(자본)이 유착된 경제체제를 바탕으로 한 것이라면, 1997년 이후의 한국 사회시스템은 시장 중심 개혁을 통해 국가와 시장이 어느 정도 분리된 체제였다. 그리고 경제를 국가로부터 시장으로 전환시키는 일련의 개혁은 공기업 민영화, 시장 개방, 노동시장 유연화, 기업지배구조 개혁 등으로 구체화되었다(고원, 2005: 제4장).

1990년대 들어서 경제력이 높아지고, 세계화가 강조되기 시작하면서 생활영역에서도 큰 변화가 나타나기 시작했다. 국제화와 세계화를 내세워 해외 유명 여행지들이 신문을 장식했고, TV 매체들이 앞 다투어 해외 명소를 소개하면서 88올림픽으로 고조된 개방적인 분위기가 증폭되었다.

언론 매체들이 칼라 사진으로 소개하는 해외 관광지들은 88올림픽으로 한껏 고무된 한국인들의 호기심을 불러일으키기에 충분했다. 그리고 올림픽 개최국이라는 자부심과 OECD에 가입한 것을 '선진국 클럽' 가입이라고 내세운 김영삼 대통령의 홍보에 힘입어 해외여행이 폭발적으로 증가했다. 1996~1997년 각종 해외여행 안내서들이 홍수를 이루면서, 해외여행의 열기가 본격화되었다. 신혼여행은 물론이고, 효도관광이나 학생

들의 수학여행도 해외로 나가는 해외여행 열풍이 불기 시작했다.▼

4. 불안정노동

1997년 12월 외환위기는 고도성장기 권위주의 정권하에서 형성된 사회 시스템에 큰 변화를 불러일으켰다. IMF 구제금융 지원을 받는 조건으로 IMF가 요구하는 신자유주의적 개혁을, 새로이 등장한 김대중 정권이 적극적으로 집행하면서, 국가와 시장과의 관계, 노동시장구조, 국가의 경제 규제 방식 등에서 큰 변화가 나타났다. 공기업 민영화가 이루어지고, 노동시장 유연화가 이루어지면서, 외국 자본의 국내 투자가 크게 늘었다. 기업 구조조정을 통한 대규모 실업이 발생하는 동시에 비정규직 취업이 크게 늘면서 다양한 형태의 비정규직 고용이 늘고 노동자들의 고용불안정성과 임금불안정성이 극도로 심화되었다.

외환위기는 고용체제의 변화뿐만 아니라 부의 축적 방식에서도 큰 변화를 불러 일으켰다. 고용체제의 변화에서 가장 큰 변화는 노동자들에게는 고용불안정으로 다가온 노동시장 유연화였다. 기업구조조정을 통해서 나이가 많은 직원들을 대상으로 조기퇴직과 명예퇴직이 실시되면서 평생 직장 개념이 사라졌다. 호봉임금 체계에서 나이가 많을수록 임금비용이 높아지기 때문에 직장에서 나이가 많은 노동자들은 먼저 퇴직대상이 되었다. 오륙도, 사오정, 삼팔육과 같은 유행어들은 이러한 조기퇴직과 관련된 대중적 담론들이었다. 또한 대학을 마치고도 인턴이나 비정규직으로 취업하는 젊은이들이 늘어나면서, 더 나은 직장으로 옮기려는 신입사원이 늘었다. 이러한 추세는 최근 더 강화되어, 인크루트 조사에 따르면 경력 2년 미만의 신입사원 가운데 2.1%만이 현재의 직장을 평생직장으로 생각하고 있으며, 현재 42%가 이직을 준비하고 있고, 향후 이직할 수 있다는 응답도 55.9%에 달했다(윤정현, 2011). 현재 직장을 일시적으로 머무는 직장으로 생각하는 직원들이 압도적으로 많다는 것을 보여준다.

▼ 1988년도에 72만 5,176명에 불과했던 해외여행자는 외환위기 직전 해인 1996년에 464만 9,251명으로 매년 무려 80% 이상씩 증가했다(한국관광공사, 2011).

〈표 16-3〉 OECD 국가들의 평균 근속년수: 2006년

국가	전체	남성	여성
오스트레일리아	10.9	11.9	9.8
벨기에	12.2	12.8	11.6
덴마크	8.7	9.3	7.9
핀란드	10.6	11.0	7.6
프랑스	12.0	12.1	11.9
독일	11.1	11.8	10.2
이탈리아	12.3	12.8	11.4
네덜란드	11.4	12.5	9.9
노르웨이	8.6	9.2	7.8
스페인	9.7	10.5	8.5
스웨덴	10.9	11.8	11.1
일본	12.0	-	-
영국	8.8	9.5	7.9
미국	4.9	5.0	4.8
한국	4.5	5.6	2.9

자료: 유럽 - OECD, StatExtracts(http://stats.oecd.org/Index.aspx?DatasetCode=LMPEXP); 미국 - Cope-land(2007: 2); 한국 - Shin(2011: 17).

한국의 낮은 고용안정성은 짧은 직장 근속기간에서도 잘 나타났다. 〈표 16-3〉에서 알 수 있는 것처럼, 2006년 한국의 평균 근속기간은 OECD 에서 가장 낮은 수준을 보여주고 있다. 노동시장이 가장 유연화된 미국의 경우, 피고용자들의 평균 근속기간은 4.9년으로 유럽의 절반 정도에 불과하다. 벨기에, 이탈리아나 프랑스의 경우 12년 정도의 평균 근속기간을 보여주고, 덴마크, 스웨덴과 노르웨이가 8년 정도의 평균 근속년수를 보여준다.▼ 한국의 경우 평균 근속년수는 4.5년으로 미국보다 더 짧았다. 한국의 노동자들의 고용불안정은 짧은 근속년수에서 잘 드러나며, 특히 여성의 경우 유럽의 1/4이나 미국의 1/2 수준에 불과한 것으로 나타났다. 미국은 프리만(R. Freeman)의 설명처럼, 1980년대부터 자유방임 자본주의를 실험한 나라이다(Freeman, 2010). 한국의 경우 여성노동자들의 고용불안정이 대단히 극단적인 수준이라는 것을 알 수 있다. 이처럼 한국에서

▼ 북유럽의 경우 적극적 노동 시장정책을 통해 노동력 이동을 국가가 지원하고 있어서 상대적으로 활발히 노동력 이동이 이루어지고 있기 때문에, 근속년수는 유럽 대륙국가들에 비해서 낮게 나타나고 있다.

<그림 16-1> 정규직-비정규직 임금 비율 추이

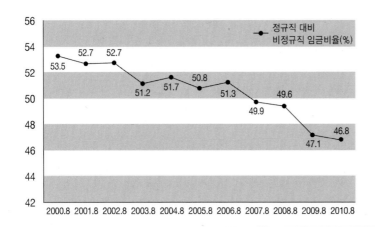

자료: 조돈문(2011).

평균 근속년수가 대단히 짧은 이유는 비정규직 비율이 높기 때문이다. 정규직의 평균 근속년수는 2007년 70.7개월로 거의 6년 가까이 되지만, 비정규직 평균 근속년수는 25.7개월로 2년 2개월 정도에 불과했다(성재민, 2011: 43).

한국인의 삶도 노동시장 지위인 정규직과 비정규직으로 분절되어 있다. 이러한 분절은 경제적 자원의 격차에 의한 것이다. 그리고 정규직과 비정규직은 소득격차는 점점 더 커지고 있다. 2000년 비정규직의 임금은 정규직의 53.5%였으나, 2010년 46.8%로 줄어들었다. 소득격차가 줄어들지 않는 것을 물론이고, 미래 승진이나 경력을 쌓을 수 있는 기회가 없을 것이기 때문에 현재 상태에서 벗어나는 것을 기대하기는 힘들다. 일을 통한 소득이 낮고, 미래에 대한 희망이 없다는 점에서 비정규직은 사회적으로 배제된 2등 국민 지위를 지니고 있다고 볼 수 있다. 이것은 다른 한편 정규직은 상대적으로 혜택을 누리며, 임금이나 경력 쌓기와 관련해서도 프리미엄을 누리고 있다고 볼 수 있다. 정규직과 비정규직의 분절은 노동시장과 생활세계의 분절로 이어질 수밖에 없었다.

5. 금융화와 재테크

외환위기 이후에 나타난 또 하나의 새로운 현상은 금융화로 인한 양극화이다. 금융화는 금융시장과 금융기관 그리고 금융엘리트들의 의사결정이 전체 경제에 영향력을 증대시킬 뿐만 아니라 개인과 가족의 삶에도 영향력을 증대시키는 변화를 사회변화를 지칭한다(Martin, 2002). 신용평가기관이 국가와 개별 기업의 신용을 평가하고 그 평가 결과에 따라서 국가와 기업의 경제활동이 영향을 받을 뿐만 아니라 개인 수준에서도 금융적 사고가 개인들의 일상생활을 지배하게 되었다. 또한 화폐가 유통의 매개로 그치는 것이 아니라 그 자체가 화폐가 되고, 신용을 통해서 화폐를 지불하지 않고도 소비를 할 수 있는 금융서비스가 개발되면서 거의 모든 사람들은 금융기관과 관계를 맺고, 금융기관이 개인들의 삶을 관리하고 매개하는 역할을 하고 있다. 개인들이 신용으로 외상의 형태로 상품을 구매하는 신용카드를 사용하기 시작하면서 소비가 크게 확대되었다. 외상구매는 이제 성인뿐만 아니라 학생들도 신용카드를 사용하게 되면서 전 국민으로 확대되었다. 한편, 대학에서는 금융공학과가 개설되어 금융자본주의에 필요한 인력을 공급하고, 외환딜러나 펀드매니저가 고소득을 올리는 직업군으로 등장했다. 나아가 이들은 여성들이 선호하는 신랑감이 되면서 금융은 사회의 가치관을 변화시키는 헤게모니를 행사하고 있다.

한국의 금융화는 1990년대 중반부터 시작되었으나, 외환위기 이후 더욱 급속하게 진행되었다. 한국에서 금융화는 크게 세 단계를 거치면서 진행되었다. 첫 번째 단계는 1990년대 정부가 경기대책으로 MMF(머니마켓펀드)와 CMA(어음관리계좌)와 같은 단기금융상품을 허용하면서 금융시장이 확대된 단계이다.▼ 1996년 9월 재정경제원은 단기금융상품의 판매를 허용하면서, 금융시장이 활성화되기 시작했다(≪서울신문≫, 1996.9.4). 두 번째 단계는 OECD 가입 직후로 외환시장 변동환율제의 도입과 금융시장 자유화를 통해서 외국 금융자본의 국내 진출이 시작되면서 금융시장이 확대된 단계이다. 이는 외환위기라는 파국으로 이어졌다. 세 번째 단계는

▼ MMF(Money Market Fund)라는 용어는 1991년에 처음으로 한국에 소개되었다. 1991년 6월 투자신탁회사들이 수익성과 유동성이 높은 단기금융상품으로 개발을 시도했다(≪한국일보≫, 1991.6.30). 그러나 타 금융기관 상품에 비해서 수익률이 너무 높다는 이유로 반대에 부딪혀 현실화되지 못했고, 1992년 5월부터 증권업계에서 먼저 도입되었다.

<그림 16-2> 외국인 주식보유 비율 추이   (단위: %)

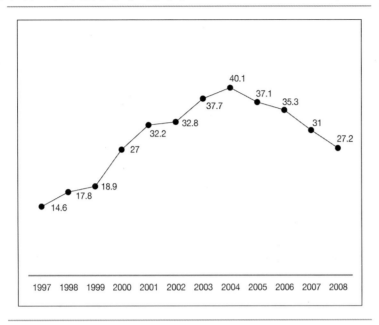

자료: 한국거래소(2008, 2009).

외환위기 이후로 국제 금융기관들이 한국 금융시장에 본격적으로 진출하면서 외국인 주식 보유가 급격히 증가한 단계이다. 〈그림 16-2〉는 외환위기 이후 외국인 주식보유 비율의 변화를 보여준다. 국내 금융시장이 개방되면서 외국인 투자가 급증했고, 2004년에는 국내 주식시장의 40%를 외국 금융기관이 차지했다. 이들 외국 투자자들은 투자 경험도 없고, 각종 경제정보에 어두운 수많은 개미군단이라고 불리는 개인 투자자들과 금융게임을 했고, 이들은 투자액의 서너 배를 매매차익을 남기면서 2008년 국내 주식시장에서 빠져나갔다.

네 번째 단계는 1998년부터 인터넷을 통한 온라인 주식 거래가 가능해진 후 중산층 주부들이 집안에서 주식투자를 할 수 있게 되면서, 주식투자자가 급증한 주식의 대중화 단계이다. 증권회사 객장에 가지 않고서도 직장인이나 주부들이 집에서 주식거래를 할 수 있는 주식거래 인터넷 프로그램이 개발되면서, 주식인구는 폭발적으로 늘었다. 1996년 146만 명이었던 주식투자자가 2007년 440만으로 거의 300만 명이 증가했다(한국거래소, 2008). 전체 경제활동인구 5명 가운데 1명 정도가 주식투자를 할 정도로 2000년대 들어서 주식투자는 대중화되었다. 주식시장 진출자들이 늘면서 주식시장 총규모가 확대되었고, 그에 비례하여 주식가격도 크게 올랐다. 1998년 외환위기 직후부터 2008년 금융위기 직전까지 한국의 주식은 7배나 올랐다. 외환위기 직후에 한국에 투자한 외국인 투자자들은 7배의 시세차액을 누릴 수 있었다.

4단계 금융화는 중산층 주부들의 일상생활을 바꿔놓았다. 중산층 주부들은 자녀들을 학교에 보낸 이후 주식시장이 개장하는 아침 9시부터 오후 3시까지 컴퓨터 앞에서 주식거래를 하는 것이 하루의 일과가 되었다. 오후 3시 이후에 계모임이나 친구모임을 하는 새로운 풍속도가 강남 중산층 주부들 사이에서 만들어졌다. 학교가 끝나면 자녀들은 곧바로 학원으로 가기 때문에, 자녀들이 귀가하는 시간 동안 중산층 주부들은 1999년부터 시작한 주식전문 TV인 WOW TV를 시청하면서 주식시장에 관한 정보를 얻었다. 이제 중산층 주부들은 자녀교육만 책임지는 것이 아니라 주식투자를 통해서 재테크를 하는 투자자로 나서게 되었다. '교육맘'과 '재테크맘'은 어느 정도 여유 돈이 있는 고학력 중산층 주부들의 새로운 모습이 되었다. 2011년 5월 183만 명의 여성들이 주식투자를 하는 것으로 나타나 전체 주식 소유자의 39%를 차지했다.▼

2000년대 들어서 한국 사회는 거대한 투기장으로 변했다. 2011년 5월 478만 명이 넘는 주식투자자들이 아침부터 인터넷으로 증권사에 접속하여 주식 게임에 참여했다. 투자 노하우를 배우기 위해 주식방송을 듣는 것뿐만 아니라 전국 각지에서 개최된 증권 전문가들의 특강에 수강생들이 몰려들고, 대학가에서는 증권투자 모의 게임도 개최되었다. 증권투자는 남편들의 월급으로는 기대할 수 없는 부의 축적을 가능케 할 수단으로 여겨졌기 때문에 주부들도 적극적으로 주식투자에 뛰어 들었다. 주식투자자들은 온라인 주식거래를 통해서 손쉽게 하루 용돈을 벌 수 있을 뿐만

▼ 2011년 5월 경제활동인구 5.1명당 1명이 주식투자를 하고 있는 것으로 나타났다. 여성투자자의 비중은 39%에 달하지만, 여성투자자의 투자액 비중은 23%로 나타나, 대체로 투자규모가 작은 것으로 나타났다. 1,000주 미만의 소액투자자는 319만 명으로 전체의 67.2%를 차지하지만, 주식보유액은 7.7%에 불과했다(한국거래소, 2011).

<図 16-3> 코스피 지수 변동 추이: 1990~2006년

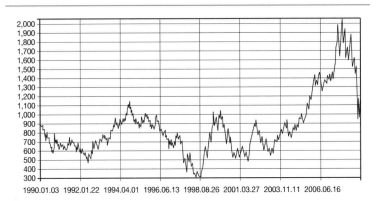

자료: 한국거래소(2009).

아니라 운이 좋으면 몇 배의 시세차익을 올릴 수 있는 '대박'을 터뜨렸다는 남의 이야기를 자신의 것으로 만들 수도 있다고 믿었다. 무명의 증권 고수들의 이야기와 유명 연예인의 성공적인 재테크 이야기가 전설처럼 떠돌아다니면서 '개미군단'을 이루는 중산층 주부들이 증권에 뛰어들게 만들었다.▼

2000년대 들어서 모든 언론 매체들이 투기를 투자로 담론화하는 것을 넘어서 '재테크'라는 세련된 용어로 호명하여, 직장인과 중산층 주부, 대학생들의 투기를 촉진시켰다. 단기 시세차익을 노리는 투자는 금융세계화 시대 재테크로 불렸고, 이는 무기력한 주부가 아니라 세계화된 금융시장에 참여하여 집안에 경제적 이익을 가져다주는 앞서가는 여성의 일로 간주되었다. 2000년대 들어서 '재테크' 담론은 일반 직장인들뿐만 아니라 중산층 주부들과 대학생들에게까지 확산되었다. 직장인들이 업무 중 주식거래를 하게 되면서, 일부 직장에서는 근무시간에 주식을 하는 것을 막기 위해 인터넷 사이트 접속을 금지시키기도 했다.▼▼ 더 나아가 '재테크'뿐만 아니라 '시테크'까지 새로운 조어들이 등장하면서 돈과 시간에 대한 관리는 앞서가는 사람들의 행태로 호명되었다. 이는 신자유주의 금융자본주의 시대 경쟁에서 승리하기 위한 새로운 주체의 조건으로 간주되었

▼ 연예인인 현영의 재테크 성공담은 『현영의 재테크 다이어리』(2006)라는 책으로 출간되어 2008년 6월 교보문고 종합 베스트셀러 7위에 올랐다.

▼▼ 시대에 따라 정도의 차이는 있었을지언정 한탕주의 성향은 우리 사회의 약점 중 하나로 늘 존재해왔다. 그러나 지금처럼 기승을 부린 적은 거의 없었다. 주식만 해도 고위 공직자와 교수 등 상류층에서부터 일반 직장인과 농민, 대학생까지 생업이야 있든 없든 가히 전 국민의 '주식투기(투자가 아니다)꾼' 화가 이뤄지고 있다. 일부 직장에서는 인터넷 증권거래를 금지하다 못해 '증권'이라는 단어가 들어 있는 인터넷 사이트를 차단했다는 보도도 나왔다 (≪국민일보≫, 1999.12.9).

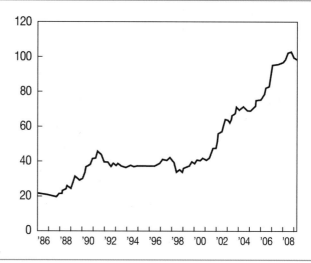

〈그림 16-4〉 아파트 가격 추이

자료: 국민은행(2009).

다. 한국의 밀레니엄은 투기의 시대, 경쟁의 시대, 금융자본주의 시대가 된 것이다.

재테크는 주식에 한정되지는 않았다. 전통적 투기의 대상인 아파트와 토지 투기도 열풍을 불러 일으켰다. 외환위기로 부동산 가격이 급락하면서 현금 동원력이 있는 부유층과 외국 투자자들은 헐값에 건물, 상가, 아파트와 토지를 구입할 수 있었다. 이는 곧 부동산 대박으로 이어졌다. 〈그림 16-4〉가 보여주듯이, 아파트 가격은 1998년 이후 3배나 올랐다. 부동산 매매를 통해서 평생 동안 벌 수 없는 돈을 번 사례들이 보도되면서, 부동산 투기는 광풍처럼 전국을 휩쓸었다.▼ 아파트 투기를 할 수 있는 사람들은 소수지만, 이들이 끼친 영향력은 전 국민에게 좌절감과 낭패감을 가져다주었고, 아파트 가격 상승으로 인해 주택이 없는 국민들이 내 집을 마련하는 길을 더 어려워졌고, 주거 빈곤층은 더욱 더 어려운 상황으로 내몰렸다.

아파트 가격이 폭등하자, 재개발·뉴타운 열풍이 서울을 휩쓸었다. 오래

▼ 강남의 재건축 아파트에 투자해 1년 만에 2억 원을 벌었다는 직장 동료의 '무용담'이 결정적인 계기가 되었다. 그는 "1년간 열심히 저축해도 1,000만 원을 모으기가 힘든 게 현실인데, 부동산 투자로 단기간에 수천만 원을 버는 사람들을 보면서 나만 손해 보는 느낌이 들었다"고 말했다. 정부의 강도 높은 부동산대책을 비웃기라도 하듯 투기광풍이 급속히 확산되고 있다. 여윳돈을 가진 부유층은 물론, 평범한 월급 생활자들까지 투자모임을 만들어 아파트와 토지 매입에 나서는 등 전 국민이 투기꾼화하고 있다. (《한국일보》, 2003.5.21)

된 단독 주택지나 오래된 아파트 단지를 재개발하여 아파트 단지를 건설하면 소유주들은 단기간에 큰돈을 벌 수 있다고 생각하여, '뉴타운' 건설이라는 이름으로 재개발 열풍이 불었다. 재개발과 뉴타운에 투자하는 방법을 소개하는 책들이 일반 출판사뿐만 아니라, 거대 신문사 출판사에서도 출판되어, 재개발·뉴타운 열기를 부추겼다(대표적으로 권순원·안장원, 2008 참조). 뉴타운은 2008년 선거와 맞물려 서울의 오래된 주택지나 서민 주거지마다 재개발 열풍을 불러일으키는 새로운 기표가 되었다. 그리고 정치권은 이것을 이용하여 뉴타운 건설을 공약으로 내세우며 경제적 이익을 쫓는 유권자들을 선거에 이용했다. '낡은' 정치권이 '뉴타운 건설을 내세우며, 투기의 시대에 가진 것이 없어서 증권투자와 부동산 투자를 남의 일로 볼 수밖에 없었던 서민들의 욕망을 자극했다. 정치 담론으로서의 뉴타운 담론은 일단 서울에서 정치적 목적을 달성했다.

뉴타운 열풍은 선거가 끝나면서 잦아들었다. 부동산 경기 위축으로 아파트 투기 열풍이 사라지면서, 뉴타운 건설 담론은 이제는 옛이야기가 되었다. 재개발 사업이 흐지부지되면서, 개발을 둘러싼 주민 간 갈등만 붉어지고, 지역 커뮤니티가 분열되기도 했다. 그러나 이제는 그것을 선거에서 이용했던 정치인들에게도 기억할 가치가 없는 과거지사가 되었다. 주택이 삶의 근거가 아니라 재테크의 수단이 되어 버린 투기의 시대, 많은 사람들이 투기적인 재테크의 희생자가 되어서 한계상황으로 몰리고 있다. 2006년 한 해 동안 서울의 주택가격 상승률은 18.86%에 달했고, 거의 60%에 달하는 무주택자들과 1주택 소유자나 여러 채 아파트를 보유하고 있는 주택 부자들 사이에 자산 불평등은 더 커졌다(통계청, 2010a: 177). 이러한 상황에서 '부동산 계급사회'라고 불릴 정도로 한국 사회는 부동산 소유자와 비소유자 간의 격차가 확대되고, 극복할 수 없는 수준으로 간극이 더 벌어졌다(손낙구, 2008).

6. 일상생활의 양극화

노동시장의 양극화와 재산 양극화가 동시에 진행되면서, 이는 곧바로 일상생활의 양극화로 이어졌다. 외환위기 이후 한국 사회에서 중산층이 줄어들고, 경제적으로 또한 사회문화적으로 빈부격차가 커지면서, 사회 양극화 담론이 등장했다(한국사회학회, 2008). 사회양극화가 주로 경제적인 차원에서 불평등의 심화와 빈곤층 확대를 내용으로 하고 있지만, 체감할 수 있는 일상생활 영역에서 나타나는 양극화는 사회심리적인 차원까지 확대되었다.

1990년대 후반 이후, 한국에서는 OECD 가입과 더불어 여러 가지 정책적 변화가 나타났지만, 그 혜택은 주로 경제적 여유를 누리고 있는 집단에게만 주어졌다. 상류층에서는 해외여행, 골프여행, 명품소비(외제차 포함), 조기유학, 웰빙 다이어트와 성형이 새로운 생활문화로 자리 잡았지만, 다른 한편에서는 교육비 증가와 경제적 불안정으로 중산층이 불안을 겪기시작하고, 서민들의 생계유지가 어려워졌다. 근로빈곤층이 늘어나면서 생활고가 심해지고, 노인 빈곤이 심해지면서 자살률이 세계 최고수준으로 높아졌다(김연명·신광영 외, 2011).▼

대표적으로 국제화와 세계화를 외치면서 이루어진 해외여행 자유화가 그러하다. 1990년 해외여행 자유화가 실시된 이후 매년 10% 이상의 해외여행자 증가가 이루어졌고, 1997년 12월 외환위기로 해외여행 열풍은 잠시 수그러들었으나, 2000년 들어서 다시 급증하기 시작했다(한국관광공사, 2011). 특히 2003년부터 주 5일제가 공공부문에 우선적으로 도입되었고, 2004년부터는 300인 이상 기업으로 확대되었으며, 2007년에는 20~50명 기업까지 확대 실시되면서 가족생활에서 변화가 나타났다. 그리고 그러한 변화에 상응하여 주 5일제 수업이 2005년부터 월 1회 실시되고, 2007년부터 월 2회로 확대되면서 주말 여가활동이 가능해졌다(문화관광부, 2007: 33~34). 2003년부터 2007년까지 매년 100만 명 이상의 해외여행객 증가가 이루어졌다(한국관광공사, 2011). 그러나 이러한 증가 추세는 전체

▼ 노인빈곤율과 노인자살률이 OECD 1위이며, 노인빈곤율은 45.1%에 달했고, 65세 이상 자살률은 OECD 평균에 비해 6배 이상 높다(OECD, 2010).

인구의 추세라기보다 일부 상층의 여가활동 변화를 보여주고 있다. 전체 국민 가운데 해외여행을 경험한 인구의 비율은 2000년 5.9%였고, 지속적으로 증가하여 2007년 13.9%에 달했으나, 아직도 일부 상류층에게만 해당하는 일이다(통계청, 2010b: 11~23).

한국에서 골프는 성공한 사람의 레저로 받아들여지고 있다. 골프는 운동이 아니라 사교와 신분을 드러내는 레저 활동이라는 점에서 대단히 강한 사회문화적 속성을 지니고 있다. 그러므로 한국에서 골프인구는 경제성장과 비례하여 증가했다. 골프인구는 얼마나 될까?

신뢰할 수 있는 조사에 따르면, 2008년도 골프인구는 275만 명으로 추산되었다. 성인 인구 10명 중 1명이 골프를 하는 것으로 조사되었다(≪경향신문≫, 2008.6.5).▼ 이미 외환위기 이전에 골프는 귀족스포츠가 아니라 대중화되었다고 주장하지만, 아직도 골프는 서민들에게 가까이 할 수 없는 비용이 많은 드는 레저 활동이자 여가활동이다.

명품소비는 2000년 들어서 나타난 새로운 소비문화 조류이다. 해외여행이 늘어나면서 외제 유명 브랜드 가방이나 의류에서부터 고가의 시계나 필기류에 이르기까지 다양한 외국 상품의 소비가 증가하기 시작했고, 백화점마다 명품코너를 설치하면서 명품소비는 국내에서 새로운 부유층 소비문화로 자리를 잡았다. 1991년 갤러리아 백화점에서 '명품관'을 설치한 이래 과소비와 사치풍조의 상징으로 여겨지는 명품소비는 계속해서 확대되었다. 소비를 통해서 자신의 존재를 드러내려는 새로운 부유층이 늘어나면서, 가격이 높을수록 더 소비가 많이 이루어지는 과시적 소비가 브랜드라는 가치소비의 형태로 강남 부유층을 중심으로 유행처럼 확산되었다. 그리고 점차 상류층의 소비문화를 모방하려는 중산층이 늘어나면서 명품소비는 대중적인 소비문화로 확대되고 있다.

명품 담론은 명품소비에서 그치지 않고 명품도시(김현우, 2008), 명품TV, 명품건축(서현, 2005), 명품교육(정진영, 2005), 명품한우(김형운, 2001) 등 다양한 제품 앞에 명품이 첨가됨으로 해서 일반 제품과는 질적으로 다른 탁월한 제품이라는 의미로 사용되었다.

▼ 골프인구 추정치는 대단히 심한 편차를 보인다. 본문의 수치는 경희대 골프산업연구소가 서베이를 통해서 분석한 결과이다. 그러나 한국레저산업연구소는 1990년 88만 7,000명에 불과했던 골프인구가 2000년 말 기준으로 239만 7,000명에 이르렀다고 분석했다(≪국민일보≫, 2002.1.1). 골프장 추가 건설을 요구하는 기관에서는 골프인구를 과장해서 보고하고 있다. 이미 1997년 골프인구가 250만 명에 달하여 골프인구에 비해서 골프장이 턱없이 부족하다는 점을 강조했다(전상돈, 1997).

명품 담론은 특정한 것을 기존의 것과 구분하기 위한 전략적 사고의 산물이다. 상품의 마케팅 전략으로 등장한 명품 광고는 말할 것도 없고, 이미 알려진 유명 브랜드 제품을 구매하는 행위는 일반적인 제품을 사는 사람들과의 구분을 만들기 위한 전략적 행위이다. 이러한 전략적 행위가 몸에 밴 사람들이 이른바 소비문화에 사로잡힌 상류층이다. 굳이 부르디외(Bourdieu, 1987; Derek, 2000)의 구별짓기 논의를 끌어들이지 않더라도, 신흥 부자들은 보통 사람들이 구매할 수 없는 비싼 명품을 소비함으로써 우월감을 느끼고자 하는 과시적인 욕망을 충족시킨다. 구매력이 높은 한국의 상류층은 일을 통해서 자신들의 정체성과 집단적인 귀속성을 찾기보다는 소비나 여가를 통해서 다른 집단과 구분을 하고, 끊임없이 구별짓기를 통해서 새로운 경쟁적인 명품소비를 추구하고 있다.

다른 한편으로, 전체 성인 여성 가운데 1/3 정도가 비정규직에 취업을 하고 있고, 그로 인해 저임금과 만성적인 고용불안정을 겪고 있다. 40~50대 남성의 조기퇴직이나 정년 등으로 인해 소득이 줄어들면서 그것을 보충하기 위한 여성들의 경제활동 참가도 늘어나고 있다. 여성들의 경제활동이 주로 도소매 판매 서비스업종과 음식 및 숙박 업종에 집중되어 있기 때문에, 경제적으로 어려운 상태를 벗어나기 힘든 것이 다수 여성의 현실이다.

7. 돌봄노동과 감정노동의 등장

많은 여성들의 노동은 가사노동으로 불렸다. 주부들의 가사노동은 가족을 뒷바라지하는 무급노동이었다. 육아와 보육에서부터 집안청소와 요리에 이르기까지 여성노동은 주로 집안과 식구들을 돌보는 노동이었다. 이러한 노동은 재화를 생산하는 남성노동과 비교하여 재생산 노동이라고 불리기도 했다.

최근 여성들의 돌봄노동(care work)이 점차 유급노동으로 전환되는 추세를 보이고 있다. 가사노동 대신에 여성들이 주로 간병과 같은 보살핌을 필요로 하는 다양한 일을 담당하기 시작하면서, 유급노동으로서의 돌봄노동이 점차 노동의 중요한 형태로 등장하고 있다. 특히 고령화 추세가 가속화되면서 거동이 불편한 노인이나 질환으로 돌봄이 필요한 인구가 늘고 있다. 이러한 돌봄노동의 대부분을 여성들이 담당하고 있다. 이러한 추세는 더욱 강화될 것이기 때문에 돌봄노동은 더욱 사회적으로 중요한 노동으로 간주되고 있다.

물론 돌봄노동을 담당하는 사람들은 대부분 경제적으로 어려운 계층에 속하는 여성들이다. 경제적으로 어려운 사람들의 경우, 돌봄노동자에게 지불할 수 있는 경제적인 여력이 없기 때문에 빈곤층 노인들은 절대적으로 가족 이외의 사람들로부터 돌봄노동 서비스를 받을 수 없다. 현재는 돌봄노동 서비스를 받는 사회계층은 중산층 이상의 사회계층이지만, 점차 돌봄노동의 사회화가 진전되면, 즉 국가의 복지확대가 이루어지면 돌봄노동 서비스가 점차 사회전체로 확대될 것이다.

또한 여성들의 경제활동이 주로 서비스산업에서 이루어지면서 감정노동이 새로운 노동형태로 등장하고 있다. 감정노동은 자신의 감정을 통제하고 감정을 소비하면서 소비자를 대상으로 서비스를 판매하는 노동을 지칭한다. 자신의 감정과 무관하게 소비자의 감정에 맞추어 노동을 하는 여성들은 주로 도소매 판매업이나 음식 및 숙박업에 종사하는 여성들이다. 매출액을 극대화하기 위해 여성노동자들에게 특정한 행동이나 말투는 물론이고, 소비자들에 다양한 감정 서비스를 제공하여 소비를 극대화하게 하려는 것이 감정노동을 요구하는 사람들의 의도이다.

백화점이나 호텔 등에서 이루어지는 감정노동은 점차 여성노동의 주된 형태로 자리를 잡아가고 있다. 여성들이 주로 서비스 업종에 진출하고 있고, 여성의 친절함을 더욱 강조하는 다양한 서비스업종에서 감정노동이 더 확산되고 있다. 감정노동은 남성성과 여성성을 구분하는 강한 남성 중심적인 인간관에 기초하고 있다는 점에서 여러 가지 문제가 있을 뿐만 아니라 노동자 이전에 전인적 인격체라는 것을 무시한다는 점에서 문제가 있다. 인간의 본능적인 속성인 감정을 규율하고 관리하는 것이 감정노동의 핵심이라는 점에서 인간의 본성을 억압하는 속성을 지니고 있다. 서비스의 여성화와 더불어 나타난 감정노동은 미래 한국 사회에서 더욱 확대가 될 것이다.

이야깃거리

1. 내가 원하는 미래의 직업에 대해서 이야기해보자.

2. 내가 지금까지 받아온 교육이 내 미래의 일과 생활에 어떠한 관련이 있을지 생각해보자.

3. 우리 사회의 양극화 현상의 주요 원인은 무엇일지 생각해보자.

4. 미래사회의 일과 노동은 어떠한 방식으로 변해갈지 전망해보자.

읽을거리

『서비스사회의 구조 변동』. 신광영 · 이병훈 외. 2008. 한울아카데미.
서비스업 중심 사회로의 변화에 대한 전반적인 이해를 제공하는 책으로서, 서비스사회의 산업구조, 계급구조와 계급관계, 노동과정과 노사관계, 젠더, 생활양식, 문화, 가치관에 이르는 다양한 영역에 대한 설명을 제공하고 있다.

『왜 잘사는 집 아이들이 공부를 더 잘하나?』. 신명호. 2011. 한울아카데미.
한국사회에서 더 이상 학업의 기회를 통한 계층불평등의 해소가 이루어질 수 없는 이유가 무엇인지에 대해 심층적인 분석을 제공한다.

『1960-70년대 노동자의 생활세계와 정체성』. 이종구 외. 2004. 한울아카데미.
한국 산업화의 기틀이 마련되었던 1960년대와 1970년대의 노동자들의 삶을 다양한 사례와 풍부한 자료를 통해 연구·분석하고 있다. 서비스사회 이전 단계의 노동자들의 삶에 대한 이해를 제공한다는 점에서 학문적인 중요성을 가지고 있다.

참고
문헌

01 산업화 이후 노동의 역사

강이수. 1992. 『1930년대 면방대기업 여성노동자의 상태에 대한 연구: 노동과정과 노동통제를 중심으로』. 이화여자대학교 박사학위논문.

강만길 외. 2004. 『한국노동운동사 1: 근대 노동자계급의 형성과 노동운동, 조선 후기~1919』. 지식마당.

김경일. 2004. 『한국노동운동사 2: 일제하의 노동운동, 1920~1945』. 지식마당.

김준. 1999. 「20세기 한국의 노동: 역사적 경험의 반추」. ≪경제와 사회≫, 통권 44호.

02 노동과정의 이론

마르크스(K. Marx). 2008. 『자본 I-1, 2』. 강신준 옮김. 길.

박준식. 2001. 『세계화와 노동체제』. 한울아카데미.

스미스(A. Smith). 1993. 『국부론』. 김수행 옮김. 동아출판사.

신광영·이병훈 외. 2008. 『서비스사회의 구조변동』. 한울아카데미.

조형제. 2005. 『한국적 생산방식은 가능한가?』. 한울아카데미.

테일러(F. W. Taylor). 2000. 『과학적 관리의 원칙』. 박진우 옮김. 박영사.

Altmann, N. und D. Sauer. 1989. *Systemische Rationalisierung und Zulieferindustrie*. Frankfurt; New York.

Blauner, R. 1964. *Alienation and Freedom*. Chicago: London.

Braverman, H. 1974. *Labor and Monopoly Capital: The Degradation of Work in the Twentieth Century*. New York: Monthly Review Press.

Bright, J. R. 1959. *Automation and Management*. Boston.

Burawoy, M. 1979. *Manufacturing Consent: Changes in the Labor Process under Monopoly Capitalism*. Chicago: University of Chicago Press.

Edwards, R. 1979. *Contested Terrain: The Transformation of the Workplace in the Twentieth Century*. New York: Basic Books.

Friedmann, A. 1978. *Industry and Labour*. Hongkong.

Hochschild, A. 1983. *The Managed Heart: Communication of Human Feeling*. Berkeley: University of California Press.

Kern, H und M. Schumann. 1970. *Industriearbeit und Arbeiterbewußtsein*, 2 Bände. Frankfurt.

_____. 1984. *Das Ende der Arbeitsteilung?* München: Beck.

Mayo, E. 1933. *Human Problems of an Industrial Civilization*. Macmillian: London.

03 작업조직의 혁신과 새로운 변화

아펠바움·배트(E. Appelbaum and R. Batt). 1996. 『미국기업의 작업현장 혁신』. 박준식 옮김. 한국노동연구원.

이병훈. 1999. 「미국 기업의 고용관계 변화에 관한 연구: 다운사이징과 고성과 작업체계를 중심으로」. ≪경제와 사회≫, 봄호.

이영희. 1993. 「일본의 생산체제와 작업조직: 도요타 자동차공장의 사례분석」. ≪동향과 전망≫, 통권 제19호.

_____. 1999. 「미국 기업조직 혁신론의 검토: '고능률 작업체제(High-Performance Work System)' 개념을 중심으로」. 한국사회학회. ≪한국사회학≫, 제33집.

정명호. 1993. 「일본적 생산방식의 국내도입실태와 적합성」. ≪동향과 전망≫, 통권 제19호.

조형제. 2005. 『한국적 생산방식은 가능한가?: Hyundaism의 가능성 모색』. 한울아카데미.

조형제·이병훈. 2008. 「현대자동차 생산방식의 진화: 일본적 생산방식의 도입을 중심으로」. ≪동향과 전망≫, 제73호(여름호).

카스텔(M. Castells). 2003. 『네트워크 사회의 도래』. 김묵한 외 옮김. 한울아카데미.

파커·슬로터(M. Parker and J. Slaughter). 1996. 강수돌 옮김. 『팀 신화와 노동의 선택』. 강.

Frenkel, Stephen J., Marek Korczynski, Karen A. Shire and May Tam. 1999. *On the front line: organization of work in the information economy*. Cornell University Press.

Geary, John F. 2003. "New Forms of Work Organization: Still Limited, Still Controlled, But Still Welcome?" Paul Edwards(ed.). *Industrial relations: theory and practice* (2nd ed.). Blackwell Publishing.

Mackenzie, Robert. 2002. "The migration of bureaucracy: contracting and the regulation of labour in the telecommunications industry." *Work, Employment & Society*, Vol.16, No.4(December).

Marchington, Mick, Damian Grimshaw, Jill Rubery, and Hugh Willmott. 2005. *Fragmenting Work: Blurring Organizational Boundaries and Disordering Hierarchies*. Oxford University Press.

Watson, Tony J. 2003. *Sociology, Work and Industry*(4th ed.). Routledge.

04 노동시간을 둘러싼 각축

고진수. 2005. 『교대제 변경 매뉴얼』. 중앙경제.

뚜렌, 알랭. 1994. 『탈산업사회의 사회이론』. 이화여대 출판부.

리프킨, 제러미. 1996. 『노동의 종말』. 민음사.

박현미·이승협. 2009. 『일과 생활균형제도 현황과 과제』. 한국노총 중앙연구원.

벡, 울리히 . 1999. 『아름답고 새로운 노동세계』. 생각의나무.

시울라, 조안 B. 2005. 『일의 발견』. 다우.

한국노동안전보건연구소. 2007. 『교대제, 무한이윤을 위한 프로젝트』. 메이데이.

Edwards, Paul and Judy Wajcman. 2005. *The Politics of Working Life*. Oxford.

Gershuny, Jonathan. 2000. *Changing Times: Work and Leisure in Postindustrial Society*.
N.Y.: Oxford University Press.

Raehlmann, Irene. 2004. *Zeit und Arbeit*. Wiesbaden: VSA.

05 노동시장의 구조와 이론

김유선. 2007. 『한국의 노동 2007』. 한국노동사회연구소.

정건화. 2003. 「노동시장의 구조변화에 대한 제도경제학적 해석」. ≪경제와 사회≫, 57호.

정이환. 1992. 「제조업 내부노동시장의 변화와 노사관계」. 서울대학교대학원 사회학과 박
사학위논문.

_____. 2006. 『현대노동시장의 정치경제학』. 후마니타스.

정이환·이병훈·정건화·김연명. 2003. 『노동시장 유연화와 노동복지』. 인간과복지.

최장집 엮음. 2005. 『위기의 노동』. 후마니타스.

틸리·틸리(Chares Tilly and Chris Tilly). 2007. 『자본주의의 노동세계』. 이병훈·윤정향·조
효래 옮김. 한울아카데미.

Doeringer, Peter and Michael Piore. 1971. *Internal Labor Markets and Manpower
Analysis*. Lexington, Massachusetts: Heath.

06 고용과 실업

박길성·이택면. 2007. 『경제사회학 이론』. 나남.

유홍준·정태인. 2011. 『신경제사회학』. 성균관대학교출판부.

통계청. 2007. 『한국표준직업분류』.

Althauser, Robert P. and Arne L. Kalleberg. 1981. "Firms, Occupations, and the Structure
of Labor Markets: A Conceptual Analysis." in Ivar Berg(ed.). *Sociological Pers-
pectives on Labor Markets*. New York: Academic Press.

Becker, Gary S. 1993. *Human Capital: A Theoretical and Empirical Analysis with Special
Reference to Education*. Chicago: The University of Chicago Press.

Blau, Peter M. and Otis Dudley Duncan. 1967. *American Occupational Structure*. New
York: The Free Press.

Doeringer, Peter B. and Michael J. Piore. 1985. *Internal Labor Markets and Manpower*

Analysis. New York: M. E. Sharpe, Inc.

Gordon, David M., Richard Edwards, and Michael Reich. 1982. *Segmented Work, Divided Workers: The Historical Transformation of Labor in the United States*. New York: Cambridge University Press.

Granovetter, Mark S. 1973. "The Strength of Weak Ties." *American Journal of Sociology*, 78: 1360~1380.

_____. 1974. *Getting a Job: A Study of Contacts and Careers*. Cambridge, MA: Harvard University Press.

_____. 1983. "The Strength of Weak Ties: A Network Theory Revisited." *Sociological Theory*, 1: 201~233.

Sørensen, Aage B. 2001. "Careers and Employment Relations." in Ivar Berg and Arne L. Kallegerg(eds.). *Source book of Labor Markets: Evolving Structures and Processes*. New York: Kluwer Academic/Plenum Publishers.

Williamson, Oliver E. 1975. *Markets and Hierarchies: Analysis and Antitrust Implications*. New York, NY: Free Press.

_____. 1985. *The Economic Institutions of Capitalism*. New York, NY: Free Press.

_____. 1996. *The Mechanisms of Governance*. New York, NY: Oxford University Press.

07 노동시장 불평등과 차별

금재호. 2002. 『여성노동시장의 현상과 과제』. 한국노동연구원.

문무기·윤문희. 2007. 『근로자 균등대우 실현을 위한 노동법적 과제』. 한국노동연구원.

이승욱·김엘림. 2005. 『여성고용에서의 차별판단기준 마련』. 노동부.

이인재. 2007. 「사업체 내 정규/비정규 임금격차의 실태와 임금차별 법적 판단에의 시사점」. 『임금차별 판단기준 마련을 위한 연구』. 노동부.

이주희·전병유·Jane Lee. 2004. 『유리천장 깨뜨리기』. 한울아카데미.

장지연. 2004. 「성과 불평등」. 방하남 엮음. 『현대 한국 사회의 불평등』. 한울아카데미.

장지연·양수경. 2007. 「승진대기기간의 성별격차와 결정요인」. ≪한국사회학≫, 41집 4호.

신동균. 2006. 「사업체패널자료를 이용한 성차별 분석」. 장지연 외. 『노동시장 차별과 적극적 고용개선조치 I』. 한국노동연구원.

조순경 외. 2007. 『간접차별의 이론과 여성노동의 현실』. 푸른사상.

조용만. 2007. 「비정규직 임금차별의 법적 판단기준」. 『임금차별 판단기준 마련을 위한 연구』. 노동부.

Becker, G. 1957. *The Economics of Discrimination*. University of Chicago Press.

Bergmann, B. 1974. "Occupational Segregation, Wage and Profits When Employers Discriminate by Race or Sex." *Eastern Economic Journal*, 1: 103~110.

Blau, F. and M. Ferber. 1986. *The Economics of Women, Men and Work*. Prentice-Hall

England. P. 1984. "Socioeconomic Explanation of Job Segregation." M. Remic(ed.). *Comparable Worth and Wage Discrimination*. Temple Univ. Press.

Mincer, J. and S. Polacheck. 1974. "Family Investments in Human Capital: Earnings of Women." T. W. Schultz(ed.). *The Economics of Family*. Chicago: Univ. of Chicago Press.

Phelps, E. 1972. "The Statistical Theory of Racism and Sexism." *American Economics Review*, 62: 659~661.

Sorensen, A. 1990. "Employment Sector and Unemployment Processes." K. Mayer and N. Tuma(eds.). *Event History Analysis in Life Course Research*. Madison: Univ. of Wisconsin Press.

08 노사관계의 이론적 이해

Bowles, Samuel and Herbert Gintis. 1990. "Contested Exchange: New Micro Foundations for the Political Economy of Capitalism." *Politics & Society*, Vol.18. No.2, pp.165~222.

Cooke, William. 1985. "Toward a General Theory of Industrial Relations." *Advances in Industrial and Labor Relations*. Greenwich, CT: JAI Press.

Dunlop, John. 1958. *Industrial Relations System*. New York: Holt.

Freeman, Richard and James Medoff. 1984. *What Do Unions Do?* New York: Basic Books.

Hicks, John. 1965. *Theory of Wages*. London: Macmillan.

Kochan, Thomas, Harry Katz, and Robert McKersie. 1986. *Transformation of American Industrial Relations*. New York: Basic Books.

Rousseau, Denise. 1996. *Psychological Contracts in Organizations: Understanding Written and Unwritten Agreements*. London: Sage.

Walton, Richard and Robert McKersie. 1965. *A Behavioral Theory of Labor Negotiations: An Analysis of a Social Interaction System*. New York: McGraw-Hill, Inc.

09 노사관계의 주체: 노동조합, 기업, 정부

구해근. 2001. 『한국 노동계급의 형성』. 창비.

노중기. 2008. 『한국의 노동체제와 사회적 합의』. 후마니타스.

다렌도르프, R. 1984. 「계급갈등의 제도화」. 한상진 엮음. 『계급이론과 계층이론』. 문학과
　　지성사.

마르크스·엥겔스(K. Marx and F. Engels). 1989. 『공산당선언』. 남상일 옮김. 백산서당.

서재진. 1991. 『한국의 자본가 계급』. 나남.

심윤종·유홍준·박승희. 1991. 『산업사회학』. 경문사.

은수미·권현지. 2007. 「산별교섭과 사용자단체: 보건의료 및 금융산업을 중심으로」. ≪노
　　동리뷰≫, 통권 제30호.

조돈문. 2008. 「삼성이 만드는 대~한민국 원형감옥」. 『한국 사회, 삼성을 묻는다』. 후마니
　　타스.

홍덕률. 1992. 「한국의 대자본가 조직 연구: 전경련을 중심으로」. 한국사회사학회. ≪사회
　　와 역사≫, 36권.

_____. 1994. 「한국 대자본가의 조직화와 계급실천에 대한 연구」. ≪한국사회학≫, 제28
　　집, 봄호.

Clawson, Dan. 2003. *The Next Upsurge: Labor and the New Social Movements*. Ithaca
　　and London: Cornell University Press.

Fantasia, Rick. 1988. *Cultures of Solidarity: Consciousness, Action, and Contemporary
　　American Workers*. Berkeley, University of California Press.

Kochan, Thomas A. 1974. "A Theory of Multilateral Collective Bargaining. in City
　　Governments." *Industrial and Labor Relations Review*, 27: 525~542.

Seidman, Gay. 1994. *Manufacturing Militance: Workers' Movements in Brazil and South
　　Africa, 1970-1985*. LA, University of California Press.

10 노사관계의 구조와 제도

김연명 외. 2003. 『노동시장 유연화와 노동복지』. 인간과복지.

김유선. 2004. 『노동시장 유연화와 비정규직 고용』. 한국노동사회연구소.

박점규. 2011. 『25일: 현대자동차 비정규직 울산공장 점거투쟁 기록』. 레디앙.

은수미. 2008. 『비정규직과 한국노사관계 시스템 변화 II』. 한국노동연구원.

이호근 외. 2011. 『비정규노동과 복지』. 인간과복지.

임상훈 외. 2005. 『한국형 노사관계 모델 I』. 한국노동연구원.

정이환. 2006. 『현대노동시장의 정치사회학』. 후마니타스.

최영기. 1999. 『한국의 노사관계와 노동정치 I』. 한국노동연구원.

11 비교노사관계: 노사관계체제의 다양한 유형

이승협. 2005. 「근로자 경영참여 이론」. 이주희·이승협. 『경영참여의 실태와 과제』. 한국 노동연구원 연구보고서.

이주희. 2006. 「스웨덴 금속노조(Metall)의 부문별 계급타협 사례연구: 집단 이기주의 혹은 합리적 선택?」. ≪한국사회학≫, 40권 4호.

Bamber, Greg J., and Russell D. Lansbury(eds.). 2002. *International and Comparative Industrial Relations*(4th ed.). London: Allen & Unwin.

Bean, Ron. 1985. *Comparative Industrial Relations: An Introduction to Cross-National Perspectives*. New York: St. Martins Press.

Bosch, Gerhard. 2004. "The Changing Nature of Collective Bargaining in Germany: Coordinated Decentralization." in Harry C. Katz, Wonduck Lee and Joohee Lee (eds.). *The New Structure of Labor Relations: Tripartism and Decentralization*. Ithaca: Cornell University Press.

Bronfenbrenner, Kate(ed.). 2007. *Global Unions: Challenging Transnational Capital through Cross-border Campaigns*. Ithaca, New York: Cornell University Press.

Esping-Andersen, Gosta. 1985. *Politics Against Markets*. Princeton: Princeton University Press.

_____. 1990. *The Three Worlds of Welfare Capitalism*. Princeton: Princeton University Press.

Hall, Peter and David Soskice(eds.). 2001. *Varieties of Capitalism: The Institutional Foundations of Comparative Advantage*. Oxford: Oxford University Press.

Hyman, Richard. 2003. "The Historical Evolution of British Industrial Relations." in Edwards, Paul(ed.). *Industrial Relations: Theory and Practice*(2nd ed.). Blackwell.

Katz, Harry C, Wonduck Lee and Joohee Lee(eds.). 2004. *The New Structure of Labor Relations: Tripartism and Decentralization*. Ithaca: Cornell University Press.

Katz, Harry C., and Owen Darbishire. 2000. *Converging Divergences: Worldwide Changes in Employment Systems*. Ithaca, New York: ILR Press.

Kerr, Clark, John T. Dunlop, Frederick H. Harbison, and Charles A. Meyers. 1960. *Industrialism and Industrial Man: The Problems of Labor and Management in Economic Growth*. Cambridge: Harvard University Press.

Korpi, Walter. 1978. *The Working Class in Welfare Capitalism: Work, Unions and Politics in Sweden*. London: Routledge and Kegan Paul.

OECD. 2004. *OECD Employment Outlook*. Paris: Organization for Economic Cooperation and Development.

Pizzorno, Alessandro. 1978. "Political Exchange and Collective Identity in Industrial Conflict." in Colin Crouch and Alessandro Pizzorno(eds.). *The Resurgence of Class Conflict in Western Europe Since 1969*. New York: Holmes and Meir.

Rogers, Joel and Wolfgang Streeck. 1995. *Works Councils: Consultation, Representation, and Cooperation in Industrial Relations*. Chicago: University of Chicago Press.

Streeck, Wolfgang. 2005. "The Sociology of Labor Markets and Trade Unions." in Neil J. Smelser and Richard Swedberg(eds.). *The Handbook of Economic Sociology*(2nd ed.). Princeton and Oxford: Princeton University Press.

Suzuki, Akira. 2004. "Rise and Fall of Interunion Wage Coordination and Tripartite Dialogue in Japan." in Harry C. Katz, Wonduck Lee and Joohee Lee(eds.). *The New Structure of Labor Relations: Tripartism and Decentralization*. Ithaca: Cornell University Press.

Waddington, Jeremy. 2003. "Trade Union Organization." in Paul Edwards(ed.). *Industria Relations: Theory and Practice*(2nd ed.). Blackwell.

Wallerstein, Micheal and Miriam Golden. 2000. "Postwar Wage Setting in Nordic Countries." in Torben Iversen et al.(eds.). *Unions, Employers and Central Banks: Macroeconomic Coordination and Industrial Change in Social Market Economies*. Cambridge: Cambridge University Press.

12 노동운동과 노동정치

굴강정규(掘江正規). 1986. 『노동운동론 연구』. 백산서당.

권혜원. 2005. 「한국의 사회운동적 노동운동의 과거와 현재」. ≪대원사회문제연구소≫, 11월호.

노중기. 2007. 「노동체제 전환기의 노동운동 발전 전략에 관한 연구」. ≪경제와 사회≫, 76호, 겨울호.

데이비스, 마크. 1994. 『미국의 꿈에 갇힌 사람들: 미국노동계급의 정치경제학』. 김영희·한기욱 옮김. 창비.

우석훈·박권일. 2007. 『88만 원 세대』. 레디앙.

정인 엮음. 1985. 『노동조합운동론』. 거름.

최영기 외. 1999. 『한국의 노사관계와 노동정치 1』. 한국노동연구원.

포스터, 윌리엄 Z. 1986. 『세계 노동운동사 I, II』. 정동철 옮김. 백산서당.

_____. 1987. 『세계 사회주의운동사 I, II』. 편집부 옮김. 동녘.

岡埼次郎 外. 1982. 『現代社會思想事典 上, 下』. 社會思想社.

Bottomore(eds.). 1983. *A Dictionary of Marxist Thought*. Basil Blackwell Publisher.

Burawoy, Michael. 1985. *The Politics of Production*. London: Verso.

Larson and Nissen(eds.). 1987. *Theories of Labor Movement*. Waye State University Press: Detroit.

Moody, Kim. 1997. "Towards an International Social Movement Unionism." *New Left Review*, 9/10.

Waterman, Peter. 1993. "Social Movement Unionism: A New Union Model for a new World Order." *Review*, XVI3, Summer.

13 노동자 문화

강현두 엮음. 1980. 『대중문화의 이론』. 민음사.

갠스(H. J. Gans). 1996. 『고급문화와 대중문화: 취향의 분석과 평가』. 이은호 옮김. 현대미학사.

리피에츠(A. Lipietz). 1991. 『기적과 환상』. 김종한·엄창옥·이태왕 옮김. 한울아카데미.

매크래켄(G. McCracken). 1997. 『문화와 소비』. 이상률 옮김. 문예출판사.

모건(K. O. Morgen). 1994. 『옥스퍼드 영국사』. 영국사연구회 옮김. 한울아카데미.

바흐친(M. Bakhtin). 2004. 『프랑수아 라블레의 작품과 중세 및 르네상스의 민중문화』. 이덕형·최건영 옮김. 아카넷.

박해광. 2008. 「한국 노동자 문화의 성격: 대중문화와의 관계를 중심으로」. ≪민주주의와 인권≫, 제8권 3호.

베블렌(T. Veblen). 1995. 『한가한 무리들』. 최세양·이완재 옮김. 동인.

벤야민(W. Benjamin). 2005. 『아케이드 프로젝트』. 조형준 옮김. 새물결.

벨(D. Bell). 1990. 『자본주의의 문화적 모순』. 김진욱 옮김. 문학세계사.

부길만. 1995. 「산업혁명기 유럽의 출판에 관한 연구」. 한국출판학회. ≪출판학 연구≫, 제37호.

부르디외(P. Bourdieu). 1995. 『상징폭력과 문화재생산』. 정일준 옮김. 새물결.

브레이버만(H. Braverman). 1990. 『노동과 독점자본』. 이한주·강남훈 옮김. 까치.

브룩스 외. 1991. 『신비평과 형식주의』. 이경수 외 옮김. 고려원.

슈와르츠(V. R. Schwartz). 2006. 『구경꾼의 탄생』. 노명우 옮김. 마티.

스미스(A. Smith). 1994. 『국부론』. 김수행 옮김. 비봉출판사.

스윈지우드(A. Swingewood). 2004. 『문화사회학 이론을 향하여』. 박형신·김민규 옮김. 한울아카데미.

슬래이터(D. Slater). 2000. 『소비문화와 현대성』. 정숙경 옮김. 문예출판사.

요시미 순야. 2004. 『박람회: 근대의 시선』. 이태문 옮김. 논형.

윤효녕. 1999. 「산업화 시대에서 뮤즈의 목소리 찾기: 러다이트 운동과 바이런」. ≪19세기 영어권 문학≫, 제2호.

이진경. 2006. 『근대적 시·공간의 탄생』. 푸른숲.

카슈바(W. Kaschuba). 2002. 「상징적 질서로서의 민중문화와 노동자 문화」. 알프 뤼트케 엮음. 『일상사란 무엇인가』. 이동기 외 옮김. 청년사.

톰슨(E. P. Thompson). 2001. 『영국 노동계급의 형성』. 나종일·노서경·김인중·유재건·김 경옥·한정숙 옮김. 창비.

푸코(M. Foucault). 1993. 『감시와 처벌: 감옥의 탄생』. 박홍규 옮김. 강원대학교출판부.

하우저(A. Hauser). 2005. 『문학과 예술의 사회사 3』. 염무웅·반성완 옮김. 창비.

헵디지(D. Hebdige) 1998. 『하위문화』. 이동연 옮김. 현실문화연구.

호르크하이머·아도르노(M. Horkheimer and T. Adorno) 1995. 『계몽의 변증법』. 김유동· 주경식·이상훈 옮김. 문예출판사.

Adorno, Theodor W. 1991. *The Culture Industry: Selected essays on mass culture*. Routledge.

Hoggart, W. 1958. *The Uses of Literacy*. Penguin.

14 젠더와 노동

권혜자. 2004. 「고용형태별 직업분리의 임금효과」. 산업별/직업별 고용구조조사 및 청년 패널 심포지엄. 한국중앙고용정보원.

김현미. 2000. 「한국의 근대성과 여성의 노동권」. ≪한국여성학≫, 제16권 1호. 한국여성 학회.

이성균·김영미. 2010. 「한국의 서비스산업 확대는 남녀 임금격차에 어떤 영향을 미치는가?」. ≪한국사회학≫, 제44집 1호.

한국여성연구소 여성사연구실. 1999. 『우리 여성의 역사』. 청년사.

혹실드(Hochschild, Arlie Russell). 2009. 『감정노동: 노동은 우리의 감정을 어떻게 상품으 로 만드는가』. 이가람 옮김. 이매진.

홍승아 외. 2009. 『일가족양립정책의 국제비교연구: 정책이용실태 및 일가족양립현실』. 한국여성정책연구원.

Grimshaw, D., K. G. Ward, J. Rubery and H. Beynon. 2001. "Organizations and the Transformation of the Internal Labour Market." *Work, Employment & Society*, Vol.15, No.1.

15 노동과 복지

김연명. 2008. 「노무현 2003-2008, 빛과 그림자: 복지」. ≪신동아≫, 2월호.

김영순. 2007. 「사회투자국가가 우리의 대안인가? 최근 한국의 사회투자국가 논의와 그 문제점」. ≪경제와 사회≫, 여름호.

김유선. 2005. 「비정규직 규모와 실태」. ≪월간 노동사회≫, 8월호.

_____. 2006. 「노동시장의 구조변화와 비정규직」. 최장집 엮음. 『위기의 노동』. 후마니타스.

김혜원. 2008. 「노동 분야의 사회투자정책」. 『사회정책의 제3의 길』. 백산서당.

노동부. 2007. 『기업체 노동비용 실태조사』.

_____. 2008. 『퇴직연금 제도』.

박세일. 1988. 「공공근로복지의 전개방향」. 『한국의 근로복지 미래상』. 근로복지공사.

박수정. 2008.6.23. "어느 노동자의 죽음". ≪한겨레신문≫.

법제처. 2008. 「종합법령정보센터」. http://www.klaw.go.kr/

보건복지부. 2008. 「자활사업 안내」.

양재진. 2003. 「노동시장 유연화와 한국 복지국가의 선택: 노동시장과 복지제도의 비정합성 극복을 위하여」. ≪한국정치학회보≫, 37집 3호.

_____. 2005. 「한국의 대기업 중심 기업별 노동운동과 한국 복지국가의 성격」. ≪한국정치학회보≫, 39호 3호.

양재진 외. 2007. 『한국형 사회투자국가 모델형성을 위한 기초연구』. 재정경제부.

우재현. 2008. 『산업복지원론』. 정암서원.

이영덕. 2008. 「울산지역 자활사업의 참여자 만족도 및 자활사업 효과 분석에 관한 연구」. 울산대학교 정책대학원 석사학위논문.

이영석. 1997. 『산업혁명과 노동정책: 19세기 영국의 공장법 연구』. 한울아카데미.

조흥식·김진수·홍경준. 2001. 『산업복지론』. 나남.

한국산업사회연구회. 1993. 『산업사회학』. 한울아카데미.

한국이에이피 협회. 2010. http://www.keap.or.kr

한국지역자활센터협회. 2008. http://www.jahwal.or.kr/

16 일과 생활

강이수 외. 2009. 『일·가족·젠더: 한국의 산업화와 일-가족의 딜레마』. 한울아카데미.

고원. 2005. 『한국의 경제개혁과 국가』. 한국학술정보.

곽정수 엮음. 2007. 『우리경제 새판짜기』. 미들하우스.

구해근. 2002. 『한국 노동계급의 형성』. 창비.

국민은행. 2009. 「주택가격지수」.

김동춘. 2006. 『1997년 이후 한국 사회 성찰: 기업사회로의 전환』. 길.

김억. 2006. 「명품 건축, 마음의 산물」. ≪건축≫, 50(11).

김연명·신광영·양재진·윤홍식·이정구. 2011. 『대한민국복지: 7대 거짓과 진실』. 두리미디어.

김원. 2005. 『여공 1970: 그녀들의 反역사』. 이매진.

김재원. 1989. 「임금정책」. 『노동경제40년사』. 한국경영자총협회.

김현우. 2008. 「오세훈의 명품도시」. ≪문화과학≫, 여름호.

문화관광부. 2007. 『국민여가백서』.

석정남. 1984. 『공장의 불빛』. 일월서각.

성재민. 2011. 「근로형태 부가조사를 통해 본 비정규직 노동시장의 추이」. ≪노동리뷰≫, 7월 호.

순점순. 1984. 『8시간 노동을 위해: 해태제과 여성노동자들의 투쟁기록』. 풀빛.

손낙구. 2008. 『부동산 계급사회』. 후마니타스.

신광영. 1999. 『동아시아의 산업화와 민주화』. 문학과지성사.

신광영 외. 2008. 『서비스사회의 구조변동』. 한울아카데미.

이옥지. 2001. 『한국여성노동자운동사』. 한울아카데미.

이종구 외. 2004. 『1960-1970년대 한국의 산업화와 노동자 정체성』. 한울아카데미.

이천표. 2004. 『한국자본자유화와 금융자유화의 근년변화 : OECD 가입 및 IMF 사태 이후 의 실상, 평가 및 대응』. 서울대 출판부.

전순옥. 2004. 『끝나지 않은 시다의 노래』. 한겨레출판사.

전영진. 2006. 『재개발뉴타운 초보자가 꼭 알아야 할 62가지』. 원앤원북스.

정진역. 2007. 「명품교육 이라굽쇼?」. ≪중등우리교육≫, 212.

조돈문. 2011. 「비정규직 노동자 실태와 비정규직 투쟁」. ≪현상과 인식≫, 35(1/2).

조희연. 2007. 『한국 민주화와 사회경제적 불평등의 동학』. 한울아카데미.

통계청. 2010a. 『한국통계연감』.

_____. 2010b. 『한국의 사회지표』.

_____. 2011. 『 KOSIS 지역별 전국지표 현황』.

한국교육개발원. 2010. 『통계로 본 학교이야기』.

한국거래소. 2008. 『월간보고서』.

_____. 2009. 『월간보고서』.

_____. 2011. 『2010년도 주식투자인구 및 투자자별 주식보유 현황』.

한국관광공사. 각년도. 『한국관광통계』.

李培林·田丰. 2011. 「中國新生代農民工:社會態度和行爲選擇」. ≪社會≫, 31(3).

Bourieu, Pierre. 1984. *Distinction: a social critique of the judgement of taste*. Cambridge, Mass.: Harvard University Press.

Chan, Anita. 2001. *China's Workers under Assault: The Exploitation of Workers in the Globalized Economy*. Armonk: M. E. Sharpe.

Derek, Robin. 2000. *Bourdieu and Culture*. London: Sage.

Fanon, Franz. 1967. *The Wretched from the Earth*. New York.

Freeman, Richard. 2010. "It's financialization." *International Labour Review*, 149(2): 163 -183.

Goffman, Irving. 1968. *Asylum*. Harmondsworth: Penguin.

Janelli, Roger. 1993. *Making Capitalism: The Social and Cultural Construction of Korean Conglomerate*. Stanford: Stanford University Press.

Kim, Choong Soon. 1991. *The Culture of Korean Industry*. Tussan: Arizona University Press.

Martin, Randy. 2002. *Financialisation of Everyday Life*. Philadelphia: Temple University Press.

OECD. 2011. *Society at a Glance 2011*.

Shin, Kwang-Yeong. 2011. "Globalization and Social Inequality." Jesook Song(ed.). *New Millennium South Korea: Neoliberal capitalism and transnational movements*. London: Routledge.

✔ 글쓴이들

김 준 국회입법조사처 환경노동팀장
이문호 워크인연구소 소장
신원철 부산대학교 사회학과 교수
이승협 대구대학교 사회학과 교수
남춘호 전북대학교 사회학과 교수
김성훈 이화여자대학교 사회과교육과 교수
장지연 한국노동연구원 연구위원
이병훈 중앙대학교 사회학과 교수
최인이 충남대학교 사회학과 교수
은수미 한국노동연구원 연구위원
이주희 이화여자대학교 사회학과 교수
노중기 한신대학교 사회학과 교수
조효래 창원대학교 사회학과 교수
박해광 전남대학교 사회학과 교수
신경아 한림대학교 사회학과 교수
조형제 울산대학교 사회과학부 교수
신광영 중앙대학교 사회학과 교수

한울아카데미 1437

산업사회의 이해
노동세계의 탐구

ⓒ 비판사회학회, 2012

엮은이 • 비판사회학회
펴낸이 • 김종수
펴낸곳 • 한울엠플러스(주)

초판 1쇄 발행 • 2012년 2월 28일
초판 3쇄 발행 • 2021년 3월 25일

주소 • 10881 경기도 파주시 광인사길 153 한울시소빌딩 3층
전화 • 031-955-0655
팩스 • 031-955-0656
홈페이지 • www.hanulmplus.kr
등록 • 제406-2015-000143호

Printed in Korea.
ISBN 978-89-460-8029-4 03330

* 책값은 겉표지에 있습니다.